KB196999

험한 세상을 사는 처세술

주역해설

하경

유순근(柳舜根)

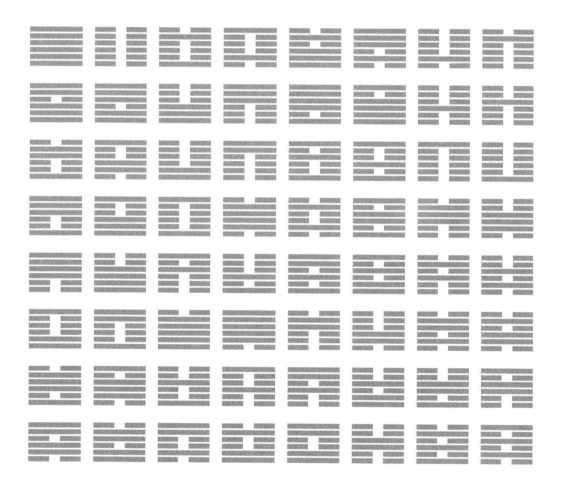

박문사

서 문

궁하면 변하고, 변하면 통하고, 통하면 오래가는 것(窮則變 變則通 通則久)은 주역의 이치다. 험한 세상에서 오래 활용할 수 있는 처세술이 바로 주역이며, 이를 현실에 적용할 수 있도록 해설한 책이 주역해설이다. 본서는 난해한 주역철학을 쉽고 명쾌하게 설명하여, 독자들이 험난한 세상을 헤쳐 나가는 데 필요한 행동 지침을 제공하는 처세술이다.

자연은 개발로 인해 심각하게 파괴되어 환경 재앙이 발생하니, 인류는 자연을 회복하려는 환경 운동을 활발히 전개하고 있다. 뿐만 아니라 인간의 정신 환경도 탐욕과 저주로 인해 심각한 손상을 입고 있다. 정의, 도덕, 배려가 없는 三無 시대를 겪으며 인류의 공존이 처참하게 위협받고 있다. 이러한 자연 환경과 정신 환경의 중대한 파괴로 인해 인류의 번영과 조화가 저해되고 있는 현실이 매우 안타깝다. 이제는 정의, 도덕, 배려를 회복하고 성공적인 삶과 조화로운 공동체를 되찾을 방법을 진지하게 고민해야 할 때이다. 다행히도 사회적 정의와 성공적인 삶을 안내할 지혜를 바로 주역에서 찾을 수 있다.

인간은 항상성과 변화성을 통해 생로병사와 부귀빈천을 경험하지만, 그 변화를 예측하기 어려워 다양한 점술이 난무한다. 그중에서도 논리와 이론이 뒷받침된 주역 점술이 주목받고 있다. 점술이 유행하는 이유는 미래가 불확실하고 보이지 않기 때문이다. 미래를 볼 수 없고 미리 경험할 수 없더라도 사람의 운명을 점치는 것을 신뢰하는 것은 매우 비합리적이다. 이는 논리적 오류일 뿐만 아니라 주역의 가치를 오용하고 훼손하는 것이다.

주역은 점술서라기보다는 개인들이 현재 처한 환경을 분석하고 그에 맞는 행동 방향을 제시하는 처세술이다. 현재의 상황을 분석하여 미래의 행동 방향을 논리적으로 제시하는 것이 바로 주역이다. 처세술을 제시하는 주역은 과거와 현재의 외부와 내부 환경을 분석하고, 미래의 방향을 선택하는 논리적 체계를 갖춘 행동 철학서이다. 미래는 과거와 현재를 바탕으로 변하면서 새롭게 나타나는 현상이다. 변하지 않으면서도 변하는 현상을 밝혀낸 성인이나 선현들의 지혜를 활용하는 것은 값진 경험이 될 수 있다.

독자 여러분은 이제『험한 세상을 사는 처세술 주역해설』의 세계에 몰입하게 될 것이다. 주역의 논리와 비유를 이해하면, 주역이 심오한 철학서이자 처세 지침서로서의 가치를 지닌다는 것을 느낄 수 있을 것이다. 저자는 그동안 주역이 행동철학적 논리보다는 점술로서 활용되는 것을 매우 못마땅하게 여겨왔다. 그래서 주역을 행동처세학과 인과처세학으로 구분하고, 먼저 행동처세학의 주역해설을 편찬하게 되었다.

3

　본서에서는 주역에서 제시된 비유와 은유를 과거와 현재의 시각과 행동 전략 측면에서 해설한다. 이러한 비유와 은유를 이해하면 현재 상황을 분석하고 바람직한 미래 방향을 선택할 수 있다. 주역은 편협하고 폐쇄적인 사고, 망상적 엘리트주의에 빠진 광적인 집단주의 사고의 위험성을 경고한다. 자신의 행적을 살펴보고 관직에 나아가거나 물러나는 것(觀我生進退)은 인성과 능력을 고려해 진퇴를 결정해야 한다는 의미이다. 특히, 지도자들이 국민을 무시하고 부정부패를 저지르며 수사를 방해하는 것을 주역은 경고한다. 뼈에 붙은 마른 고기를 씹다가 쇠화살을 얻음(噬乾胏 得金矢)은 깃털을 조사하다가 몸통을 발견하는 상황을 의미한다. 몸통을 조사하는 것은 권력과 조직의 비호가 커서 어렵지만, 바르게 수사하면 이롭고 길다는 뜻이다(利艱貞). 나라와 사회가 정의로우면 국민이 부유해지고 나라가 평화로워진다. 들은 광활하고 멀어 공명정대하며, 들에서 사람들과 함께하면 나라가 형통하다는 뜻이다. 이제 공명정대한 넓은 들에서 정의, 도덕, 배려가 있는 사회로 힘차게 나아가야 할 때이다.

　『험한 세상을 사는 처세술 주역해설』은 문왕과 무왕이 제시한 괘사와 효사의 의미, 공자의 해석, 그리고 많은 위대한 선현들의 해석을 행동과학적 시각에 맞게 풀어내어 개인이 처한 현실에서 선택할 수 있는 미래의 행동 지침을 제시하는 것을 목표로 한다. 본 주역해설은 상경과 하경으로 각각 별권의 책으로 구성된다. 주역을 이해하기 위해서는 주역의 원리를 먼저 학습하는 것이 중요하다. 이에 따라 주역해설 상경에서는 주역의 원리를 먼저 다룬 후 주역상경을 해설하였다. 주역해설은 각각 괘의 설명, 괘사와 효사의 본문, 번역과 해설 순으로 편찬되었다. 특히 주역에서 제시된 비유와 은유는 그 의미를 구체적으로 설명하였다.

　저자는 앞으로도 동양 고전의 정확한 번역과 해설을 통하여 독자들에게 삶의 가치와 성공적인 학습 지침서를 소개할 것이며, 아울러 독자제현들의 많은 조언과 충고를 부탁드린다. 끝으로 평생 어진 벗으로 교류하고 지혜와 격려를 아끼지 않았던 이민석 사장님과 유홍준 사장님, 그리고 본서를 출판해주신 도서출판 박문사의 모든 선생님들께 감사를 드린다.

2024년 8월 15일

유순근(柳舜根)

추천사

현대 사회는 끊임없이 변화하며 예측하기 어려운 변화무쌍한 상황에 놓여 있습니다. 이러한 세상에서 성공적인 활동과 삶을 살기 위해서는 성인의 지혜가 큰 도움이 될 수 있습니다. 주역은 동양철학의 정수로, 복잡하고 불확실한 세상을 살아가는 지혜를 제공해 주는 지혜의 보고입니다. 주역은 공자께서 책의 가죽끈이 세 번이나 끊어질 정도로 애독하는 위편삼절(韋編三絶)의 책일 정도로 끊임없이 변화하고 순환하는 원리를 체계적이고 독특한 방식으로 설명한 책입니다. 특히 이 책의 저자께서 말했듯이 험한 세상을 사는 처세술이라고 생각합니다.

『험한 세상을 사는 처세술 주역해설』은 사서삼경 중에서 백미로 꼽히는 주역을 연구한 책으로 괘의 원리, 괘사와 효사의 의미를 해설하고, 인간에게 전개된 상황에 적합한 행동 방향을 선택할 수 있는 처세술을 철학과 행동과학적 관점에서 해설하여, 처세의 지혜를 실생활에 적용할 수 있도록 도와줍니다. 이 책은 어려운 철학적 내용을 쉽게 풀어내어, 주역에 대한 깊은 지식이 없는 독자도 충분히 이해할 수 있도록 설명합니다. 특히 주역의 난해하고 심오한 은유와 비유를 문맥, 역사적 배경, 철학적 의미와 행동 과학적 의미를 빠짐 없이 정확하게 해설한 것이 압권입니다. 다음은 『험한 세상을 사는 처세술 주역해설』을 읽고 느낀 점입니다.

첫째, 복잡하고 난해하여 이해하기 어려운 주역을 일상 생활에서 보고 느낄 수 있는 쉬운 언어와 문체로 썼습니다. 둘째, 심오하고 신묘한 주역의 비유나 은유를 현대적 시각에서 해설하고, 이를 실제 상황에서 응용할 수 있는 행동 방향을 설명하였습니다. 마지막으로 이 책은 논리적이고 구체적으로 편집하여 독서 중에 다른 길로 빠지기 어렵습니다. 따라서 직장, 인간관계, 개인적 성장 등 독자들이 직면하는 현실적인 문제들에 대해 주역의 가르침을 적용하는 방법을 구체적으로 해설한 책이라고 생각합니다.

각 괘의 해석과 함께 제공되는 실용적인 지혜들은 일상 속에서 겪는 다양한 문제와 상황에 대처하는 데 큰 도움을 줄 것입니다. 특히, 직장 생활, 인간관계, 그리고 개인적인 성장을 위한 지침서로써 이 책은 독자 여러분께서 현명하고 지혜롭게 세상을 살아갈 수 있도록 이끌어 줄 것입니다. 그러므로 주역을 통해 성인들의 지혜를 배우고, 이를 현대의 처세술로 응용하고자 하는 분들께 이 책을 널리 추천합니다.

2024년 08월
김 성 현

추천사

주역은 시대나 문화를 초월한 인류의 지혜로 보편적인 원리와 지혜를 제시하여 오늘날까지 전 세계적으로 중요한 철학적, 실용적 문화유산으로 활용되는 인류의 보고입니다. 주역의 가르침은 특정 상황에 고정된 것이 아니라, 상황에 따라 유연하게 적용할 수 있는 변화의 원리이기도 합니다. 위대한 선현들의 연구를 기반으로 한 『험한 세상을 사는 처세술 주역해설』은 철학적 · 과학적 관점에서 주역의 원리, 괘사와 효사의 의미를 해설하여, 그로부터 얻을 수 있는 변화와 처세의 지혜를 실생활에 적용할 수 있도록 도와줍니다.

저자는 주역의 본질을 이해하고 이를 시대에 맞는 일상 언어와 시각으로 재조명하셨습니다. 특히, 복잡한 상징, 은유와 패턴을 명확하게 해석하고, 실생활에 적용할 수 있는 구체적인 예를 들어 주셨다는 점이 좋았습니다. 이를 통해 주역의 원리가 현대사회의 다양한 문제와 도전에 어떻게 적용될 수 있는지 실질적인 통찰을 제시하셨습니다.

각 장의 내용은 독자들에게 깊은 내면적 성찰을 유도하며, 자신과 주변세계를 이해하는 데 중요한 역할을 합니다. 이러한 해석은 독자들께서 주역의 진정한 의미를 깨닫고, 보다 현명한 삶을 살 수 있도록 돕는 귀중한 자산이 될 것입니다. 가장 중요한 관점은 점술로서의 주역보다는 행동 철학적 논리를 반영한 저자의 통찰입니다. 본서를 통해 전달하고자 하신 것은 단순한 지식이 아니라, 인간 존재와 자연의 조화를 이루는 방법에 대한 깊은 성찰입니다. 저자가 이미 출판한 『평생 읽는 이야기 논어 해설』을 통해 독창적이고 체계적인 해석과 자료로 인상적인 저술로 회자되었듯이 이 책 또한 복잡하고 불확실한 세상을 살아가는 독자들에게 지혜를 줄 것이라고 사료되어 추천사를 씁니다.

끝으로 항상 학문을 연구하고 통찰의 깊이를 더해 가시는 교수님의 학문탐구에 경의를 표하고 독자들에게 이 책의 일독을 정중히 추천하며 이 책을 통해 성현의 지혜를 얻고, 성찰의 기회를 갖는 계기가 되시길 기원합니다.

2024년 08월
유 홍 준

목 차

주역해설 하경(周易解說 下經)

주역해설 상경(周易解說 上經)

Ⅲ. 주역하경(周易下經)

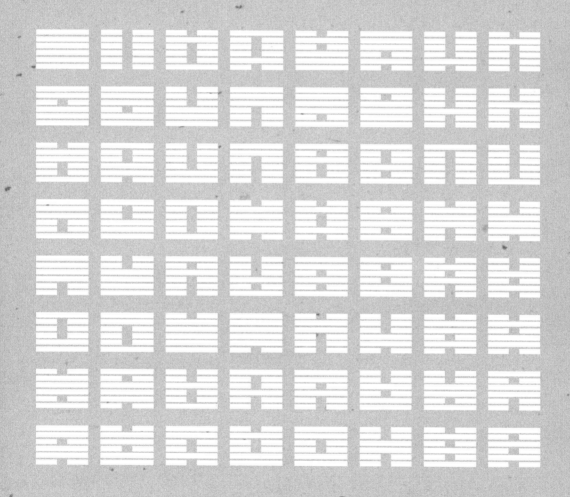

사랑하는 택산함(澤山咸)

		兌上	澤山咸
31	䷞	艮下	**택산함**

택산함괘(澤山咸卦)는 상괘가 못(澤) 또는 소녀(少女)를 상징하는 태괘(兌卦: ☱)이고, 하괘가 산(山) 또는 소남(少男)을 상징하는 간괘(艮卦: ☶)로, 이는 못 아래에 산이 있는 형상이다. 함(咸)은 모두를 뜻하지만, 감(感)과 통용되어 감응(感應)의 의미를 지닌다. 기쁨의 도는 스스로 바름을 갖추고 있다. 바름의 도에는 진정한 기쁨이 있으며, 공손하면서도 움직이고 굳셈과 유순함이 모두 호응하는 것이 기쁨이다. 따라서 괘상은 산 위에 못이 있는 택산(澤山) 상이요 괘명은 남녀가 만나서 기뻐하는 함(咸)이다.

함괘(咸卦)는 젊은 여자인 태괘(兌卦: ☱)가 위에 있고 젊은 남자인 간괘(艮卦: ☶)가 아래에 있어, 남자는 독실하고 여자는 기뻐하며 감응하는 상이다. 소남과 소녀가 함께 있으니 감응과 공감이 있다. 소남은 독실하고 성실하여 소녀와 교류하고, 소녀는 기쁨으로 소남에게 감응하여 남녀가 가까워지고 부부가 된다. 함괘는 여섯 효가 모두 정응(正應)이고, 젊은 남녀 사이의 강렬한 교감을 상징하는 혼인괘(婚姻卦)이다.

상경의 30괘는 천도(天道)를 다루고, 하경의 34괘는 인도(人道)를 다룬다. 상경은 천지에서 시작하고, 하경은 소남(少男)과 소녀(少女)에서 시작한다. 함괘(咸卦)에서 두 젊은 남녀가 서로 사귀는 것은 부부의 시작으로, 남자가 먼저 여자에게 겸손하면 혼인의 도가 이루어진다. 초효는 함기무(咸其拇)로, 이는 여자의 엄지발가락이 바깥 남자에게 향하는 상황이니, 더욱 감응하면 길하다. 이효는 함기비(咸其腓)로, 이는 장딴지에서 느끼는 상황이니, 경거망동하지 않고 자중하면 길하다. 삼효는 함기고(咸其股)로, 넓적다리에서 느끼는 상황이니, 남의 뜻을 따라 행하면 후회한다. 사효는 동동왕래(憧憧往來)로, 이는 자주 왕래하면 벗이 나의 생각을 따르는 상황이니, 마음으로 연모하고 자주 왕래하면 후회가 없다. 오효는 함기매(咸其脢)로, 이는 등살에서 느끼는 상황이니, 사심이 없이 행한다면 후회가 없다. 육효는 함기보협설(咸其輔頰舌)로, 이는 볼, 빰과 혀에서 느끼는 상황이니, 진실이 없는 말은 사람들을 감동시키지 못한다.

■ 괘사

함 형 이정 취녀 길
咸은 亨하고 利貞하니 取女면 吉하니라

함(咸)은 형통하고 바르게 함이 이로우니 여자를 취하면 길하다.

▶ 咸: 다 함, 느끼다. 取: 가질 취, 장가들다. 吉: 운이 좋다, 착하다.

☑ 함형 이정 취녀길(咸亨 利貞 取女吉)

함(咸)은 느낌[感], 감응(感應)의 뜻이 있다. 감응이란 느낌을 받아 마음이 움직이는 것이다. 남자와 여자가 사귀어 서로 감응하면 형통하다. 형통(亨通)하다는 말은 모든 일이 뜻과 같이 잘 되어 가다는 뜻이며, 길(吉)하다는 목적을 이루다는 뜻이다.

남녀가 바르게 만나 친해지고 부부가 되어 가정을 이루면 형통하다(咸亨). 남녀가 바르게 만나 바른 도를 지키면 이롭다(利貞). 바른 도를 지키지 않으면 방탕하고 부정하게 된다. 예를 들면, 남녀가 야합하는 것은 감응을 바르게 하지 않는 것이다. 여자를 취하면 길함(取女吉)은 동적인 소남이 먼저 정적인 소녀를 맞아 들이는 것이다. 따라서 괘상은 남녀가 서로 감응하고 있는 상으로, 점사는 바르게 만나면 길하다.

■ 괘사에 대한 단전

단왈 함 감야
彖曰 咸은 感也니라
유 상 이 강 하   이 기 감 응 이 상 여
柔上而剛下하니 二氣 感應以相與하니라
지 이 열   남 하 녀   시 이 형 리 징 취 녀 길 야
止而說하고 男下女라 是以 亨利貞 取女吉也니라
천 지 감 이 만 물   화 생   성 인   감 인 심 이 천 하 화 평
天地 感而萬物이 化生하고 聖人이 感人心 而天下和平하나니
관 기 소 감 이 천 지 만 물 지 정   가 견 의
觀其所感 而天地萬物之情을 可見矣리라

「단전」에서 말했다. 함(咸)은 감응이다. 유가 위로 올라가고 강이 아래로 내려와 두 기운이 감응하여 서로 돕는다. 그치고 기뻐하며 남자가 여자에게 낮춘다. 이 때문에 형통하므로 바르게 함이 이로워 여자를 취하면 길하다. 천지가 감응하면 만물이 변화하여 생겨나고 성인이 사람의 마음을 감응시켜 천하

가 화평해지니, 감응하는 바를 관찰하면 천지만물의 실정을 알 수 있다.

▶ 感: 느낄 감, 감응하다, 감동하다. 取: 가질 취, 장가들다. 與: 더불 여/줄 여, 친하다, 돕다.

☑ 함감야(咸感也)

함(咸)이란 감응이다(咸感也). 느낄 수 있는 것은 마음이다. 마음이 있어야 느낄 수 있기 때문에 함(咸)자에 심(心)을 더하여 감(感)이 된다. 공감하면 느낄 수 있으므로 함(咸)은 느낌이다. 감응(感應)이란 어떤 느낌을 받아 마음이 따라 움직이는 것이다.

☑ 유상이강하(柔上而剛下)

유순한 음이 올라가 굳센 양을 변화시켜 태괘(兌卦: ☱)를 이루고, 굳센 양이 내려와 유순한 음을 변화시켜 간괘(艮卦: ☶)를 이룬다. 음과 양이 서로 사귀므로, 남녀가 서로 느끼는 것이다. 태괘인 여자가 위에 있고 간괘인 남자가 아래에 있으니, 유순함이 위에 있고 굳셈이 아래에 있는 것이다(柔上而剛下).

☑ 이기 감응이상여(二氣 感應以相與)

여(與)는 친밀한 관계에서 돕다를 의미한다. 강유(剛柔)의 두 기운이 서로 감응하여 친밀함을 느끼고 서로 교감하고 돕는다(二氣 感應以相與). 따라서 굳센 양이 부드러운 음으로 변화하면서, 소남과 소녀가 서로 교감하며 기쁨을 나눈다.

☑ 지이열 남하녀(止而說 男下女)

소남이 내려가 그치고 소녀가 기뻐함(止而說)은 남녀가 서로 감응하여 기쁨을 나누는 상황을 묘사한다. 간괘(艮卦: ☶)가 아래에서 그치고 태괘(兌卦: ☱)가 위에서 기쁘게 하는 것은 서로가 조화롭고 상호호응하는 모습을 보여준다. 굳센 양이 낮추고 부드러운 음이 화답하는 것은 부부가 함께 혼인의 길을 걷는 것이다. 남자가 여자에게 공손함을 표현하고(男下女), 여자가 이에 대해 화답하는 것은 부부가 서로에게 청혼하는 모습을 상징한다.

☑ 시이형리정 취녀길야(是以亨利貞 取女吉也)

남자가 여자에게 청혼하면 여자가 남자에게 응하여 형통하니, 바른 도에 부합하고 여자를 아내로 맞이하여 길하다(是以亨利貞 取女吉也).

☑ 천지 감이만물화생(天地 感而萬物化生)

화생(化生)은 형상이나 기능이 바뀌어 다르게 되는 변화이다. 천지는 두 기운이 사귀어 감응하여 만물을 변화하고 생기게 한다(天地 感而萬物化生). 건괘와 곤괘가 사귀어 변화하면 천지에 만물이 생겨나게 된다.

☑ 성인 감인심 이천하화평(聖人 感人心 而天下和平)

성인은 진심으로 사람들의 마음을 감동시켜서 천하가 화평해진다(聖人 感人心 而天下和平). 사람들의 마음이 화평해지는 까닭은 성인이 민심을 읽고 나라를 다스리니, 나라가 화평해져 백성들이 감동했기 때문이다.

☑ 관기소감 이천지만물지정 가견의(觀其所感 而天地萬物之情 可見矣)

천지가 사귀어 감응하여 만물을 화생하는 이치와 성인이 사람의 마음을 감동시켜 화평함을 이루는 도를 관찰하면(觀其所感) 천지 만물의 실정을 알 수 있다(而天地萬物之情 可見矣). 따라서 서로 감응하는 상을 관찰하면 천지만물이 변화하는 원리를 터득할 수 있다.

▌괘사에 대한 대상전

^{상 왈 산 상 유 택 함 군 자 이 허 수 인}
象曰 山上有澤이 咸이니 君子 以하여 虛受人하니라

「상전」에서 말했다. 산 위에 못이 있는 것이 함(咸)이니, 군자는 이를 본받아서 (마음을) 비워 남의 (좋은 언행)을 받아들인다.

▶ 虛: 빌 허 受: 받을 수

☑ 산상유택 함(山上有澤 咸)

함괘의 상괘가 못을 나타내는 태괘(兌卦: ☱)이고, 하괘가 산을 나타내는 간괘(艮卦: ☶)이므로, 산 위에 못이 있는 것이 함괘이다(山上有澤 咸). 산 위에 못이 있고 물이 아래로 흘러 산을 적시므로 감응하는 이유가 된다.

☑ 군자이 허수인(君子以 虛受人)

　군자가 함괘의 상을 본받아 마음을 비워서 남의 좋은 언행을 받아들인다(君子 以虛受人). 따라서 마음을 비우는 것은 자신의 주장을 없애는 것이니, 마음에 사사로운 주장이 없어야 감응할 수 있다.

■ 초육 효사와 소상전

초 육　　함 기 무
初六은 咸其拇라
상 왈　함 기 무　　지 재 외 야
象曰 咸其拇는 志在外也라

초육은 엄지발가락에서 느낀다.「상전」에서 말했다. "엄지 발가락에서 느낌"은 뜻이 밖에 있기 때문이다.

▶ 拇: 엄지손가락 무, 엄지발가락

☑ 함기무(咸其拇)

　무(拇)는 엄지발가락으로 감응이 처음으로 나타내는 곳이다. 발끝이 향하는 쪽이 중심 인물이거나 매력적인 인물이 있는 곳이다. 초육이 감응을 느끼는 대상은 정응하는 구사다. 초육은 엄지발가락에서 느낀다(咸其拇)는 것은 초육 음이 구사 양과 감응하는 것이다. 사람은 감응하면 끌리는 상대에게로 엄지발가락이 향한다.

☑ 함기무 지재외야(咸其拇 志在外也)

　엄지발가락에서 느끼는 대상은 구사이다(咸其拇). 초육은 내괘이고 구사는 외괘에 속하므로 뜻이 밖에 있음(志在外也)은 초육이 구사에 대해 감응하고 있는 것이다. 즉, 집안의 여자가 바깥 남자에게 마음이 끌리고 있다. 초육과 구사는 호응하지만 느끼는 정도가 아직 미약하다. 따라서 여자의 엄지발가락이 바깥 남자에게 향하는 상으로, 점사는 더욱 감응하면 길하다.

▌육이 효사와 소상전

六二_는 咸其腓_면 凶_{하니} 居吉_{하리라}
象曰 雖凶居吉_은 順_{하면} 不害也_라

육이는 장딴지에서 느끼면 흉하니, 그대로 있으면 길하다. 「상전」에서 말했다. "비록 흉하더라도 그대로 있으면 길함"은 순응하면 해롭지 않기 때문이다.

▶ 腓: 장딴지 비   吉: 운이 좋다, 착하다.

☑ 함기비흉 거길(咸其腓凶 居吉)

　엄지발가락의 감응은 마음이 끌리는 시작 단계라면 장딴지의 감응은 끌려가는 단계다. 육이는 중도를 지켜야 할 처지인데도 장딴지가 감응하여 그대로 끌려가면 흉하다(咸其腓凶). 장딴지는 홀로 움직일 수 없으나, 넓적다리가 움직이면 따라서 움직인다. 이는 자신은 확실한 의지가 없고, 다른 사람을 따라 움직이는 것이다. 육이는 먼저 움직이지 않고 구오의 감응을 기다린다면, 나아가고 물러나는 도를 얻어 길하게 된다(居吉).

☑ 수흉거길 순불해야(雖凶居吉 順不害也)

　육이가 비록 흉하더라도 그대로 있으면 길한 이유(雖凶居吉 順不害也)는 순리대로 하면 해롭지 않기 때문이다. 도를 지키되 먼저 움직이지 말라는 경계이다. 따라서 효상은 장딴지에서 느끼는 상으로, 점사는 경거망동하지 않고 신중하면 길하다.

▌구삼 효사와 소상전

九三_은 咸其股_라 執其隨_니 往_{하면} 吝_{하리라}
象曰 咸其股_는 亦不處也_니 志在隨人_{하니} 所執_이 下也_라

구삼은 넓적다리에서 느낀다. 따르는 이에게만 집착하니 가면 부끄럽다. 「상전」에서 말했다. "넓적다리에서 느낌"은 또한 그대로 머물러 있지 않음이니, 뜻이 남을 따르는 데에 있으므로 집착하는 바가 낮다.

▶ 股: 넓적다리 고 執: 잡을 집 隨: 따를 수 吝: 아낄 린(인), 부끄러워하다.

☑ 함기고 집기수 왕린(咸其股 執其隨 往吝)

　　구삼은 하괘의 끝에 있어 넓적다리가 된다. 넓적다리는 자신의 뜻이 아니라 상부의 뜻에 따라 움직인다. 즉, 윗사람의 뜻에 따라 행동한다. 쫓아가는 장딴지의 감응에서 구삼은 넓적다리에서 감응하는(咸其股) 단계로 발전한다. 넓적다리는 상부가 움직이는 대로 따라갈 수밖에 없어서 끌리는 여자를 저절로 쫓아간다.

　　구삼은 하괘 간괘(☶)의 주체로 마땅히 멈추어야 하는데도 넓적다리를 쫓아 움직이면 뉘우침이 있다. 따르는 상대에게만 집착하니(執其隨) 멈추어야 하는데 따라가면 부끄럽다(往吝). 넓적다리는 몸통의 아래와 발의 위에 있어서 자유로울 수 없으므로 구삼은 스스로 상대를 따르는 것이다. 따라서 지나치게 집착하면 속되고 바른 도가 아니므로 후회한다.

☑ 역불처야 지재수인 소집하야(亦不處也 志在隨人 所執下也)

　　구삼은 양으로서 양의 자리에 있으니 넓적다리가 감응하는데 가만히 있지 않음(亦不處也)은 상대에게만 고집스럽게 집착하는 것이다. 따르는 이를 잡으려면 뜻은 따르는 상대에게 있는 것이다(志在隨人). 지나치게 집착하면 잡는 수준이 낮아(所執下也) 후회한다. 상대방과 감응할 때까지 절제하는 것이 상대방을 잡는 것이다. 따라서 효상은 넓적다리에서 느끼는 상으로, 점사는 남의 뜻을 따라 행하면 후회한다.

▌ 구사 효사와 소상전

구 사　　정 길　　　회 망
九四는 貞吉하여 悔亡하리니
동 동 왕 래　　붕 종 이 사
憧憧往來면 朋從爾思리라
상 왈　정 길 회 망　　미 감 해 야　　동 동 왕 래　　미 광 대 야
象曰 貞吉悔亡은 未感害也오 憧憧往來는 未光大也라

구사는 바르게 하면 길하여 후회가 없다. 자주 왕래하면 벗이 네 생각을 따를 것이다. 「상전」에서 말했다. "바르게 하면 길하여 후회가 없음"은 느낌이 아직 해롭지 않기 때문이고, "자주 왕래함"은 아직 광대하지 못하기 때문이다.

▶ 悔: 뉘우칠 회 亡: 망할 망, 없어지다. 憧: 동경할 동/자주 동 爾: 너 이

☑ 정길회망(貞吉悔亡)

엄지발가락은 맨 아래에 있으면서 움직임이 미약하고, 장딴지는 먼저 움직이며, 넓적다리는 몸을 따르고, 마음은 완전히 교합한다. 구사는 상괘에 있어 감응의 대상이 마음에 해당한다. 구사와 초육은 바름을 잃고 마음이 불안정하므로 바람난 사람같다. 마음으로 연모하여 바르게 하면 길하여 후회가 없으나(貞吉悔亡) 마음으로 연모하지 않고 육체적 쾌락만을 추구하면 후회가 있다.

☑ 동동왕래 붕종이사(憧憧往來 朋從爾思)

자주 행동을 왕래하니(憧憧往來) 벗이 네 생각을 따른다(朋從爾思). 즉, 남자가 교합할 때 동작을 반복하니(憧憧往來) 여자가 남자에게 감응을 받는다(朋從爾思). 붕(朋)은 초육 상대방이고, 이(爾)는 구사 본인이다. 즉, 상대방이 나의 생각을 따르게 된다.

☑ 정길회망 미감해야(貞吉悔亡 未感害也)

바르게 하면 길하여 뉘우침이 없음(貞吉悔)은 마음으로 연모하여 바르게 하면 느낌이 해롭지 않다(未感害也)

☑ 동동왕래 미광대야(憧憧往來 未光大也)

자주 행동을 왕래하는 것(憧憧往來)은 본능적인 행동만을 추구하는 것이므로 아직 광대한 감응이 없다(未光大也). 바르지 못하면서 감응하면 해로움이 있다. 감응은 해로움이 되지 않으나 애정 없는 교합은 해가 된다. 따라서 효상은 자주 왕래하면 벗이 나의 생각을 따르는 상으로, 점사는 마음으로 연모하고 자주 왕래하면 후회가 없다.

▌구오 효사와 소상전

九五는 咸其脢니 无悔리라
象曰 咸其脢는 志末也라

구오는 등살에서 느끼니 후회가 없다. 「상전」에서 말했다. "등살에서 느낌"은 다른 뜻이 없기 때문이다.

▶ 脢: 등심 매　悔: 뉘우칠 회　末: 끝 말, 없다.

☑ 함기매 무회(咸其脢 无悔)

매(脢)는 등의 살이니 심장과 서로 등져서 보이지 않는 곳으로 자신과 느낌이나 의견이 다른 사람이다. 소남소녀가 합궁한 후 등살에서 느낌(咸其脢)은 보이지 않는 느낌이다. 등살에서 느끼는 것은 뼛속 깊이 느끼는 감응으로 그대로 수용하면 후회가 없다(无悔).

☑ 함기매 지말야(咸其脢 志末也)

등살에서 느낌은 다른 뜻이 없음(咸其脢 志末也)은 다른 생각을 하지 않고 등살과 감응하는 데만 뜻이 있다. 성인은 의견이 다른 사람을 감응시켜 나라를 화평하게 만든다. 따라서 효상은 등살에서 느끼는 상으로, 점사는 사심이 없이 행한다면 후회가 없다

■ 상육 효사와 소상전

상 육   함 기 보 협 설
上六은 咸其輔頰舌이라
상 왈   함 기 보 협 설   등 구 설 야
象曰 咸其輔頰舌은 縢口說也라

상육은 볼, 뺨과 혀에서 느낀다. 「상전」에서 말했다. "볼, 뺨과 혀에서 느낌"은 말을 입으로 하는 것이다.

▶ 輔: 도울 보, 광대뼈 頰: 뺨 협 舌: 혀 설 縢: 물 솟을 등, 말을 보내다. 說: 말씀 설

☑ 함기보협설(咸其輔頰舌)

간괘와 태괘가 밑에서부터 점차 위로 올라가서 서로 느끼는데 초육에서는 발가락이고, 육이에서는 장딴지, 구삼에서는 넓적다리, 구사에서는 심장, 구오에서는 등살, 상육에서는 볼, 뺨과 혀이다. 신체의 상하 모두가 처한 곳에서 느끼고, 상육에 이르게 되면 볼, 뺨과 혀가 되니 느끼는 도가 이미 지극하다. 그리하여 볼, 뺨과 혀에서 느낌(咸其輔頰舌)은 진실하지 않고 말로만 감동시키는 것이다.

☑ 함기보협설 등구설야(咸其輔頰舌 縢口說也)

말을 입으로써 하는 것이다(縢口說也). 마음이 아니라 입을 통한 말은 교묘한 말로 진실이 담겨 있지 않을 수 있다. 따라서 효상은 볼, 뺨과 혀에서 느끼는 상으로, 점사는 진실이 없는 말은 사람들을 감동시키지 못한다.

부부의 덕을 잇는 뇌풍항(雷風恒)

32		震上	雷風恒
		巽下	뇌풍항

　뇌풍항괘(雷風恒卦)는 상괘가 우레[震]를 상징하는 진괘(震卦: ☳)이고, 하괘가 바람[風]을 상징하는 손괘(巽卦: ☴)로, 이는 우레가 위에 있고 바람이 아래에 있는 상이다. 함괘(咸卦)가 남녀가 만나 감응하는 시기라면, 항괘(恒卦)는 부부가 되어 항구하는 시기이다. 항(恒)은 오래 간다는 뜻이다. 따라서 괘상은 위에는 우레가 있고 아래에는 바람이 있는 뇌풍(雷風) 상이요, 괘명은 오래가는 항괘(恒卦)이다. 항괘(恒卦)는 함괘(咸卦)의 위아래를 뒤집어 놓은 괘이다.

　함괘가 소남과 소녀의 연애 감정을 다룬 괘라면, 항괘는 장남과 장녀, 즉 성인 남녀의 부부 관계를 다룬 괘이다. 남녀의 연애 관계가 감응의 단계라면, 부부 관계는 평생을 해로하는 관계이므로 항(恒)이다. 항괘는 남녀 관계가 가정을 통해 오랫동안 지속될 수 있으며, 남자가 주도하고(☳) 여자가 순응(☴)함으로써 평온이 유지될 수 있다는 교훈이다.

　항괘(恒卦)는 바름을 지키는 것이 부부의 덕이다. 초효는 준항(浚恒)으로, 이는 처음부터 부부의 도가 항구하다고 믿는 상황이니, 처음부터 부부동심을 깊게만 구하면 흉하다. 이효는 회망(悔亡)으로, 이는 후회가 없어지는 상황이니, 중의 덕을 오랫동안 유지하면 후회가 없다. 삼효는 불항기덕(不恒其德)으로, 이는 덕을 항구하게 지키지 않는 상황이니, 바른 도를 오랫동안 지키지 않는다면 부끄럽다. 사효는 전무금(田无禽)으로, 이는 사냥을 하더라도 아무것도 잡지 못하는 상황이니, 성취하기 어렵다. 오효는 항기덕(恒其德)으로, 이는 덕을 항구하면 바르니 부인은 길하고 남편은 흉한 상으로, 부부의 바른 도를 지키지 않는다면 흉하다. 육효는 진항(振恒)으로, 이는 우레가 치고 비가 오는 상황이니, 얻는 것이 없이 흉하다.

괘사

^항恒은 ^형亨하여 ^{무구}无咎하니 ^{이정}利貞하니 ^{이유유왕}利有攸往하니라

항(恒)은 형통하여 허물이 없으니 바르게 함이 이로우니 가는 바를 둠이 이롭다.

▶ 恒: 항상 항　咎: 허물 구, 잘못, 재앙

☑ 항형무구(恒亨无咎)

　恒(항)은 心(마음 심)자와 亘(걸칠 궁)자가 결합한 글자로 늘 변치 않는 마음이다. 남녀가 만나고 부부가 되는 것은 항구한 도이고, 부부의 바른 도는 항구하니 형통하다(恒亨). 남녀가 만나 부부가 되는 것은 허물이 없다(无咎). 무구(无咎)는 과실이나 재앙이 없다는 뜻이다.

☑ 이정 이유유왕(利貞 利有攸往)

　항괘가 형통할 수 있는 까닭은 곧고 바른 도이기 때문으로, 부부가 바르게 함이 이롭다(利貞). 부부의 바른 도를 지키고 가정을 이끌어 살림하는 것이 이롭다(利有攸往). 부부간의 본분을 항상 지켜야 부부의 도가 항구하다. 따라서 우레는 위에 있고 바람은 아래에 있는 상으로, 점사는 항구하여 형통하다.

괘사에 대한 단전

^{단왈 항　구야}象曰 恒은 久也니라
^{강상이유하　뇌풍　상여}剛上而柔下하고 雷風이 相與하고
^{손이동　강유개응　항}巽而動하고 剛柔皆應이 恒이라
^{항형무구 이정　구어기도야}恒亨无咎 利貞은 久於其道也니
^{천지지도　항구이불이야}天地之道 恒久而不已也니라
^{이유유왕　종즉유시야}利有攸往은 終則有始也라
^{일월　득천이능구조　사시 변화이능구성}日月이 得天而能久照하며 四時 變化而能久成하며

성 인   구 어 기 도 이 천 하   화 성
聖人이 久於其道而天下 化成하니라
관 기 소 항 이 천 지 만 물 지 정   가 견 의
觀其所恒 而天地萬物之情을 可見矣리라

「단전」에서 말했다. 항(恒)은 (정도를) 오래함이다. 강이 위에 있고 유가 아래에 있으며, 우레와 바람이 서로 돕고, 공순하면서 움직이며, 강유가 모두 호응함이 항(恒)이다. "항(恒)은 형통하여 허물이 없으며 바르게 함이 이로움"은 그 도를 오래하는 것이니 천지의 도는 항구하여 그치지 않는다. "가는 바를 둠이 이로움"은 끝나면 시작이 있기 때문이다.

해와 달이 하늘에 의해 오래 비출 수 있으며, 사시(四時)가 변화하여 오래 이룰 수 있으며, 성인이 도를 오래해서 천하가 교화되어 이루어진다. 그 항구한 바를 보면 천지만물의 실정을 볼 수가 있다.

▶ 與: 더불 여/줄 여, 돕다, 같이하다. 已: 이미 이, 뿐, 그치다, 끝나다. 巽: 부드러울 손, 공순하다. 照: 비칠 조

☑ 항구야(恒久也)

항(恒)은 바른 도를 오래함이다(恒久也). 항구한 도는 변하지 않고 오래가는 바른 이치이다. 恒(항)이란 오랫동안 바른 길을 지키는 것이다.

☑ 강상이유하 뇌풍상여(剛上而柔下 雷風相與)

진괘(震卦: ☳)가 위에 있고, 손괘(巽卦: ☴)가 아래에 있다. 굳센 양이 위에 있고, 부드러운 음이 아래에 있음(剛上而柔下)은 항구한 도이다. 규범과 질서가 부부간에 있는 것이 부부관계의 항구한 도이다.

우레와 바람이 서로 도움(雷風相與)은 우레가 진동하면 바람이 부는 것은 서로 기다려 서로 돕는 것이다. 우레와 바람처럼 남녀는 부부가 되어 가정을 만들어 서로 위세를 더해주고 도와준다.

☑ 손이동 강유개응 항(巽而動 剛柔皆應 恒)

천리에 공손하면서 움직이는 것(巽而動)은 아래는 손괘(巽卦)로 부드럽고 위는 진괘(震卦)로 움직이니, 순응하면서 움직인다. 굳센 양과 부드러운 음이 모두 호응함이 항이다(剛柔皆應 恒). 부인이 집안에서 겸손하고 유순하고, 남편이 굳세어 밖에서 활동하는 것은 부부의 도이다. 부부는 가정을 이루고 서로 순응하고 협력하고 화합한다. 따라서 남자는 양강이고 여자는 음유로 음양이 호응해야 부부관계가 항구하다.

☑ 항형무구 이정 구어기도야(恒亨无咎 利貞 久於其道也)

항구한 도는 형통히여 허물이 없으니(恒亨无咎) 부부의 바른 도리를 지켜야 이롭다(利貞). 그 도를 오래 지키는 것이다(久於其道也). 항구한 도는 오랫동안 지키는 부부의 바른 도이며, 항구하지 못하면 형통할 수 없어서 허물이 있다. 무구(无咎)는 과실이나 재앙이 없다는 뜻이다.

☑ 천지지도 항구이불이야(天地之道 恒久而不已也)

천지의 도는 항구하여 그치지 않는다(天地之道 恒久而不已也). 천지가 그치지 않는 것은 항구한 도를 가지고 있기 때문이다.

☑ 이유유왕 종즉유시야(利有攸往 終則有始也)

끝나면 시작이 있기 때문에(終則有始也) 갈 바가 있음이 이롭다(利有攸往). 우레와 바람이 그쳤다 움직이는 것을 반복하듯이 끝나면 다시 시작하는 것은 항구함이다. 움직이면 끝났다가 다시 움직이니 항구한 까닭이다.

☑ 일월 득천이능구조(日月 得天而能久照)

해와 달은 가고 오고 차고 기울면서 오랫동안 비춘다(日月 得天而能久照). 오랫동안 비추면서 그치지 않는 것은 하늘의 이치에 순종하는 것이다(得天). 사람도 천지의 항구함을 본받아 바른 도를 지킨다.

☑ 사시변화이능구성(四時變化而能久成)

사시가 변화해서 오래 이룰 수 있음(四時變化而能久成)은 사계절이 끊임없이 변화하는 하늘의 운행이 항구적으로 지속되는 것이다. 따뜻하다가 더워지고, 서늘하다가 추워지며, 점진적으로 변화하고 순환하여 그치지 않으니, 항구하면서 변화한다. 사시(四時)는 음양의 기운으로, 가고 오고 변화하여 만물을 낳고 이루는 것이다.

☑ 성인구어기도 이천하화성(聖人久於其道 而天下化成)

교화(敎化)란 가르치고 이끌어서 좋은 방향으로 변화시키는 것이다. 성인이 오랫동안 천도의 법칙에 순응하여(聖人久於其道) 천하가 교화되어 백성들이 변화를 이룰 수 있게 한다(而天下化成). 따라서 성인이 천지의 바른 법칙을 오랫동안 지켜 천하는 교화되어 아름다운 풍속이 이루어진다.

☑ 관기소항 이천지만물지정 가견의(觀其所恒 而天地萬物之情 可見矣)

그 항구함을 봄(觀其所恒)은 해와 달이 오래 비추고, 사시가 오래 순환하고, 성인의 도가 항구하는 이치를 보는 것이니, 천지 만물의 실정과 이치를 알 수가 있다(地萬物之情 可見矣).

■ 괘사에 대한 대상전

상왈 뇌풍 항 군자 이 입불역방
象曰 雷風이 恒이니 君子 以하여 立不易方하니라

「상전」에서 말했다. 우레와 바람이 항(恒)이니, 군자는 이를 본받아 있어야 할 방소(方所)를 바꾸지 않는다.

☑ 뇌풍항 군자이 입불역방(雷風恒 君子以 立不易方)

군자는 우레와 바람이 서로 밀어주어 항(恒)을 이루는 상을 관찰해서 오래하는 도에 스스로 서서 그 방소를 바꾸지 않는다. 방(方)은 마땅히 있어야 하는 장소이다. 있어야 할 장소를 바꾸지 않음(立不易方)은 가야할 방향을 바꾸지 않는 것이다. 따라서 부부가 가정의 방소를 바꾸지 않고 항구함을 유지하여 백년해로를 하는 도를 지킨다.

■ 초육 효사와 소상전

초육 준항 정 흉 무유리
初六은 浚恒이라 貞하여 凶하니 无攸利하니라
상왈 준항지흉 시 구심야
象曰 浚恒之凶은 始에 求深也라

초육은 항을 깊게 한다. 바르게 하더라도 흉하니 이로운 바가 없다. 「상전」에서 말했다. "항을 깊게 하여 흉함"은 처음에 깊게 구하기 때문이다.

▶ 浚: 깊게 할 준, 준설하다.

☑ 준항 정흉 무유리(浚恒 貞凶 无攸利)

항의 도가 아직은 얕은 데 깊게 한다(浚恒). 괘의 처음은 얕음으로 아래에 있으면서 깊게 구함은 때를 알지 못하는 것이다. 결혼 초기부터 한마음 한뜻이 되기를 요구하면 오히려 저항이

생길 수 있어 흉할 수 있다. 일정한 적응 기간이 필요한데 처음부터 부부동심을 깊게만 구하면 흉하니 이로울 바가 없다(貞凶 无攸利).

☑ 준항지흉 시구심야(浚恒之凶 始求深也)

항구함을 깊게 하여 흉한 까닭(浚恒之凶)은 초육 아내가 처음부터 남편 구사가 항구함이 있다고 믿고 형세를 깊게 헤아릴 줄 모르기 때문이다(求深也). 결혼 초기에 배우자에 대한 이해가 부족하여 부부의 도에 적응이 안 되니 시간이 필요하다. 따라서 효상은 처음부터 부부의 도가 항구하다고 믿는 상으로, 점사는 처음부터 부부동심을 깊게만 구하면 흉하다.

▌ 구이 효사와 소상전

九二는 悔亡하리라 _{구 이 회 망}
象曰 九二悔亡은 能久中也라 _{상 왈 구 이 회 망   능 구 중 야}

구이는 후회가 없어진다. 「상전」에서 말했다. "구이가 후회가 없어짐"은 중도를 오래할 수 있기 때문이다.

▶ 悔 : 뉘우칠 회, 후회   亡 : 망할 망/없을 무

☑ 구이회망(九二悔亡)

구이는 굳센 양이 부드러운 음의 자리에 있어 바른 자리가 아니므로 후회가 있어야 하는데, 중을 얻어 정도를 지킨다. 부인이 강하여 남편과 화합하지 못할 수 있으나 부인이 중을 얻어 중도를 지키니 후회가 없어진다(悔亡). 따라서 구이 부인이 중도를 지키고, 육오 남편이 음효로 유순하니 흉하지 않다.

☑ 구이회망 능구중야(九二悔亡 能久中也)

구이가 가정에서 후회가 없어지는 까닭(九二悔亡)은 알맞음(中)에 항구할 수 있기 때문이다(能久中也). 육오 남편은 부드럽고 구이 부인은 강하니 가정에 불만이 있어 후회할 듯하다. 그러나 구이가 중을 얻었기 때문에 항구함을 지켜 후회가 없어진다. 따라서 효상은 후회가 없어지는 상으로, 점사는 중의 덕을 오랫동안 유지하면 후회가 없다.

구삼 효사와 소상전

 九三은 不恒其德이라 或承之羞니 貞吝하리라
象曰 不恒其德하니 无所容也로다

구삼은 그 덕을 항구하게 하지 않으면 혹 부끄러움이 이어지니 바르게 하더라도 부끄럽다. 「상전」에서 말했다. "그 덕을 항구하게 하지 않음"은 용납할 바가 없다.

▶ 承: 이을 승 羞: 부끄러울 수 吝: 아낄 린(인), 부끄러워하다. 容: 얼굴 용, 용납하다.

☑ 불항기덕 혹승지수(不恒其德 或承之羞)

구삼은 양이 양의 자리에 있어서 마땅한 자리를 얻었지만 지나치게 굳세고 중을 얻지 못해 덕을 항구하지 못한다. 혹자가 밖으로 나아가 외도하면서 덕이 항구하지 못하니(不恒其德) 부끄러움이 이어진다(或承之羞). 부정한 덕을 바르게 하더라도 부끄러울 수밖에 없다(貞吝).

☑ 불항기덕 무소용야(不恒其德 无所容也)

구삼이 양의 자리에 있어 강하기만 하고 중도를 얻지 못하였으니 덕을 항구하게 하지 않아(不恒其德) 부끄럽고 용납받을 수가 없다(无所容也). 구삼은 중용의 덕이 없고, 이익에 따라 바꾸기만 하니 받아주지 않아 후회한다. 따라서 효상은 덕을 항구하게 지키지 않는 상으로, 점사는 바른 도를 오랫동안 지키지 않는다면 부끄럽다.

구사 효사와 소상전

 九四는 田无禽이라
象曰 久非其位하니 安得禽也리오?

구사는 사냥을 하지만 새가 없다. 「상전」에서 말했다. 그 자리가 아닌 데에 오래하니 어찌 새를 잡을 수 있겠는가?

▶ 田: 밭 전, 사냥 禽: 새 금/사로잡을 금 安: 편안 안, 어찌, 어디에

☑ 전무금(田无禽)

사냥[田]은 산이나 들에서 짐승을 잡는 것이다. 구사는 마땅한 자리가 아닌 곳에 있다. 사냥을 하여도 잡은 새가 없으니(田无禽) 구사 남편이 본분을 다하지 않고 외도하여 살림이 어렵다.

☑ 구비기위 안득금야(久非其位 安得禽也)

사냥을 하지만 새가 없는 이유는 그 마땅한 자리가 아니기 때문이다(非其位). 남편 구사가 제자리에 있지 않고 외도를 하고 있다는 뜻이다. 어찌 새를 잡을 수 있겠는가(安得禽也)라는 말은 새를 잡을 수 없다는 뜻이다. 사냥은 남편의 몫이나 남편이 사냥을 못하여 살림이 더욱 어려워진다. 따라서 효상은 사냥을 하더라도 아무것도 잡지 못하는 상으로, 점사는 일을 하더라도 성취하기 어렵다.

■ 육오 효사와 소상전

六五는 恒其德이면 貞하니 婦人吉하고 夫子凶하니라
象曰 婦人은 貞吉하니 從一而終也라 夫子는 制義어늘 從婦하면 凶也라

육오는 그 덕을 항구하면 바르니 부인은 길하고 남편은 흉하다. 「상전」에서 말했다. 부인은 바르게 하여 길하니 한 사람을 따라 마치기 때문이고, 남편은 의에 맞게 해야 하는데도 부인을 따르면 흉하다.

▶ 制 : 절제할 제/지을 제, 다스리다, 주장하다, 따르다.

☑ 항기덕정 부인길 부자흉(恒其德貞 婦人吉 夫子凶)

덕(德)은 부부의 덕이다. 부부의 덕을 항구하게 지키면 바르게 된다(恒其德貞). 부인은 음인데 양의 자리에 있어 부인이 가정사를 주도하니 길하고(婦人吉), 남편은 자리를 부인한테 잃으니 흉하다(夫子凶). 부인이 주도권을 갖고 남편은 자리를 잃고 부인에게 시달리니 흉하다.

☑ 부인정길 종일이종야(婦人貞吉 從一而終也)

구이가 육오를 따르니 부인이 바른 도를 지켜 길하다(婦人貞吉). 부인이 따르는 덕은 한 사람을 따라 그 생을 마치는 것이다(從一而終也). 부인은 남편을 따르는 것을 바름으로 삼고, 유순함으로써 덕으로 삼으니, 마땅히 끝내 부부의 도를 지킨다. 신하가 임금에게 도리를 지키면

길하나, 임금이 신하에게 끌려다니면 흉하다.

☑ 부자제의 종부흉야(夫子制義 從婦凶也)

　　남편은 가장으로 일을 처리할 때 의로써 다스려야 한다(夫子制義). 그렇지 않고 부인의 뜻대로만 처리하면 흉하다(從婦凶也). 임금은 나라를 의로써 다스려야 하나, 신하의 뜻대로 처리하면 나라는 흉하다. 따라서 효상은 부인은 길하고 남편은 흉한 상으로, 점사는 부부의 바른 도를 지키지 않는다면 흉하다.

상육 효사와 소상전

상 육　　진 항　　　흉
上六은 振恒이니 凶하니라
상 왈　 진 항 재 상　　　대 무 공 야
象曰 振恒在上하니 大无功也로다

상육은 항구함이 진동하니 흉하다. 「상전」에서 말했다, 항구함이 진동함이 위에 있으니 크게 공이 없다.

▷ 振: 떨칠 진, 진동하다, 버리다.

☑ 진항흉(振恒凶)

　　상육은 항구함이 진동하니 흉하다(振恒凶). 이것은 부부가 이혼하여 가정이 파탄나는 것을 말한다. 초육은 항괘의 처음에 있어 깊게 함을 항구함으로 삼고, 상구는 항괘의 끝에 있어 절제가 없으니 항구함이 동요되어 흉하다.

　　진항(振恒)이란 가정으로 보면 부부의 인연이 파탄나는 것이고, 정치로 보면 민심을 반영하지 못한 법이나 정책을 제정하는 것이다. 민심을 반영하지 않고 법을 성급하게 제정하여 시행하면 백성들의 이해와 협조를 얻지 못해 저항에 봉착하게 된다.

☑ 진항재상 대무공야(振恒在上 大无功也)

　　공(功)이란 일을 수행하여 얻은 구체적인 결실을 뜻한다. 맨 아래에 있으면서 깊게 하려고 하는 것이나, 맨 위에 있으면서 항구함을 떨쳐 버리는 것(振恒在上)은 잘못이므로 공이 없는 것은 당연하다(大无功也). 항구한 도리를 잃었으니 부부의 연을 이어오던 공이 없게 된다. 따라서 효상은 우레가 치고 비가 오는 상으로, 점사는 얻는 것이 없이 흉하다.

물러나는 천산둔(天山遯)

| 33 | ䷠ | 乾上
艮下 | 天山遯
천산둔 |

천산둔괘(天山遯卦)는 상괘가 하늘[天]을 상징하는 건괘(乾卦: ☰)이고, 하괘가 산(山)을 상징하는 간괘(艮卦: ☶)로, 이는 하늘 아래에 산이 있는 상이다. 하늘은 조정으로, 산은 현인으로 비유한다. 현인은 초야에 은둔하고 지내는 자이다. 둔(遯)은 물러나다, 도피하다, 은퇴하다, 달아나다, 도망가다, 숨다의 뜻이다. 둔괘(遯卦)는 은둔을 뜻하는 괘로서 현인이 지위에서 물러나 세상을 피해서 산다는 뜻이 있다. 따라서 괘상은 하늘 아래 산이 있는 천산(千山) 상이요, 괘명은 물러나는 둔괘(遯卦)이다.

음(陰)은 아래에서 생겨 자라서 성하고 양(陽)은 사라져 물러가니, 소인의 기세가 성하고 군자는 이를 피한다. 소인이 아래로부터 득세해 올라오므로 군자가 그 세력에 밀려 스스로 물러서는 은둔의 괘이다. 둔괘는 나라가 허물어지는 모습을 돼지가 우리를 벗어나 도망가는 것으로 비유한다. 둔괘는 난세에 물러서는 괘로서 군자의 은둔에 초점을 맞춘다.

둔괘(遯卦)는 군자가 소인을 피해 은퇴하는 지혜를 준다. 초효는 둔미(遯尾)로, 이는 뒤쳐져 도망가는 상황이니, 움직이지 않고 조용히 있으면 재앙이 없다. 이효는 황우지혁(黃牛之革)으로, 이는 황소가죽으로 묶어 풀지 못하는 상황이니, 은퇴할 때가 오면 은퇴해야 한다. 삼효는 계둔(係遯)으로, 이는 사사로움에 매여 은퇴하는 상황이니, 완전히 물러나 미련을 갖지 않으면 위태롭지 않다. 사효는 호둔(好遯)으로, 이는 기꺼이 은퇴해야 하는 상황이니, 군자는 의를 지키고 은퇴할 것이다. 오효는 가둔(嘉遯)으로, 이는 아름다울 때 은퇴하는 상황이니, 공이 있을 때 은퇴하면 길하다. 육효는 비둔(肥遯)으로, 이는 마음 편히 여유 있게 은퇴하는 상황이니, 편한 마음으로 멀리 은퇴하면 이롭다.

▐ 괘사

둔　형　　소 리 정
遯은 亨하니 小利貞하니라

둔(遯)은 형통하니 조금 바르게 함이 이롭다.

▶ 遯: 달아날 둔(돈), 물러나다, 숨다, 피하다, 도망치다.

☑ 둔형 소리정(遯亨 小利貞)

　둔(遯)은 물러나다, 은퇴하다는 뜻이다. 둔괘(遯卦)는 소인의 세력이 성장하는 때이다. 소인이 득세하면 군자는 물러나야 오히려 편안하고 형통하다(遯亨). 난세에는 국운이 기울어 자신을 내세우지 말고 숨는 것이 이롭다. 그리하여 군자가 소인의 득세를 피해 물러나니 군자는 해로움을 받지 않는다.

　군자가 바르게만 주장하면 소인들이 위협하니 조금은 바르게 하면 이롭다(小利貞). 소인이 득세하면 군자는 물러나고, 너무 바르게만 하면 소인들이 협박하고 해를 가하니, 조금은 타협하는 것이 이롭다. 따라서 괘상은 물러나 도피하는 상으로, 점사는 후일을 기약하면 이롭다.

▐ 괘사에 대한 단전

단 왈 둔 형　　둔 이 형 야　　강 당 위 이 응　　　여 시 행 야
彖曰 遯亨은 遯而亨也나 剛當位而應이라 與時行也니라
소 리 정　　침 이 장 야　　둔 지 시 의　 대 의 재
小利貞은 浸而長也라 遯之時義 大矣哉라

「단전」에서 말했다. 둔(遯)이 형통함이란 물러나서 형통하나, 강이 마땅한 자리를 얻고 호응하여 때에 따라 행한다. "조금 바르게 함이 이로움"은 (음이) 점점 자라기 때문이다. 둔(遯)의 때와 뜻이 크도다.

▶ 浸: 잠길 침, 점점, 담그다.　與: 줄 여, 따르다.

☑ 둔형 둔이형야(遯亨 遯而亨也)

　둔괘(遯卦)는 소인이 세력을 얻어 점차 성장해지는 때이다. 주역은 양(陽)을 중시하니 양은 도망가는 것이 아니라 양의 본성을 지키기 위해 물러나는 것이다. 양은 물러나면서도 음을 교

화시킨다.

둔이 형통하다(遯亨)는 것은 소인의 세력이 자라날 때에 군자가 세상을 물러나야만 형통하다(遯而亨也). 소인과 맞서봐야 위태롭기만 하니 은둔해야 도를 지킬 수 있어 편안하다.

☑ 강당위이응 여시행야(剛當位而應 與時行也)

강이 존귀한 자리를 얻고 호응한다(剛當位而應). 구오가 양의 자리에 있으므로 자리가 마땅하고, 육이와 호응하니 아직은 은퇴할 때가 아니다. 때를 살펴 물러날 때 물러나야 한다(與時行也). 음양 및 사계절의 운행은 각기 때가 있는데, 음의 도가 장성하여 소인이 득세하는 때에 군자는 물러나 때를 기다린다.

☑ 소리정 침이장야(小利貞 浸而長也)

군자는 조금 바르게 함이 이로운 이유(小利貞)는 소인의 세력이 점점 성장하기 때문이다(浸而長也). 군자가 바른 도만 너무 지키려 하면 소인들이 협박하니 조금은 타협해야 한다.

☑ 둔지시의 대의재(遯之時義 大矣哉)

강해야 할 때는 강하고, 부드러워야 할 때는 부드러워야 하고, 물러나고 나아갈 때를 알아야 한다. 물러날 때는 상황이 맞아야 하고, 물러나면 완전히 물러나야 한다. 그래서 둔의 때와 뜻이 매우 크다(遯之時義 大矣哉). 따라서 군자는 물러날 때를 알아야 하고, 물러나면 완전히 물러나야 한다.

▌괘사에 대한 대상전

象曰 天下有山이 遯이니
君子 以하여 遠小人하되 不惡而嚴하니라

「상전」에서 말했다. 하늘 아래에 산이 있는 것이 둔(遯)이니, 군자는 이를 본받아 소인을 멀리하되 미워하지 않고 엄하게 한다.

▶ 惡: 악할 악/미워할 오 嚴: 엄할 엄

☑ 천하유산둔(天下有山遯)

둔괘(遯卦)는 상괘가 하늘인 건괘이고, 하괘가 산인 간괘이다. 하늘 아래에 산이 있는 것이 둔이다(天下有山遯). 산이 높더라도 하늘과는 멀리 떨어져 있고, 산이 아래에서 멈추고 하늘은 위로 올라가 서로 어긋나니 물러나는 상이다.

☑ 군자이 원소인 불오이엄(君子以 遠小人 不惡而嚴)

군자가 둔(遯)의 상을 본받아 물러나 소인을 멀리한다(君子以 遠小人). 군자가 소인을 미워하면 소인이 원망과 분노를 일으키므로 오히려 조심하고 위엄이 있으면 소인들이 공경하고 두려워할 줄 알게 된다.

군자가 소인을 미워하지 않고 도를 엄하게 지키는 것(不惡而嚴)이 소인을 멀리 대하는 도이다. 따라서 군자는 바르게 행동하고 소인을 멀리하면 원망과 재앙이 미치지 않으니 이것이 군자의 은둔이다.

■ 초육 효사와 소상전

 초 육　둔 미　려　　물 용 유 유 왕
初六은 遯尾라 厲하니 勿用有攸往이니라
상 왈　둔 미 지 려　　불 왕　　　하 재 야
象曰 遯尾之厲는 不往이면 何災也리오

초육은 뒤쳐져 물러서니 위태로우니, 가는 바를 두지 말아야 한다. 「상전」에서 말했다. "뒤쳐져 물러섬이 위태로우니" 가지 않으면 무슨 재앙이 있겠는가?

▶ 尾: 꼬리 미　厲: 갈 려(여), 위태롭다.　何: 어찌 하　災: 재앙 재

☑ 둔미려 물용유유왕(遯尾厲 勿用有攸往)

둔괘는 물러날 때이다. 도망가면서 뒤에 쳐져 있다면 위태롭다(遯尾厲). 뒤쳐져 도망가니 끝에 있는 자는 잡힐 것이다. 뒤쳐져 도망갈 바에야 차라리 더 이상 나아가서는 안 되며(勿用有攸往) 숨고 조용하게 기다려 재앙을 피한다. 가는 바를 둠(有攸往)은 중책을 맡아 뜻을 펼치는 것이다.

소인의 세가 점점 성대해질 때 빨리 피해야 하는데, 초육은 뒤쳐져 위험하다. 육이는 도피하고 초육은 그 꼬리가 된다. 도망갈 때에는 마땅히 앞서야 하는데 남의 뒤에 있게 되면 위태롭다. 초육은 물러서야 할 시기가 온 상황이나 음효로 민첩하지 못하고 결단성도 없어 뒤쳐진다.

　　뒤쳐져 물러섬이 위태롭다면(遯尾之厲) 도망가지 않으면 무슨 재앙이 있겠는가(不往 何災也)? 기미를 보고 먼저 도망가는 것은 좋으나, 뒤쳐져 도망가는 것은 위태롭다. 이미 위태롭다면 도망가지 말고 조용하게 머무르면 재앙을 면할 수 있다. 사과나 진퇴의 시기를 놓치면 더 위태로울 수 있다. 따라서 효상은 뒤쳐져 도망가는 상으로, 점사는 움직이지 않고 조용히 있으면 재앙이 없다.

■ 육이 효사와 소상전

六二는 執之用黃牛之革이라 莫之勝說이니라
象曰 執用黃牛는 固志也라

육이는 황소가죽으로 묶으니 이것을 풀 자가 없다. 「상전」에서 말했다. "황소가죽으로 묶음"은 뜻을 견고하게 하기 때문이다.

▶ 執: 잡을 집　革: 가죽 혁　勝: 이길 승　說: 말씀 설/벗을 탈

☑ 집지용황우지혁 막지승탈(執之用黃牛之革 莫之勝說)

　　육이는 유순하고 중정을 얻고 구오와 정응하나 소인이 득세하여 물러날 때이다. 집(執)은 맬 칩(繫)이요, 탈(說)은 벗을 탈(脫)이다. 소는 유순한 동물이나 그 가죽은 견고하다. 물러나려는 굳센 마음이 황소가죽으로 묶는 것처럼 견고하니(執之用黃牛之革) 이것을 풀 사람이 없다(莫之勝說). 은퇴하려는 의지가 매우 강하다는 뜻이다. 따라서 은퇴하려는 마음을 견고한 황소 가죽으로 묶는 것에 비유했다.

☑ 집용황우 고지야(執用黃牛 固志也)

　　황소가죽으로 묶는 까닭(執用黃牛)은 뜻을 견고하게 하기 때문이다(固志也). 은퇴하려는 마음과 뜻이 매우 견고한 것이 마치 황소가죽으로써 맨 것과 같다. 따라서 효상은 황소가죽으로 묶어 풀지 못하는 상으로, 점사는 은퇴할 때가 오면 은퇴해야 한다.

▌구삼 효사와 소상전

구삼 계둔 유질려 흑신첩 길
九三은 係遯이니 有疾厲하니 畜臣妾은 吉하니라
상왈 계둔지려 유질비야 흑신첩길 불가대사야
象日 係遯之厲는 有疾憊也오 畜臣妾吉은 不可大事也니라

구삼은 매어 있는 은퇴이니 괴롭고 위태로워 신첩을 기름이 길하다. 「상전」에서 말했다. "매어 있는 은퇴가 위태로움"은 괴롭고 고달픈 것이고, "신첩을 기름이 길함"은 큰 일을 할 수 없기 때문이다.

▶ 係: 맬 계 疾: 병 질, 괴로움. 畜: 짐승 축/기를 휵 憊: 고단할 비

☑ 계둔 유질려 흑신첩길(係遯 有疾厲 畜臣妾吉)

매어 있는 은퇴(係遯)는 공명이나 부귀에 매여 있는 은퇴의 뜻이다. 관직이나 명예를 잃는 것이 마음이 괴롭고, 소인들이 득세하여 위태롭다(有疾厲). 신첩(臣妾)은 신하나 가족으로 초육과 육이가 해당한다. 구삼은 물러나 집에서 신첩을 기르면 길하다(畜臣妾吉). 구삼은 자신을 따르는 초육과 육이가 붙들고 있어 은퇴할 수가 없게 되었다. 따라서 작은 일에 매여 있으면 큰 일을 할 수 없다.

☑ 계둔지려 유질비야(係遯之厲 有疾憊也)

구삼은 매어 있는 은퇴가 위험한 이유(係遯之厲)는 공명이나 부귀를 잃는 것이 괴롭고 고달프기 때문이다(有疾憊也). 그러나 물러날 때 물러나지 못하면 위태롭게 된다. 구삼은 물러나 은퇴하면 지금 하던 일에 매여 있지 말라는 경계이다.

☑ 흑신첩길 불가대사야(畜臣妾吉 不可大事也)

사사로운 감정으로 신첩을 기른다면 길한 것(畜臣妾吉)은 큰 일을 감당할 수 없기 때문이다(不可大事也). 구삼은 큰 일을 할 수 없다면 은퇴하여 차라리 신첩을 길러야 한다. 물러날 때에는 완전히 물러나 미련을 갖지 않는다. 따라서 효상은 사사로움에 매여 은퇴하는 상으로, 점사는 완전히 물러나 미련을 갖지 않으면 위태롭지 않다.

■ 구사 효사와 소상전

<ruby>九四<rt>구 사</rt></ruby>는 <ruby>好遯<rt>호 둔</rt></ruby>이니 <ruby>君子吉<rt>군 자 길</rt></ruby>하고 <ruby>小人否<rt>소 인 부</rt></ruby>하니라
<ruby>象曰<rt>상 왈</rt></ruby> <ruby>君子好遯<rt>군 자 호 둔</rt></ruby>하고 <ruby>小人否也<rt>소 인 부 야</rt></ruby>니라

구사는 기꺼이 은퇴하니 군자는 길하고 소인은 그렇지 않다. 「상전」에서 말했다. 군자는 기꺼이 은퇴하나 소인은 그렇지 않다.

▶ 好 : 좋을 호, 즐겨, 기꺼이   否 : 아닐 부/막힐 비

☑ 호둔 군자길 소인부(好遯 君子吉 小人否)

　구사는 아래로 초육과 호응하지만 건괘(乾卦: ☰)의 몸체로 강건하여 은퇴할 수 있는 상이다. 군자는 강건하여 기꺼이 은퇴할 수 있어(好遯) 미련 없이 물러나니 길하다(君子吉). 그러나 소인은 의로써 대처하지 못하여 사사로움에 빠져 물러나지 못하니 길하지 않다(小人否).

☑ 군자호둔 소인부야(君子好遯 小人否也)

　군자는 물러날 때를 알아 기꺼이 은퇴할 수 있어서(君子好遯) 의를 잃지 않으나, 소인은 사사로움에 매여 물러나지 못한다(小人否也). 군자는 세상을 파악하여 진퇴의 시기를 알기 때문에 은퇴를 기꺼이 할 수 있다. 따라서 효상은 기꺼이 은퇴해야 하는 상으로, 점사는 군자는 의를 지키고 은퇴할 것이다.

■ 구오 효사와 소상전

<ruby>九五<rt>구 오</rt></ruby>는 <ruby>嘉遯<rt>가 둔</rt></ruby>이니 <ruby>貞<rt>정</rt></ruby>하여 <ruby>吉<rt>길</rt></ruby>하니라
<ruby>象曰<rt>상 왈</rt></ruby> <ruby>嘉遯貞吉<rt>가 둔 정 길</rt></ruby>은 <ruby>以正志也<rt>이 정 지 야</rt></ruby>라

구오는 아름다운 은퇴이니 바르게 해서 길하다. 「상전」에서 말했다. "아름다운 은퇴이니 바르게 해서 길함"은 뜻을 바르게 하기 때문이다.

▶ 嘉 : 아름다울 가   吉 : 운이 좋다, 착하다.

☑ 가둔정길(嘉遯貞吉)

중(中)은 괘의 가운데 자리로 육이와 구오가 있다. 육이는 하괘의 중이되고, 구오는 상괘의 중이다. 정(正)은 양이 양의 자리에, 음이 음의 자리에 있는 것으로 정위(正位)라고 한다. 효가 제자리에 와서 합당하니 당위(當位)이고 그렇지 않으니 부당위(不當位)이다. 육이와 구오가 중과 정을 겸하는 것으로 각각 유순중정(柔順中正)과 강건중정(剛健中正)이라 한다. 중정(中正)은 중도를 바르게 행하여 길하고 바르다.

구오는 중정하여 아름답게 은퇴하는 자이다. 중정의 도를 얻어 때에 따라 그치고 행하니 아름다울 때 은퇴하고(嘉遯), 바르게 해서 길하다(貞吉). 아름다움은 공이 있음을 뜻하니 공이 있을 때 은퇴하는 것은 바른 도를 지키는 것이다. 따라서 군자는 박수칠 때 떠난다.

☑ 가둔정길 이정지야(嘉遯貞吉 以正志也)

아름다울 때 은퇴하니 바르게 하면 길한 이유(嘉遯貞吉)는 뜻을 바르게 하기 때문이다(以正志也). 구오는 양효 자리에 있어 바름을 얻었고 가운데에 있어 중도를 얻었다. 군자가 아름다울 때, 성공한 상황일 때 기꺼이 미리 은퇴한다. 따라서 효상은 아름다울 때 은퇴하는 상으로, 점사는 공이 있을 때 은퇴하면 길하다 .

■ 상구 효사와 소상전

상구 비둔 무 불 리
上九는 肥遯이니 无不利하니라
상 왈 비둔무불리 무 소 의 야
象曰 肥遯无不利는 无所疑也라

상구는 여유 있는 은퇴이니 이롭지 않음이 없다. 「상전」에서 말했다. "여유 있는 은퇴는 이롭지 않음이 없음"은 의심할 바가 없는 것이다.

▶ 肥: 살찔 비, 넉넉해지다. 疑: 의심할 의

☑ 비둔 무불리(肥遯 无不利)

비(肥)란 가득차 여유롭다는 뜻이다. 은퇴하는 자는 여유롭게 멀리 떠나가서(肥遯) 얽매인 바가 없어 이롭다(无不利). 상구는 굳센 양으로써 괘의 밖에 있고, 또 아래로 얽매이지 않아 여유 있게 은퇴하는 자이다. 여유 있는 은퇴(肥遯)는 편한 마음으로 물러난다는 뜻이다.

☑ 비둔무불리 무소의야(肥遯无不利 无所疑也)

여유 있는 은퇴는 이롭지 않음이 없음(肥遯无不利)은 의심할 바가 없는 것이다(无所疑也). 호응하는 음도 없고 얽매이는 음도 없기 때문에 여유 있고 마음이 편안하다. 따라서 효상은 마음 편히 여유 있게 은퇴하는 상으로, 점사는 편한 마음으로 멀리 은퇴하면 이롭다.

절제하는 뇌천대장(雷天大壯)

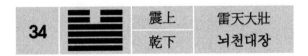

34		震上	雷天大壯
		乾下	뇌천대장

　　뇌천대장괘(雷天大壯卦)는 상괘가 우레[雷]를 상징하는 진괘(震卦: ☳)이고, 하괘가 하늘[天]을 상징하는 건괘(乾卦: ☰)로, 이는 우레가 하늘에 있는 상이다. 대(大)는 씩씩하다는 뜻으로 양이며 장(壯)은 왕성함이니, 대장(大壯)이란 양이 왕성한 괘이다. 괘상은 우레가 하늘에 있는 뇌천(雷天) 상이요, 괘명은 군자의 힘이 강해지는 대장(大壯)이다. 대장괘(大壯卦)는 둔괘(遯卦)가 거꾸로 뒤집어진 괘이다. 둔괘가 물러서는 괘라면, 대장괘는 세상으로 나아가 도전하는 괘다.

　　강한 양의 세력은 교만에 빠지기 쉽고 성급하여 일을 그르칠 위험이 있으므로, 대장은 올바름을 지켜야 이롭다. 둔괘는 음기가 자라나는 어려운 상황에서 자신을 보존하기 위해 물러서는 괘인 반면, 대장괘는 양기가 서서히 자라나 마침내 세상을 지배하는 상황에서 군자가 스스로 넘쳐나는 힘을 절제하는 괘다.

　　대장괘(大壯卦)는 시기와 상황에 맞게 도전하는 교훈이다. 초효는 장우지(壯于趾)로, 이는 발 기운이 장대한 상황이니, 힘만 믿고 나아간다면 흉하다. 이효는 정길(貞吉)로, 이는 바른 도를 지키는 상황이니, 중용의 덕을 지키면 길하다. 삼효는 용장용망(用壯用罔)으로, 이는 소인은 장대한 기운을 사용하나 군자는 소인의 장대한 기운을 막을 방도를 사용하는 상황이니, 해결할 방도를 사용하면 기회가 올 것이다. 사효는 번결불이(藩決不羸)로, 이는 울타리가 풀려서 걸리지 않는 상황이니, 장애물이 제거되니 바르게 하면 길하다. 오효는 상양우이(喪羊于易)로, 이는 양의 힘을 평온한 바른 도로 다스리는 상황이니, 중용의 덕을 지키면 후회가 없다. 육효는 불능퇴 불능수(不能退 不能遂)로, 이는 숫양이 울타리를 들이받아 울타리 사이에 끼여 물러설 수도 나아갈 수도 없는 상황이니, 상황을 자세히 살피면 장애물을 극복하여 길하다.

괘사

대 장　이 정
大壯은 利貞하니라

대장(大壯)은 바르게 함이 이롭다.

▶ 壯 : 장할 장, 굳세다, 씩씩하다.

☑ 대장이정(大壯利貞)

　대(大)는 씩씩하다는 뜻으로 양이고, 소(小)는 음이다. 대장(大壯)은 양이 넷으로 양의 세력
이 대단히 왕성하다. 하늘(☰)에서 우레(☳)가 진동하니 그 기세가 왕성하고 웅장하다. 군자는
이것을 보고 자신을 절제하고 예를 지킨다.
　대장의 도는 바르게 함이 이롭다(大壯 利貞). 군자는 바른 도를 지키고 중도를 행한다. 따라
서 괘상은 우레가 하늘에서 진동하는 상으로, 점사는 바르게 하면 이롭다.

괘사에 대한 단전

단 왈　대 장　　대 자 장 야　　강 이 동　고　　장
象曰 大壯은 大者壯也니 剛以動 故로 壯하니
대 장 이 정　　대 자 정 야　　정 대 이 천 지 지 정　　가 견 의
大壯利貞은 大者正也니 正大而天地之情을 可見矣리라

「단전」에서 말했다. 대장(大壯)은 큰 것이 장대하니, 강으로써 움직이기 때문에 장대하다. "대장(大
壯)은 바르게 함이 이로움"은 큰 것이 바르기 때문이다. 바르고 크면 천지의 실정을 볼 수 있다.

▶ 情 : 뜻 정, 본성, 실상, 사실, 진상, 이치, 진리

☑ 대장 대자장야(大壯 大者壯也)

　대장은 큰 것이 장대하다(大壯 大者壯也). 큼은 굳셈으로부터 비롯되고, 장대함은 움직임으
로부터 비롯된다(剛以動). 음은 작은 것이 되고, 양은 큰 것이 되고, 큰 것은 장대하다. 크고 또
장대하여 큰 일을 함이 장대함이다.

☑ 강이동 고장(剛以動 故壯)

하괘 건괘가 굳셈이고 상괘 진괘가 움직임이니 굳셈으로써 움직이기 때문에 장대하다(剛以動 故壯). 아래는 굳세고 위는 움직여서 대장이 되니, 큰 것이 장대해지고 장대함이 크게 된다.

☑ 대장이정 대자정야(大壯利貞 大者正也)

대장은 바르게 함이 이로운 이유(大壯利貞)는 큰 것이 바르기 때문이다(大者正也). 강대하고 정직해야(大正) 바른 도를 지킬 수 있다.

☑ 정대이천지지정 가견의(正大而天地之情 可見矣)

대(大)는 양이고 양은 정도를 지키니 바르다(大正). 천지의 실정은 자연이 크고 바르게 순환하는 것이다. 바르고 큰 것은 도이다. 천지의 장대한 실정을 볼 수 있다(天地之情可見). 따라서 바르고 큰 이치는 배우는 사람들이 묵묵히 알고 마음으로 깨달아야 한다.

▌ 괘사에 대한 대상전

象曰 雷在天上이 大壯이니
상 왈 뇌 재 천 상   대 장
君子 以하여 非禮弗履하니라
군 자 이   비 례 불 리

「상전」에서 말했다. 우레가 하늘 위에 있는 것이 대장(大壯)이니, 군자는 이를 본받아 예가 아니면 행하지 않는다.

▸ 履: 밟을 리(이)/신 리(이), 행하다.

☑ 뇌재천상 대장(雷在天上 大壯)

우레가 하늘 위에 있다(雷在天上)는 것은 상괘 진괘(震卦: ☳)가 우레이고, 하괘 건괘(乾卦: ☰)가 하늘이기 때문이다. 우레가 하늘 위에서 진동하면 그 기운이 굳건하고 웅장하다.

☑ 군자이 비례불리(君子以 非禮弗履)

예(禮)는 질서이며 법을 말한다. 군자는 우레가 하늘 위에서 진동하는 상을 보고 예가 아니면 행하지 않는다(君子以 非禮弗履). 군자가 굳건하고, 정도를 지키고, 천도를 따르고, 예가 아니면 행하지 않는다. 따라서 군자는 굳건하고 정직하게 바른 도를 실천한다.

▌ 초구 효사와 소상전

初九는 壯于趾니 征凶이 有孚리라
(초구) (장우지) (정흉) (유부)

象曰 壯于趾하니 其孚窮也로다
(상왈) (장우지) (기부궁야)

초구는 발에 (기운이) 장대하니 가면 반드시 흉하다. 「상전」에서 말했다. "발에 (기운이) 장대하니" 믿음이 다한 것이다.

▶ 趾 : 발 지, 발가락 征 : 칠 정 孚 : 미쁠 부, 반드시

☑ 장우지 정흉 유부(壯于趾 征凶 有孚)

초구는 굳센 양으로 씩씩하게 나가는 자이나, 아래에 있어 상황을 모르고 힘으로 움직이는 자이다. 부(孚)는 반드시를 뜻한다. 발에 기운이 장대하더라도(壯于趾) 그것은 몸 전체로 보아서는 약한 것이다.

왕(往)은 목표를 하고 간다, 정(征)은 바르게 나아간다는 뜻이다. 초구는 발의 힘만을 믿고 장대하게 나아가면 반드시 흉하다(征凶 有孚). 지나칠 염려가 있음을 경계한다. 지위가 없는 소인이 아래에 있으면서 장대하게 마음 먹고 난을 일으키면 흉하게 된다. 행하면 반드시 흉하게 되니 굳게 지켜 움직이지 말아야 한다.

☑ 장우지 기부궁야(壯于趾 其孚窮也)

발에 기운이 장대하니 장대하다는 믿음이 다한 것이다(壯于趾 其孚窮也). 발은 맨 아래에 있고 도와줄 자가 없으니 발이 장대하다고 믿고 함부로 행동하면 반드시 흉하게 된다. 초구는 가장 낮은 자리에 있으면서 장대함이 지나치면 오히려 화를 초래한다. 따라서 효상은 발 기운이 장대한 상으로, 점사는 힘만 믿고 나아간다면 흉하다.

▌ 구이 효사와 소상전

구이　　　정길
九二는 貞吉하니라
상왈　구이정길　　이중야
象曰 九二貞吉은 以中也라

구이는 바르게 해서 길하다. 「상전」에서 말했다. "구이는 바르게 해서 길함"은 중을 얻었기 때문이다.

▶ 貞 : 곧을 정, 굳다, 바르다.　吉 : 운이 좋다, 착하다.

☑ 정길(貞吉)

구이는 강한 양이 중을 얻었고, 육오와 호응하고, 기운이 장대하다. 힘이 굳건한 데도 바르게 해서 길하다(貞吉). 구이는 기운이 넘쳐 흘러도 양효의 기운을 절제하고 중도를 얻으니 길하다.

☑ 정길 이중야(貞吉 以中也)

바르게 해서 길한 까닭(貞吉)은 중도를 지키기 때문이다(以中也). 구이는 음의 자리에 굳센 양이 왔으나 굳센 힘을 사용하지 않고 중도를 지켜 길하다. 따라서 효상은 바른 도를 지키는 상으로, 점사는 중용의 덕을 지키면 길하다.

▌ 구삼 효사와 소상전

구삼　　소인용장　　　군자용망　　　정려
九三은 小人用壯이오 君子用罔이니 貞厲하니라
저양　　촉번　　　이기각
羝羊이 觸藩하여 羸其角이로다
상왈　소인용장　　　군자망야
象曰 小人用壯이오 君子罔也라

구삼은 소인은 장대한 힘을 쓰고 군자는 방도를 쓰니, 바르게 하더라도 위태롭다. 숫양이 울타리를 들이받아 그 뿔이 걸린다. 「상전」에서 말했다. 소인은 장대한 힘을 쓰고 군자는 방도를 쓴다.

▶ 用 : 쓸 용, 행하다.　罔 : 그물 망　羝 : 숫양 저　觸 : 닿을 촉, 떠받다.　藩 : 울타리 번　羸 : 여윌 리(이), 걸리다.

☑ 소인용장 군자용망 정려(小人用壯 君子用罔 貞厲)

구삼은 양이 양의 자리에 있고 건의 꼭대기에 있어 힘을 주체하기 어렵다. 소인들의 권세를 좌시하면 위험하므로 군자는 소인의 힘을 저지할 그물을 사용한다. 소인은 힘을 사용하나 군자는 한번 여과한다.

소인은 장대한 함을 행하고(小人用壯) 군자는 방도를 사용한다(君子罔也). 망(罔)은 소인의 왕성한 기운을 막을 방도이다. 소인은 넘쳐나는 기운을 억제하지 못하고 장대한 기운을 사용하여 세를 과시하지만, 군자는 소인의 장대한 기운을 막을 방도를 사용한다. 그러나 군자가 반드시 바른 도를 지키더라도 위태로운 까닭(貞厲)은 소인은 처신을 가볍게 하고 군자는 미루다 기회를 놓칠 수 있기 때문이다.

☑ 저양촉번 이기각(羝羊觸藩 羸其角)

이가 있는 동물은 물고, 뿔이 있는 동물은 들이받으며, 발굽이 있는 동물은 찬다. 양(羊)은 머리가 장대하고, 숫양은 뿔이 있어 들이받기를 좋아한다. 양이 울타리를 들이받는 이유는 울타리가 그 앞에 있기 때문이다. 숫양이 힘을 사용하여 울타리를 들이받으면(羝羊觸藩), 뿔이 울타리에 걸려 위태롭게 된다(羸其角). 숫양이 함부로 달려들다가는 난처하게 된다. 숫양[羝羊]은 자신의 힘을 믿고 날뛰는 소인이다. 따라서 굳셈과 씩씩한 기운만을 숭상하고 사용하면 결국은 꺾이고 곤궁함이 이르게 된다.

☑ 소인용장 군자망야(小人用壯 君子罔也)

소인은 장대한 힘을 행하고(小人用壯) 군자는 방도를 행한다(君子罔也). 소인은 장대한 힘을 사용하고, 군자는 소인의 장대한 기운을 막을 방도를 적절한 시기에 사용한다. 소인은 힘을 저지하지 못하고 힘으로 해결하나 군자는 소인의 힘을 막을 방도를 생각한다. 따라서 효상은 소인은 장대한 기운을 사용하나 군자는 소인의 장대한 기운을 막을 방도를 사용하는 상으로, 점사는 해결할 방도를 사용하면 기회가 올 것이다.

■ 구사 효사와 소상전

九四는 貞吉하여 悔亡하나니라
藩決不羸하며 壯于大輿之輹이로다

상왈 번결불리 상왕야
象曰 藩決不羸는 尙往也라

구사는 바르게 하면 길하여 후회가 없다. 울타리가 풀려서 (뿔이) 걸리지 않으며 큰 수레의 바퀴살이 튼튼하다. 「상전」에서 말했다. "울타리가 풀려서 (뿔이) 걸리지 않음"은 여전히 나아가기 때문이다.

▸ 決: 결단할 결, 열리다, 무너지다. 藩: 울타리 번 羸: 여윌 리(이), 걸리다, 휘감기다. 壯: 장할 장, 씩씩하다. 輹: 복토 복, 바퀴살 尙: 오히려 상, 여전히, 숭상하다.

☑ 정길회망(貞吉悔亡)

구사는 굳센 양이 자라서 지나치게 장대하다. 바르게 하면 길하여 후회가 없다(貞吉悔亡). 바르게 함은 힘의 사용을 억제하는 것이다.

☑ 번결불리 장우대여지복(藩決不羸 壯于大輿之輹)

울타리[藩]는 나라의 법도이고, 숫양[羝羊]은 득세하고 있던 강성한 소인이며, 바퀴살[輹]은 권력을 잃고 있던 대인들이다. 울타리가 훼손되어 풀려 있으니 숫양이 나갈 수 있다(藩決不羸). 바퀴살은 바퀴의 핵심 부속이다. 큰 수레의 바퀴살이 튼튼하면 수레가 튼튼하다(壯于大輿之輹). 큰 수레의 바퀴살이 단단하면 수레가 잘 굴러갈 수 있다.

☑ 번결불리 상왕야(藩決不羸 尙往也)

울타리가 풀려서 뿔이 걸리지 않음(藩決不羸)은 여전히 나아가기 때문이다(尙往也). 울타리가 풀리면 수레가 걸리지 않고 잘 굴러갈 수 있다. 군자는 유리한 때에 망설이지 말고 일을 추진해야 한다. 따라서 효상은 울타리가 풀려서 걸리지 않는 상으로, 점사는 장애물이 제거되니 바르게 하면 길하다.

▌ 육오 효사와 소상전

육오 상양우이 무회
六五는 喪羊于易면 无悔리라
상왈 상양우이 위부당야
象曰 喪羊于易는 位不當也라

육오는 양을 평온하게 대하여 (힘을) 잃게 하면 후회가 없다. 「상전」에서 말했다. "양을 평온하게 대하여 (힘을) 잃게 함"은 지위가 마땅하지 않기 때문이다.

▶ 易 : 바꿀 역/쉬울 이, 평온하다.

☑ 상양우이 무회(喪羊于易 无悔)

양은 무리를 지어 다니면서 들이받기를 좋아한다. 육오는 음으로 굳센 양의 자리에 있으니 그 자리가 마땅하지 않고, 힘으로 막는다면 통제하기 어렵다. 상양(喪羊)은 양의 힘을 잃게 한다는 말이다. 이(易)는 평온하게, 즉 양을 평온하게 다스리는 바른 도를 행한다.

양을 평온하게 대하여 양의 힘을 잃게 하여 양을 다스리면 후회가 없다(喪羊于易 无悔). 양을 평온하게 대하면 여러 양들이 굳센 힘을 쓸 곳이 없어 장대함을 잃으니 후회가 없다. 육오는 지위가 바르고 덕이 알맞으니 평온함을 사용하여 여러 양들이 비록 장대한 힘을 사용할 곳이 없어 굳세고 난폭한 기운을 굽힌다.

☑ 상양우이 위부당야(喪羊于易 位不當也)

양을 평온하게 대하여 양의 힘을 잃게 하는 이유(喪羊于易)는 지위가 마땅하지 않기 때문이다(位不當也). 지위가 마땅하지 않음은 처한 때가 마땅하지 않은 것이다. 육오 음이 양을 힘으로 막으려면 지혜가 필요하다. 군자가 소인의 힘을 꺾으려면 장성한 힘이 아니라 평온한 지혜인 바른 도이다. 따라서 효상은 양의 힘을 평온한 바른 도로 다스리는 상으로, 점사는 중용의 덕을 지키면 후회가 없다.

▌상육 효사와 소상전

上六은 羝羊이 觸藩하여 不能退하며 不能遂하여
无攸利니 艱則吉하리라
象曰 不能退不能遂는 不詳也오 艱則吉은 咎不長也라

상육은 숫양이 울타리를 들이받아서 물러갈 수도 없고 나아갈 수도 없어, 이로운 바가 없으니 어렵더라도 길하다. 「상전」에서 말했다. "물러갈 수도 없고 나아갈 수도 없음"은 살피지 않았기 때문이며, "어렵더라도 길함"은 허물이 크지 않기 때문이다.

▶ 遂: 드디어 수/따를 수   艱: 어려울 간   詳: 자세할 상, 자세히 헤아리다.

☑ 저양촉번(羝羊觸藩)

숫양은 들이받기를 좋아하는 짐승이다. 상육은 괘의 끝에 있어 장대함이 지나치니 숫양이 울타리를 들이받았다(羝羊觸藩). 숫양이 힘을 억제하지 못하고 날뛰며 울타리를 들이받다 뿔이 걸려 오도 가도 못하는 상황으로 상황이 더욱 악화되었다.

☑ 불능퇴 불능수(不能退 不能遂)

숫양이 울타리를 들이받았으니(羝羊觸藩) 숫양이 나아가면 몸이 걸리고, 물러가면 뿔이 걸려, 나아가고 물러남을 모두 할 수 없는 상황이 되었다(不能退 不能遂). 숫양이 울타리를 들이받아 진퇴양난에 빠졌으니 나아가는 바가 이롭지 않다(无攸利).

☑ 간즉길(艱則吉)

진퇴양난에 빠져 어렵더라도 장애물을 극복하면 길하다(艱則吉). 어려운 상황에서도 힘들여 애써 극복하면 오히려 길함을 얻을 수 있다.

☑ 불상야 구부장야(不詳也 咎不長也)

물러가지도 못하고 나아가지도 못한 까닭은 상황을 살피지 않았기 때문이다(不詳也). 어렵더라도 길한 이유(艱則吉)는 허물이 크지 않기 때문이다(咎不長也). 이는 스스로 변하면 바른 도를 얻어서 허물이 크지 않으니 곧 극복할 수 있기 때문이다. 자세하게 살피지 않음(不詳)은 진퇴의 이로움과 해로움을 살피지 않은 것이다. 따라서 효상은 숫양이 울타리를 들이받아 울타리 사이에 끼여 물러설 수도 나아갈 수도 없는 상으로, 점사는 상황을 자세히 살피면 장애물을 극복하여 길하다.

나아가는 화지진(火地晉)

35	䷢	離上 坤下	火地晉 화지진

　　화지진괘(火地晉卦)는 상괘가 불[火]을 상징하는 리괘(離卦: ☲)이고, 하괘가 땅[地]을 상징하는 곤괘(坤卦: ☷)로, 이는 불이 위에 있고 땅이 아래에 있는 상이다. 진(晉)은 나아가다는 뜻이다. 따라서 괘상은 해가 땅 위에서 나오는 화지(火地) 상이요, 괘명은 나아갈 진(晋)이다. 진괘(晉卦)는 임금이 덕으로 백성을 다스리니 백성들은 순종하게 되는 대길운의 괘이다. 대장괘는 장대해지는 때이나 진괘는 장성한 후에 나아가는 때이다.

　　진괘(晉卦)는 리괘가 곤괘 위에 있어 밝음이 땅 위로 나오는 모습을 나타낸다. 리괘(離卦: ☲)는 불을 상징하며, 불은 붙은 후 점점 치솟아 나아간다. 곤괘는 순종을, 리괘는 밝음을 뜻한다. 해가 땅에서 솟아 하늘로 올라가며 더욱 밝아지기 때문에 진(晉)은 나아가서 광명하고 성대하다는 의미가 된다. 진괘는 밝음을 향해 나아가 상승하는 도리를 뜻하는 괘이다. 진괘(晉卦)는 군자가 스스로 명덕을 밝혀 나아가 위로 상승하는 지도자의 도를 상징한다.

　　진괘(晉卦)는 지도자의 성공적인 실천 태도를 제시한 괘이다. 초효는 진여최여(晉如摧如)로, 이는 나아가거나 물러나는 상황이니, 아직은 한 일이 없어 허물이 없다. 이효는 진여수여(晉如愁如)로, 이는 나아가는 것이 근심스럽지만 조모로부터 큰 복을 받는 상황이니, 공로를 인정받아 길하다. 삼효는 중윤(衆允)으로, 이는 무리가 믿어 주는 상황이니, 유순한 덕으로 순종하면 후회가 없다. 사효는 진여석서(晉如鼫鼠)로, 이는 나아가는 것이 다람쥐와 같은 상황이니, 바르지 않고 탐욕을 부리면 위태롭다. 오효는 실득물휼(失得勿恤)으로, 이는 처음에는 민심을 잃는 상황이나, 공정하게 바른 도를 지키면 결국에는 길하다. 육효는 유용벌읍(維用伐邑)으로, 이는 무력으로 속국을 정벌하는 상황이니, 공적이 있더라도 부끄럽다.

▌ 괘사

晉은 康侯를 用錫馬蕃庶하고 晝日三接이로다
<small>진　강후　용석마번서　주일삼접</small>

진(晉)은 (나라를) 편안하게 다스리는 제후에게 말을 많이 하사하고, 하루에 세 차례 접견한다.

▶ 晉: 나아갈 진　康: 편안 강　侯: 제후 후　錫: 주석 석, 주다.　蕃: 우거질 번, 많다.　庶: 여러 서

☑ 진 강후용석마번서(晉 康侯用錫馬蕃庶)

진(晉)은 나아간다는 뜻이다. 해가 땅 위로 솟아 세상이 밝아지고 나라가 편안한 것은 제후가 나라를 잘 다스렸기 때문이다. 강후(康侯)는 나라를 편안히 다스리는 제후이다. 나라를 잘 다스린 제후에게 천자는 공을 쌓을 때마다 상을 주었는데, 여러 차례 말을 하사하였다(用錫馬蕃庶).

☑ 주일삼접(晝日三接)

하루에 세 차례 접견한다(晝日三接)는 것은 하사품을 여러 차례 받고 천자로부터 인정받았다는 뜻이다. 천자가 제후를 접견하는 예법은 하루 세 차례 접견이다. 천자가 제후를 인도하여 만나는 것이 정식 접견이다. 만나는 정식 절차가 끝나면 향연을 베풀고 명령을 전달하는 것이 향연 접견이다. 연회가 끝나면 천자가 노고를 치하하고 제후가 절을 하는 것이 치하 접견이다. 따라서 괘상은 말을 많이 하사받고 천자를 접견하는 상으로, 점사는 천자로부터 인정받았으니 길하다.

▌ 계사에 대한 단전

象曰 晉은 進也니
<small>단왈　진　진야</small>
明出地上하여 順而麗乎大明하고 柔進而上行이라
<small>명출지상　순이리호대명　유진이상행</small>
是以 康侯用錫馬蕃庶 晝日三接也라
<small>시이　강후용석마번서　주일삼접야</small>

「단전」에서 말했다. 진(晉)은 나아가는 것이니, 밝음이 땅 위로 솟아나서, 순종하여 큰 밝음에 붙고, 유순하게 나아가서 위로 올라간다. 이러한 까닭에 "나라를 편안하게 다스리는 제후에게 말을 많이 하사하고, 하루에 세 차례 접견한다."

▶ 麗: 고울 려(여)/걸릴 리, 붙다, 걸리다.

☑ 진진야(晉進也)

　진괘(晉卦)는 밝음이 땅 위로 솟아나 성대한 뜻이 있다. 진(晉)이 나아감(進也)은 밝음이 나아가서 성대하다는 뜻이다. 밝음이 땅 위로 솟아나 더욱 나아가서 성대해지기 때문에 진(晉)이 된다.

☑ 명출지상(明出地上)

　리괘가 곤괘 위에 있으니 밝음이 땅 위로 솟아난다(明出地上). 명(明)은 태양으로, 태양이 땅 위로 솟아 세상을 비추니 만물이 생장한다.

☑ 순이리호대명 유진이상행(順而麗乎大明 柔進而上行)

　리괘는 불이고 불은 붙으니, 불이 땅에 붙어 점점 치솟아 나아간다. 리괘는 밝고 곤괘는 순종한다. 밝음은 천자이고, 어진 제후는 천자에 순종하여 큰 밝음에 붙는다(順而麗乎大明). 백성이 유순하여 밝은 덕을 가진 군주에게 붙는 것이다. 유순하게 나아가서 위로 올라감(柔進而上行)은 제후가 위로 올라가고, 왕이 제후에게 말을 하사하는 것이다. 순종의 덕을 갖춘 신하가 위로 올라가 큰 밝음의 덕이 있는 군주에게 순종한다.

☑ 강후용석마번서 주일삼접야(康侯用錫馬蕃庶 晝日三接也)

　나라를 편안하게 다스리는 제후는 순종의 덕을 사용하여 천자로부터 여러 차례 말을 하사받고(康侯用錫馬蕃庶), 하루에 세 차례 접견하는 예우를 받는다(晝日三接也). 순종은 신하가 갖춰야 하는 덕이다. 천자는 위에서 다스리는 자이고 제후는 아래에서 다스리는 자로, 아래에 있으면서 큰 밝음의 임금에게 순종하므로 제후의 상이 된다.

▌계사에 대한 대상전

　　　　상 왈 명 출 지 상　　진　　군 자　이　　　자 소 명 덕
象曰 明出地上이 晉이니 君子 以하여 自昭明德하니라

「상전」에서 말했다. 밝음이 땅 위로 솟아나오는 것이 진(晉)이니, 군자는 이를 본받아 밝은 덕을 스스로 밝힌다.

▶ 昭: 밝을 소/비출 조, 밝히다

☑ 명출지상진(明出地上晉)

진괘는 리괘(離卦: ☲)가 위에서 빛나고 곤괘(坤卦: ☷)가 아래에 있어서 험준한 땅이 된다. 해가 땅 위로 솟아나와(明出地上) 점점 올라가 하늘에 붙어 빛나고 밝게 비추니, 만물이 모두 서로를 볼 수가 있다.

☑ 군자이 자소명덕(君子以 自昭明德)

진괘의 상은 해가 땅 위로 솟아오르는 상이다. 밝음이 땅 위로 솟아 나와서 더욱 성대해지는 상을 군자가 관찰하고, 스스로 자신의 명덕을 밝힌다(君子以 自昭明德). 명덕(明德)은 군자의 공명한 인품과 덕성이다. 해는 땅 속으로 들어가면 어둡지만 땅 위로 솟아나오면 밝듯이, 인간도 사욕에 사로잡혀 있으면 어둡지만 이를 버리면 밝은 덕이 빛난다. 따라서 군자가 밝음이 땅 위로 솟아나오는 상을 보고서 밝음을 깨달아, 스스로 자신의 명덕을 밝히고 세상을 화평하게 한다.

■ 초육 효사와 소상전

 初六은 晉如摧如에 貞吉하고 罔孚라도 裕无咎리라
象曰 晉如摧如는 獨行正也요 裕无咎는 未受命也라

초육은 나아가거나 물러나는 것을 바르게 하면 길하고, 믿어주지 않더라도 여유로우면 허물이 없다. 「상전」에서 말했다. "나아가거나 물러남"은 홀로 바른 것을 행하는 것이다. "여유로우면 허물이 없음"은 아직 명령을 받지 않았기 때문이다.

▶ 摧: 꺾을 최, 물러나다. 孚: 미쁠 부   裕: 넉넉할 유

☑ 진여최여(晉如摧如)

초육은 진괘의 아래에 있으니 나아가는 것이 시작이다. 초육은 음으로 아래에 있고 중정하지 못하니, 나아가고자 하지만 저지당하여 물러나는 상이다(晉如摧如). 초육이 나아가려고 하나 구사로부터 실력이 없다고 저지당한다.

☑ 정길 망부 유무구(貞吉 罔孚 裕无咎)

　나아가려는 뜻이 꺾이더라도 바른 도를 지키면 길하다(貞吉). 비록 진실로 남이 아직 초육을 믿어주지 않더라도 여유 있게 행동하면 허물이 없다(罔孚 裕无咎). 구사가 저지하더라도 정도를 지키면 허물이 없다.

☑ 독행정야 유무구 미수명야(獨行正也 裕无咎 未受命也)

　나아가거나 물러나는 것은 홀로 바른 것을 행하는 것이다(獨行正也). 여유로우면 허물이 없는 이유(裕无咎)는 아직 명령을 받지 않아 해야 할 직무가 없어 허물이 없기 때문이다(未受命). 아직은 임무를 받지 않아서 한 일이 없어 문제가 없다. 따라서 효상은 나아가거나 물러나는 상으로, 점사는 아직은 한 일이 없어 허물이 없다.

■ 육이 효사와 소상전

六二는 晉如愁如나 貞吉하리니 受玆介福 于其王母리라
象曰 受玆介福은 以中正也라

육이는 나아가는 것이 근심스럽지만 바르게 하면 길하니, 이 큰 복을 조모에게서 받는다. 「상전」에서 말했다. "이 큰 복을 받음"은 중정하기 때문이다.

▶ 愁: 근심 수　玆: 이 자　介: 낄 개, 크다.

☑ 진여수여 정길(晉如愁如 貞吉)

　여(如)는 의미가 없는 어조사이다. 육이는 아래에 있고 위에서 호응하여 끌어주는 자가 없으나 구사가 저지하여 나아가는 것을 근심한다(晉如愁如). 그러나 조급하지 않고 곧고 바르게 하면 길하다(貞吉). 육이는 유순하고 중정한 덕이 있고 정도를 지켜 결국 길하다.

☑ 수자개복 우기왕모(受玆介福 于其王母)

　왕모(王母)는 조모이며 지극히 높은 자로 육오이다. 육이는 위에 호응하여 끌어주는 자가 없으나, 사악하고 편벽한 구사의 대신이 저지하여 나아갈 수 없다. 그러나 육이는 중정한 도를 지키기 때문에 육오 조모로부터 큰 복을 받는다(受玆介福 于其王母).

☑ 수자개복 이중정야(受玆介福 以中正也)

큰 복을 받음(受玆介福)은 중정의 도를 행하기 때문이다(以中正也). 중정(中正)은 효가 중을 얻고 양이 양의 자리에 있어 중도를 바르게 행한다는 의미이다. 중정의 도를 지키고 관대한 마음으로 임하면 큰 복을 윗사람으로부터 받는다. 따라서 효상은 나아가는 것이 근심스럽지만 조모로부터 큰 복을 받는 상으로, 점사는 공로를 인정받아 길하다.

▌육삼 효사와 소상전

六三은 衆允이라 悔亡하니라
象曰 衆允之志는 上行也라

육삼은 무리가 믿어주니 후회가 없다. 「상전」에서 말했다. "무리가 믿어주는 뜻"은 위로 올라가기 때문이다.

▶ 允: 맏 윤/진실로 윤, 믿음

☑ 중윤회망(衆允悔亡)

육삼은 곤괘의 끝에 있어 지극히 유순하고, 아래 두 음효와 함께 위로 나아가고자 하므로 무리의 신임을 얻는다. 육삼은 무리의 지도자이고, 초육과 육이를 믿음으로 잘 이끌어 준다. 구사에게 막힘을 당하지만 무리에게 믿음을 얻으므로 후회가 없다(衆允悔亡).

☑ 중윤지지 상행야(衆允之志 上行也)

무리가 믿어주는 이유(衆允之志)는 위로 가려고 하기 때문이다(上行也). 상행(上行)은 위로 큰 밝음의 임금에 순종하여 붙는다는 뜻이다. 무리가 육삼을 믿고 뜻을 같이 하는 것은 그가 위로 올라가 임금을 따르기 때문이다. 따라서 효상은 무리가 믿어 주는 상으로, 점사는 유순한 덕으로 순종하면 후회가 없다.

▌ 구사 효사와 소상전

^{구사} ^{진 여 석 서} ^{정 려}
九四는 晋如鼫鼠니 貞厲하리라
^{상 왈} ^{석 서 정 려} ^{위 부 당 야}
象曰 鼫鼠貞厲는 位不當也라

구사는 나아가는 것이 다람쥐와 같으니 바르게 하더라도 위태롭다. 「상전」에서 말했다. "다람쥐와 같아서 바르게 하더라도 위태로움"은 지위가 합당하지 않기 때문이다.

▶ 鼫: 석서 석, 다람쥐 鼠: 쥐 서 厲: 갈 려(여), 위태롭다.

☑ 진여석서 정려(晉如鼫鼠 貞厲)

다람쥐는 음이 많고 양이 적어 탐욕스런 대신에 비유한다. 구사는 위아래의 네 음을 총괄하는 신하로서 포악하고 탐욕이 많은 자이다. 나아가는 것이 다람쥐와 같음(晉如鼫鼠)은 높은 자리를 정당하지 않은 방법으로 탐하는 소인배와 같다는 것이다. 구사가 위아래로 의심을 받으면서 높은 자리를 탐하여 바르게 하더라도 위태롭다(貞厲).

☑ 석서정려 위부당야(鼫鼠貞厲 位不當也)

다람쥐와 같아서 바르게 하더라도 위태로운 까닭(鼫鼠貞厲)은 지위가 합당하지 않기 때문이다(位不當也). 대신의 자리에 있으면서 바르지 않고 탐욕을 부리면 위태롭다. 따라서 효상은 나아가는 것이 다람쥐와 같은 상으로, 점사는 바르지 않고 탐욕을 부리면 위태롭다.

▌ 육오 효사와 소상전

^{육오} ^{회 망} ^{실 득 물 휼} ^{왕 길} ^{무 불 리}
六五는 悔亡하니 失得勿恤이니 往吉하여 无不利리라
^{상 왈} ^{실 득 물 휼} ^{왕 유 경 야}
象曰 失得勿恤은 往有慶也리라

육오는 후회가 없으니 잃고 얻는 것을 근심하지 말며, 나아가면 길하여 이롭지 않음이 없다. 「상전」에서 말했다. "잃고 얻는 것을 근심하지 않음"은 나아가는 데에 경사가 있기 때문이다.

▶ 勿: 말 물, 아니다, 없다. 恤: 불쌍할 휼, 근심하다.

☑ 회망 실득물휼(悔亡 失得勿恤)

육오는 중도를 얻고 리괘(☲)의 밝음과 곤괘(☷)의 순종이 있어 백성이 모두 순종하여 따르기 때문에 후회가 없다(悔亡). 육오는 나라를 공정하게 다스리면 민심을 잃고 얻음을 근심하지 말라(失得勿恤).

☑ 왕길무불리(往吉无不利)

공정하게 나라를 다스리면 길하여(往吉) 이롭지 않음이 없다(无不利). 나라를 다스리는데 한쪽으로만 치우치지 않고, 공정하게 바른 도를 지키면 길하고 이롭다.

☑ 실득물휼 왕유경야(失得勿恤 往有慶也)

잃고 얻음을 근심하지 않는 까닭(失得勿恤)은 나아가는 데에 경사가 있기 때문이다(往有慶也). 민심을 잃음과 얻음을 따지지 말고 공정하게 나아가면 길하고 경사가 있다. 실득(失得)은 육오가 공정하게 나라를 다스리면 처음에는 민심을 잃을 수 있으나 결국은 큰 공을 얻게 됨이다. 따라서 효상은 처음에는 민심을 잃는 상이나, 점사는 공정하게 바른 도를 지키면 결국에는 길하다.

▌상구 효사와 소상전

上九는 晉其角이니 維用伐邑이면 厲吉코 无咎이니 貞吝하니라
象曰 維用伐邑은 道未光也라

상구는 그 뿔에 나아가는 것이니, 오직 읍을 정벌하면 위태롭지만 길하고 허물이 없으며 바르게 하더라도 부끄럽다. 「상전」에서 말했다. "읍을 정벌함"은 도가 아직 빛나지 않기 때문이다.

▶ 維: 벼리 유, 오직, 생각하다. 伐: 칠 벌 吝: 아낄 린(인), 부끄럽다.

☑ 진기각(晉其角)

뿔[角]은 권력의 극한까지 올라가려는 큰 탐욕이다. 상구는 굳센 양으로 괘의 끝에 있어 뿔을 상으로 삼았으며, 양이면서 위에 있으니 굳셈이 지극하다. 상구는 뿔 위까지 나아간 것(晉其角)은 더 큰 욕심까지 이른 것이다. 짐승의 모습을 취한 것은 속국을 침범하는 것이 바르지 않기 때문이다. 굳셈이 지극하면 사납고 난폭해지고, 나아가는 것이 지극하면 조급해진다.

☑ 유용벌읍 려길 무구 정린(維用伐邑 厲吉 无咎 貞吝)

상구가 오직 읍을 정벌하면(維用伐邑) 비록 위태롭지만 길하고 또 허물이 없다(厲吉无咎). 읍을 정벌하는 것은 다스리는 속국을 토벌하니, 교화하지 않고 무력을 숭상한 것이 되기 때문에 바르더라도 결국 부끄럽다(貞吝).

☑ 유용벌읍 도미광야(維用伐邑 道未光也)

다스리는 속국인 읍을 정벌하는 것(維用伐邑)은 도가 아직 빛나지 않기 때문이다(道未光也). 비록 공적이 있더라도 다스리는 속국을 토벌하니 그 도가 광대하지 않기 때문에 부끄럽다. 따라서 효상은 무력으로 속국을 정벌하는 상으로, 점사는 공적이 있더라도 부끄럽다.

난세를 이기는 지화명이(地火明夷)

36	䷣	坤上 離下	地火明夷 지화명이

　지화명이괘(地火明夷卦)는 상괘가 땅[地]을 상징하는 곤괘(坤卦: ☷)이고, 하괘가 불[火]을 상징하는 리괘(離卦: ☲)로, 이는 땅이 위에 있고 불이 아래에 있어 태양이 땅 속에 빠져 들어간 형상이다. 명(明)은 밝음이고 이(夷)는 상함이니, 명이(明夷)란 밝음이 상처를 입는다는 뜻이다. 따라서 괘상은 태양이 땅 속으로 들어가는 지화(地火) 상이요, 괘명은 명이(明夷)이다. 명이괘(明夷卦)는 진괘(晉卦)의 위아래를 뒤집어 놓은 괘이다. 진괘는 밝은 군주와 어진 신하가 다스리는 치세(治世)의 시기를 나타내는 반면, 명이괘는 어리석고 어두운 군주가 나라를 다스리는 암흑의 난세(亂世)를 상징한다.

　명이괘는 어두운 괘로, 어두운 임금이 위에 있고 밝음이 상처를 입는 때를 의미한다. 어둡고 어리석은 임금인 암군(暗君)이 위에 있어, 명신(明臣)이 화를 당하는 시기이다. 명이괘는 밝은 빛이 손상되어 어둠이 지배하는 시기에, 세상이 어두워지니 자신을 내세우지 말고 자세를 바르게 하며 유순한 마음으로 대처해야 한다는 교훈을 담고 있다.

　명이괘(明夷卦)는 난세를 대처하는 지혜를 제시한 괘이다. 초효는 수기익(垂其翼)으로, 이는 충신들이 왕의 곁을 떠나 은거하는 상황이니, 밝음이 손상될 때 은거하면 이롭다. 이효는 이우좌고(夷于左股)로, 이는 왼쪽 다리를 다쳐 좋은 말을 타고 탈출하는 상황이니, 유순하고 바른 법칙에 맞으면 길하다. 삼효는 우남수 득기대수(于南狩 得其大首)로, 이는 은나라가 기울 때 남쪽으로 사냥하여 큰 머리를 얻는 상황이니, 서두르지 않고 어둠을 제거하면 큰 뜻을 얻을 것이다. 사효는 입우좌복(入于左腹)으로, 이는 미자가 왼쪽 배로 들어가서 대문의 뜰로 나오는 상황이니, 마음을 숨기고 때를 기다리면 길하다. 오효는 기자지명이(箕子之明夷)로, 이는 기자가 은나라를 지키려고 전력을 다하는 상황이니, 밝음을 드러내지 않는다면 재앙이 없다. 육효는 초등우천 후입우지(初登于天 後入于地)로, 이는 처음에는 하늘에 오르고 뒤에는 땅으로 들어간 상황이니, 지켜야 할 바른 도를 잃어 흉하다.

▌괘사

明夷는 利艱貞하니라

　　　　명 이　　　 이 간 정

명이(明夷)는 어려움을 (알고) 바르게 함이 이롭다.

▶ 明: 밝을 명　夷: 오랑캐 이, 상하다, 죽이다.　艱: 어려울 간

☑ 명이 이간정(明夷 利艱貞)

　명이(明夷)란 밝음이 상처를 입는다는 뜻이다. 밝음이 땅속으로 들어가는 것은 희망이 있는 이상적인 사회가 소인이나 임금의 전횡과 폭정으로 백성들이 도탄에 빠지는 난세가 되는 것이다. 어둠의 사회는 군자가 소인들에게 배척당하고 소인들이 득세하여 나라를 전횡하는 난세이다.

　명이(明夷)는 밝음이 땅속으로 들어가서 빛에 상처를 입히고 어둡게 하는 때이다. 군자는 명이(明夷)의 때에 어려움을 알고 바른 도를 지키는 것이 이롭다(利艱貞). 따라서 어려운 난세일 때 바름을 잃지 않아야 이롭다.

▌괘사에 대한 단전

象曰 明入地中이 明夷니

　　단 왈　명 입 지 중　　명 이

內文明而外柔順하여 以蒙大難이니 文王以之하니라

　내 문 명 이 외 유 순　　　 이 몽 대 난　　　 문 왕 이 지

利艱貞은 晦其明也라 內難而能正其志니 箕子以之하니라

　이 간 정　　회 기 명 야　　내 난 이 능 정 기 지　　기 자 이 지

「단전」에서 말했다. 밝음이 땅속으로 들어간 것이 명이(明夷)이다. 안은 문명하고 밖은 유순하여 큰 어려움을 당했으니, 문왕이 그렇게 하였다. "어려움에 (처하더라도) 바르게 함이 이로움"은 밝음을 감춘 것이다. 안이 어렵지만 그 뜻을 바르게 할 수 있으니 기자가 그렇게 하였다.

▶ 蒙: 어두울 몽, 어리석다, 어리다, 입다, 받다.　晦: 그믐 회, 어둡다, 감추다.

☑ 명입지중 명이(明入地中 明夷)

　리괘(離卦: ☲)인 해가 곤괘(坤卦: ☷)인 땅 밑에 있기 때문에 밝음이 땅속으로 들어간다(明

入地中). 이것은 은나라 말기의 극악무도한 주왕(紂王)의 폭정으로 인한 난세를 말한다. 해가 땅 밖으로 나오면 밝음이고, 해가 땅 속으로 들어가면 어둠이다. 도를 어기고 덕을 무너뜨리는 것은 밝음을 스스로 잃는 것이나 위험한 때를 만나 밝음을 스스로 감추는 것도 명이가 된다.

☑ 내문명이외유순(內文明而外柔順)

문명(文明)은 예악과 법도를 갖춘다는 뜻이다. 밝음이 땅속으로 들어가서 소멸되기 때문에 명이가 된다. 내괘 리괘(離卦)는 문명하고 밝은 상이고, 외괘 곤괘(坤卦)는 유순한 상으로 사람이 안으로는 문명하고 밖으로는 유순해야 한다(內文明而外柔順).

☑ 이몽대난 문왕이지(以蒙大難 文王以之)

은나라 주왕(紂王)의 무도하고 혼탁한 시대가 명이의 때이다. 문왕은 안으로 문명하고 밖으로 유순하여 주왕을 섬겨 큰 어려움을 당하였다(以蒙大難). 안으로는 밝고 바른 도를 잃지 않았고 밖으로는 유순하여 재앙을 멀리할 수 있었으니, 이것이 문왕이 사용한 도이다(文王以之). 문왕이 유리옥 감옥에서 어려움을 겪으면서도 은나라 주왕에게 복종하여 섬겼으니 유순함이다. 유리에서의 재앙은 큰 어려움으로 이것이 문왕의 명이(明夷)이다.

☑ 이간정 회기명야(利艱貞 晦其明也)

주왕의 당숙인 기자(箕子)는 밝은 것을 감추고 미친 척했다. 밝음이 감춰지는 때에는(晦其明也) 어려움에 처하더라도 곧고 바름을 잃지 않으면 이롭다(利艱貞). 밝음을 감추지 못하면 화를 당하고, 바름을 지키지 못하면 어리석음이다.

☑ 내난이능정기지 기자이지(內難而能正其志 箕子以之)

주왕이 통치하던 때에 나라 안에 재난이 있어 어렵다(內難). 기자는 주왕에게 충언하였다가 미친 척하고 노예가 되어 위기를 모면하였다. 주나라 무왕(武王)이 은나라 주왕을 토벌하고 기자에게 나라를 다스릴 방책을 묻자 기자는 세상을 위해 홍범구주(洪範九疇)를 가르쳤다. 기자는 스스로 올바른 뜻을 지킬 수 있었던 것은(能正其志) 바른 도를 사용하였기 때문이다(箕子以之).

문왕과 기자는 모두 자신의 밝음을 감추었다. 그러나 문왕이 밖으로 유순했던 것은 본분에 따른 행동이고, 기자가 지혜를 감추고 거짓으로 미친 척한 것은 험난한 때의 기상이다.

▌괘사에 대한 대상전

상왈 명입지중 명이 군자 이 리중 용회이명
象曰 明入地中이 明夷니 君子 以하여 莅衆에 用晦而明하니라

「상전」에서 말했다. 밝음이 땅속으로 들어간 것이 명이(明夷)이니, 군자는 이를 본받아 무리를 대할 때에는 어둠을 써서 밝게 한다.

▶ 莅: 임할 리(이), 다스리다. 晦: 그믐 회, 어둡다.

☑ 명입지중 명이(明入地中 明夷)

  밝음이 땅 속으로 들어가 어둠이 되는 것은 명이다(明入地中 明夷). 극악무도한 주왕(紂王)의 폭정으로 인한 난세를 말한다.

☑ 군자이리중 용회이명(君子以莅衆 用晦而明)

  군자는 밝음이 땅속으로 들어가는 상을 관찰하고 무리를 대할 때(君子以莅衆) 밖으로는 어둠을 사용하고 안으로는 밝게 한다(用晦而明). 군자는 난세 때는 재능을 감추고, 치세 때는 재능을 밝히면 덕이 크게 빛난다. 따라서 군자는 명이의 때에 힘이 없는 체하고 무리를 다스릴 때를 기다린다.

▌초구 효사와 소상전

초구 명이우비 수기익
初九는 明夷于飛에 垂其翼이니
군자우행 삼일불식 유유왕 주인유언
君子于行에 三日不食하여 有攸往에 主人有言이로다
상왈 군자우행 의불식야
象曰 君子于行은 義不食也라

초구는 명이(明夷)의 때 날고자 하는데 날개를 늘어뜨리고, 군자가 떠날 때 삼 일 동안 먹지 않고, 가는 바가 있으면 주인이 질책한다. 「상전」에서 말했다. "군자가 떠남"은 의리상 녹을 먹지 않는 것이다.

▶ 于: 어조사 우, 에, 을, 때, 보다. 飛: 날 비 垂: 드리울 수 翼: 날개 익

☑ 명이우비 수기익(明夷于飛 垂其翼)

초구는 밝음이 손상을 받는 어둠의 세상이다. 군자는 밝음이 상할 때 날고자 하는데(明夷于飛) 다른 사람의 눈에 뜨이지 않도록 날개를 늘어뜨리고 낮게 날아간다(垂其翼). 나는 것[飛]은 출사하여 벼슬하는 것이고, 날개를 늘어뜨리는 것(垂其翼)은 벼슬하지 않고 은거하는 것이다. 날다, 떠나다, 가다는 나아가다는 말이고, 먹지 않다, 나무라다는 상처를 입는다는 말이다.

초구부터 구삼은 밝음과 주나라, 육사부터 상육은 어둠과 은나라에 관한 설명이다. 육사는 미자(微子), 육오는 기자(箕子), 상육은 주왕(紂王)의 이야기이다. 은나라 주왕 시절에 기자, 미자, 비간은 충신이었다. 이들은 황음무도한 은나라 주왕에게 간하였는데, 주왕이 비간을 죽이자 미자는 도망갔고, 기자는 미친 척하다가 노예가 되었다.

☑ 군자우행 삼일불식(君子于行 三日不食)

새들이 해가 지는 것을 미리 알듯이 현자도 혼란한 시기를 예감한다. 현자는 새처럼 날아갈 수 없어 끼니도 잊은 채 떠나간다. 군자가 떠날 때 삼 일 동안 먹지 않았으니(君子于行 三日不食) 군자가 위험한 상황을 미리 판단하고 빨리 떠나 피했다. 군자가 떠남(君子于行)은 녹봉과 지위를 버리고 은거하는 것이고, 삼 일 동안 먹지 않음(三日不食)은 백이숙제가 무왕이 주왕을 치려고 할 때 간언이 받아들여지지 않자 수양산으로 떠나서 그곳에서 고사리를 먹다가 죽은 일을 비유한 것이다.

☑ 유유왕 주인유언(有攸往 主人有言)

물러나 은거하면(有攸往) 주인이 질책한다(主人有言). 주인이 은거를 질책하더라도 난세에는 물러나 은거해야 이롭다. 백이숙제가 수양산으로 떠나려 할 때(有攸往) 무왕이 만류한 것(主人有言)을 비유한 것이다.

☑ 군자우행 의불식야(君子于行 義不食也)

군자가 떠난 까닭(君子于行)은 의리상 녹을 먹지 않기 때문이다(義不食也). 벼슬과 녹봉을 버리고 은거하는 것이 의리상 바른 도를 행하는 것이다. 주나라 무왕은 은나라 주왕의 신하였는데 주왕을 쳤으니, 백이숙제는 주나라 곡식을 의리상 먹을 수 없었다. 따라서 효상은 충신들이 왕의 곁을 떠나 은거하는 상으로, 점사는 밝음이 손상될 때 은거하면 이롭다.

█ 육이 효사와 소상전

六二는 明夷에 夷于左股니 用拯馬壯하면 吉하리라
象曰 六二之吉은 順以則也라

육이는 명이(明夷)의 때에 왼쪽 다리를 상하였으니 구원하는 말이 건장하면 길하다. 「상전」에서 말했다. "육이의 길함"은 순하고 법도에 맞기 때문이다.

▶ 股 : 넓적다리 고   拯 : 건질 증, 구원하다.   壯 : 장할 장, 굳세다.

☑ 명이 이우좌고 용증마장 길(明夷 夷于左股 用拯馬壯 吉)

　명이(明夷)의 때는 밝음이 상하여 어둡고 혼란한 때이니 문왕이 유리옥에 투옥된 때이다. 육이는 초구보다 더 급한데다 다리까지 다쳐 다급히 말을 몰고 탈출한다. 육이는 혼란한 때에 왼쪽 다리를 다쳤으니(夷于左股) 말로써 위기를 탈출한다. 왼쪽 다리를 다침은 문왕이 아들을 잃은 것이다.

　문왕이 왼쪽 다리를 다쳐 움직이지 못하니 말을 써서 구제하면 장대하고 길할 것이다(用拯馬壯吉). 증마(拯馬)는 현명한 군주로 무왕을 가리킨다. 문왕의 아들 무왕이 주왕을 토벌하면 문왕을 구원할 수 있으니 길하다.

☑ 육이지길 순이칙야(六二之吉 順以則也)

　칙(則)은 중정한 도를 뜻한다. 육이가 길한 까닭(六二之吉)은 순하게 대처하면서도 법도에 맞기 때문이다(順以則也). 육이가 왼쪽 다리를 다치는 화를 당하였으나 길한 것은 유순하고 바른 법칙에 맞기 때문이다. 따라서 효상은 왼쪽 다리를 다쳐 좋은 말을 타고 탈출하는 상으로, 점사는 유순하고 바른 법칙에 맞으면 길하다.

█ 구삼 효사와 소상전

九三은 明夷于南狩하여 得其大首니 不可疾貞이니라
象曰 南狩之志를 乃大得也로다

구삼은 명이(明夷)의 때에 남쪽으로 사냥하여 큰 머리를 얻으나 급히 바로 잡을 수 없다. 「상전」에서 말했다. "남쪽으로 사냥하는 뜻"을 크게 얻는다.

▶ 狩: 사냥할 수 疾: 병 질, 빨리, 근심하다. 乃: 이에 내, 곧

☑ 명이우남수 득기대수(明夷于南狩 得其大首)

　　육이는 음이 음의 자리에 있는 순한 문왕이다. 상육은 은나라 폭군 주왕이나, 구삼은 굳센 양의 자리에 있고, 밝은 몸체의 위에 있으면서도 지극한 어둠의 밑에 있는 무왕이다. 구삼은 주왕에게 대응하기 때문에 밝음을 향하고 악을 제거하기 위해 무력을 행사한다. 적을 정벌하니 장차 밝음이 어둠을 제거하게 된다. 남수(南狩)는 무력으로 토벌하는 것을 말한다. 대수(大首)는 어둠의 괴수로 폭군 주왕이다.

　　구삼은 명이한 때에 남쪽으로 사냥하는 것(明夷于南狩)은 무왕이 주왕을 치기 위해 군사를 동원하는 것이다. 큰 머리를 얻음(得其大首)은 무왕이 전쟁에서 폭군인 주왕을 죽인 것이다.

☑ 불가질정(不可疾貞)

　　급히 바로 잡을 수 없는 것(不可疾貞)은 주왕이 아무리 폭정을 해도 따르는 무리가 있으니 주왕을 토벌하는 일을 너무 서두르면 안 되기 때문이다. 따라서 바른 일이라도 너무 서두르지 말고 상황과 때를 살펴서 기회가 될 때 신중하게 처리해야 한다.

☑ 남수지지 내대득야(南狩之志 乃大得也)

　　무왕이 주왕을 정벌하였으니 천명과 민심을 크게 얻었다(南狩之志 乃大得也). 무왕은 때를 살펴 주왕을 토벌하여 어둠을 제거하니, 천명과 민심을 크게 얻었다. 따라서 효상은 은나라가 기울 때 남쪽으로 사냥하여 큰 머리를 얻는 상으로, 점사는 서두르지 않고 어둠을 제거하면 큰 뜻을 얻을 것이다.

▌육사 효사와 소상전

육사　입우좌복　획명이지심　우출문정
六四는 入于左腹하여 獲明夷之心하여 于出門庭이로다
상왈　입우좌복　획심의야
象曰 入于左腹은 獲心意也라

육사는 왼쪽 배로 들어가서 명이(明夷)의 마음을 얻어서 대문의 뜰로 나온다. 「상전」에서 말했다. "왼쪽 배로 들어감"은 마음과 뜻을 얻기 때문이다.

▸ 腹: 배 복   庭: 뜰 정   獲: 얻을 획

☑ 입우좌복(入于左腹)

　육사는 유순하면서 바름을 얻어 명이의 마음을 깊이 알고 밖으로 나와서 피하는 자이다. 육사가 왼쪽 배로 들어감(入于左腹)은 군주의 심복이 됨이다. 간사하고 사악한 자가 포악한 주왕(紂王)의 신임을 얻었다.

☑ 획명이지심 우출문정(獲明夷之心 于出門庭)

　미자가 주왕의 신임을 얻어 주왕의 심복 노릇을 했다(獲明夷之心). 간사한 신하가 어두운 군주를 섬길 때에는 먼저 그 마음을 미혹시킨 뒤에 밖으로 나와 다르게 행한다. 대문의 뜰로 나옴(于出門庭)은 마음으로 믿게 한 뒤에 밖으로 나와 다르게 행한다는 말이다. 은나라 주왕의 이복형인 미자는 주왕의 심복이 되어 신주를 빼내 들고 멀리 떠나 은거하였고, 태사 자(太師疵)는 제기를 들고 주나라에 투항했다.

☑ 입우좌복 획심의야(入于左腹 獲心意也)

　왼쪽 배로 들어간 이유(入于左腹)는 주왕의 마음과 뜻을 얻기 때문이다(獲心意也). 사악하고 편벽한 도로써 주왕의 마음과 뜻을 얻었으나 주왕은 이를 끝내 깨닫지 못하였다. 따라서 효상은 미자가 왼쪽 배로 들어가서 대문의 뜰로 나오는 상으로, 점사는 마음을 숨기고 때를 기다리면 길하다.

■ 육오 효사와 소상전

六五는 箕子之明夷니 利貞하니라
象曰 箕子之貞은 明不可息也라

육오는 기자의 명이(明夷)니 바르게 함이 이롭다. 「상전」에서 말했다. 기자가 바르게 함은 밝음이 끝날 수 없기 때문이다.

▶ 息: 쉴 식, 그치다.

☑ 기자지명이 이정(箕子之明夷 利貞)

　육오는 밝음을 손상시키는 자와 매우 가깝다. 기자가 밝음을 드러낸다면 반드시 재앙을 당한다(箕子之明夷). 기자가 밝음을 감추지 않았다면 화를 당하니 미친 척을 하고 노예가 되어 위기를 모면하였다.

　은나라의 세 어진 신하는 행동이 모두 달랐다. 미자가 떠나간 것은 조상의 제사를 보존하기 위함이고, 비간이 죽은 것은 주왕이 행실을 고치기 위함이다. 기자는 주왕의 진노를 사지 않아서 죽지 않았다. 기자가 간언했더라도 받아들여지지 않았을 것이고 임금에게 간언한 신하를 죽였다는 오명만 남게 되니 미친 척한 것이다. 그리하여 기자는 밖으로 미친 척 했지만 마음은 바르게 하여 이로웠다(利貞).

☑ 기자지정 명불가식야(箕子之貞 明不可息也)

　기자가 바르게 한 이유(箕子之貞)는 밝음이 끝날 수 없기 때문이다(明不可息也). 기자는 어려움을 당하였지만 밝음을 감추어서 바름을 잃지 않았다. 핍박을 당하여 결국 지키던 것을 잃게 된다면 밝음을 잃어서 없어지게 된다. 따라서 효상은 기자가 은나라를 지키려고 전력을 다하는 상으로, 점사는 밝음을 드러내지 않는다면 재앙이 없다.

■ 상육 효사와 소상전 ─────

상 육　　 불 명　　회　 초 등 우 천　　후 입 우 지
上六은 不明하여 晦니 初登于天하고 後入于地로다
상 왈　초 등 우 천　　조 사 국 야　　후 입 우 지　　실 칙 야
象曰 初登于天은 照四國也오 後入于地는 失則也라

상육은 밝지 않아 어두우니 처음에는 하늘에 오르고 뒤에는 땅으로 들어간다. 「상전」에서 말했다. "처음에는 하늘에 오름"은 사방의 나라에 비춘 것이며, "뒤에는 땅으로 들어감"은 법칙을 잃은 것이다.

▶ 照: 비칠 조　　則: 법칙 칙/곧 즉

☑ 불명회 초등우천 후입우지(不明晦 初登于天 後入于地)

　상육은 명이의 끝이고 또 곤괘 음의 끝이 되니 밝음을 손상시킨 은나라 폭군 주왕이다. 상육

은 밝지 못해서 어두운 자로, 마땅히 멀리 비춰야 하는데 밝음이 이미 손상되어 밝지 못하고(不明晦) 도리어 어둡게 되어 지위를 지킬 수 없었다.

　주왕이 처음에는 하늘에 오른다는 것(初登于天)은 초기에는 천자가 되어 천하를 잘 다스렸다는 말이다. 그러나 뒤에는 땅으로 들어갔으니(後入于地) 밝음이 손상되어 어둡게 되니 주나라와 주왕도 모두 망했다.

☑ 조사국야 실칙야(照四國也 失則也)

　주왕이 처음에는 하늘에 올라(初登于天) 천자가 되어 사방의 나라에 비추었으니(照四國也) 나라를 잘 다스렸다. 그러나 뒤에는 땅으로 들어가(後入于地) 천자가 지켜야 할 바른 도를 잃었다(失則也). 따라서 효상은 처음에는 하늘에 오르고 뒤에는 땅으로 들어간 상으로, 점사는 지켜야 할 바른 도를 잃어 흉하다.

가정을 다스리는 풍화가인(風火家人)

| **37** | ䷤ | 巽上
離下 | 風火家人
풍화가인 |

풍화가인(風火家人)은 상괘가 바람[風]을 상징하는 손괘(巽卦: ☴)이고, 하괘가 불(火)을 상징하는 리괘(離卦: ☲)로, 이는 바람이 불에서 나오는 상이다. 가인(家人)은 한집안 사람들이다. 여자는 집안에서 가족을 위해 불이 꺼지지 않도록 잘 지켜야 한다. 부모 자식 간의 친밀함, 부부 간의 의리, 장유 간의 질서를 바르게 하고 은혜와 의리를 돈독히 함이 가인의 도이다. 괘상은 불에서 바람이 나오는 풍화(風火) 상이며, 괘명은 한집안 사람인 가인(家人)을 뜻한다. 가인괘는 법도에 맞게 집안을 다스리는 도리이다.

초효는 자식을, 이효는 부인을, 삼효는 남편을, 사효는 부인이나 어머니를, 오효는 아버지를, 상효는 할아버지를 상징한다. 안과 밖에서 남자와 여자의 자리를 바르게 함이 가인의 도리이며, 안에서는 밝고 밖에서는 공손함이 집안을 다스리는 방법이다. 융성의 근원은 가인의 절제와 조화에 있으며, 쇠퇴의 근원은 질시와 분규에 있다. 가인괘는 절제와 조화의 긍정적인 감정에서 질시와 투쟁의 부정적인 감정으로 치닫는 순환 과정을 묘사한 것이다.

가인(家人)은 법도에 맞게 가정을 다스리는 도리이다. 초효는 한유가(閑有家)로, 이는 집안을 법도로 방비하는 상황이니, 처음부터 법도로 방비하면 집안이 잘 다스려질 것이다. 이효는 재중궤(在中饋)로, 이는 부인이 독단적으로 결정하지 않고 집안에서 음식을 준비하여 식구들에게 먹이는 상황이니, 부인이 정도를 지키면 길하다. 삼효는 가인효효(家人嗃嗃)로, 이는 집안을 엄격하게 다스리는 상황이니, 예법이 엄격하면 집안의 절도가 지켜질 것이다. 사효는 부가(富家)로, 이는 집안을 부유하게 하는 상황이니, 집안이 화합하면 복이 있어 크게 길하다. 오효는 왕격유가(王假有家)로, 이는 왕이 집안을 지극하는 상황이니, 집안을 잘 다스리면 길하다. 육효는 유부위여(有孚威如)로, 이는 상구가 믿음이 있고 위엄 있는 상황이니, 자신을 반성하고 바르게 하면 길하다.

▌ 괘사

^{가 인} ^{이 녀 정}
家人은 利女貞하니라

가인(家人)은 여자가 바르게 함이 이롭다.

☑ 가인 이녀정(家人 利女貞)

가인(家人)은 한집안 사람들이다. 가인의 중심 효는 육이이고 부인이다. 부인의 정도(正道)는 리괘(離卦)의 아름답고 밝은 덕과 손괘(巽卦)의 겸손하고 순응하는 덕이다. 여자가 바르게 하면 집안의 도가 바르게 되고 이롭다(利女貞). 부인이 살림을 주관하고 남편이 밖을 주관하기 때문이다. 따라서 가정의 법도와 행실을 바르게 해야 한다.

▌ 괘사에 대한 단전

^{단 왈} ^{가 인} ^{여 정 위 호 내} ^{남 정 위 호 외}
象曰 家人은 女正位乎內하고 男正位乎外하니
^{남 녀 정} ^{천 지 지 대 의 야} ^{가 인} ^{유 엄 군 언} ^{부 모 지 위 야}
男女正이 天地之大義也라 家人이 有嚴君焉하니 父母之謂也라
^{부 부} ^{자 자} ^{형 형} ^{제 제} ^{부 부} ^{부 부} ^{이 가 도 정} ^{정 가} ^{이 천 하 정 의}
父父 子子 兄兄 弟弟 夫夫 婦婦 而家道正하니 正家 而天下定矣리라

「단전」에서 말했다. 가인(家人)은 여자가 안에서 자리를 바르게 하고, 남자가 밖에서 자리를 바르게 하니, 남자와 여자가 바르게 함은 천지의 큰 뜻이다. 가인(家人)이 엄한 어른이 있으니 부모를 말한다. 아버지는 아버지답고, 자식은 자식답고, 형은 형답고, 동생은 동생답고, 남편은 남편답고, 아내는 아내다우면 집안의 도가 바르게 되니, 집안을 바르게 하면 천하가 안정될 것이다.

▶ 嚴 : 엄할 엄

☑ 여정위호내 남정위호외(女正位乎內 男正位乎外)

여자는 집 안에서, 남자는 집 밖에서 바르게 한다. 여자가 집 안에서 자리를 바르게 함(女正位乎內)은 육이 여자가 음이 음의 자리에서 바르게 하는 것이고, 남자가 밖에서 자리를 바르게 함(男正位乎外)은 구오 남자가 중을 얻어 양이 양의 자리에 있는 것이다.

☑ 남녀정 천지대의야(男女正 天地之大義也)

　　남자와 여자가 바르게 함(男女正)은 천지의 큰 뜻이다(天地之大義也). 남자와 여자가 가정의 법도를 지키고 각자의 역할을 올바르게 하고 협력하는 것이 가인의 본분이고 천지의 뜻이다.

☑ 가인유엄군언 부모지위야(家人有嚴君焉 父母之謂也)

　　군(君)은 가정의 큰 어른인 가장이다. 가인의 도는 반드시 존엄하면서 어른인 자가 있어야 하니(家人有嚴君焉), 부모를 말한다(父母之謂也). 비록 한집안이 작더라도 존엄함이 없으면 효도와 공경이 쇠퇴하고, 어른이 없으면 법도가 무너지니, 엄한 어른이 있은 뒤에 집안의 도가 바르게 된다.

☑ 부부 자자 형형 제제 부부 부부(父父 子子 兄兄 弟弟 夫夫 婦婦)

　　아버지는 아버지답고(父父), 자식은 자식답고(子子), 형은 형답고(兄兄), 아우는 아우답고(弟弟), 남편은 남편답고(夫夫), 부인은 부인다움(婦婦)이 가정의 도이다. 가정이 바르면 천하가 평안하다(修身齊家 治國平天下).

☑ 가도정 정가이천하정의(家道正 正家而天下定矣)

　　가인이 각자 역할을 충실해야 집안의 도가 바르게 되니(家道正), 집안을 바르게 하면 천하가 안정될 것이다(正家而天下定矣). 아버지와 자식, 형과 아우, 남편과 아내가 각각 그 도리를 지키면 집안의 도가 바르게 되고, 집안이 바르게 되면 천하가 안정될 것이다. 따라서 집안은 나라의 모범으로 가인은 각자 자신의 역할을 다해야 한다.

▎ 괘사에 대한 대상전

　　상왈 풍자화출　　　가인
　　象曰 風自火出이 家人이니라
　　군자 이　　　언 유물 이 행유항
　　君子 以하여 言有物而行有恒하니라

「상전」에서 말했다. 바람이 불로부터 나옴이 가인(家人)이다. 군자는 이를 본받아 말에는 진실이 있고 행동에는 항상함이 있어야 한다.

☑ 풍자화출 가인(風自火出 家人)

리괘(離卦: ☲)인 불이 안에 있고, 손괘(巽卦: ☴)인 바람이 밖에 있다. 가인(家人)은 바람이 불로부터 나오는 상으로(風自火出), 바로 안에서 밖에 미친다는 뜻이다. 리괘(離卦)의 밝음이 안에 있는 것은 덕이 밝아 수신이고, 손괘(巽卦)의 바람이 밖에 있는 것은 교화가 행해져 가정이 다스려짐이다.

☑ 군자이 언유물이행유항(君子以 言有物而行有恒)

물(物)은 사실을 말하고, 항(恒)은 일정한 법칙을 말한다. 군자가 바람이 불로부터 나오는 상을 살펴서(君子以) 일이 안으로부터 나옴을 알기 때문에 말에는 반드시 진실이 있고, 행동에는 반드시 일정함이 있어야 한다(言有物而行有恒). 따라서 덕(德)과 업(業)이 밖으로 드러나니, 말은 진실이 있어야 하고, 행동은 일정함이 있어야 집안이 다스려진다.

■ 초구 효사와 소상전

초구 한유가 회망
初九는 閑有家면 悔亡하리라
상왈 한유가 지미변야
象曰 閑有家는 志未變也라

초구는 집안을 (법도로) 방비하면 후회가 없어진다. 「상전」에서 말했다. "집안을 (법도로) 방비함"은 뜻이 변치 않은 것이다.

▶ 閑: 한가할 한/막을 한, 막다, 바르다, 법도, 규칙

☑ 한유가 회망(閑有家 悔亡)

유(有)자는 접두어로써 뜻이 없다. 집안을 법도로 방비하면(閑有家) 후회가 없다(悔亡). 집안을 법도로 방비하지 않으면 문란하여 반드시 후회한다. 집안의 법도에는 장유(長幼)의 차례와 남녀의 분별이 있다.

☑ 한유가 지미변야(閑有家 志未變也)

집안을 법도로 방비함(閑有家)은 가도를 지키는 뜻이 변치 않은 것이다(志未變也). 처음부터 집안을 방비하면 인심이 변하지 않아 은혜와 의리를 해치지 않는다. 아이는 어릴 때, 며느리

는 처음 시집올 때 가르치는 것이 가도의 교육이다. 따라서 효상은 집안을 법도로 방비하는 상으로, 점사는 처음부터 법도로 방비하면 집안이 잘 다스려질 것이다.

■ 육이 효사와 소상전 ─────────

六二는 无攸遂오 在中饋면 貞吉하리라
육 이　　무 유 수　　재 중 궤　　정 길

象曰 六二之吉은 順以巽也라
상 왈　육 이 지 길　　순 이 손 야

육이는 마음대로 하는 바가 없고, (집)안에 있으면서 음식을 준비하여 먹이면 바르게 되어 길하다. 「상전」에서 말했다. "육이가 길함"은 순종하여 공손하기 때문이다.

▶ 遂: 드디어 수/따를 수, 이루다, 마음대로 하다.　中: 가운데 중/맞을 중, 이루다, 응하다.　饋: 보낼 궤, 식사, 요리하다, 먹이다.

☑ 무유수 재중궤 정길(无攸遂 在中饋 貞吉)

　육이는 아래에 있는 아내이고, 육사는 한집안의 어머니이다. 육이는 집안을 먹이고, 육사는 집안을 부유하게 한다. 수(遂)는 자기 마음대로 결정하는 것이다. 중(中)은 집안이요, 궤(饋)는 음식으로 중궤(中饋)는 집안에서 음식을 준비하여 식구들에게 주는 것이다.

　아내는 자기 마음대로 결정하지 않고(无攸遂) 집안에 있으면서 음식을 주관한다(在中饋). 집안을 바르게 하면 길하다(貞吉). 부인은 집안에서 음식과 자녀 교육을 주관하고, 남편은 밖에서 생계를 주관한다.

☑ 육이지길 순이손야(六二之吉 順以巽也)

　육이가 길한 까닭(六二之吉)은 순종하고 공손하기 때문이다(順以巽也). 공손하고 바른 도를 지키는 것은 부인의 도이다. 따라서 효상은 부인이 독단적으로 결정하지 않고 집안에서 음식을 준비하여 식구들에게 먹이는 상으로, 점사는 부인이 정도를 지키면 길하다.

█ 구삼 효사와 소상전

구 삼　　가 인　　학 학　　　회 려　　길
九三은 家人이 嗃嗃하니 悔厲나 吉하니
부 자　희 희　　종 린
婦子 嘻嘻면 終吝하리라
상 왈　가 인 학 학　　미 실 야　　　부 자 희 희　　실 가 절 야
象曰 家人嗃嗃은 未失也오 婦子嘻嘻는 失家節也라

구삼은 가인(家人)이 매우 엄격하면 위태하여 후회하지만 길하다. 부인과 자식이 희희덕거리면 마침내 부끄럽다. 「상전」에서 말했다. "가인이 매우 엄격함"은 집안의 절도를 잃지 않기 때문이요, "부인과 자식이 희희덕거림"은 집안의 절도를 잃기 때문이다.

▶ 嗃: 엄할 학　厲: 갈 려(여), 미워하다, 위태롭다.　嘻: 화락할 희, 웃다.　吝: 아낄 린(인), 부끄러워하다.

☑ 가인효효 회려길(家人嗃嗃 悔厲吉)

학학(嗃嗃)은 매우 엄격함이다. 남편이 집안을 매우 엄격하게 다스리면(家人嗃嗃) 부인과 자식이 원망할 수 있으나 후회하더라도 길하다(悔厲吉). 구삼은 굳센 양이 바름을 얻었지만 알맞음이 지나쳐 집안을 엄격하게 다스린다. 집안을 다스리는 예법이 매우 엄격하면 가족들이 위태롭고 불평도 있지만, 법도가 서고 윤리가 바르게 되어 은혜와 의리가 보존되어 길하다.

☑ 부자희희 종린(婦子嘻嘻 終吝)

희희(嘻嘻)는 웃고 즐기는 모양으로 엄격함의 반대이다. 부인과 자식이 희희덕거리면(婦子嘻嘻) 법도가 없으니 끝내 부끄럽다(終吝). 며느리와 자식이 방자하여 잘못되는 것보다 차라리 지나치게 엄한 것이 낫다.

☑ 미실야 실가절야(未失也 失家節也)

가인이 매우 엄격함(家人嗃嗃)은 예법이 없어 집안의 절도를 잃지 않기 때문이고(未失也), 부인과 자식이 희희덕거림은 집안의 절도를 잃기 때문이다(失家節也). 엄격한 것이 집안을 다스리는 도에는 잘못이 되지 않는다. 만약 부인과 자식이 희희덕거리면 이는 예법이 없어 집안의 절도를 잃으니, 집안이 반드시 어지러워질 것이다. 따라서 효상은 집안을 엄격하게 다스리는 상으로, 점사는 예법이 엄격하면 집안의 절도가 지켜질 것이다.

▌ 육사 효사와 소상전

육사　부가　대길
六四는 **富家**니 **大吉**하니라
상왈 부가대길　　순재위야
象曰 富家大吉은 **順在位也**라

육사는 집안을 부유하게 하니 크게 길하다. 「상전」에서 말했다. "집안을 부유하게 함이 크게 길함"은 순하여 제자리에 있기 때문이다.

▶ 吉 : 운이 좋다, 착하다.

☑ 부가대길(富家大吉)

양은 의리를 주장하고, 음은 이익을 주장한다. 음이 음의 자리에 있고 윗자리에 있다면 집안이나 나라를 부유하게 할 수 있는 자이다. 육사는 초구와 정응이 되고, 부드러운 음으로 굳센 양을 얻고, 빈 것을 꽉 찬 것으로 받아들인다. 육사는 집안을 부유하고 성대하게 할 수 있으면 크게 길하다(富家大吉). 육이에서는 음식을 살피고, 육사에서는 자산을 보존하는 것이 부인 또는 대신의 직분이다.

☑ 부가대길 순재위야(富家大吉 順在位也)

집안을 부유하게 함이 크게 길한 이유(富家大吉)는 순하여 제자리에 있기 때문이다(順在位也). 육사는 겸손함으로 바른 자리에 있어, 바르고 겸손하여 그 부유함을 보유할 수 있는 자이다. 부유함은 부인의 도를 다하는 것이다. 따라서 효상은 집안을 부유하게 하는 상으로, 점사는 집안이 화합하면 복이 있어 크게 길하다.

▌ 구오 효사와 소상전

구오　왕격유가　물휼　길
九五는 **王假有家**니 **勿恤**하여 **吉**하리라
상왈 왕격유가　　교상애야
象曰 王假有家는 **交相愛也**라

구오는 왕이 집안을 지극하니 근심하지 않아도 길하다. 「상전」에서 말했다. "왕이 집안을 지극함"은 서로 사귀어 사랑함이다.

▶ 假: 거짓 가/멀 하/이를 격, 지극하다.   恤: 불쌍할 휼, 근심하다.

☑ 왕격유가 물휼 길(王假有家 勿恤 吉)

　구오는 임금의 자리이고 아버지의 자리로 집안을 다스림에 지극히 바르고 선한 자이다. 격(假)은 지극하다의 뜻이고, 유(有)는 우(于)와 같다. 왕도 가정이 있으므로 왕은 집을 이루는 도를 지극히 하니(王假有家), 왕은 근심하지 않아도 길하다(勿恤 吉). 임금의 도는 수신제가(修身齊家)로 집안이 바르게 되면 나라가 다스려진다.

☑ 왕격유가 교상애야(王假有家 交相愛也)

　왕이 집안을 지극함(王假有家)은 서로 사귀고 사랑하기 때문이다(交相愛也). 서로 사귀고 사랑함(交相愛也)은 굳센 양과 부드러운 음이 서로 호응하여 그 중정한 덕을 좋아하는 것이다. 왕이 집안을 지극히 하는 도는 집안 사람이 순종하고, 마음을 교화하고, 화합하는 것이다. 따라서 효상은 왕이 집안을 지극하는 상으로, 점사는 집안을 잘 다스리면 길하다.

■ 상구 효사와 소상전

상구 유부 위여 종길
上九는 有孚하고 威如면 終吉하리라
상왈 위여지길 반신지위야
象曰 威如之吉은 反身之謂也라

상구는 믿음이 있고 위엄이 있으면 마침내 길하다. 「상전」에서 말했다. "위엄이 있으면 길함"은 자신을 반성함을 말한다.

▶ 孚: 미쁠 부   威: 위엄 위   謂: 이를 위, 일컫는다, 알리다, 고하다.

☑ 유부위여 종길(有孚威如 終吉)

　상구는 굳센 양으로 맨 위에 있으니 할아버지이며, 가도(家道)가 완성되었다. 집안을 다스리는 도는 믿음과 위엄으로, 믿음이 있고 위엄이 있으면(有孚 威如) 마침내 길하다(終吉).

☑ 위여지길 반신지위야(威如之吉 反身之謂也)

　위엄이 있으면 길한 이유(威如之吉)는 자신을 반성하기 때문이다(反身之謂也). 반신(反身)

은 자신을 반성하여 스스로를 다스리면 남들이 두려워하고 순종한다는 말이다. 집안을 다스리는 도는 자신을 바르게 하는 것이다. 백성들이 이를 본받아 집안을 잘 다스리면 태평성세를 이루는 것이다. 따라서 효상은 상구가 믿음이 있고 위엄 있는 상으로, 점사는 자신을 반성하고 바르게 하면 길하다.

38

화합하는 화택규(火澤睽)

| 38 | ䷥ | 離上
兌下 | 火澤睽
화택규 |

화택규괘(火澤睽卦)는 상괘가 불[火]을 상징하는 리괘(離卦: ☲)이고, 하괘가 못[澤]을 상징하는 태괘(兌卦: ☱)로, 이는 불이 위에 있고 못이 아래에 있는 상이다. 불은 타면 불꽃이 위로 올라가고, 물은 흐르면 아래로 스며든다. 상괘는 둘째 딸을, 하괘는 막내딸을 상징한다. 두 딸은 어릴 때는 한 집에서 자라지만, 성인이 되어 각기 다른 곳으로 시집간다. 함께할 수 없는 상황이 규괘의 의미이다. 규(睽)는 서로 바라보는 눈이 순하지 않은 상태, 즉 반목하고 질시하는 것을 의미한다. 따라서 괘상은 불은 타오르고 못은 내려가니 서로 어긋나는 화택(火澤) 상이요, 괘명은 어긋나는 규(睽)이다.

풍화가인(風火家人)은 집안을 다스리는 도라면, 화택규(火澤睽)는 집안의 도가 다하여 흩어지는 상이다. 규(睽)는 어그러짐으로 집안의 도는 다하면 어긋나 흩어진다. 불은 위로 타오르고 못은 아래로 적시니, 서로 어긋나 어그러진다. 규괘는 어긋날 때 지켜야 할 도이다.

분열이 오는 상황은 의심에 있다. 상황을 파악하면 진실을 알 수 있고 화합할 수 있다. 초효는 상마(喪馬)로, 말을 잃고 나쁜 사람을 만나는 상황이니, 피하지 말고 화합하면 허물이 없다. 이효는 우주우항(遇主于巷)으로, 신하가 임금을 거리에서 만난 상황이니, 격의 없이 사적으로 만나면 더 깊게 논의할 수 있다. 삼효는 견여예(見輿曳)로, 나그네가 수레를 힘들게 끌고 가는 것을 본 상황이니, 의심이 풀려 끝내는 화합이 있다. 사효는 우원부(遇元夫)로, 착한 남편을 만나 서로 믿는 상황이니, 현인을 만나 진심으로 사귀면 허물이 없다. 오효는 궐종서부(厥宗噬膚)로, 친족이 살을 깨물 듯한 상황이니, 굳센 신하와 일을 도모하면 허물이 없다. 육효는 견시부도(見豕負塗)로, 나그네가 길을 가다가 돼지와 귀신 같은 분장을 하고 혼인하러 가는 사람을 본 상황이니, 진상을 파악하니 화합할 수 있어 길하다.

▓ 괘사

규   소 사 길
睽는 小事吉하리라

규(睽)는 작은 일은 길하다.

▶ 睽: 사팔눈 규, 어그러지다, 어긋나다, 반목하다.

☑ 규 소사길(睽 小事吉)

　규(睽)는 어긋남으로 반목함이다. 규(睽)는 두 눈이 서로 노려봄으로 대립하고 반목하는 상이 있다. 사람들은 서로 화합하지 않으면 반목한다.

　규(睽)는 어긋나고 흩어지는 때로 길한 도가 아니며, 물과 불은 움직이는 방향도 재질도 다르다. 재질이 어긋나 큰 일은 이룰 수 없더라도 작은 일은 많은 사람의 협력이 필요하지 않아 길하다(小事吉). 따라서 작은 일부터 풀어야 큰 일도 풀 수가 있다.

▓ 괘사에 대한 단전

단 왈 규   화 동 이 상   택 동 이 하
象曰 睽는 火動而上하고 澤動而下하니라
이 녀 동 거   기 지 부 동 행
二女同居하나 其志不同行하니라
열 이 리 호 명   유 진 이 상 행   득 중 이 응 호 강   시 이 소 사 길
說而麗乎明하고 柔進而上行하여 得中而應乎剛이라 是以小事吉이니라
천 지 규 이 기 사 동 야   남 녀 규 이 기 지 통 야
天地睽而其事同也며 男女睽而其志通也며
만 물   규 이 기 사 류 야   규 지 시 용   대 의 재
萬物이 睽而其事類也니 睽之時用이 大矣哉라!

「단전」에서 말했다. 규(睽)는 불이 움직여 위로 올라가고 못이 움직여 아래로 내려가는 것이다. 두 여자가 함께 살지만 그 뜻이 같게 가지 않는다. 기뻐하며 밝음에 걸려있고, 유가 나아가 위로 가서 중을 얻어 강에 호응한다. 이 때문에 작은 일이 길하다. 천지가 어긋나도 그 일이 같으며, 남녀가 어긋나도 그 뜻이 통하며, 만물이 어긋나도 그 일이 같으니, 규(睽)의 때와 쓰임이 크도다!

▶ 說: 기뻐할 열　麗: 고울 려(여)/걸릴 리, 붙잡아 매다, 걸리다.　類: 무리 류(유), 같다.

☑ 규화동이상 택동이하(睽火動而上 澤動而下)

본래부터 같지 않았다면 어긋나지도 않는다. 불의 성질은 움직여 올라가고 못의 성질은 움직여 내려가서(火動而上 澤動而下), 두 물건의 성질이 어긋나고 다르므로 규(睽)의 뜻이다. 규괘(睽卦)는 위가 리괘(離卦: ☲)이고 아래가 태괘(兌卦: ☱)로, 리괘인 불은 타오르고 태괘인 못은 적시어 내려간다.

☑ 이녀동거 기지부동행(二女同居 其志不同行)

둘째 딸과 막내 딸이 함께 세상을 살지만 그 뜻이 같지 않으니 규의 뜻이 된다. 여자가 어렸을 때에는 함께 살다가(二女同居) 크면 각자 시집을 가니 그 뜻이 다르다(其志不同行). 리괘는 중녀이고 하괘는 소녀로, 이 두 여자가 함께 세상을 살지만 그 뜻은 같지 않다

☑ 열이리호명(說而麗乎明)

태괘(兌卦: ☱)는 기뻐함이고 리괘(離卦: ☲)는 걸림 또는 밝음으로, 기뻐하며 순종하고 밝음에 걸려있다(說而麗乎明). 안으로는 기쁜 마음을 하고, 밖으로는 일을 밝게 한다.

☑ 유진이상행 득중이응호강(柔進而上行 得中而應乎剛)

아래에 있는 부드러운 음이 나아가 위로 가서(柔進而上行) 육오가 밝음으로 중도를 얻어 굳센 양과 호응한다(得中而應乎剛). 어긋난 상황에서 중도를 지키고 바르게 화합하고 행동해야 한다.

☑ 소사길(小事吉)

천하의 어긋남을 화합하여 천하의 큰 일을 이룰 수는 없더라도 작은 것은 이룰 수 있으니 길하다(小事吉). 때를 알고 중도를 지키고 적절하게 행하면 길하다.

☑ 천지 규이기사동야(天地 睽而其事同也)

하늘은 위에 있고 땅은 아래에 있어 어긋난다. 하늘은 따뜻한 기운을 주고 땅은 만물을 생장시키니, 재질은 달라도 만물을 생장수장하는 역할은 같다. 천지가 어긋나도 그 일이 같다(天地 睽而其事同也).

☑ 남녀규 이기지통야(男女睽 而其志通也)

남자와 여자는 성질이 달라서 어긋나지만, 서로 구하는 뜻은 통한다(男女睽 而其志通也).

남녀가 재질은 다르지만, 혼인을 하고 자녀를 양육하는 뜻은 서로가 통한다.

☑ 만물규 이기사류야(萬物睽 而其事類也)

만물은 재질이 달라서 어긋나지만(萬物睽), 천지를 화합하고 음양의 기운을 받은 것은 서로 유사하다(其事類也). 만물이 어긋나고 흩어져 다르지만, 조화롭게 사는 일은 다 같다.

☑ 규지시용대의재(睽之時用大矣哉)

만물은 모두 다르기 때문에 만물을 이용하는 시기나 목적은 지극히 크다(睽之時用大矣哉). 사람들은 능력이나 생각이 달라 뜻을 함께하기 어려우나, 서로 다른 점을 존중하고 화합하면 큰 일을 이룰 수 있다.

■ 괘사에 대한 대상전

 象曰 上火下澤이 睽니 君子 以하여 同而異하니라
<small>상 왈 상 화 하 택 규 군 자 이 동 이 이</small>

「상전」에서 말했다. 위는 불이고 아래는 못인 것이 규(睽)이니, 군자는 이를 본받아 같게 하되 다르게 한다.

☑ 상화하택규 군자이 동이이(上火下澤睽 君子以 同而異)

위는 불이고 아래는 못이므로 두 사물의 성질이 어긋나고 다른 상이다(上火下澤睽). 군자는 이 괘상을 관찰하여 같되 다르게 해야 할 것을 안다(君子以同而異). 군자는 화합하나 뇌동하지 않으며(和而不同), 소인은 뇌동하나 화합하지 않는다(同而不和). 군자는 상대방의 의견과 조화를 이루지만 맹목적으로 추종하지 않으나, 소인은 상대방의 의견을 맹목적으로 추종하나 화합하지 않는다(저자 논어해설 하편 p.113).

■ 초구 효사와 소상전

 初九는 悔亡하니 喪馬勿逐하여도 自復이니 見惡人하면 无咎리라
<small>초 구 회 망 상 마 물 축 자 복 견 악 인 무 구</small>
象曰 見惡人은 以辟咎也라
<small>상 왈 견 악 인 이 피 구 야</small>

80

초구는 후회가 없으니, 말[馬]을 잃고 쫓지 않아도 스스로 돌아오고, 나쁜 사람을 만나더라도 허물이 없다. 「상전」에서 말했다. "나쁜 사람을 만남"은 허물을 피하기 때문이다.

▶ 逐: 쫓을 축/돼지 돈 復: 회복할 복/다시 부 惡: 악할 악/미워할 오, 나쁘다. 辟: 피할 피

☑ 회망 상마물축 자복(悔亡 喪馬勿逐 自復)

초구는 말을 잃어도 그 말이 스스로 돌아오기 때문에 후회가 없다(悔亡). 말을 잃고(喪馬) 말을 쫓지 않아도 말은 스스로 돌아온다(勿逐自復). 말은 쫓아가면 더 멀리 달아나지만 쫓지 않고 그대로 두면 다시 되돌아오는 성품이 있다. 따라서 남들과 뜻이나 행동이 어긋나더라도 대립하지 말고 기다리면 좋은 관계가 회복될 것이다.

☑ 견악인 무구(見惡人 无咎)

나쁜 사람은 선하지 않지만, 그를 온화하게 대하면 해를 면할 것이다(見惡人 无咎). 성왕이 간사하고 흉악한 사람을 만나서 그를 교화시켜 선량한 사람을 만들고, 원수를 바꾸어 신하와 백성으로 만들었다.

☑ 견악인 이피구야(見惡人 以辟咎也)

나쁜 사람을 만남(見惡人)은 허물을 피하기 때문이다(以辟咎也). 만약 나쁜 사람을 피하면 원수가 되어 원망과 허물이 있을 것이다. 원망과 허물이 없으면 화합할 수 있는 방도가 있다. 초구는 악인 구사를 피하지 말고 만나면 허물이 없게 된다 따라서 효상은 말을 잃고 나쁜 사람을 만나는 상으로, 점사는 피하지 말고 화합하면 허물이 없다.

▋ 구이 효사와 소상전

구 이   우 주 우 항   무 구
九二는 遇主于巷하면 无咎리라
상 왈 우 주 우 항   미 실 도 야
象曰 遇主于巷이 未失道也라

구이는 임금을 거리에서 만나면 허물이 없다. 「상전」에서 말했다. "임금을 거리에서 만남"은 아직 도를 잃지 않았기 때문이다.

▶ 遇: 만날 우 巷: 거리 항

☑ 우주우항 무구(遇主于巷 无咎)

　주(主)는 군주이며, 항(巷)은 장터 좁은 골목길이다. 가(街)는 곧고 넓은 길, 우(遇)는 사적으로 만나는 것이다. 거리에서 만나는 것(遇于巷)은 비공식적 만남이다. 구이는 신하이고 육오는 임금인데 서로 어긋난 상황에 있다. 이러한 난세에 우연히 신하와 임금이 거리에서 만나서 화합하니 허물이 없다(遇主于巷 无咎).

☑ 우주우항 미실도야(遇主于巷 未失道也)

　신하가 의식을 갖추지 않고 임금을 거리에서 만난 것(遇主于巷)은 국사를 깊게 논의할 수 있기 때문에 정도를 잃은 것이 아니다(未失道也). 구이는 지방의 권력자이고 육오는 임금이다. 양자가 우연히 만난 것은 파격적인 만남이다. 따라서 효상은 신하가 임금을 거리에서 만난 상으로, 점사는 격의 없이 사적으로 만나면 더 깊게 논의할 수 있다.

■ 육삼 효사와 소상전

六三은 見輿曳하고 其牛掣며 其人天且劓니 无初有終이라
象曰 見輿曳는 位不當也오 无初有終은 遇剛也라

육삼은 수레가 끌리고, 소가 가로막으며, 그 사람이 머리가 깎이고 또 코가 베임을 보니, 처음은 (화합이) 없으나 끝은 (화합이) 있다. 「상전」에서 말했다. "수레가 끌리는 것을 봄"은 자리가 마땅하지 않기 때문이고, "처음은 (화합이) 없으나 끝은 (화합이) 있음"은 강을 만났기 때문이다.

▶ 輿: 수레 여 曳: 끌 예 掣: 끌 체, 막다. 天: 하늘 천, 형벌 이름 劓: 코 벨 의

☑ 견여예 기우체 기인천차의(見輿曳 其牛掣 其人天且劓)

　육삼과 상구는 서로 악인이라고 처음엔 의심하나 나중엔 오해가 풀리고 화합하게 된다. 육삼이 타고가는 수레를 구르지 못하게 구이가 뒤에서 끌어 잡아당긴다(輿曳). 소가 가로막아(其牛掣) 수레가 앞으로 나아가지 못한다. 수레를 탄 사람은 이마에 천(天) 자를 새겨 넣는 묵형(墨刑)과 코를 베는 의형(劓刑)을 받았다(其人天且劓).

육삼이 정응을 따르려 하나 구사가 가로막아 수레를 멈추게 하고, 상구가 의심하여 형벌을 받는다. 육삼이 어긋난 상황에서 모두 가로막혀 견제당하니 손상을 입는 상황이다.

☑ 무초유종(无初有終)

육삼이 수레를 타고 상구를 만나려 하는데, 구이가 수레를 뒤로 끌고, 구사가 막고 머리가 깎이고 코가 베이는 중벌을 받는다. 처음은 화합이 없고, 끝은 화합이 있다(无初有終). 육삼은 상구와 처음에는 화합이 어렵지만, 끝에는 상구가 육삼을 옹호하고 지원한다. 따라서 처음에는 견제당하지만 마침내는 상구와 서로 만나 화합한다.

☑ 위부당야 우강야(位不當也 遇剛也)

수레가 끌리는 것을 봄은 자리가 마땅하지 않기 때문이고(見輿曳 位不當也), 처음은 화합이 없고 끝은 화합이 있음은 굳센 양을 만나기 때문이다(无初有終 遇剛也). 처음은 화합이 없는 것은 육삼의 잘못이고, 끝에 화합이 있는 것은 상구의 노력이다.

육삼은 음이 양의 자리에 있으니 자리가 바르지 않다(位不當也). 바른 자리가 아니니 편안치 않고, 두 양효의 사이에 있으니 어려움과 재앙이 있다. 처음은 없고 끝이 있다(无初有終)는 것은 끝에는 반드시 굳센 양인 상구와 서로 만나 화합하기 때문이다. 바른 도로써 화합하면 자연히 끝내 어긋나는 이치가 없다. 따라서 효상은 나그네가 수레를 힘들게 끌고 가는 것을 본 상으로, 점사는 의심이 풀려 끝내는 화합이 있다.

■ 구사 효사와 소상전

九四는 睽孤_{하여} 遇元夫_{하여} 交孚_니 厲无咎_{리라}
象曰 交孚无咎는 志行也_{리라}

구사는 규(睽)가 외로워 착한 남편을 만나 서로 믿으니 위태하나 허물이 없다. 「상전」에서 말했다. "서로 믿어 허물이 없음"은 뜻이 행해지기 때문이다.

▶ 孤: 외로울 고 遇: 만날 우 元: 으뜸 원, 크다, 아름답다, 착하다.

☑ 규고 우원부(睽孤 遇元夫)

구사는 대신으로 나약한 임금의 권력을 행사한다. 스스로 소인(음효)과 합하나 바름을 잃고 중을 얻지 못해 주위의 견제를 받으며 고립된다. 구사는 호응이 없고 두 음의 사이에 있으니 어긋나고 뜻이 달라 외롭게 지내는 자다(睽孤). 외로움은 호응 없이 홀로 지내는 것이다. 어긋나 고립되어 함께하는 자가 없으니 반드시 마음이 통하는 사람을 만나 화합해야 하기 때문에 초구, 즉 착한 남편을 만나는 것이다(遇元夫). 원(元)은 착함[善]으로 원부(元夫)는 착한 남편이다.

☑ 교부 려무구(交孚 厲无咎)

초구 현인은 덕이 같은 구사와 함께 할 수 있어서 어긋남을 잘 대처하는 자이다. 구사와 초구는 서로 멀리 떨어져 있으나 모두 양으로 서로 호응하는 자리에 있고, 뜻이 같아 서로 믿음으로 만나(交孚) 비록 위태함에 처하나 규를 해결하려는 뜻을 행하기 때문에 허물이 없다(厲无咎). 따라서 착한 남편을 만나 서로 믿기 때문에 허물이 없다.

☑ 교부무구 지행야(交孚无咎 志行也)

서로 믿어 허물이 없는 이유(交孚无咎)는 어긋난 것을 해결하려는 뜻이 행해지기 때문이다(志行也). 구사와 초구는 모두 양으로 어긋난 때에 정성을 다하여 서로 사귀며 뜻을 합하여 그 뜻이 행해지니 허물없다. 따라서 효상은 착한 남편을 만나 서로 믿는 상으로, 점사는 현인을 만나 진심으로 사귀면 허물이 없다.

▌ 육오 효사와 소상전

 육오   회망   궐종서부   왕   하구
六五는 悔亡하니 厥宗噬膚면 往에 何咎리오?
상왈   궐종서부   왕유경야
象曰 厥宗噬膚는 往有慶也리라

육오는 후회함이 없으니 그 친족이 살을 깨물면 나아감에 무슨 허물이 있겠는가? 「상전」에서 말했다. "그 친족이 살을 깨물음"은 나아감에 경사가 있는 것이다.

▶ **厥**: 그 궐 宗: 마루 종, 일족 噬: 씹을 서 膚: 살갗 부

☑ 궐종서부 왕하구(厥宗噬膚 往何咎)

육오는 구이 굳센 양의 현인이 돕기 때문에 후회가 없다(悔亡). 친족[宗]은 친척, 배우자, 신하로 구이이다. 깨물음(噬)은 가정의 행복이나 나라의 안전을 방해하는 세력인 육삼을 제거하

는 것이다. 구이가 육삼을 제거하니 육오가 굳센 신하인 구이를 만나는 어려움이 없어졌다. 그 친족이 살을 깨무는 것(厥宗噬膚)은 구이가 육삼을 제거함이다. 육오가 구이를 만나러 가서 구이가 도우니 허물이 없다(往何咎).

☑ 궐종서부 왕유경야(厥宗噬膚 往有慶也)

그 친족이 살을 깨물어 구사를 제거함(厥宗噬膚)은 나아감에 경사가 있는 것이다(往有慶也). 육오가 어긋나는 때에 있으나 구이와 화합하니 정치가 잘 이루어지고 나라가 안정되어 경사가 있다. 따라서 효상은 친족이 살을 깨물 듯한 상으로, 점사는 굳센 신하와 일을 도모하면 허물이 없다.

■ 상구 효사와 소상전

上九는 睽孤하여 見豕負塗와 載鬼一車라
先張之弧라가 後說之弧는 匪寇라 婚媾니라
往遇雨하면 則吉하니라 象曰 遇雨之吉은 群疑亡也라

상구는 규(睽)가 외로워 돼지가 진흙을 짊어진 것과 귀신을 수레에 가득 실은 것을 보았다. 먼저 활을 당겼다가 뒤에 활을 내려놓은 것은 도적이 아니라 혼인을 하자는 것이다. 길을 가다가 비를 만나면 길하다. 「상전」에서 말했다. "비를 만나는 것이 길함"은 모든 의심이 없어지기 때문이다.

▶ 豕 : 돼지 시 負 : 질 부 塗 : 칠할 도/길 도, 진흙 張 : 베풀 장, 당기다. 弧 : 활 호 媾 : 화친할 구
  羣 : 무리 군 疑 : 의심할 의

☑ 규고(睽孤)

상구는 괘의 끝에 있고 어긋남과 반목이 극에 있다. 상구는 사람들과 고립되어 소통이 부족하고 육삼을 의심하는 자이다. 상구와 육삼은 비록 호응하나 모두 바르지 않고, 육오가 미워하고 구사가 이간질하여 서로 화합할 수 없으니 어긋남이 지극하여 외롭다(睽孤).

☑ 견시부도 재귀일거 선장지호(見豕負塗 載鬼一車 先張之弧)

어긋난 상황에서는 외롭고 공연히 의심을 갖는다. 육삼은 사람의 자리인데, 처음에는 돼지

로 의심하고, 중간에는 귀신으로 의심하고, 끝에는 도적으로 의심하여 활을 들었으나 결혼 행렬이었다.

의심이 생길 때 볼 수 있는 상황이다. 돼지가 진흙을 짊어진 모습이다(豕負塗). 귀신 같은 기괴한 모습을 한 사람을 수레에 가득 실어(載鬼一車) 먼저 활줄을 당겼다가 뒤에 귀신이 아닌 것을 알고 활을 내려놓는다(先張之弧 後說之弧). 도적이 아니라 혼인하러 온 사람이라고 뒤에 알았다(匪寇婚媾).

돼지가 진흙을 짊어졌다고 보고 더러움을 미워하고, 귀신이 수레에 가득찼다고 보고 괴이함에 놀래서 어긋나 의심이 심해졌다. 앞서 도적으로 의심하여 활줄을 당겼으나, 뒤에 혼구임을 알고 기뻐 활줄을 내려놓았으니, 처음에 의심하다가 점차 풀어졌다. 품고 있던 의심을 풀고 만나니 원래의 편안함을 회복할 수 있다.

☑ 왕우우즉길(往遇雨則吉)

음양이 합해야 비가 내리고, 비가 내리면 마음이 평안해 진다. 상구가 육삼의 비를 만나면 길하다(往遇雨則吉). 상구가 육삼에 대하여 처음에는 의심하여 어긋나지만, 뒤에는 의심이 풀려 화합하니, 음과 양이 합하고 더욱 화합하여 곧 비가 된 것이다

☑ 우우지길 군의망야(遇雨之吉 群疑亡也)

우우(遇雨)는 진상을 파악함이다. 비를 만나는 길한 이유(遇雨之吉)는 공연히 갖고 있던 모든 의심이 없어지기 때문이다(群疑亡也). 처음에는 어긋나지만 진상을 파악하고 나니 끝내는 화합할 수 있으므로 길하다. 화합할 수 있는 까닭은 모든 의심이 다 없어졌기 때문이다. 다르니 천하의 일은 다스릴 수 있고, 같으니 천하의 일은 이뤄낼 수 있다. 따라서 효상은 나그네가 길을 가다가 돼지와 귀신 같은 분장을 하고 혼인하러 가는 사람을 본 상으로, 점사는 진상을 파악하니 화합할 수 있어 길하다.

39

역경을 이기는 수산건(水山蹇)

39	䷦	坎上 艮下	水山蹇 수산건

　수산건괘(水山蹇卦)는 상괘가 물[水]과 어려움[險]을 상징하는 감괘(坎卦: ☵)이고, 하괘가 산(山)과 그침[止]을 상징하는 간괘(艮卦: ☶)로, 이는 험한 것이 앞에 있어 멈춘 상이다. 어려운 상황에 직면하여 나아가지 못하고 멈춘 모습을 나타낸다. 건(蹇)은 험하게 막혔다는 뜻으로, 어려움을 의미한다. 험한 장애물이 앞에 있어 나아갈 수 없는 것이다. 건괘(蹇卦)는 물 아래에 산이 있는 형상으로, 산은 높은 장애물을, 물은 험난함을 상징한다. 높은 산과 험난한 물에 가로막혀 앞으로 나아갈 수 없는 어려운 상황을 나타낸다. 따라서 괘상은 산 위에 물이 있는 수산(水山) 상이요, 괘명은 어렵다는 건(蹇)이다.

　건괘(蹇卦)는 어려운 상황에 처했을 때 난국을 해결하는 지혜를 제시한다. 즉, 어려움을 극복하는 지혜이다. 초효는 왕건내예(往蹇來譽)로, 이는 무왕이 은을 정벌하기 위해 출병할 때는 어려웠으나 정벌하고 돌아올 때는 편안한 상황이니, 마땅히 기미를 보고 멈추고 때를 기다리면 좋다. 이효는 왕신건건(王臣蹇蹇)으로, 이는 신하와 함께 은나라를 정벌하는 중에 처한 어려운 상황이니, 충심으로 나아가면 끝내 허물은 없다. 삼효는 왕건래반(往蹇來反)으로, 이는 무왕이 출병할 때는 어려웠지만 정벌하고 회군할 때는 좋은 상황이니, 시작은 어렵지만 결과는 좋다. 사효는 왕건래연(往蹇來連)으로, 이는 무왕이 은나라를 정벌하기 위해 출병할 때는 어려웠으나 돌아올 때는 연합하여 오는 상황이니, 무리와 함께하면 어려움을 해결할 수 있다. 오효는 대건붕래(大蹇朋來)로, 이는 무왕이 정벌하지 않은 제후국들이 복속하여 오는 상황이니, 중도와 절제를 지킨다면 모두가 협력할 것이다. 육효는 왕건래석(往蹇來碩)으로, 이는 무왕이 은나라를 정벌할 때는 큰 어려움이 있었으나 정벌하고 돌아와서 영토와 백성을 얻은 상황이니, 모두가 협력하면 어려움을 극복할 것이다.

▌ 괘사

건 이 서 남   불 리 동 북   이 견 대 인   정 길
蹇은 利西南하고 不利東北하며 利見大人하니 貞吉하리라

건(蹇)은 서남쪽이 이롭고 동북쪽은 이롭지 않고, 대인을 보는 것이 이로우니 바르게 하면 길하다.

▸ 蹇: 절뚝발이 건, 어렵다, 험난하다.

☑ 건이서남 불리동북(蹇利西南 不利東北)

건(蹇)은 어려움이다. 서남은 곤(☷)이고 동북은 간(☶)으로, 곤은 대지를, 간은 산을 상징한다. 서남은 평평한 평지이고, 동북은 험준한 산지이다. 어려운 때에는 평평한 곳에 거처하면 이롭고(蹇利西南) 위험한 곳에 머무르면 이롭지 않다(不利東北). 평평한 곳에 거처하면 어려움을 풀 수 있으나 험한 곳에 머무르면 어려움이 더욱 심해진다.

☑ 이견대인 정길(利見大人 貞吉)

대인(大人)은 능력이 탁월하고 슬기로운 현인(賢人)이다. 어려운 때라도 반드시 대인이 있다면 세상의 어려움을 구제할 수 있다. 육이가 구오의 대인을 만나 가르침을 받을 수 있어 대인을 봄이 이롭다(利見大人). 어려움에 처하더라도 바른 도를 지키면 길하다(貞吉). 따라서 험난한 때에는 재능과 덕을 갖춘 대인이 험함을 해결할 수 있다.

▌ 괘사에 대한 단전

단 왈   건 난 야   험 재 전 야   견 험 이 능 지   지 의 재
象曰 蹇難也니 險在前也니 見險而能止하니 知矣哉라!
건 이 서 남   왕 득 중 야   불 리 동 북   기 도 궁 야
蹇利西南은 往得中也오 不利東北은 其道窮也오
이 견 대 인   왕 유 공 야   당 위 정 길   이 정 방 야   건 지 시 용   대 의 재
利見大人은 往有功也요 當位貞吉은 以正邦也니 蹇之時用이 大矣哉라!

「단전」에서 말했다. 건(蹇)은 어려움이니 험함이 앞에 있으니, 험함을 보고 멈출 수 있으면 지혜롭도다! "건은 서남이 이로움"은 가서 중을 얻기 때문이고, "동북이 이롭지 않음"은 그 도가 다하기 때문이며, "대인을 보는 것이 이로움"은 가면 공이 있기 때문이고, "자리에 마땅하여 바르게 함이 길함"은 나라를 바르게 하기 때문이니, 건(蹇)의 때와 쓰임이 크도다.

▸ **難**: 어려울 난 **險**: 험할 험/검소할 검 **窮**: 다할 궁/궁할 궁

☑ 건난야 험재전야(蹇難也 險在前也)

건(蹇)은 어려움이며(蹇難也), 험하게 막혔다[險阻]는 뜻이 있다. 험함이 앞에 있음(險在前也)은 위기가 목전에 닥쳤다는 것이다.

☑ 견험이능지 지의재(見險而能止 知矣哉)

험함을 보고 멈출 수 있어야지(見險而能止) 계속 간다면 더 위험한 곳에 빠진다. 험함을 미리 알고 멈추고 무모하게 가지 않는다면 지혜롭다(知矣哉). 이것은 어려움에 대처하는 도이다.

☑ 건이서남 왕득중야(蹇利西南 往得中也)

서남쪽은 순조롭고 평탄한 평지이다. 어려운 때에는 평탄한 평지에 거처함이 이로운 이유(蹇利西南)는 가서 중을 얻기 때문이다(往得中也). 중도를 지키는 것은 치우치지 않고 무모하게 가지 않는 것이다.

☑ 불리동북 기도궁야(不利東北 其道窮也)

동북은 험하게 막혀있는 험준한 언덕으로 이롭지 않은 이유(不利東北)는 길이 막혔기 때문이다(其道窮也). 높은 험준한 산지는 험하고 막혀 진퇴양난에 빠질 수 있다. 험한 곳에 가면 어려움이 더욱 심해진다.

☑ 이견대인 왕유공야(利見大人 往有功也)

구오는 덕과 재능을 갖춘 현명한 대인이다. 어려운 때에 대인이 세상의 어려움을 구제할 수 있으므로 대인을 보는 것이 이롭다(利見大人). 대인을 찾아 배우고 행하면 험함에서 벗어나는 공이 있다(往有功也). 대인을 만나 많은 것을 배우면 백성을 험한 곳에서 구제할 수 있다.

☑ 당위정길 이정방야(當位貞吉 以正邦也)

음이 음의 자리에 오고 양이 양의 자리에 와서 자리가 마땅하니 백성은 백성답고 신하는 신하답고 임금은 임금다우면, 백성과 나라가 모두 길하다(當位貞吉). 바른 도로 나라를 바르게 하면(以正邦也) 나라의 어려움을 구제할 수 있다.

☑ 건지시용 대의재(蹇之時用 大矣哉)

험함을 헤아려 바른 이치를 따르는 것이 건(蹇)의 때와 쓰임이다. 어려운 때에 어려움을 구제하는 건의 때와 쓰임(蹇之時用)이 매우 크다(大矣哉). 따라서 험함을 벗어나는 건의 쓰임과 때는 상황에 적합한 진퇴의 시기, 험함을 벗어나게 하는 대인과 바른 도를 지키는 것이다.

▌ 괘사에 대한 대상전

상 왈 산 상 유 수 건 군 자 이 반 신 수 덕
象曰 山上有水 蹇이니 君子 以하여 反身修德하니라

「상전」에서 말했다. 산 위에 물이 있는 것이 건(蹇)이니, 군자는 이를 본받아 자신을 돌이켜 덕을 닦는다.

▶ 蹇: 절뚝발이 건, 어렵다, 험난하다.

☑ 산상유수 건(山上有水 蹇)

평지에 산이 솟아 있다면 산 앞에서 발걸음을 멈춘다. 계속 가려면 산을 넘는 어려움을 감당해야 한다. 산이 높게 막혀 있고 산 위에 물이 있는데(山上有水), 감괘(坎卦: ☵) 물은 험함에 빠지는 상으로, 위아래가 험하게 막혀 있어 나아갈 수 없다.

☑ 군자이 반신수덕(君子以 反身修德)

군자는 건괘의 상을 보고 자신을 돌이켜 덕을 닦는다(君子以 反身修德). 행하고도 얻지 못함이 있으면 모두 자기에게 돌이켜 구해야 한다(行有不得者 皆反求諸己: 孟子 離婁). 잘못한 것이 있으면 고치고, 마음에 들지 않으면 더욱 힘쓰는 것이 스스로 덕을 닦음이니, 군자는 덕을 닦고 때를 기다린다. 그러므로 어려움을 만난다면 반드시 스스로 자신에게서 살펴보아야 한다.

▌ 초육 효사와 소상전

초 육 왕 건 래 예
初六은 往蹇하고 來譽리라
상 왈 왕 건 래 예 의 대 야
象曰 往蹇來譽는 宜待也니라

초육은 가면 어렵고 돌아오면 명예롭다. 「상전」에서 말했다. "가면 어렵고 돌아오면 명예로움"은 마땅히 기다려야 하기 때문이다.

▶ 譽: 기릴 예/명예 예   宜: 마땅 의   待: 기다릴 대

☑ 왕건래예(往蹇來譽)

왕(往)은 나아가다, 래(來)는 돌아오다는 뜻이다. 건괘(蹇卦)는 나아갔다가 어려움을 알고서 물러선다. 초육은 음으로 유약하고 건괘(蹇卦)의 처음에 있어 나아가면 어렵다(往蹇). 어려움을 겪을 수 있으니 기미를 보고 멈추고 돌아오면 명예가 있다(來譽). 무왕이 은을 정벌하기 위해 출병할 때는 어려웠으나, 정벌하고 돌아올 때는 편안하고 명예로웠다.

☑ 왕건래예 의대야(往蹇來譽 宜待也)

가면 어렵고 돌아오면 명예로운 이유(往蹇來譽)는 마땅히 기다려야 하기 때문이다(宜待也). 나아가면 더욱 어려워지니 아직 나아갈 때가 아니다. 그래서 마땅히 기미를 보고 멈출 수 있는 때를 기다린 뒤에 행해야 한다. 시작은 어려웠으나 일을 이룬 후에는 편안하다. 따라서 효상은 무왕이 은을 정벌하기 위해 출병할 때는 어려웠으나 정벌하고 돌아올 때는 편안한 상으로, 점사는 마땅히 기미를 보고 멈추고 때를 기다리면 좋다.

▌육이 효사와 소상전

六二는 王臣蹇蹇이 匪躬之故라
_{육 이　왕 신 건 건　비 궁 지 고}

象曰 王臣蹇蹇은 終无尤也리라
_{상 왈　왕 신 건 건　종 무 우 야}

육이는 왕의 신하가 왕의 어려움을 (해결하는) 어려움은 자신 때문이 아니다. 「상전」에서 말했다. "왕의 신하가 왕의 어려움을 (해결하는) 그 어려움"은 끝내 허물이 없게 된다.

▶ 匪: 비적 비/나눌 분. 아니다.   躬: 몸 궁   故: 연고 고, 까닭, 이유

☑ 왕신건건 비궁지고(王臣蹇蹇 匪躬之故)

육이는 부드럽고 중정을 얻은 신하로 위로 구오의 임금과 호응하는데, 구오가 마침 큰 어려움에 있다. 왕의 신하가 왕의 어려움을 해결하는 어려움(王臣蹇蹇)은 신하의 개인적인 연유 때

문이 아니다(匪躬之故). 앞의 어려움은 신하의 어려움으로 힘을 다하는 것이고, 뒤의 어려움은 임금의 어려움이다. 신하는 항상 세상을 구하려는 마음이 간절하지만, 오직 어진 덕으로 나라를 근심하고 자신이 아니라 임금을 구함에 뜻이 있어 어려움이 있다.

☑ 왕신건건 종무우야(王臣蹇蹇 終无尤也)

공(功)이란 일을 수행하여 얻은 구체적인 결실을 뜻한다. 왕의 신하가 어려운 때에 왕의 어려움을 알고 해결하려고 하니(王臣蹇蹇) 끝내 허물이 없다(終无尤也). 어려운 때에 임금의 어려움을 구제함에 그 뜻이 있으니, 비록 공을 이루지는 못해도 신하가 충심이 있으면 끝내 허물은 없다. 따라서 효상은 무왕이 신하와 함께 은나라를 정벌하는 중에 처한 어려운 상으로, 점사는 충심으로 나아가면 끝내 허물은 없다.

▌구삼 효사와 소상전 —————————————

九三은 往蹇하고 來反이리라
<small>구 삼   왕 건   래 반</small>

象曰 往蹇來反은 內喜之也라
<small>상 왈   왕 건 래 반   내 희 지 야</small>

구삼은 갈 때는 어렵고 돌아올 때는 반대이다. 「상전」에서 말했다. "갈 때는 어렵고 돌아올 때는 반대임"은 안에서 기뻐하기 때문이다.

▶ 反 : 돌이킬 반/돌아올 반, 반대로   喜 : 기쁠 희

☑ 왕건래반(往蹇來反)

무왕은 은나라를 정벌하기 위해 출병할 때는 어려움이 있었으나(往蹇), 은나라를 정벌하고 철수할 때는 정벌했으니 좋았을 것이다(來反). 정벌하고 제자리로 돌아오니 편안하다.

☑ 왕건래반 내희지야(往蹇來反 內喜之也)

갈 때는 어렵고 돌아올 때는 반대인 이유(往蹇來反)는 안에서 기뻐하기 때문이다(內喜之也). 밖으로 나가 정벌할 때는 어려움이 있었는데 정벌하고 승리하고 다시 돌아오니 모두 기뻐했다. 따라서 효상은 무왕이 출병할 때는 어려웠지만 정벌하고 회군할 때는 좋은 상으로, 점사는 시작은 어렵지만 결과는 좋다.

▌ 육사 효사와 소상전

육 사　왕 건　　래 연
六四는 往蹇하고 來連이리라
상 왈　왕 건 래 연　　위 당 실 야
象曰 往蹇來連은 當位實也라

육사는 가면 어렵고 돌아오면 함께한다. 「상전」에서 말했다. "가면 어렵고 돌아오면 함께함"은 맡은 자리가 참되기 때문이다.

▶ 連: 잇닿을 련(연), 함께하다.　實: 열매 실, 참됨　當: 마땅 당, 만나다, 맡다.

☑ 왕건래연(往蹇來連)

　육사는 음이 음의 자리에 있는 대신이다. 육사는 가면 감괘(坎卦)의 깊은 험함으로 들어가니 어렵다(往蹇). 음은 유약하여 가면 어렵지만, 양은 강해서 구삼과 연합하면 어려움을 해결할 수 있다. 연(連)은 함께한다는 뜻이다. 육사는 구삼과 가깝고, 육이와 초육과도 같은 부류로 함께하는 자이다. 돌아오면 아래에 있는 무리와 함께한다(來連). 무리와 함께하여 어려움에 대처하는 바른 길을 얻는다.

☑ 왕건래연 위당실야(往蹇來連 位當實也)

　육사가 마땅한 자리를 얻었고, 자리가 마땅하고 참되다(位當實也). 가면 어렵고 돌아오면 구삼과 함께하는 이유(往蹇來連)는 자리가 마땅하고 참되기 때문이다. 육사는 어려운 때 아래와 뜻을 같이 하므로 참으로 무리를 얻는다. 따라서 효상은 무왕이 은나라를 정벌하기 위해 출병할 때는 어려웠으나 돌아올 때는 연합하여 오는 상으로, 점사는 무리와 함께하면 어려움을 해결할 수 있다.

▌ 구오 효사와 소상전

구 오　　대 건 붕 래
九五는 大蹇朋來로다
상 왈　대 건 붕 래　　이 중 절 야
象曰 大蹇朋來는 以中節也라

구오는 크게 어려워도 벗이 돌아온다. 「상전」에서 말했다. "크게 어려워도 벗이 돌아옴"은 중도와 절도를 지키기 때문이다.

☑ 대건붕래(大蹇朋來)

붕(朋)은 뜻을 같이하는 동지이다. 구오는 굳센 양이 중정하고 임금의 자리에 있으면서 어려운 때 홀로 험함에 있으니 더욱 어렵다(大蹇). 구오가 나라의 어려움을 해결하고 있는데, 뜻을 함께하는 동지들이 돌아와서 모두 협력하여(朋來) 함께 나라를 구한다.

☑ 대건붕래 이중절야(大蹇朋來 以中節也)

크게 어려워도 동지가 돌아오는 이유(大蹇朋來)는 중도와 절도를 지키기 때문이다(以中節也). 구오는 중정한 덕이 있고 육이도 중정하여 비록 크게 어려워도 서로 호응한다. 동지가 와서 함께 어려움을 구제한다. 따라서 무왕이 정벌하지 않은 제후국들이 복속하여 오는 상으로, 점사는 중도와 절제를 지킨다면 모두가 협력할 것이다.

▋ 상육 효사와 소상전

上六은 往蹇하고 來碩이라 吉하니 利見大人하니라
象曰 往蹇來碩은 志在內也오 利見大人은 以從貴也라

상육은 갈 때 어려웠으나 돌아오면 크므로 길하니 대인을 보는 것이 이롭다. 「상전」에서 말했다. "갈 때 어려웠으나 돌아오면 큼"은 뜻이 안에 있음이고, "대인을 보는 것이 이로움"은 귀함을 따르기 때문이다.

▶ 碩: 클 석   從: 쫓을 종, 따르다.

☑ 왕건래석길 이견대인(往蹇來碩吉 利見大人)

상육은 어려움을 극복하고 끝날 때이다. 상육은 부드러운 음으로 어려움에 있으니 갈 때는 어렵다(往蹇). 무왕이 은나라를 정벌하고 돌아오니 업적이 크다(來碩). 대인은 구오 군주이다. 상육은 어려움이 클 때에 큰 덕이 있는 사람을 만난다면 어려움을 구할 수 있어 대인을 봄이 이롭다(利見大人). 구삼의 도움을 받는 것은 동지가 협력하는 것이다. 능력이 부족한 상육은 영웅인 구삼과 협력하고, 구삼에게 구오를 만나보도록 하여 함께 어려움을 극복한다.

☑ 지재내야 이종귀야(志在內也 以從貴也)

상육은 구삼과 상응하고 구오와 상비한다. 안과 귀함은 모두 구오이다. 출병하러 갈 때는 어려웠으나 정벌하고 돌아와서 구오를 도와서 큰 업적을 낸 이유(往蹇來碩)는 뜻이 안에 있기 때문이다(志在內也). 대인을 보는 것이 이로운 이유(利見大人)는 구오를 따르기 때문이다(以從貴也). 따라서 효상은 무왕이 은나라를 정벌할 때는 큰 어려움이 있었으나 정벌하고 돌아와서 영토와 백성을 얻은 상으로, 점사는 모두가 협력하면 어려움을 극복할 것이다.

40

문제를 해결하는 뇌수해(雷水解)

40	䷧	震上	雷水解
		坎下	뇌수해

뇌수해괘(雷水解卦)는 상괘가 우레[雷]를 상징하는 진괘(震卦: ☳)이고, 하괘가 물[水]을 상징하는 감괘(坎卦: ☵)로, 이는 우레가 위에서 울고 비가 아래로 내리는 상이다. 해(解)는 풀리다, 화해하다, 떼어내다, 그치다라는 뜻으로 어려움을 떼어내 없앤다는 의미이다. 뇌수해괘(雷水解卦)는 움직임으로 위험에서 벗어난다는 뜻이다. 이는 모든 어려움이 사라지고 운이 트인다는 괘이다. 움직임을 상징하는 진괘가 위에 있고 험함을 벗어나는 감괘가 아래에 있어, 어려움이 풀리는 시기를 나타낸다. 천지가 풀려 우레와 비가 일어나는 형상이다. 따라서 괘상은 우레 아래에 물이 있는 뇌수(雷水) 상이며, 괘명은 풀리는 해괘(解卦)이다. 해괘(解卦)는 건괘(蹇卦)의 위아래가 바뀐 괘로, 건괘(蹇卦)는 험하여 길이 막힌 상황을 의미하고, 해괘(解卦)는 험한 시기가 지나가 해결되는 상황을 의미한다.

수산건괘(水山蹇卦)는 위기 상황에서 문제를 해결하는 방법이 제시된다. 초효는 해험(解險)으로, 이는 험함이 이미 풀려 모든 것이 해결되는 상황이니, 전문가의 도움을 받는다면 허물이 없다. 이효는 전획삼호(田獲三狐)로, 이는 군자가 세 마리 여우를 사냥하고 누런 화살을 얻은 상황이니, 바른 도로 소인을 제거하면 길하다. 삼효는 부차승(負且乘)으로, 이는 군자가 여우를 사냥하여 등에 지고 수레를 타 도적을 불러들이는 상황이니, 분수를 지키지 않는다면 허물이 있다. 사효는 해이무(解而拇)로, 이는 엄지발가락을 풀면 벗이 와서 믿는 상황이니, 소인을 가까이 하지 않는다면 동지를 얻을 것이다. 오효는 유유해길(維有解吉)로, 이는 군자가 백성들의 어려움을 해결해 주는 상황이니, 소인들이 수긍하고 물러가니 길하다. 육효는 공용석준(公用射隼)으로, 이는 높은 담 위에 있는 새매를 쏘아 잡는 상황이니, 소인들을 제거하여 백성의 어려움을 해결하니 세상이 화평하다.

▐ 괘사

解는 利西南하니 无所往이니 其來復吉하니라
有攸往이어든 夙吉하리라

해(解) 이서남(利西南) 무소왕(无所往) 기래복길(其來復吉)

유유왕(有攸往) 숙길(夙吉)

해괘(解卦)는 서남쪽이 이로우니 갈 곳이 없고, 돌아와서 회복함이 길하다. 갈 곳이 있거든 일찍 가면 길하다.

▶ 解 : 풀 해, 벗기다, 흩어지다, 화해하다, 그치다. 復 : 회복할 복/다시 부, 돌아가다, 돌아오다. 夙 : 이를 숙, 일찍, 빠르다.

☑ 해이서남 무소왕(解利西南 无所往)

광대하고 평평한 대지가 있는 서남쪽은 험한 곳이 없어 이롭다(利西南). 이는 이미 어려운 상황이 해소되어, 나라가 정상적이고, 소인이 득세하지 못한다. 세상의 어려움이 다 풀려 비로소 고난에서 벗어났다. 탕왕(湯王)은 걸왕(桀王)의 학정을 없애고 너그러움으로 나라를 다스렸고, 무왕(武王)은 주왕(紂王)의 폭정을 척결하고 상(은)나라의 정치를 회복했으니, 모두 관대하게 나라를 다스린 것이다.

갈 곳이 없음(无所往)은 세상의 어려움이 이미 풀려 더 이상 할 일이 있지 않다. 갈 곳이 있음(有攸往)은 여전히 풀어야 할 일이 남아있다. 기강과 법도가 무너지면 화와 근심이 생기는데, 성인이 이미 그 어려움을 풀었으니 편안하고 할 일이 없다.

☑ 기래복길 유유왕숙길(其來復吉 有攸往夙吉)

마땅히 다스리는 도를 닦고 회복하여 기강을 바르게 하고 법도를 밝혀서 명철한 선왕의 통치를 회복한다(來復). 도를 회복하고 바른 이치로 나라를 다스리니 천하가 길하다(吉). 갈 곳이 있거든 일찍 해결하면 길함(有攸往夙吉)은 여전히 해결할 일이 있다면 일찍 해결하는 것이 길하다. 어려움을 일찍 해결하지 않으면 더욱 어려워질 것이다. 따라서 어려움은 빠르게 해결할수록 해결하기 쉽다.

■ 괘사에 대한 단전

象曰 解는 險以動_{이니} 動而免乎險_이 解_라

解利西南_은 往得衆也_오 其來復吉_은 乃得中也_오

有攸往夙吉_은 往有功也_라

天地解 而雷雨作_{하며} 雷雨作 而百果草木_이

皆甲柝_{하니} 解之時 大矣哉_{라!}

「단전」에 말했다. 해(解)는 험해서 움직이니 움직여서 험함을 벗어나는 것이 해이다. "해는 서남쪽이 이로움"은 가면 무리를 얻기 때문이고, "돌아와서 회복함이 길함"은 이에 중을 얻었기 때문이고, "갈 바가 있거든 일찍 가면 길함"은 가면 공이 있기 때문이다. 천지가 풀리자 우레와 비가 일어나고, 우레와 비가 일어나자 온갖 과일과 초목이 다 껍질이 터지니, 해의 때가 크도다!

▶ 免: 면할 면 作: 지을 작, 일어나다, 비롯하다. 甲: 갑옷 갑, 껍질, 싹이 트다. 柝(坼): 터질 탁, 열다, 펴다, 트다.

☑ 해험이동 동이면호험해(解險以動 動而免乎險解)

해괘(解卦)는 감괘가 험하고 진괘가 움직이니, 험해서 움직인다(解險以動). 위험할 때는 움직여 나와야 험함을 벗어날 수 있다. 위험하면 움직여서 위험한데에서 나오는 것이 해괘다(動而免乎險解). 험한 데에 머물러 있으면 어려움을 피할 수가 없다. 험하면 어려운 것이고, 움직이지 않으면 어려움에서 벗어날 수 없다.

☑ 해이서남 왕득중야(解利西南 往得衆也)

서남쪽이 이로운 이유(利西南)는 가면 무리를 얻기 때문이다(往得衆也). 구사가 서남쪽의 평탄한 땅으로 옮겨가면 무리의 마음을 얻어 어려움이 없을 것이다. 벗을 얻어 움직여야 험난함을 구제할 수 있다. 어려움이 해결되면 관대하게 정치를 해야 민심이 돌아오고 백성이 복종한다.

☑ 기래복길 내득중야(其來復吉 乃得中也)

돌아와서 회복함이 길한 이유(其來復吉)는 중을 얻기 때문이다(乃得中也). 중용의 덕으로 험난함을 해결한 후 제자리로 돌아간다. 즉, 선왕의 명철한 통치를 회복한다.

☑ 유유왕 숙길 왕유공아(有攸往 夙吉 往有功也)

공(功)이란 일을 수행하여 얻은 구체적인 결실이다. 갈 바가 있거든 일찍 가면 길한 이유(有
攸往夙吉)는 가면 공이 있기 때문이다(往有功也). 할 일이 있으면 일찍 하면 길하다. 일찍 해결
하면 공이 있고, 늦게 하면 해악이 불어나서 해악이 더 깊다.

☑ 천지해 이뇌우작(天地解 而雷雨作)

초육과 구이는 땅이고, 육오와 상육은 하늘이다. 천지의 기가 열려 풀어지고(天地解) 서로
교류하여 화창하면 우레와 비를 이룬다(雷雨作). 우레와 비가 일어나는 것(雷雨作)은 기가 풀
리기 때문이다. 우레와 비가 일어나면 험난한 것은 형통하고, 막혀 맺힌 것은 풀어진다.

☑ 뇌우작 이백과초목 개갑탁(雷雨作 而百果草木 皆甲拆)

우레와 비가 일어나면(雷雨作) 봄이 되고, 온갖 과일과 초목이 모두 껍질이 터지면(而百果
草木 皆甲拆) 형체가 풀린다. 온갖 과일과 초목이 다 껍질이 터진다. 천둥이 울리고 비가 내리
고 봄이 오니, 만물이 소생하고 모든 과일과 초목이 싹이 나고 꽃망울이 터진다.

☑ 해지시대의재(解之時大矣哉)

해괘는 형체가 풀리면 구부러진 것이 펴지고, 꽉 막힌 것이 펼쳐진다. 해(解)가 때에 맞게 역
할을 하니 해의 때가 크다(解之時大矣哉). 따라서 군자의 도는 천지의 도를 본받아 해의 시기에
백성에게 관대하고 은혜를 베풀어 다스리는 것이다.

▌ 괘사에 대한 대상전

상 왈 뇌우작 해 군자 이 사과유죄
象曰 雷雨作이 解니 君子 以하여 赦過宥罪하니라

「상전」에서 말했다. 우레와 비가 일어남이 해이니, 군자는 이를 본받아 잘못을 용서하고 죄를 감형한다.

▷ 赦 : 용서할 사 過 : 지날 과, 잘못 宥 : 너그러울 유, 용서하다.

☑ 뇌우작해(雷雨作解)

해괘(解卦)는 상괘가 우레[雷]를 상징하는 진괘(震卦: ☳)와 하괘가 물[水]을 상징하는 감괘(坎卦: ☵)로, 우레가 위에서 울고 비가 아래로 내리는 상이다. 하늘과 땅이 풀려 흩어져 우레와 비를 이루므로 우레와 비가 일어나서 해괘이다(雷雨作解).

☑ 군자이 사과유죄(君子以 赦過宥罪)

우레는 하늘의 위엄이고 비는 하늘의 은택으로, 잘못은 용서하지만 죄는 용서하면 의가 아니므로 감형해 준다. 군자가 우레와 비가 일어나 풀리는 상을 관찰하고(君子以), 사소한 잘못은 용서하고 큰 죄는 감형하니(赦過宥罪) 천지의 어진 마음을 본받아서 넓힌다

■ 초육 효사와 소상전

초 육　　무 구
初六은 无咎하니라
상 왈　강 유 지 제　의 무 구 야
象曰 剛柔之際라 義无咎也니라

초육은 허물이 없다. 「상전」에서 말했다. 강과 유가 만나니 그 뜻에 허물이 없다.

▶ 際 : 즈음 제, 때, 만나다, 사귀다.

☑ 무구(无咎)

험함이 이미 풀려 해결되어(解險) 편안하고 재앙이 없다(无咎). 초육은 백성의 자리로 어려움이 해결되는 때이므로, 부역, 세금이나 형벌이 가혹하지 않아 백성은 허물이 없다. 무구(无咎)는 과실이나 재앙이 없다는 뜻이다.

☑ 강유지제 의무구야(剛柔之際 義无咎也)

유약한 초육이 굳건한 구사의 도움을 받아 화합을 이루니(剛柔之際) 의리상 허물이 없다(義无咎也). 유약한 초육이 강건한 구사를 만나 화합하여 어려움을 해결하니 그 뜻에 허물이 없다. 따라서 효상은 험함이 이미 풀려 모든 것이 해결되는 상으로, 점사는 전문가의 도움을 받는다면 허물이 없다.

▌구이 효사와 소상전

九二는 田獲三狐하여 得黃矢니 貞吉하나라
(구이)   (전획삼호)   (득황시)   (정길)

象曰 九二貞吉은 得中道也라
(상왈 구이정길)   (득중도야)

구이는 사냥하여 세 마리 여우를 잡아 누런 화살을 얻으니 바르게 함이 길하다. 「상전」에서 말했다. "구이가 바르게 함이 길함"은 중도를 얻기 때문이다.

▶ 田 : 밭 전, 사냥하다. 狐 : 여우 호 矢 : 화살 시

☑ 전획삼호 득황시 정길(田獲三狐 得黃矢 貞吉)

육오는 유순한 임금의 자리로 과감하게 결단할 수 없는 상이다. 구이는 굳세고 알맞음으로 육오에게 호응하고, 아첨하고 사악한 소인을 제거하니 바르고 길하다.

사냥[田]은 해로움을 없애는 일이고, 여우(狐)는 간사하고 아첨하는 소인이다. 누런 화살(黃矢)은 바른 도(正道)이고, 세 마리 여우(三狐)는 사회를 어지럽히는 소인들이다.

여우를 사냥하여(田獲三狐) 누런 화살을 얻는다(得黃矢). 이는 사회를 어지럽히는 소인을 제거하여 바른 도를 지키는 것이다. 강직한 도를 얻어서 바르게 하면 길하다(貞吉). 구이는 바른 도로 간사하고 아첨하는 무리들을 제거하여 육오와 호응하니 바름을 얻어 길하다.

☑ 구이정길 득중도야(九二貞吉 得中道也)

구이가 여우를 사냥하고 바르게 하여 길한 이유(九二貞吉)는 중도를 얻기 때문이다(得中道也). 사악한 소인을 제거하여 도를 행할 수 있기 때문에 바르고 길하다. 따라서 효상은 군자가 세 마리 여우를 사냥하고 누런 화살을 얻은 상으로, 점사는 바른 도로 소인을 제거하면 길하다.

▌육삼 효사와 소상전

六三은 負且乘이라 致寇至니 貞吝이라
(육삼)   (부차승)   (치구지)   (정린)

象曰 負且乘이 亦可醜也며 自我致戎이어니 又誰咎也리오?
(상왈 부차승)   (역가추야)   (자아치융)   (우수구야)

육삼은 짊어지고 또 올라탔다. 도적을 오게 하니 바르게 하더라도 부끄럽다. 「상전」에서 말했다. "짊어지고 또 올라탐"은 또한 추하다고 할 만하며 나 스스로 도적을 불러들였으니 또 누구를 탓하겠는가?

▶ 負: 질 부 且: 또 차 乘: 탈 승 寇: 도적 구 醜: 추할 추 戎: 병장기 융/오랑캐 융, 군사, 병사, 군대

☑ 부차승 치구지 정린(負且乘 致寇至 貞吝)

육삼은 음으로 양의 자리에 있어 제자리에 있지 않고, 중을 얻지 못하여 부정한 짓을 하는 자이다. 물건을 짊어진 것은 부패한 공무원들이 뇌물을 받고 업무를 처리하는 상이다. 짐을 짊어지고 가는 자는 미천한 자이나, 수레를 타고 가는 자는 존귀한 자이다. 짐을 지고 가야 할 미천한 자가 수레를 타고 가니 이는 귀중한 물건으로 보여 도둑을 불러들인다.

소인이 짐을 짊어지고 걸어야 하는데 짐을 짊어 지고 수레에 타고 있어(負且乘) 도둑이 약탈하러 온다(致寇至). 여우를 사냥하여 등에 지고 수레를 탔으니 도적이 귀중한 물건으로 생각하여 약탈한다. 소인이 존귀한 지위를 훔쳤으니 비록 바른 일을 하더라도 부끄럽다(貞吝). 소인은 짐을 짊어지고 걸어야 하나 군자의 수레를 타서 오해를 받았다.

☑ 부차승 역가추야(負且乘 亦可醜也)

짊어지고 또 올라탐(負且乘)은 추하다고 할 만하다(亦可醜也). 짐을 짊어지고 가야 할 사람인데 수레를 타고 있으니 추악하다. 짊어지는 것은 소인의 역할이고, 수레를 올라타는 것은 군자의 지위이다. 소인이 군자의 지위에 있으니 짐은 귀중품으로 오해받는다. 재물을 도적에게 보이는 것은 도적에게 재물을 약탈하라고 알려주는 것이다. 짐을 짊어지고 가야 하는데 수레를 타고 있는 것은 분수를 모르고 화를 스스로 자초한 것이다.

☑ 자아치융 우수구야(自我致戎 又誰咎也)

나 스스로 도적을 불러들였으니 또 누구를 탓하겠는가(自我致戎 又誰咎也)? 분수를 벗어난 짓을 하는 것은 자신의 욕심 때문이다. 도적을 이르게 한 것은 자신 때문으로 자신을 반성해야 할 것이지 남을 탓해서는 안 된다. 따라서 효상은 군자가 여우를 사냥하여 등에 지고 수레를 타서 도적을 불러들이는 상으로, 점사는 분수를 지키지 않는다면 허물이 있다.

■ 구사 효사와 소상전

구사 해 이 무 붕 지   사 부
九四는 解而拇면 朋至하여 斯孚리라
상 왈 해 이 무   미 당 위 야
象曰 解而拇는 未當位也라

구사는 너의 엄지발가락을 풀면 벗이 와서 믿을 것이다. 「상전」에서 말했다. "너의 엄지발가락을 풀음"은 자리가 마땅하지 않기 때문이다.

▶ 而 : 말 이을 이, 너, 그리고, ~하면서, 뿐, 만약 拇 : 엄지손가락 무, 엄지발가락

☑ 해이무 붕지사부(解而拇 朋至斯孚)

　구사는 굳센 양으로 육오 임금을 받드니 어려움을 풀 대신이다. 육삼은 소인으로 구사에 의지하여 아첨하고 구사를 흐리게 하는 자이다. 엄지발가락은 소인의 권한남용과 부정부패이다. 너의 엄지발가락을 풀다(解而拇)는 소인의 권한남용과 부정부패를 해결한다는 말이다. 소인들의 권한남용이나 부정부패를 해결하니 동지들이 와서 믿는다(朋至斯孚). 따라서 국정을 쇄신하고 국사를 함께 할 동지들을 얻고 백성들도 믿음을 다한다.

☑ 해이무 미당위야(解而拇 未當位也)

　너의 엄지발가락을 풀음(解而拇)은 소인의 권한남용과 부정부패를 해결하는 것이다. 소인의 부정부패가 만연한 것은 구사가 자리가 마땅하지 않기 때문이다(未當位也). 소인의 권한남용과 부정부패를 척결하려면 구사 대신은 바르고 곧아야 하며 자리가 마땅하지 않으면 안된다. 따라서 효상은 엄지발가락을 풀면 벗이 와서 믿는 상으로, 점사는 소인을 가까이 하지 않는다면 동지를 얻을 것이다.

■ 육오 효사와 소상전

六五_는 君子 維有解_면 吉_{하니} 有孚于小人_{이라}
육 오　군 자　유 유 해　길　유 부 우 소 인

象曰 君子有解_는 小人退也_라
상 왈　군 자 유 해　소 인 퇴 야

육오는 군자가 오직 풀음이 있으면 길하니 소인에게서 믿음이 있을 것이다. 「상전」에 말했다. "군자가 풀음이 있음"은 소인이 물러가는 것이다.

▶ 維 : 벼리 유, 오직 孚 : 미쁠 부 退 : 물러날 퇴

☑ 군자 유유해길 유부우소인(君子 維有解吉 有孚于小人)

　세상의 험난함은 소인의 사악한 행위 때문에 일어난다. 백성들은 군자가 이를 해결해 주기

를 원한다. 풀음이 있음(有解)은 어려움을 푼다는 뜻이다. 군자가 어려움을 해결할 방법을 가지고 있다면 길하다(君子 維有解吉). 소인들이 물러갈 이유를 믿을 수 있어야 물러난다(有孚于小人). 소인이 물러날 이유를 수긍하고 물러나게 되면 군자가 스스로 나아가 바른 도리가 저절로 행해진다.

☑ 군자유해 소인퇴야(君子有解 小人退也)

군자가 풀음이 있음(君子有解)은 소인이 물러나는 것이다(小人退也). 군자가 소인들에게 그들이 물러날 이유를 제시해야 소인을 제거할 수 있다. 소인이 제거되면 군자의 도가 행해져 길하다. 따라서 효상은 군자가 백성들의 어려움을 해결해 주는 상으로, 점사는 소인들이 수긍하고 물러가니 길하다.

▌ 상육 효사와 소상전

상 육   공 용 석 준   우 고 용 지 상   획 지   무 불 리
上六은 公用射隼 于高墉之上하여 獲之니 无不利로다
상 왈   공 용 석 준   이 해 패 야
象曰 公用射隼은 以解悖也라

상육은 공(公)이 높은 담 위에 있는 새매를 쏘아 잡으니 이롭지 않음이 없다. 「상전」에서 말했다. "공이 새매를 쏨"은 거슬림을 푸는 것이다.

▶ 射: 쏠 사/맞힐 석   隼: 송골매 준   墉: 담 용   悖: 거스를 패

☑ 공용석준 우고용지상 획지(公用射隼 于高墉之上 獲之)

공(公)은 대신이고, 상육은 높은 자리에 있는 소인이며 새매이다. 새매[隼]는 사납고 해치는 동물로 흉악하고 탐욕스런 탐관오리나 반란 세력을 상징하고, 고용(高墉)은 높은 자리에 있는 소인이다. 공(公)이 높은 담 위에 있는 새매를 쏘아 잡음(公用射隼 于高墉之上 獲之)은 높은 자리를 차지한 탐관오리를 척결하였다는 뜻이다.

☑ 무불리(无不利)

새매를 이미 잡았으면 세상의 근심이 다 풀리니 이롭지 않음이 없다(无不利). 탐관오리 또는 반란 세력을 모두 척결하니 백성들의 어려움이 해결되었다.

☑ 공용석준 이해패야(公用射隼 以解悖也)

공이 새매를 쏨(公用射隼)은 거슬림을 푸는 것이다(以解悖也). 거슬림은 탐관오리들이 저질러 백성들이 겪는 어려움 또는 반란이다. 탐관오리를 제거하여 백성의 어려움을 해결하니 세상이 화평할 것이다. 따라서 효상은 높은 담 위에 있는 새매를 쏘아 잡는 상으로, 점사는 소인들을 제거하여 백성의 어려움을 해결하니 세상이 화평하다.

덜어내는 산택손(山澤損)

41	 ䷨ 	艮上 兌下	山澤損 산택손

산택손괘(山澤損卦)는 상괘가 산(山)을 상징하는 간괘(艮卦: ☶)이고, 하괘가 못(澤)을 상징하는 태괘(兌卦: ☱)로, 이는 산 아래 못이 있는 상이다. 손괘(損卦)는 아래에 있는 못 바닥을 파서 그 흙을 산 위에 보태어 높이는 것을 상징한다. 산 아래에 못이 있으면 산은 더 높아 보이고 못은 더 낮아 보인다. 못은 자신을 낮춤으로써 산을 더 높게 보이게 한다. 손(損)은 덜어내다, 덜어주다는 뜻으로, 자신의 것을 남에게 주는 것을 의미한다. 따라서 괘상은 산 아래에 못이 있는 산택(山澤) 상이며, 괘명은 덜어내는 손괘(損卦)이다.

손괘는 아래를 덜어서 위에 보태는 형상으로, 아랫사람이 윗사람을 받들어 순종하면 나중에 더 큰 덕을 본다는 의미이다. 자신에게서 덜어내어 남에게 보태 줌으로써 전체를 이롭게 하고 백성을 조화롭게 한다는 뜻이다. 백성들을 수탈하여 지배층을 살찌우는 것은 나라의 불안과 손실을 초래한다는 경고를 담고 있다.

손괘(損卦)는 나라를 운영하는데 필요한 재정 수입과 복지정책에 관한 원리 또는 개인의 나눔과 기부 원리를 제공한다. 초효는 이사천왕(已事遄往)으로, 이는 일을 마치고 빨리 가는 상황이니, 상황을 참작하여 처리하면 길하다. 이효는 이정정흉(利貞征凶)으로, 이는 균형 있게 덜어내는 상황이니, 덜어낼 여유가 없는데도 덜어내면 흉하다. 삼효는 삼인행 즉손일인(三人行 則損一人)으로, 이는 세 사람이 가면 한 사람을 잃게 되고, 한 사람이 가면 벗을 얻는 상황이니, 세 사람이 가면 한 사람은 의견이 나뉘어 홀로 있게 된다. 사효는 손기질(損其疾)로, 이는 자신의 나쁜 습관이나 태도를 덜어내는 상황이니, 빠르게 덜어내면 허물이 없다. 오효는 익지십붕지(益之十朋之)로, 이는 임금이 나라를 잘 다스려 백성이 따르는 상황이니, 나라가 안정되어 크게 길하다. 육효는 불손익지(弗損益之)로, 이는 백성들에게 거두어 들이지 않고 백성들에게 베푸는 상황이니, 백성들에게 덜어주면 백성들이 복종하고 크게 길하다.

■ 괘사

損은 有孚면 元吉하고 无咎하여 可貞이라
利有攸往하니 曷之用이리오? 二簋 可用享이니라

손괘(損卦)는 믿음이 있으면 크게 길하며 허물이 없어서 바르게 할 수 있다. 가는 바를 둠이 이로우니 어떻게 쓰겠는가? 두 그릇만으로 제사지낼 수 있다.

▶ 損: 덜 손, 줄이다, 잃다. 元: 으뜸 원, 크다, 아름답다, 착하다. 曷: 어찌 갈 簋: 제기 이름 궤 享: 누릴 향, 제사지내다.

☑ 손유부 원길무구 가정(損有孚 元吉无咎 可貞)

손(損)은 덜어냄으로 자신의 것을 남에게 주는 것이다. 손괘는 아랫사람이 덜어 윗사람에게 보태고, 윗사람은 잘못을 덜어 내어 자신을 바로잡는 때이다. 태괘 못에서 깊게 덜어내어 간괘 산에 높게 보태는 것이다. 백성에게 덜어서 임금에게 보태는 것은 국가에 내는 세금이다.

덜어냄의 도는 믿음이 있으면 크게 길하다(損有孚 元吉). 백성은 자신의 것을 공정하게 덜어내고 국가는 이를 바르게 사용할 때(可貞) 백성은 믿음이 있다(有孚). 믿음이 있지 않으면 길하지 않고 허물만 있으며, 바르고 곧은 도가 아니면 행할 수 없다.

☑ 이유유왕 갈지용(利有攸往 曷之用)

바르게 덜어내야 믿음이 있고, 믿음이 있어야 크게 길하다. 나아가는 바를 둠이 이롭다(利有攸往)는 것은 덜어내는 바가 공정해야 이롭다는 말이다. 덜어낸 것을 어떻게 쓰겠는가(曷之用)? 덜어낸 것을 낭비하지 않고 절약하여 사용하여야 한다.

☑ 이궤가용향(二簋可用享)

궤(簋)는 제물을 담는 그릇이다. 제사에는 여덟 개의 그릇을 쓰는 대제(大祭)와 두 개의 그릇을 쓰는 소제(小祭)가 있는데, 소제는 먹을 것 없는 여름 제사 때 쓴다. 소제는 그 만큼 정성을 들여야 한다.

두 그릇만으로도 제사지낼 수 있음(二簋可用享)은 백성들로부터 받은 세금을 검소하게 절약하여 사용한다는 말이다. 두 그릇은 아주 하찮은 분량일지라도 제사를 지낼 수 있는 것은 정성이 있기 때문이다. 따라서 덜어냄의 도는 분량이 아니라 성실과 믿음이다.

▌괘사에 대한 단전

象曰 損은 損下益上하여 其道上行이니라
<small>단왈 손 손하익상 기도상행</small>

損而有孚면 元吉无咎 可貞하고 利有攸往이니라
<small>손이유부 원길무구 가정 이유유왕</small>

曷之用 二簋可用享은 二簋 應有時며 損剛益柔 有時니라
<small>갈지용 이궤가용향 이궤 응유시 손강익유 유시</small>

損益盈虛를 與時偕行이니라
<small>손익영허 여시해행</small>

「단전」에서 말했다. 손괘는 아래를 덜어서 위에 보태어 그 도가 위로 행하는 것이다. 덜어서 믿음이 있으면 크게 길하며 허물이 없어서, 바르게 할 수 있고, 갈 바를 둠이 이롭다. 어떻게 쓰겠는가? 두 그릇만으로도 제사를 지낼 수 있음은 두 그릇이 마땅히 때가 있으며, 강을 덜어 유에 보탬은 때가 있다. 덜고 보태며, 채우고 비움을 때에 맞게 행한다.

▶ **簋**: 제기 이름 궤　**盈**: 찰 영　**虛**: 빌 허　**偕**: 함께 해, 맞다, 적합하다.

☑ 손 손하익상 기도상행(損 損下益上 其道上行)

손괘는 아래를 덜어내어 위를 보태므로(損 損下益上) 그 도가 위로 행함이다(其道上行). 아랫사람이 윗사람을 받들고, 자신의 것을 덜어서 부족한데 보탠다. 아래는 백성의 상이고, 위는 임금의 상이다. 백성이 덜어서 임금에게 보태는 것이다.

☑ 손유부 원길무구 가정(損有孚 元吉无咎 可貞)

덜어냄의 도는 믿음이 있으면 크게 길하다(損有孚 元吉). 백성은 자신의 것을 공정하게 덜어내고 국가는 이를 바르게 사용할 때(可貞) 백성은 믿음이 있다(有孚). 믿음이 있지 않으면 길하지 않고 허물만 있으며, 바르고 곧은 도가 아니면 행할 수 없다.

☑ 이유유왕(利有攸往)

바르게 덜어내야 믿음이 있고, 믿음이 있어야 크게 길하다. 나아가는 바를 둠이 이롭다(利有攸往)는 것은 덜어내는 바가 공정해야 이롭다는 말이다.

☑ 갈지용 이궤가용향(曷之用 二簋可用享)

어떻게 쓰겠는가(曷之用)는 덜어낸 것을 낭비하지 않고 검소하게 사용해야 한다는 뜻이다.

백성들로부터 받은 세금으로 검소하게 제사를 지내는데 사용한다(二簋可用享). 이궤(二簋)는 검소하게 제사를 지는 것이다.

☑ 이궤응유시 손강익유유시(二簋應有時 損剛益柔有時)

두 그릇의 음식으로 제사를 지내는 것은 때에 부합해야 하며(二簋應有時), 강을 덜어 유에 보태는 것은 적절한 때가 있다(損剛益柔有時). 덜어냄은 때에 맞게 해야 하니 어렵지 않을 때는 검소하게 해서는 안 된다.

☑ 손익영허 여시해행(損益盈虛 與時偕行)

덜고 보태며, 채우고 비움(損益盈虛)은 때에 맞게 행하는 것이다(與時偕行). 자신의 것은 덜고, 부족한 것은 보태며, 이지러진 것은 채우고, 가득찬 것은 때에 맞게 비운다. 따라서 덜고 보태며, 채우고 비움을 때에 맞게 적절하게 행한다.

▌ 괘사에 대한 대상전

상 왈 산 하 유 택　　손　　군 자 이　　징 분 질 욕
象曰 山下有澤이 損이니 君子 以하여 懲忿窒欲하니라

「상전」에서 말했다. 산 아래 못이 있는 것이 손(損)이니, 군자는 이를 본받아 분노를 자제하고 욕심을 막는다.

▶ 懲: 징계할 징, 그치다.　忿: 성낼 분　窒: 막힐 질

☑ 산하유택손 군자이징분질욕(山下有澤損 君子以懲忿窒欲)

손괘(損卦)는 산(山)이 위에 있고 못(澤)이 아래에 있는 상이다(山下有澤損). 못 안의 흙을 덜어 산에 보태니 산은 높아지나 못은 낮아지는 것이 손괘이다. 군자가 덜어내는 괘상을 보고 분노를 자제하고 욕심을 막는다(君子以懲忿窒欲). 못 안의 흙을 덜어내는 것은 분노를 자제하는 것이요, 산에 보태는 것은 욕심을 막는 것이다. 그러므로 분노와 욕심은 모두 마음에서 일어나고 치솟는 것이다.

▌ 초구 효사와 소상전

初九는 已事면 遄往하여 无咎리니 酌損之니라

象曰 已事遄往은 尙合志也라

초구는 일을 마치면 빨리 가야 허물이 없을 것이니 참작하여 덜어낸다. 「상전」에서 말했다. "일을 마치면 빨리 감"은 위와 뜻을 합하기 때문이다.

▶ 已: 이미 이, 말다, 그치다. 끝나다. 遄: 빠를 천 酌: 술 부을 작, 참작하다, 헤아리다. 尙: 오히려 상, 높다.

☑ 이사천왕 무구 작손지(已事遄往 无咎 酌損之)

손(損)은 덜어 위에 보태는 것이다. 초구는 굳센 양으로 육사와 호응한다. 일을 마치면 빨리 그 자리를 떠남(已事遄往)은 자신의 것을 덜어서 윗사람을 도운 뒤 대가를 바라지 않는 것이다. 초구는 육사를 위해 양의 기운을 덜어주고 대가를 바라지 않고 빨리 떠나니 허물이 없다(无咎). 참작하여 덜어냄(酌損之)은 덜어줄 때에는 적정량을 헤아린다. 즉, 너무 많아도 안되고 너무 적어도 안 되므로 상황을 잘 헤아려서 적절한 분량을 덜어줘야 한다.

☑ 이사천왕 상합지야(已事遄往 尙合志也)

초구가 숭상하는 것은 위와 뜻을 합하는 것이다. 초구는 육사에 보태니 위와 뜻을 합함이다. 일을 마치면 빨리 감(已事遄往)은 위와 뜻을 합하기 때문이다(尙合志也). 초구는 일을 마치고 빨리 가서 자신의 남은 것을 덜어내어 육사에게 보태준다. 초구와 육사는 백성과 대신의 관계로 윗사람의 뜻과 같게 행하는 것이다. 따라서 효상은 일을 마치고 빨리 가는 상으로, 점사는 상황을 참작하여 처리하면 길하다.

▌ 구이 효사와 소상전

九二는 利貞하고 征凶하니 弗損益之니라

象曰 九二利貞은 中以爲志也라

구이는 바르게 하면 이롭고 나아가면 흉하니 (지나치게) 덜지 말아야 보태주는 것이다. 「상전」에서 말했다. "구이는 바르게 하면 이로움"은 중으로 뜻을 삼았기 때문이다.

▶ 征: 갈 정/칠 정　弗: 아닐 불　爲: 할 위, 삼다.

☑ 이정정흉 불손익지(利貞征凶 弗損益之)

지나치게 덜어내면 도를 굽히는 것이다. 바르게 하면 이롭고 나아가면 흉함(利貞 征凶)은 적정하게 덜어내면 이로우나 덜어낼 여유가 없는데도 지나치게 덜어내면 흉하다. 정(征)은 바르게 나아간다는 뜻이다. 지나치게 덜지 말아야 보태주는 것(弗損益之)은 이미 덜어냈으니 더 덜어내면 안 된다는 것이다. 과도하게 덜어내면 안 되니 중용을 지켜야 한다. 따라서 덜어낼 때에는 중용(中庸)을 지켜야 한다.

☑ 구이이정 중이위지야(九二利貞 中以爲志也)

구이는 바르게 함이 이로운 이유(九二利貞)는 중을 지키는 것을 자신의 뜻으로 삼았기 때문이다(中以爲志也). 구이는 적절하게 덜어내는 것이 중도를 지키는 것이다. 중도를 지키는 상태에서 덜어내는 것이다. 따라서 효상은 균형 있게 덜어내는 상으로, 점사는 덜어낼 여유가 없는데도 덜어내면 흉하다.

■ 육삼 효사와 소상전

六三은 三人行이면 則損一人하고 一人行이면 則得其友로다
象曰 一人行이나 三이면 則疑也리라

육삼은 세 사람이 길을 가면 한 사람을 덜어내고, 한 사람이 길을 가면 그 벗을 얻는다. 「상전」에서 말했다. 한 사람이 길을 가면 (의심이 없으나) 셋이 (길을 가면) 의심하기 때문이다.

☑ 삼인행 즉손일인 일인행 즉득기우(三人行 則損一人 一人行 則得其友)

덜 손(損)은 넉넉한 것을 덜어냄이고, 보낼 익(益)은 부족한 것을 보탬이다. 세 사람이 길을 가면 한 사람을 잃는 것(三人行 則損一人)은 두 사람이 단짝이 되기 때문이다. 한 사람이 길을 가면 친구를 얻는 것(一人行 則得其友)은 새로운 짝이 생기기 때문이다. 세 사람이 가면 한 사람은 의견이 나뉘어 홀로 있게 된다. 따라서 셋이면 남아서 덜어야 하니, 이것이 덜어내어 보태는 큰 뜻이다.

☑ 일인행 삼즉의야(一人行 三則疑也)

한 사람이 길을 가는 이유(一人行)는 셋이 길을 가면 의심하기 때문이다(三則疑也). 한 사람이 가면 의심이 없으나 세 사람이 가면 의심이 있다. 둘이 짝이 되면 하나는 남으니 짝이 없을까 의심하게 된다. 따라서 효상은 세 사람이 길을 가면 한 사람을 잃게 되고, 한 사람이 길을 가면 벗을 얻는 상으로, 점사는 세 사람이 가면 한 사람은 의견이 나뉘어 홀로 있게 된다.

■ 육사 효사와 소상전

육 사　손 기 질　　사 천　　유 희　　무 구
六四는 **損其疾**호대 **使遄**이면 **有喜**하여 **无咎**리라
상 왈　손 기 질　　　역 가 희 야
象曰 損其疾하니 **亦可喜也**로다

육사는 그 병을 덜어내는데 빨리 하면 기쁨이 있어 허물이 없다. 「상전」에서 말했다. "그 병을 덜어냄"은 역시 기뻐할 만하다.

▶ 疾: 병 질　遄: 빠를 천

☑ 손기질 사천유희 무구(損其疾 使遄有喜 无咎)

육사의 병세는 권력욕이다. 초구가 육사에 보탬은 그 부드러움을 덜어내고 굳셈을 보태니 그 병을 덜어내는 것이다(損其疾). 병은 좋지 못한 습관이나 태도이다. 좋지 못한 것을 빨리 덜어내면 기쁨이 있고 허물이 없다(使遄有喜 无咎). 사람이 허물을 빨리 덜어내지 못하면 근심하나, 빠르게 덜어내면 더 이상 잘못하지 않아 기쁘다.

☑ 손기질 역가희야(損其疾 亦可喜也)

그 병을 덜어냄(損其疾)은 역시 기뻐할 만하다(亦可喜也). 좋지 못한 습관이나 태도를 덜어낼 수 있으면 또한 기뻐할 만하다. 따라서 효상은 자신의 나쁜 습관이나 태도를 덜어내는 상으로, 점사는 빠르게 덜어내면 허물이 없다.

▌ 육오 효사와 소상전

　　육　오　　혹　익　지　　십　봉　지　　귀　　불　극　위　　　원　길
六五는 或益之면 十朋之라 龜도 弗克違하니 元吉하니라
　　상　왈　육　오　원　길　　자　상　우　야
象曰 六五元吉은 自上祐也라

육오는 혹 보태면 벗이 열이다. 거북도 어기지 못할 것이니 크게 길하다. 「상전」에 말했다. "육오가 크게 길함"은 위로부터 돕기 때문이다.

▶ 龜: 거북 귀　克: 이길 극, 할 수 있다.　違: 어긋날 위　祐: 복 우/도울 우

☑ 혹익지 십붕지(或益之 十朋之)

　　육오는 유순하고 존귀한 자리에 있으니, 손(損)의 때에 보탬을 받는 자이다. 이는 임금이 마음을 비우고 스스로 덜어내어 아래에 있는 현인을 따르는 것이다. 임금이 백성에게 복지를 시혜하면 모든 백성은 임금을 사랑하는 벗이 될 것이다(或益之 十朋之). 십붕(十朋)은 모든 백성을 뜻하나 귀중한 물건이나 예물로 해석하기도 한다.

☑ 귀불극위 원길(龜弗克違 元吉)

　　거북은 옳음과 그름, 길함과 흉함을 점치는 신통한 물건이다. 여러 사람의 공론이 반드시 바른 이치에 맞다면 거북점과 시초점은 공론을 어길 수 없다(龜弗克違). 임금이 나라를 잘 다스리면 나라가 안정되고 백성도 잘 살게 되니 점을 치지 않더라도 크게 길할 것이다(元吉).

☑ 육오원길 자상우야(六五元吉 自上祐也)

　　육오는 백성에게 복지를 시행하여 크게 길한 것(六五元吉)은 상구가 도와주기 때문이다(自上祐也). 따라서 효상은 임금이 나라를 잘 다스려 백성이 따르는 상으로, 점사는 나라가 안정되어 크게 길하다.

▌ 상구 효사와 소상전

　　상　구　　불　손　익　지　　무　구　정　길　　　이　유　유　왕
上九는 弗損益之면 无咎貞吉하니 利有攸往이니
　　득　신　　무　가
得臣이 无家리라

상 왈 불 손 익 지 　 　 대 득 지 야
象曰 弗損益之는 大得志也라

상구는 덜지 않고 보태주면 허물이 없고, 바르게 하여 길하니, 가는 바를 둠이 이롭다. 신하를 얻음이 집안에서만이 아니다. 「상전」에서 말했다. "덜지 않고 보태줌"은 크게 뜻을 얻었기 때문이다.

☑ 불손익지 무구 정길(弗損益之 无咎 貞吉)

상구는 더 이상 아래로부터 도움을 받지 않고 그 동안 받은 것을 아래에 보태주는 복지정책을 시행할 때이다. 상구는 아래에 있는 백성들로부터 덜어내어 깎는다면 윗사람의 도리가 아니므로 그 허물이 클 것이다. 그러나 백성들로부터 거두어 들이지 않고 자기가 가진 것을 백성들에게 보태주면(弗損益之) 허물이 없어 바르고 길하다(无咎 貞吉). 위에 있으면서 백성들에게 보태준다면 백성들이 다 복종할 것이다.

☑ 이유유왕 득신무가(利有攸往 得臣无家)

상구는 자기가 갖고 있는 것을 백성들에게 보태어주고 바른 도를 지키며 나아갈 바를 둠이 이롭다(利有攸往). 나아가는 바를 둠(有攸往)은 중책을 맡아 뜻을 펼치는 것이다. 신하를 얻음(得臣)은 민심이 돌아와 신하들이 복종하는 것이고, 집안에서만이 아님(无家)은 모든 백성을 말한다. 멀리 있거나 가까이 있거나 친소에 관계 없이 모든 백성이 상구를 복종한다. 민심을 얻고 복종하지 않는 신하나 백성은 없다(得臣无家).

☑ 불손익지 대득지야(弗損益之 大得志也)

백성들이 덜어내어 나라에 보탠 것이 아니라 나라에서 백성들에게 시혜를 베푸니(弗損益之) 민심을 크게 얻었다(大得志也). 상구는 위에 있으면서 백성들로부터 덜지 않고 도리어 보태주니 이는 군자가 뜻을 크게 이루는 것이다. 군자의 뜻은 오직 백성들에게 보태주는 데 있을 뿐이다. 따라서 효상은 백성들에게 거두어 들이지 않고 백성들에게 베푸는 상으로, 점사는 백성들에게 덜어주면 백성들이 복종하고 크게 길하다.

보태주는 풍뢰익(風雷益)

42		巽上 震下	風雷益 풍뢰익

풍뢰익괘(風雷益卦)는 상괘가 바람[風]을 상징하는 손괘(巽卦: ☴)이고, 하괘가 우레[雷]를 상징하는 진괘(震卦: ☳)로, 이는 바람이 위에 있고 우레가 아래에 있는 형상이다. 바람은 원래 아래에서 불지만 위에 있다는 것은 힘이 더해진 것이며, 우레는 원래 위에서 울리지만 아래에 있다는 것은 힘이 증가하니 익(益)은 보태다는 뜻이다. 바람이 거세면 우레가 몰아치니 양자가 서로 유익함을 보태고 돕는 상이다. 괘상은 바람이 위에서 불고 그 아래에 우레가 치는 풍뢰(風雷) 상이요, 괘명은 아래에 보태는 익(益)이다. 익괘(益卦)는 손괘의 위아래를 뒤집어 놓은 괘이다.

덜어냄이 지극하면 반드시 보태야 하는 것이 자연의 이치이므로, 익괘가 손괘를 잇는 이유이다. 손괘(☴)가 위에 있고 진괘(☳)가 아래에 있어, 우레와 바람이 서로 보태주는 형상이다. 상괘는 덜어내고 하괘는 보태주어, 위를 덜어 아래에 보태는 것이다. 아래가 두터우면 위가 편안하므로, 아래에 보태는 것이 익(益)이다. 익괘는 위아래가 서로 남는 부분을 주고받아 균형을 유지하는 괘다. 군자는 자신을 덜어내어 아래에 보태는 것을 자신의 이익으로 여겼다.

익(益)은 나라의 재물을 백성에게 베풀어 백성을 유익하게 한다. 초효는 이용위대작(利用爲大作)으로, 이는 아랫사람이 큰 일을 담당하는 상황이니, 윗사람의 위임을 받아 큰 성과가 나면 길하다. 이효는 익지십붕지(益之十朋之)로, 이는 보태면 많은 사람이 따르는 상황이니, 바른 도를 실천하면 길하다. 삼효는 익지용흉사(益之用凶事)로, 이는 보탬을 흉한 일에만 쓰는 상황이니, 공평하게 보태주면 길하다. 사효는 중행고공종(中行告公從)으로, 이는 대신이 중도를 행하고 임금이 따라주는 상황이니, 백성을 이롭게 하면 길하다. 오효는 유부혜심(有孚惠心)으로, 이는 임금이 백성에게 은혜를 베푸는 상으로, 점사는 백성이 믿음을 두고 임금의 덕을 은혜롭게 여긴다. 육효는 막익지 혹격지(莫益之 或擊之)로, 이는 도와주는 자는 없고 공격하는 자가 있는 상황이니, 서면초가에 빠지게 되니 흉하다.

괘사

익　　이유유왕　　　이섭대천
益은 利有攸往하며 利涉大川하니라

익(益)은 가는 바를 둠이 이로우며 큰 내를 건너는 것이 이롭다.

▶ 益 : 더할 익/넘칠 일, 더하다, 보태다, 불리다, 많다, 이롭다, 돕다.

☑ 익 이유유왕 이섭대천(益 利有攸往 利涉大川)

익(益)은 보태다는 뜻이다. 익괘(益卦)는 위에서 백성에게 나누어주는 것이다. 국가가 백성에 나누어주는 복지나 보조금이다. 백성을 돕는 도는 어디 간들 이롭지 않음이 없으니 험함을 구제할 수 있다.

익(益)은 백성을 유익하게 하는 도이므로 위에서 나눠주면 일을 추진하는 것이 이롭다(益 利有攸往). 익(益)의 도는 험난이나 빈곤을 구제할 수 있으니 큰 내를 건너는 것은 이롭다(利涉大川). 큰 내를 건너는 것은 큰 일을 추진하는 것이다. 따라서 괘상은 가는 바를 두는 상으로, 점사는 백성에게 보태주면 이롭다.

괘사에 대한 단전

단왈　익　　손상익하　　　민열무강
象曰 益은 損上益下하니 民說无疆이오
자상하하　　　기도　대광
自上下下하니 其道 大光이라
이유유왕　　중정유경　　　이섭대천　　목도내행
利有攸往은 中正有慶이오 利涉大川은 木道乃行이라
익　　동이손　　　일진무강　　　천시지생　　　기익무방
益은 動而巽하여 日進无疆하며 天施地生하여 其益无方하니
범익지도　여시해행
凡益之道 與時偕行하니라

「단전」에서 말했다. 익(益)은 위를 덜어내어 아래를 보태주는 것이니 백성의 기쁨은 끝이 없다. 위로부터 아래에 내려주니 그 도가 크게 빛난다. "가는 바를 둠이 이로움"은 중정해서 경사가 있기 때문이고, "큰 내를 건너는 것이 이로움"은 나무의 도가 비로소 행해지기 때문이다. 익(益)은 움직이고 공손해서 날로 나아감이 끝이 없으며, 하늘은 베풀고 땅은 낳아서 그 유익함이 끝이 없으니 무릇 익의 도는 때에 맞게 하는 것이다.

▶ 說 : 말씀 설/기뻐할 열/벗을 탈 疆 : 지경 강, 끝, 나라 乃 : 이에 내, 이에, 곧, 비로소 偕 : 함께 해, 맞다, 적합하다.

☑ 익손상익하 민열무강(益損上益下 民說无疆)

백성의 것을 덜면 손(損)이고 백성에게 보태주면 익(益)이다. 익(益)은 위를 덜어내어 아래에 보태줌(益損上益下)이니 군주가 자신의 것을 덜어내어 백성에게 보태준다는 뜻이다. 군주가 백성에게 보태주면 백성이 잘 살고 기뻐하는 것이 끝이 없다(民說无疆).

☑ 자상하하 기도대광(自上下下 其道大光)

군주가 자신의 이익을 덜어내어 아래에 있는 백성에게 내려주니 그 도가 크게 빛난다(自上下下 其道大光). 군주가 정치를 잘하여 세상이 안정되고 백성들이 잘 사니 정치의 바른 도가 온 세상을 밝게 한다.

☑ 이유유왕 중정유경(利有攸往 中正有慶)

중정(中正)은 이효가 음효이고 오효는 양효인 경우이다. 즉, 중정은 중과 정을 동시에 얻는 경우로 가장 좋은 효이다. 육이효와 구오효는 중과 정을 동시에 얻는 경우이다. 중정(中正)은 중도를 바르게 행하여 길하고 바르다. 가는 바를 둠이 이로운 이유(利有攸往)는 중정해서 경사가 있기 때문이다(中正有慶). 가는 바를 둠(有攸往)은 중책을 맡아 뜻을 펼치는 것이다. 도로써 나라를 다스리니 나라가 유익해지고 백성이 복과 경사를 함께 누린다.

☑ 이섭대천 목도내행(利涉大川 木道乃行)

큰 내를 건너는 것이 이로움(利涉大川)은 나무의 도가 비로소 행해지기 때문이다(木道乃行). 익괘(益卦)는 평상시 유익함이 작으나 위태롭고 험난할 때 오히려 유익함이 더 크다. 나무로 만든 배로 큰 내를 건너는 것이다. 따라서 배를 타고 큰 내를 건널 수 있는 것은 익(益)의 도가 크게 행해지기 때문이다.

☑ 익동이손 일진무강(益動而巽 日進无疆)

하괘인 진괘는 움직이고 상괘인 손괘는 공손하니 움직이고 공손함이다. 익(益)의 도는 움직이고 공손하여(益動而巽) 그 유익함이 날로 나아가고 넓어져 한계가 없다(日進无疆). 움직임은 바른 도를 수양하는 것이고, 나아감은 인품이다. 따라서 바른 도를 수양하니 인품이 날로 계속 진보하여 끝이 없다.

☑ 천시지생 기익무방(天施地生 其益无方)

하늘은 땅에 은혜를 주고 땅은 만물을 생장하니(天施地生) 그 유익함이 끝이 없다(其益无方). 天은 하늘이고 군주이며, 地는 땅이고 백성이다. 하늘은 빛과 풍우를 땅에 베풀어주면 땅은 초목을 생장한다. 군주가 백성에게 은혜를 베풀어주면 백성은 행복하게 살아간다.

☑ 범익지도 여시해행(凡益之道 與時偕行)

군주가 베푸는 것은 때가 있다. 봄에 비가 내려야 초목을 소생시키듯이 군주는 백성이 어려울 때 도와야 한다. 세상을 이롭고 유익하게 하는 도(益之道)는 때에 호응하고 이치에 순응하여 하늘과 땅이 합하고 때에 맞게 행하는 것이다(與時偕行).

▌ 괘사에 대한 대상전

象曰 風雷益이니
^{상 왈 풍 뢰 익}

君子 以하여 見善則遷하고 有過則改하니라
^{군 자 이 견 선 즉 천 유 과 즉 개}

「상전」에서 말했다. 바람과 우레가 익(益)이니, 군자는 이를 본받아 착함을 보면 따르고 허물이 있으면 고친다.

▶ 遷: 옮길 천, 떠나가다, 바꾸다, 따르다.

☑ 풍뢰익(風雷益)

상괘는 바람인 손괘(巽卦: ☴)이고, 하괘는 우레인 진괘(震卦: ☳)이다. 괘상은 바람이 불고 우레가 치는 상이다. 바람과 우레는 서로 보태고 돕는 익괘다(風雷益). 바람이 세차면 우레가 빠르고, 우레가 몰아치면 바람이 몰아치니 둘은 서로 보태준다.

☑ 군자이 견선즉천 유과즉개(君子以 見善則遷 有過則改)

군자가 바람과 우레가 서로 보태주는 상을 관찰하여 본받는다. 유익하게 하는 도는 다른 사람의 착함을 보면 따르고(見善則遷) 허물이 있으면 고친다(有過則改). 다른 사람의 착함을 보면 신속하게 실천하고, 우레처럼 맹렬하게 허물을 고치는 것이 수신(修身)이다. 따라서 다른 사람의 착함을 배워 실천하고 잘못이 있으면 고치는 것이 사람에게 유익하다.

▌ 초구 효사와 소상전

_{초 구} _{이 용 위 대 작} _{원 길 무 구}
初九는 利用爲大作이니 元吉无咎리라
_{상 왈} _{원 길 무 구} _{하 불 후 사 야}
象曰 元吉无咎는 下不厚事也라

초구는 큰 일을 일으킴이 이로우니 크게 길하여 허물이 없다. 「상전」에서 말했다. "크게 길하여 허물이 없음"은 아래에서는 큰 일을 할 수 없기 때문이다.

▶ 作: 지을 작, 만들다, 일하다, 행하다, 일으키다. 元: 으뜸 원, 크다. 厚: 두터울 후, 크다, 많다, 지극하다.

☑ 이용위대작 원길무구(利用爲大作 元吉无咎)

대작(大作)은 큰 일이라는 의미로 백성의 부족을 보충하는 구휼 사업을 말하며, 익도(益道)는 백성을 굶어 죽지 않게 하는 것이다. 초구는 아래에 있어 큰 일을 할 수 없으나 육사인 윗사람의 위임을 얻어 큰 일을 일으키면 이롭고(利用爲大作) 크게 길하여 허물이 없다(元吉无咎).

☑ 원길무구 하불후사야(元吉无咎 下不厚事也)

아래에 있는 자는 권한이 없어 큰 일을 할 수가 없다(下不厚事也). 위에 있는 자가 권한을 위임해야 큰 일을 담당할 수 있다. 아래에 있는 자는 윗사람으로부터 큰 임무를 위임받아 공을 이루면 크게 길하여 허물이 없다(元吉无咎). 그러나 크게 성과를 이루지 못하면 윗사람과 아랫사람이 모두 허물이 있게 된다. 따라서 효상은 아랫사람이 큰 일을 담당하는 상으로, 점사는 윗사람의 위임을 받아 큰 성과가 나면 길하다.

▌ 육아 효사와 소상전

六二는 或益之면 十朋之라
龜도 弗克違나 永貞吉하니라 王用享于帝면 吉하니라
象曰 或益之는 自外來也라

육이는 혹 보태면 벗이 열이다. 거북도 어기지 못할 것이나 영원히 바르게 하면 길하다. 임금이 상제께
제사지내면 길하다. 「상전」에서 말했다. "혹 보탬"은 밖으로부터 오는 것이다.

▶ 龜 : 거북 귀　克 : 이길 극, 할 수 있다, 이루다.　違 : 어긋날 위　享 : 누릴 향, 제사지내다.　帝 : 임금 제,
　상제

☑ 혹익지 십붕지(或益之 十朋之)

십(十)이란 여러 사람이다. 육이는 바름과 중도를 얻었고 위로 임금인 구오와 정응하니 임금
의 뜻을 충직히 따르는 신하이다. 육이는 구오의 신임을 받아 나라에 보탬을 주니 많은 사람이
따른다(或益之 十朋之).

☑ 귀불극위 영정길(龜弗克違 永貞吉)

거북은 길흉을 점쳐서 옳고 그름을 판별하는 물건이다. 육이가 중정한 바른 도로 구오의 신
임을 받아 나라에 유익을 주는 것은 거북도 인정할 것이다(龜弗克違). 따라서 나라의 복지와 정
의를 위해서 항상 바르게 하면 길하다(永貞吉).

☑ 왕용향우제 길(王用享于帝 吉)

구오 임금이 육이에게 상제께 제사지내게 하니 길하다(王用享于帝 吉). 육이가 바른 도를 지
켜 임금의 신임을 얻었고, 임금이 육이를 시켜 상제께 제사를 지내게 한 것이다.

☑ 혹익지 자외래야(或益之 自外來也)

여러 사람들이 나라를 위해 익(益)의 도를 펼친다(或益之). 밖으로부터 오는 것(自外來也)은
육이가 정성으로 바른 도를 실천하니 이를 본받아 여러 사람들이 와서 보태주는 것이다. 따라
서 효상은 보태면 많은 사람이 따르는 상으로, 점사는 바른 도를 실천하면 길하다.

■ 육삼 효사와 소상전

六三은 益之用凶事엔 无咎어니와
有孚中行하여 告公用圭리라
象曰 益用凶事는 固有之也라

육삼은 보탬을 흉한 일에 쓰면 허물이 없거니와 믿음을 가지고 중도를 행하여 공(公)에게 고하여 규를 쓴다. 「상전」에 말했다. "보탬을 흉한 일에 씀"은 진실이 있어야 하기 때문이다.

▶ 圭: 서옥 규/홀 규   固: 굳을 고, 굳이, 반드시, 진실로, 항상

☑ 익지용흉사 무구(益之用凶事 无咎)

육삼은 하체의 위에 있으니 백성 위에 있고 임금과 가까운 신하이다. 흉한 일(凶事)이란 백성이 굶주리는 비상한 재앙이다. 익지(益之)는 백성에게 보탬을 주는 것으로 백성을 구휼하는 것이다. 나라의 재물은 흉한 일에만 써야 한다(益之用凶事). 비상한 재앙을 겪는 백성을 구휼하면 허물이 없다(益之用凶事 无咎). 신하는 백성을 헤아려 신속하게 백성을 돌봐야 허물이 없다.

☑ 유부중행 고공용규(有孚中行 告公用圭)

규(圭)는 제후를 봉할 때 사용하던 옥으로 만든 신임장이다. 규를 씀(用圭)은 믿음을 소통하는 것이다. 비상한 재앙을 겪는 백성에게 나라의 재물을 나누어 줄 때 공평하게 중도를 행하고 (有孚中行) 사후에 윗사람에게 고하여 신임을 받는다(告公用圭). 위급한 상황이면 먼저 굶어죽는 백성을 구휼한 다음 임금에게 보고한다. 공평무사하게 구휼하지 않는다면 후환이 생기므로 공평무사하게 일을 처리해야 한다.

☑ 익용흉사 고유지야(益用凶事 固有之也)

보탬을 흉한 일에 쓰는 이유(益之用凶事)는 나라의 재물은 백성이 재난을 겪을 때에만 써야 하기 때문이다. 구휼은 평상시에는 쓰지 않고 재난이 있을 때에만 쓰는 것이 마땅하다. 아래에 있으면 당연히 윗사람에게 물어야 하고, 오직 백성들의 재앙을 구제하고 위급한 어려움에 대처한다. 따라서 효상은 보탬을 흉한 일에만 쓰는 상으로, 점사는 공평하게 보태주면 길하다.

▌ 육사 효사와 소상전

육 사　중 행 고 공 종　　이 용 위 의　천 국
六四는 **中行告公從**하리니 **利用爲依**며 **遷國**이니라
상 왈　고 공 종　　이 익 지 야
象曰　告公從은 **以益志也**라

육사는 중도로 행하고 공에게 고하여 따를 것이니, (구오의 지시에) 따라 (백성을) 위해 나라의 수도를 옮기는 것이 이롭다. 「상전」에서 말했다. "공에게 고하여 따름"은 (백성을) 이롭게 하려는 뜻이 있기 때문이다.

▸ 從: 쫓을 종　依: 의지할 의　遷: 옮길 천

☑ 중행고공종 이용위의 천국(中行告公從 利用爲依 遷國)

　육사는 부드럽고 바름을 얻어 구오의 임금을 받들고 대신의 지위에 있어 보태주는 것을 주도하는 자이다. 육사는 중도로 정치를 공정하게 잘하고(中行) 구오 임금에게 모든 일을 아뢰면 임금은 대신의 말을 듣고 이를 잘 따라준다(告公從). 나라가 어려울 때 임금 구오의 지시에 따라 백성과 나라의 발전을 위해 나라의 수도를 옮기는 것이 이롭다(利用爲依 遷國). 천도는 재앙을 피하고 민심을 회복하는 일이다. 따라서 육사는 임금의 지시와 백성을 위해 국가적 대사를 행하여 한다.

☑ 고공종 이익지야(告公從 以益志也)

　육사가 공에게 보고하여 공이 이를 따르게 하는 것(告公從)은 백성을 유익하게 하려는 뜻이 있기 때문이다(以益志也). 뜻이 참으로 백성을 유익하게 하는데 있으면 위에서 반드시 믿고 따르니, 임금을 섬기는 자는 정성이 있어야 한다. 따라서 효상은 대신이 중도를 행하고 임금이 따라주는 상으로, 점사는 백성을 이롭게 하면 길하다.

▌ 구오 효사와 소상전

구 오　　유 부 혜 심　　물 문　　원 길
九五는 **有孚惠心**이라 **勿問**하여도 **元吉**하니
유 부　　혜 아 덕
有孚하여 **惠我德**하리라
상 왈　유 부 혜 심　　물 문 지 의　혜 아 덕　대 득 지 야
象曰　有孚惠心이라 **勿問之矣**며 **惠我德**이 **大得志也**라

122

구오는 믿음이 있고 마음을 은혜롭게 한다. 묻지 않아도 크게 길하니, 믿음이 있어서 나의 덕을 은혜롭게 베푼다. 「상전」에서 말했다. "믿음이 있고 마음을 은혜롭게 베풂"은 물을 것이 없으며, "나의 덕을 은혜롭게 베풂"은 크게 뜻을 얻는다.

▶ 惠: 은혜 혜, 사랑, 자애

☑ 유부혜심 물문원길(有孚惠心 勿問元吉)

구오는 굳센 양으로 중정하며 존귀한 자리에 있는 임금이다. 구오와 육이는 중정으로 서로 호응하여 서로 믿고 서로 보태주는 상이 있다. 위에서 믿는 것은 마음이 참되기 때문이고, 아래에서 믿는 것은 마음을 비웠기 때문이다. 구오는 나라를 잘 다스려 백성에게 믿음이 있고 백성들에게 은혜를 베푼다(有孚惠心). 백성에게 은혜를 베푸는 일은 다른 사람에게 묻지 않아도 크게 길하다(勿問元吉).

☑ 유부혜아덕(有孚惠我德)

임금이 은혜를 베푸니 백성이 이롭게 여기고 믿고 따른다(有孚惠我德). 임금이 지성으로 백성에게 유익한 은혜를 베풀면, 백성은 임금을 지성으로 아끼고 임금의 은혜를 믿고 따른다.

☑ 물문지의 혜아덕 대득지야(勿問之矣 惠我德 大得志也)

백성이 이롭게 여기고 믿고 따름(有孚惠心)은 물을 것이 없으며(勿問之矣), 나의 덕을 은혜롭게 베품(惠我德)은 크게 뜻을 얻는다(大得志也). 임금이 지극한 정성으로 백성에게 은혜를 베풀고 유익하게 하려는 마음이 있으니, 백성이 따른다. 임금이 은혜를 베풀면 백성이 임금을 믿고 따르니, 임금이 뜻을 얻은 것이다. 따라서 효상은 임금이 백성에게 은혜를 베푸는 상으로, 점사는 백성이 믿음을 두고 임금의 덕을 은혜롭게 여긴다.

▌상구 효사와 소상전

上九는 莫益之하고 或擊之니라 立心勿恒이면 凶하니라
象曰 莫益之는 偏辭也오 或擊之는 自外來也라

상구는 도와주는 이가 없고 혹 공격하는 이가 있다. (사욕에 대한) 마음이 나타나 항상심이 없으니 흉하다. 「상전」에서 말했다. "혹 도와주는 이가 없음"은 치우쳤다는 말이고, "혹 공격하는 이가 있음"은 밖으로부터 오는 것이다.

▶ 益: 더할 익, 돕다.　擊: 칠 격　立: 설 립(입), 나타나다.　偏: 치우칠 편

☑ 막익지 혹격지 입심물항 흉(莫益之 或擊之 立心勿恒 凶)

　상구는 높은 지위에서 음의 자리에 있어 덕을 베풀지 않고 사욕만을 추구하는 자이다. 상구는 바름을 잃어 백성들을 살피지 않고 오히려 힘들게 한다. 상구를 도와주는 이가 없고 심지어 공격한다(莫益之 或擊之). 고립무원의 상태에서 상구는 덕을 잃고 사욕이 나타나 항상심이 없으니 흉하다(立心勿恒 凶). 상구는 백성에게 덕을 베풀려는 마음을 회복하지 않으면 흉하게 되니 마땅히 고쳐야 한다.

☑ 막익지 편사야 혹격지 자외래야(莫益之 偏辭也 或擊之 自外來也)

　도와주는 이가 없음(莫益之)은 치우쳤다는 말이다(偏辭也). 혹 공격하는 이가 있음(或擊之)은 밖으로부터 화가 오는 것이다(自外來也). 이는 과도한 욕심을 부리고 베풀지 않으면 뜻밖의 화를 입는다. 따라서 효상은 도와주는 자는 없고 공격하는 자가 있는 상으로, 점사는 사면초가에 빠지게 되니 흉하다.

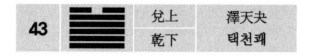

악을 척결하는 택천쾌(澤天夬)

택천쾌괘(澤天夬卦)는 상괘가 못[澤]을 상징하는 태괘(兌卦: ☱)이고, 하괘가 하늘[天]을 상징하는 건괘(乾卦: ☰)로, 이는 못이 터져 큰 물이 하늘까지 넘치는 상이다. 쾌(夬)는 터지다, 결단하다, 척결하다는 뜻이다. 쾌(夬)는 못둑이 터지면 물이 잘 흐르듯이 장애물을 제거한다는 뜻이 있다. 괘상은 못이 하늘 위에 있는 택천(澤天) 상이요, 괘명은 결단하는 쾌괘(夬卦)이다.

쾌(夬)는 과감하게 결단하는 뜻이다. 쾌괘(夬卦)는 높은 지위에 있는 소인을 처단하는 괘다. 여러 양이 나아가 한 음을 결단하여 제거하니, 군자의 도가 자라나고 소인이 사라지고 다하는 때이다. 아래에 있는 다섯 양이 위에 있는 한 음을 제거하기 때문에 쾌(夬)이다. 다섯 양이 나아가 한 음을 제거하니, 소인의 세가 사라지고 군자의 도가 자라기 때문이다.

쾌(夬)는 문제가 있는 소인을 처단하는 괘이다. 초효는 장우전지(壯于前趾)로, 이는 나아가면 이길 수 없는 상황이니, 신중하게 살피지 않고 나아간다면 허물이 있다. 이효는 척호(惕號)로, 이는 늦은 밤에 적이 침입하여 군자가 두려워 알리는 상황이니, 대비를 잘 하면 걱정할 필요가 없다. 삼효는 장우구(壯于頄)로, 이는 광대뼈가 장대하나 군자는 홀로 비를 맞고 가는 상황이니, 군자는 의로움에 따라 결단해야 할 때에 척결해야 허물이 없다. 사효는 둔무부(臀无膚)로, 이는 나아가는 것을 주저하는 상황이니, 충고를 듣지 않는다면 어려워진다. 오효는 현륙쾌쾌(莧陸夬夬)로, 이는 비름나물을 잘라내듯 결단하는 상황이니, 법으로 결단하면 허물은 아니나 자랑스러운 일은 아니다. 육효는 무호(无號)로, 이는 소인은 두려움을 호소할 데가 없는 상황이니, 악한 행동을 그치지 않아 결국 흉하다.

125

▋ 괘사

夬^쾌는 揚于王庭^{양우왕정}이니 孚號有厲^{부호유려}니라
告自邑^{고자읍}이오 不利卽戎^{불리즉융}이며 利有攸往^{이유유왕}하니라

쾌(夬)는 왕의 조정에 (소인의 죄상을) 드러냄이니 미덥게 고하여 위태롭게 여긴다. (소인의 죄상을) 읍에 알리고 전쟁에 나아가는 것이 이롭지 않으니 가는 바를 둠이 이롭다.

▶ 夬 : 터놓을 쾌, 터놓다, 결단하다, 결정하다. 揚 : 날릴 양 庭 : 뜰 정 號 : 이름 호/부르짖을 호, 고하다.
 厲 : 갈 려(여), 위태롭다. 卽 : 곧 즉, 나아가다, 가깝다. 戎 : 병장기 융, 군사, 전쟁

☑ 쾌양우왕정 부호유려(夬揚于王庭 孚號有厲)

쾌(夬)는 결단하다는 뜻이다. 음은 소인이고 양은 군자이다. 문제가 있는 소인을 과감하게 퇴출한다. 소인을 제거할 때는 먼저 소인의 죄상을 밝히는 것이다. 소인의 죄상을 조정에 드러내어 그 위험을 알리고 법에 의해서 척결한다.

척결해야 할 소인은 높은 자리에 있는 상육이다. 소인의 기세가 왕성할 때에는 군자의 도가 이기지 못하니, 멈추고 감추어 때를 기다려서 소인을 제거할 방법을 도모해야 한다.

구오는 군자이고 군자 위에 군림하는 소인인 상육의 죄악을 백성이 납득할 수 있게 왕의 조정에 드러내야 한다(揚于王庭). 백성에게 미덥게 고하여 위태롭게 여김(孚號有厲)은 백성에게 소인의 죄상을 공표하여 백성이 위태롭게 생각하도록 해야 한다.

☑ 고자읍 불리즉융 이유유왕(告自邑 不利卽戎 利有攸往)

소인을 결단하기 위해 군사를 동원하면 많은 고통이 따르므로 소인의 죄악을 백성들에게 알린다(告自邑). 병사를 동원하여 소인을 치는 것은 이롭지 않다(不利卽戎). 무력을 사용해서는 안 된다는 말이다. 나아가는 바를 둠이 이롭다(利有攸往)는 것은 군사를 동원하지 않고 소인을 제거해야 이롭다는 말이다. 강한 무력을 행사하지 않으면서 큰 일을 해내는 것이 바로 쾌(夬)의 도다. 따라서 쾌상은 소인의 죄상을 조정에 드러내는 상으로, 점사는 군사를 동원하지 않고 소인을 제거하면 이롭다.

▌괘사에 대한 단전

象曰 夬決也니라 剛決柔也니 健而說하고 決而和하니라
단왈 쾌결야　강결유야　건이열　결이화

揚于王庭은 柔乘五剛也요 孚號有厲는 其危 乃光也요
양우왕정　유승오강야　부호유려　기위　내광야

告自邑不利卽戎은 所尙이 乃窮也요 利有攸往은 剛長이 乃終也리라
고자읍불리즉융　소상　내궁야　이유유왕　강장　내종야

「단전」에서 말했다. 쾌(夬)는 결단함이니 강이 유를 결단하는 것이다. 굳세고 기뻐하며 결단하고 화합한다. "왕의 조정에 (소인의 죄상을) 드러냄"은 유가 다섯 강을 타고 있기 때문이고, "미덥게 고하여 위태로움"은 그 위태로움이 마침내 빛나기 때문이고, "읍에 알리고 군사를 동원하여 나아감"이 이롭지 않음은 (용맹만을) 숭상하는 것이 마침내 다했기 때문이고, "가는 바를 둠이 이로움"은 강이 자라서 마침내 마치기 때문이다.

▶ 決 : 결단할 결, 결정하다, 결단하다, 분별하다.　終 : 마칠 종, 마치다, 끝내다, 다하다.

☑ 쾌결야 강결유야(夬決也 剛決柔也)

쾌(夬)가 결단하는 뜻(夬決也)은 다섯 양효 강이 위의 한 음효를 결단하기 때문이다(剛決柔也). 굳센 양효가 부드러운 음효를 과감하게 결단한다. 따라서 쾌괘(夬卦)는 군자가 소인을 제거하는 것으로 신중하게 결단하지 않으면 군자가 다치게 된다.

☑ 건이열 결이화(健而說 決而和)

굳세고 기뻐하며 결단하고 화합함(健而說 決而和)은 굳센 마음과 기쁜 얼굴로 결단하면 화합할 수 있다. 군자는 힘을 합하고 강건하게 나아가 화합한 뒤에 일을 이룰 수 있다. 장수는 화합하여 전쟁에서 승리하고, 국가는 화합하여 난리를 안정시키며, 군신은 화합하여 공을 세운다.

☑ 양우왕정 유승오강야(揚于王庭 柔乘五剛也)

왕의 조정에 드러냄(揚于王庭)은 왕의 조정에 소인의 죄상을 알리는 것이다. 부드러운 음이 다섯 강을 타고 있음(柔乘五剛也)은 음이 아래에 있으면 세력이 없지만 다섯 강을 올라탔기 때문에 세력이 강대하다. 이는 음이 양을 타고 있음은 소인이 군자의 자리를 차지하고 있어 도에 어긋난다. 군자의 세력이 음을 제거할 수 있으니, 그 죄를 왕의 조정에 드러내어 사람들에게 선과 악을 알게 해야 한다.

☑ 부호유려 기위내광야(孚號有厲 其危乃光也)

백성에게 미덥게 고하여 위태로움이 있음(孚號有厲)은 백성에게 소인의 죄상을 공표하여 백성이 위태롭게 생각하도록 해야 한다. 백성이 호응하고 소인이 위태롭게 알고 마침내 죄의식과 공포감이 커진다(其危乃光也).

☑ 고자읍 불리즉융 소상내궁야(告自邑 不利卽戎 所尙乃窮也)

읍에 알리고 군사를 동원하여 나아감이 이롭지 않음(告自邑 不利卽戎)은 숭상하는 것이 마침내 다했기 때문이다(所尙乃窮也). 군사를 동원하여 소인을 제거하는 것은 이롭지 않으니 소인의 죄상을 공표하여 소인을 뉘우치게 하고 바른 도로 살도록 인도하는 것이다. 숭상하는 것이 마침내 다했다(所尙乃窮也)는 것은 전쟁에 나아가는 굳센 용맹만을 숭상하면 곤궁하게 된다는 말이다.

☑ 이유유왕 강장내종야(利有攸往 剛長乃終也)

가는 바를 둠(有攸往)은 중책을 맡아 뜻을 펼치는 것이다. 가는 바를 둠이 이로운 이유(利有攸往)는 강한 것이 자라서 마침내 마치기 때문이다(剛長乃終). 굳센 양[剛]이 성대하게 자랐더라도 아직도 한 음이 있다. 이 음을 제거해야 군자의 도를 해치는 자가 없다. 남아있는 소인을 제거하지 않으면 군자가 바른 도를 지키기 어렵다. 따라서 괘상은 굳센 양이 부드러운 음을 결단하는 상으로, 점사는 마침내 소인을 제거하면 군자의 도가 지켜질 것이다.

▌ 괘사에 대한 대상전

象曰 澤上於天이 夬니
상왈 택상어천 쾌
君子 以하여 施祿及下하며 居德則忌하니라
군자 이 시록급하 거덕칙기

「상전」에서 말했다. 못이 하늘에 올라가는 것이 쾌(夬)이니, 군자는 이를 본받아 녹(祿)을 아래에 베풀되 덕에 거하여 금기사항을 법으로 정한다.

▶ 澤: 못 택 祿: 녹 록(녹) 則: 법칙 칙/곧 즉 忌: 꺼릴 기

☑ 택상어천쾌(澤上於天夬)

못이 하늘에 올라가 있는 것이 쾌(夬)의 상이다(澤上於天夬). 못이 하늘에 올라가는 것은 물이 가득하여 못이 터져서 아래로 쏟아지는 상이다. 따라서 쾌괘(夬卦)는 하늘에서 비가 내려 만물을 생장하게 하는 상이다.

☑ 군자이 시록급하 거덕칙기(君子以 施祿及下 居德則忌)

군자가 못이 위에서 터져서 물이 아래로 쏟아지는 상을 관찰하여 아래에 녹(祿)을 베푼다(君子以 施祿及下). 소인을 다스리는 법은 베풀 때 베풀고, 베풀지 말아야 할 때 베풀지 않는 것이다. 군자는 백성에게 녹을 베풀 때에는 마땅히 결단해야 하고 인색하지 않아야 한다.

칙(則)은 법으로 정함이고, 기(忌)는 금기사항이다. 군자는 덕을 지키고 백성들이 행해서는 안 될 사항을 법으로 규정한다(居德則忌). 백성을 덕으로 다스리려면 백성들이 행해서는 안 될 사항을 금기사항으로 법제화하여 위반하지 않도록 한다.

▌ 초구 효사와 소상전

初九는 壯于前趾니 往하여 不勝이면 爲咎리라
象曰 不勝而往이 咎也라

초구는 앞발이 굳세니 가서 이기지 못하면 허물이 된다. 「상전」에서 말했다. 이길 수 없는데도 가는 것은 허물이다.

▸ 壯: 장할 장, 굳세다. 趾: 발 지, 발가락, 자취

☑ 장우전지 왕불승위구(壯于前趾 往不勝爲咎)

초구는 양이 양의 자리에 있어 강건하고 바른 자리를 얻었으니 소인이나 불의를 굳세게 결단하여 척결하려는 자이다. 발은 아래에 있어 힘이 먼저 쏠리고 먼저 움직이는 상이다. 초구는 굳센 양으로 재질이 굳세고 성질이 씩씩하여 앞발이 굳세게 나아간다(壯于前趾).

초구는 아래에 있어 지위가 없고 위에서도 지원이 없다. 척결할 대상인 상육은 막강한 영향력이 있어 다섯 효가 모두 합하여 공격하지 않는다면 위험하다. 그래서 가서 이기지 못하면 허물이 된다(往不勝爲咎).

☑ 불승이왕 구야(不勝而往 咎也)

이길 수 없는데도 가는 것(不勝而往)은 허물이다(咎也). 사람이 행동할 때에는 미리 일을 헤아려 승리할 만하다고 판단할 때 결단하면 허물이 없으나, 이길 수 없는데도 척결하려고 하면 재앙이 올 수 있다. 일을 무모하게 시작하지 말고 사전에 신중하게 살핀 후 나아간다. 따라서 효상은 나아가면 이길 수 없는 상으로, 점사는 신중하게 살피지 않고 나아간다면 허물이 있다.

▌ 구이 효사와 소상전

 九二는 惕號니 莫夜에 有戎이라도 勿恤이로다
象曰 有戎勿恤은 得中道也라

구이는 두려워하며 알리니 늦은 밤에 적군이 침입하더라도 걱정이 없다. 「상전」에서 말했다. "적군이 침입하더라도 걱정이 없음"은 중도를 얻었기 때문이다.

▷ 惕: 두려워할 척 號: 이름 호/부르짖을 호, 고하다. 莫: 없을 막/저물 모 恤: 불쌍할 휼, 근심하다.
 戎: 병장기 융, 병사, 군사, 싸움

☑ 척호 모야유융 물휼(惕號 莫夜有戎 勿恤)

쾌(夬)는 양이 음을 결단하는 괘요, 구이는 구오의 명에 따라 부패한 소인을 제거하는 자이다. 구이가 상육을 척결하는 것은 두려운 일이므로 방심하지 말고 백성들에게 알리고 호응을 받아야 한다. 구이가 안으로 두려워하는 마음을 품고, 밖으로 경계와 알림을 엄하게 한다(惕號). 비록 늦은 밤에 상육의 군사가 침입하더라도 항상 경계하고 대비하면 걱정할 필요가 없다(莫夜有戎 勿恤). 군자는 소인을 결단하는 때에 항상 경계와 대비를 잊어서는 안 된다.

☑ 유융물휼 득중도야(有戎勿恤 得中道也)

적군이 침입하라도 걱정할 것이 없는 이유(有戎勿恤)는 중도(中道)를 얻었기 때문이다(得中道也). 늦은 밤에 적군이 침입함은 매우 두려워할 만하나 걱정할 것이 없는 것은 중도를 행하여 경계하고 대비하기 때문이다. 따라서 효상은 늦은 밤에 적이 침입하여 군자가 두려워 알리는 상으로, 점사는 대비를 잘 하면 걱정할 필요가 없다.

▌구삼 효사와 소상전

九三은 壯于頄하여 有凶하고 獨行遇雨니 君子는 夬夬라
若濡有慍이면 无咎리라
象曰 君子는 夬夬면 終无咎也니라

구삼은 광대뼈가 장대해서 흉함이 있고 홀로 가면 비를 만나니, 군자는 과감하게 결단한다. (비에) 젖는 듯해서 성내야 허물이 없다. 「상전」에서 말했다. 군자가 과감하게 결단하면 끝내 허물이 없다.

▸ 頄 : 광대뼈 규(구)   遇 : 만날 우   濡 : 적실 유   慍 : 성낼 온

☑ 장우구 유흉(壯于頄 有凶)

구삼은 양으로 양의 자리에 있어 강하고 상육과 호응하나 상육은 옳지 않은 소인이다. 광대뼈가 많이 튀어나오면 강하게 보인다. 광대뼈가 장대하다(壯于頄)는 것은 상육 소인이 장대하다는 뜻이다. 구삼 군자가 상육을 공개적으로 척결하면 상육이 아직 권력과 영향력을 갖고 있어 보복을 받을 수 있어 흉하다(有凶).

☑ 독행우우 군자쾌쾌(獨行遇雨 君子夬夬)

구삼 양이 상육 음을 홀로 호응하니 비를 만남(獨行遇雨)은 상육의 유혹을 받았다고 주위에서 의심한다는 말이다. 구삼이 상육과 친하다고 옹호하면 큰 죄를 지으니 구삼은 상육을 과감하게 결단해야 한다(君子夬夬). 따라서 구삼은 사적 관계에 얽매이지 말고 반드시 소인을 과감하게 결단하여 제거하면 허물이 없다.

☑ 약유유온 무구(若濡有慍 无咎)

비에 젖는 듯해서 성내야 허물이 없다(若濡有慍 无咎). 구삼이 상육과 친하다고 상육을 옹호한다고 의심을 받으면 비에 젖은 듯 불쾌한 기색으로 화를 내야 허물이 없다. 또한 구삼은 상육이 유혹하거나 회유하면 화를 내고 유혹에 넘어가지 않아야 허물이 없다.

☑ 군자쾌쾌 종무구야(君子夬夬 終无咎也)

군자가 과감하게 결단하는 것(君子夬夬)은 끝내 허물이 없다(終无咎也). 사적으로 좋아하는

것에 끌리고 매이는 것은 결단하지 못하기 때문이다. 소인은 상육의 유혹에 넘어가 결단을 하지 못하나 군자는 의로움에 따라 결단해야 할 때에 척결하기 때문에 끝내 허물이 없다. 따라서 효상은 광대뼈가 장대하나 군자는 홀로 비를 맞고 가는 상으로, 점사는 군자가 의로움에 따라 결단해야 할 때에 척결해야 허물이 없다.

▊ 구사 효사와 소상전 ───────

_{구 사　　 둔무부　　 기행차저　　 견양　　 회망}
九四는 **臀无膚**며 **其行次且**니 **牽羊**하면 **悔亡**하나
_{문 언　　　불신}
聞言하여도 **不信**하니다
_{상왈　기행차저　　위부당야　　문언불신　　청불명야}
象曰 其行次且는 **位不當也**오 **聞言不信**은 **聰不明也**라

구사는 볼기에 살이 없어 그 나아감을 머뭇거리니, 양을 끌 듯하면 후회가 없으나 말을 듣더라도 믿지 않는다. 「상전」에서 말했다. "그 나아감을 머뭇거림"은 자리가 마땅하지 않기 때문이고, "말을 듣더라도 믿지 않음"은 귀가 밝지 않기 때문이다.

▸ 臀: 볼기 둔　膚: 살갗 부　次: 버금 차/머뭇거릴 차　且: 또 차/공경스러울 저, 머뭇거리다.　牽: 이끌
　견　聰: 귀 밝을 총

☑ 둔무부 기행차저(臀无膚 其行次且)

　구사는 양이 음의 자리에 있어 자리가 마땅하지 않고 결단이 부족하다. 구사의 아래 있는 효들은 강으로 구사를 불편하게 방해한다. 볼기에 살이 없다면(臀无膚) 앉아있는 것도 불편하고, 아랫사람들의 협조도 없어 나아가는 것이 어렵다. 앉아있는 것은 상육과 대치하고 있는 것이요, 나아가는 것은 상육을 제거하는 것이다. 나아갈 때 나아가는 것을 머뭇거리는 이유(其行次且)는 구오가 막고 있기 때문이다. 구사는 구오가 막으니 상육을 결단하지 못하고 주저한다.

☑ 견양회망 문언불신(牽羊悔亡 聞言不信)

　구사는 임금의 곁에 있어 지위가 이미 막중한 데도 소인을 제거할 뜻이 없는 자이다. 양을 끌 듯하면 후회가 없음(牽羊悔亡)은 구사가 구오 양을 설득하여 그의 신임과 지원을 받아 소인을 제거하면 후회가 없다는 말이다. 구오를 설득하라는 말을 듣더라도 믿지 않음(聞言不信)은 다른 사람의 충고를 듣더라도 믿지 않으니 곤경에 처하게 된다는 말이다.

☑ 기행차저 위부당야(其行次且 位不當也)

　　나아가는 것을 머뭇거림(其行次且)은 자리가 마땅하지 않기 때문이다(位不當也). 구사의 양은 음의 자리에 있어 다른 사람의 지원을 얻지 못하면 소인을 결단하는 것이 어렵다. 소인을 척결하려면 위의 신임과 아랫사람의 협조를 받을 수 있는 자리에 있어야 한다.

☑ 문언불신 총불명야(聞言不信 聰不明也)

　　말을 듣더라도 믿지 않는 이유(聞言不信)는 총명하지 못하기 때문이다(聰不明也). 머뭇거리는 구사는 총명하지 못하고 고집스러워 다른 사람의 충고를 듣지 않고, 이치를 깨닫지도 못하여 결단을 하지도 못한다. 따라서 효상은 나아가는 것을 주저하는 상으로, 점사는 충고를 듣지 않는다면 어려워진다.

▌ 구오 효사와 소상전

구 오　현 륙 쾌 쾌　중 행　무 구
九五는 **莧陸夬夬**면 **中行**에 **无咎**리라
상 왈　중 행 무 구　　중 미 광 야
象曰 中行无咎나 **中未光也**라

구오는 비름나물을 과감하게 결단하면 중도를 행하므로 허물이 없다. 「상전」에서 말했다. "중도를 행하면 허물이 없음"은 중도가 아직 빛나지 못하기 때문이다.

▶ **莧** : 비름 현(한)　　**陸** : 뭍 륙(육), 육지, 언덕, 길

☑ 현륙쾌쾌 중행무구(莧陸夬夬 中行无咎)

　　비름나물[莧陸]은 못가의 풀로 부드럽고 무르며 햇볕에 말려도 말리기 어려울 정도로 음기를 많이 품고 있다. 비름나물은 뽑고 잘라내도 금방 무성하다. 구삼이 비의 상을 취하고, 구오가 비름나물의 상을 취한 것은 모두 음기를 품고 있는 것을 본뜬 것이다.

　　음을 결단하는 것은 양이다. 결단을 하는 주체는 구오요, 결단을 해야 할 대상은 상육 소인이다. 상육 소인의 세력이 비름나물처럼 만연해 있다. 구오는 비름나물을 잘라내듯 상육을 과감하게 결단하여 제거하면(莧陸夬夬) 중도를 행하므로 허물이 없다(中行无咎).

☑ 중행무구 중미광야(中行无咎 中未光也)

중도를 행하면 허물이 없는 이유(中行无咎)는 중도가 아직 빛나지 않기 때문이다(中未光也). 상육 소인이 죄인이더라도 형법으로 처결하는 것은 즐거운 일이 아니다. 문왕은 주왕(紂王)을 직접 치지 않고 문왕의 아들인 무왕(武王)이 쳤으니 이것이 문왕이 성인인 까닭이다. 따라서 효상은 비름나물을 잘라내듯 결단하는 상으로, 점사는 법으로 결단하면 허물은 아니나 자랑스러운 일은 아니다.

■ 상육 효사와 소상전

상육   무호   종유흉
上六은 无號니 終有凶하니라
상왈   무호지흉   종불가장야
象曰 无號之凶은 終不可長也니라

상육은 (두려움을) 호소할 데가 없으니 마침내 흉하다. 「상전」에서 말했다. "(두려움을) 호소할 데가 없으니 흉함"은 끝내 오래 갈 수 없기 때문이다.

▶ 號: 이름 호/부르짖을 호, 고하다, 명령하다.

☑ 무호 종유흉(无號 終有凶)

상육은 음으로 끝내 악한 행동을 고치지 않아 그 죄가 크다. 군자가 때를 얻어 지극히 위험한 소인을 결단하여 제거하게 된다. 이러한 때에 상육은 두려움을 호소할 데가 없으니(无號), 마침내 흉하다(終有凶). 다섯 양이 한 음을 결단함으로써 군자는 성대하고 소인은 쇠퇴해진다.

☑ 무호지흉 종불가장야(无號之凶 終不可長也)

두려움을 호소할 데가 없으니 흉한 이유(无號之凶)는 끝내 오래 갈 수 없기 때문이다(終不可長也). 굳센 양인 군자의 도는 나아가 더욱 성대하고, 소인의 도는 이미 끝에 이르러 저절로 없어지니, 호소하여도 소용이 없다. 따라서 효상은 소인은 두려움을 호소할 데가 없는 상으로, 점사는 악한 행동을 그치지 않아 결국 흉하다.

바르게 만나는 천풍구(天風姤)

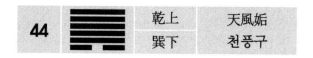

| 44 | | 乾上
巽下 | 天風姤
천풍구 |

천풍구괘(天風姤卦)는 상괘는 하늘[天]을 상징하는 건괘(乾卦: ☰)이고, 하괘는 바람[風]을 상징하는 손괘(巽卦: ☴)로, 이는 하늘 아래에 바람이 있는 상이다. 姤(구)는 우연히 만나다는 뜻이다. 구괘(姤卦)는 하늘 아래에서 바람이 부르니 여기저기 흩어져 있던 구름을 모이게 하여 들판에 비를 내리게 한다. 따라서 괘상은 하늘 아래에 바람이 있는 천풍(天風) 상이요, 괘명은 바르게 만나는 구계(姤卦)다.

구괘(姤卦)는 쾌괘(夬卦)의 위아래를 뒤집어 놓은 괘이다. 쾌괘가 기존 세력을 장악한 소인에 대한 척결을 제시한 것인 반면, 구괘는 신진 소인에 대한 경계를 제시한 괘다. 쾌괘에서는 음효가 제일 위에 있어 임금의 권력에 기생해 임금까지도 좌지우지하는 소인으로 비유하였으나, 구괘에서는 음효가 제일 아래에 있어 바람기 있는 여자로 비유하였다. 구괘(姤卦)는 힘없는 초효의 자리에 있으면서도 나머지 다섯 효에 강한 영향을 줄 수 있는 바람기 있는 여자를 경계한다.

구괘(姤卦)는 중정의 도를 지키고 상대방을 포용하는 만남의 도이다. 초효는 계우금니(繫于金柅)로, 이는 쇠말뚝에 묶어 놓는 상황이니, 힘이 미약할 때 막으면 길하다. 이효는 포유어(包有魚)로, 이는 나라에 아직 충신이 있지만 출사하여 벼슬하지 않는 상황이니, 난세에서 출사하지 않으면 허물이 없다. 삼효는 둔무부(臀无膚)로, 이는 주왕의 신하들은 형벌이 두려워 바른 말을 주저하는 상황이니, 간언하지 않으면 허물은 없을 것이다. 사효는 포무어(包无魚)로, 이는 나라에 충신이 없어 곧 나라가 멸망할 상황이니, 백성을 멀리하면 흉하다. 오효는 이기포과(以杞包瓜)로, 이는 박달나무 잎으로 오이를 싸는 상황이니, 어진 신하와 낮은 백성을 포용하면 복을 받을 것이다. 육효는 구기각(姤其角)으로, 이는 뿔에서 만나는 상황이니, 스스로 낮추고 백성을 만나지 않으면 어려울 것이다.

▍괘사

姤는 女壯이니 勿用取女니라

구　　여 장　　물 용 취 녀

구(姤)는 여자가 거세니 (거센) 여자를 취하지 말아야 한다.

▶ 姤: 만날 구, 만나다, 아름답다, 예쁘다.

☑ 구여장 물용취녀(姤女壯 勿用取女)

姤(구)는 우연히 만나다는 뜻이다. 음은 여자요 양은 남자이다. 음이 처음 생겨 자라서 성대해지고 거세게 된다. 음이 자라면 양이 사라지듯이 여자가 거세면(女壯) 남자가 약해진다. 거센 여자란 성정이 포악하고 고집이 세서 가족과 화목하지 못하는 여자이다.

　여자를 취하는 것은 부드럽게 화목하고 순종하여 집안의 도를 이루려는 것인데, 구괘는 막 나오는 음으로 점점 장성하여 양을 대적하기 때문에 지나치게 거센 여자는 취하지 않는다(勿用取女). 여자가 드세면 남녀의 바름을 잃어 집안의 도가 무너지기 때문이다.

▍괘사에 대한 단전

象曰 姤는 遇也니 柔遇剛也라
勿用取女는 不可與長也라
天地相遇하니 品物이 咸章也오
剛遇中正하니 天下에 大行也니 姤之時義 大矣哉라!

「단전」에서 말했다. 구(姤)는 만남이니 유가 강을 만난 것이다. "(거센) 여자를 취하지 말아야 함"은 더불어 오래갈 수 없기 때문이다. 하늘과 땅이 서로 만나 만물이 모두 빛나고, 강이 중정을 만나 천하에 크게 행해지니 구(姤)의 때와 뜻이 크도다!

▶ 咸: 다 함, 모두　章: 글 장, 크다, 밝다, 밝히다, 드러나다.

☑ 구우야 유우강야(姤遇也 柔遇剛也)

우(遇)는 우연히 만나는 것이다. 구괘(姤卦)는 만남이다(姤遇也). 하나의 부드러운 음이 굳센 다섯 양을 만남(柔遇剛也)은 한 명의 여자가 다섯 명의 남자를 만나는 것이다.

☑ 물용취녀 불가여장야(勿用取女 不可與長也)

음이 생겨나 자라면 성대하고, 음이 성대하면 양이 쇠퇴한다. 여자를 취하는 것은 오래도록 집안을 이루고자 함인데, 점점 성대해지는 음은 양을 이기고 해칠 것이다. 이런 거센 여자를 취하지 말라 한 이유(勿用取女)는 오래 갈 수 없기 때문이다(不可與長也). 소인이 장대해지면 군자를 몰아내니 그런 소인을 등용하지 말라는 경계이다.

☑ 천지상우 품물함장야(天地相遇 品物咸章也)

땅의 음이 처음 아래에서 생겨나 하늘의 양과 서로 만난다(天地相遇). 음과 양이 서로 만나지 않으면 만물이 생기지 못하고, 하늘과 땅이 서로 만나면 만물을 화육하니, 만물이 빛나고 밝다(品物咸章也). 음과 양이 만나서 결실을 맺는다.

☑ 강우중정 천하대행야(剛遇中正 天下大行也)

구이와 구오가 모두 굳센 양으로 중과 바름에 있어, 중정(中正)으로써 서로 만난다(剛遇中正). 임금이 어진 신하를 얻고, 신하가 중정한 임금을 만나 그 도가 천하에 크게 행해진다(天下大行也). 군신이 서로 만나는 것이 천지가 서로 만나는 것과 같다.

☑ 구지시의 대의재(姤之時義 大矣哉)

구(姤)의 때와 뜻(姤之時義)이 지극히 크다(大矣哉). 천지가 서로 만나지 않으면 만물이 생기지 못하고, 임금과 신하가 서로 만나지 않으면 정치가 일어나지 못하며, 성현이 만나지 않으면 도덕이 형통하지 못하니, 구(姤)의 때와 뜻이 모두 매우 큰 것이다.

▌괘사에 대한 대상전

象曰 天下有風이 姤니 后 以하여 施命誥四方하니라
<small>상 왈 천 하 유 풍　　구　　후　이　　시 명 고 사 방</small>

「상전」에서 말했다. 하늘 아래에 바람이 있는 것이 구(姤)이니, 임금이 이를 본받아 명령을 내려 사방에 알린다.

▶ 后: 뒤 후/임금 후   施: 베풀 시, 행하다.   誥: 고할 고, 가르치다.

☑ 천하유풍구 후이시명고사방(天下有風姤 后以施命誥四方)

　　誥(고)는 윗사람이 아랫사람에게 가르쳐 알리는 것이다. 바람이 하늘 아래에서 불어 미치지 않음이 없는 것이 구이다(天下有風 姤). 임금이 이러한 상을 관찰하여 명령을 내려 사방에 두루 알리는 것(后以施命誥四方)이 바로 구괘(姤卦)이다. 바람은 하늘의 호령으로 만물을 고무하고, 명령은 임금의 호령으로 모든 백성을 고무한다. 바람은 하늘로부터 아래로 불어 만나지 않는 사물이 없는데 이를 임금의 명령에 비유했다. 따라서 임금이 시책을 널리 알리면 백성들이 무지에서 교화되니, 임금과 백성이 비로소 만나는 것이다.

■ 초육 효사와 소상전

초육　　계우금니　　정길
初六은 繫于金柅면 貞吉하고
유유왕　　　견흉　　　이시 부척촉
有攸往이면 見凶하리니 羸豕 孚蹢躅하니라
상왈　계우금니　　유도견야
象曰 繫于金柅는 柔道牽也라

초육은 쇠말뚝에 묶어 놓으면 바르게 함이 길하다. 갈 바를 두면 흉함을 당할 것이니, 여윈 돼지가 날뛰고 머뭇거린다. 「상전」에서 말했다. "쇠말뚝에 묶어 놓음"은 유의 도를 견제하기 때문이다.

▶ 繫: 맬 계　柅: 무성할 니(이), 말뚝　羸: 파리할 리(이), 여위다.　豕: 돼지 시　孚: 미쁠 부, 달리다.　蹢: 머뭇거릴 척　躅: 머뭇거릴 촉　牽: 이끌 견

☑ 계우금니 정길 유유왕 견흉(繫于金柅 貞吉 有攸往 見凶)

　　음이 자라면 소인의 도가 자란다. 음이 아직 성대하지 않을 때에 막아야 한다. 쇠말뚝[金柅]은 수레를 멈추게 하는 물건으로 강한 구사이다. 쇠말뚝으로 묶음(繫于金柅)은 소인을 제지하는 것이다. 쇠말뚝으로 묶어 견고하게 저지하면(繫于金柅) 나아가지 못하니 바른 도가 길하다(貞吉). 초육이 제멋대로 나아가면(有攸往) 점점 성대하여 양을 해쳐 결국 흉함을 당할 것이다

(見[凶]). 갈 바를 둠(有攸往)은 중책을 맡아 뜻을 펼치는 것이다.

☑ 이시부척촉(羸豕孚蹢躅)

　돼지는 음이고 조급한 동물이다. 여윈 돼지(羸豕)는 암돼지이다. 암돼지는 약하나 발정나면 마음이 온통 숫돼지에 있어 마구 날뛰니 나라를 전횡하는 소인이다. 부(孚)는 발정난 암돼지가 안정을 잃고 산만한 것을 뜻한다. 여윈 돼지는 성질이 급하고 마구 날뛰고 산만하게 이리저리 배회한다(羸豕孚蹢躅). 여위고 약한 암돼지가 발정나면 날뛰는 성질이 있다. 소인의 권세가 장성하면 전횡은 더욱 거세져 막기 어렵다. 그러므로 소인은 군자를 해치니 그 힘이 미약할 때에 막아야 한다.

☑ 계우금니 유도견야(繫于金柅 柔道牽也)

　견(牽)은 이끌고 나아감이고 쇠말뚝[金柅]은 그 나아감을 저지하는 것이다. 쇠말뚝에 묶어 놓는 이유(繫于金柅)는 부드러움의 도를 견제하기 때문이다(柔道牽也). 쇠말뚝에 매어 놓음은 음이 나아감을 저지하는 것이다. 따라서 효상은 쇠말뚝에 묶어 놓는 상으로, 점사는 힘이 미약할 때 막으면 길하다.

구이 효사와 소상전

九二는 包有魚면 无咎하리니 不利賓하니라
象曰 包有魚는 義不及賓也라

구이는 부엌에 물고기가 있으면 허물이 없지만 손님에게는 이롭지 않다. 「상전」에서 말했다. "부엌에 물고기가 있음"은 의리상 손님에게 미칠 수 없기 때문이다.

▷ 包: 쌀 포/꾸러미 포　賓: 손 빈

☑ 포유어 무구 불리빈(包有魚 无咎 不利賓)

　구이는 초육과 매우 가까이 있으니 서로 만나는 자이다. 포(包)는 庖(부엌 포)를 빌려 쓴 것으로 나라이고, 물고기[魚]는 좋은 음의 물건으로 충신이나 현자이다. 손님[賓]은 출사하여 조정에 나아가는 것이다.

부엌에 물고기가 있음(包有魚)은 아직도 나래[庖]에 충신[魚]이 있다는 뜻으로 허물이 없다(无咎). 주왕이 폭정을 하더라도 나라에는 아직 충신이 있다. 손님에게는 이롭지 않음(不利賓)은 조정이 혼탁하면 출사하여 조정에 나아가는 것[賓]이 이롭지 않다는 뜻이다.

☑ 포유어 의불급빈야(包有魚 義不及賓也)

양은 음을 기뻐하고 아름답게 여기기 때문에 물고기의 상을 취하였다. 아직도 나라에 충신이 있는 이유(包有魚)는 의리상 출사하여 벼슬을 할 수가 없기 때문이다(義不及賓也). 주왕의 폭정으로 나라가 혼란하니 주왕을 돕는 벼슬은 의리상 할 수가 없다. 의리를 헤아려보면 출사할 수 없다. 따라서 효상은 나라에 아직 충신이 있지만 출사하여 벼슬하지 않는 상으로, 점사는 난세에서 출사하지 않으면 허물이 없다.

▌구삼 효사와 소상전 ────────

九三은 臀无膚니 其行次且니 厲하면 无大咎리라
象曰 其行次且는 行未牽也라

구삼은 볼기에 살이 없어 그 나아가는 것을 머뭇거리니 위태롭게 여기면 큰 허물이 없다. 「상전」에서 말했다. "그 나아가는 것을 머뭇거림"은 나아가는 것을 끌지 못하기 때문이다.

▶ 臀: 볼기 둔, 궁둥이 次: 버금 차/머뭇거릴 차 且: 또 차/공경스러울 저, 머뭇거리다. 牽: 이끌 견/끌 견

☑ 둔무부(臀无膚)

구삼이 만남[姤]의 때에 초육 음과 만나려고 하지만 구이에 가로 막혀 갈 수 없어 볼기에 살이 없는 상이다(臀无膚). 볼기에 살이 없음(臀无膚)은 나아가지 못하고 머뭇거리는 힘든 진퇴양난의 상황이다.

☑ 기행차저려 무대구(其行次且厲 无大咎)

머뭇거려 나아가지 못하니 마땅히 위태롭게 여기면(其行次且厲) 큰 허물이 없다(无大咎). 주왕의 신하들은 형벌이 두려워 간언을 주저한다. 나라가 위태로운 상황에 있으나 결국 신하들은 간언하지 않으면 목숨을 보전하니 큰 허물이 없다.

☑ 기행차저 행미견야(其行次且 行未牽也)

　구삼은 초육을 만나야 하나 구이와 구사의 사이에 끼어있어 나아가는 것을 주저한다(其行次且). 구삼은 구이에 막혀 초육을 끌지 못하고(行未牽也) 나아가지 못한다. 이미 위태로움을 알고 생각을 바꿨기 때문에 큰 허물이 없다. 따라서 효상은 주왕의 신하들은 형벌이 두려워 바른 말을 주저하는 상으로, 점사는 간언하지 않으면 허물은 없을 것이다.

▌구사 효사와 소상전

　　　구 사　　포 무 어　　기 흉
　九四는 包无魚니 起凶하리라
　　　상 왈　무 어 지 흉　　원 민 야
　象曰 无魚之凶은 遠民也라

구사는 부엌에 물고기가 없으니 흉함이 일어난다. 「상전」에서 말했다. "(부엌에) 물고기가 없어 흉함"은 백성을 멀리하기 때문이다.

☑ 포무어 기흉(包无魚 起凶)

　포(包)는 庖(부엌 포)를 빌려 쓴 것으로 나라이고, 물고기[魚]는 좋은 음의 물건으로 충신이나 현자이다. 구사는 윗자리에 있으면서 아랫사람을 잃었으니, 아랫사람이 떠난 것은 자신이 덕을 잃었기 때문이다.

　부엌에 물고기가 없음(包无魚)은 주왕이 폭정하여 나라에 충신이 없다는 말이다. 충신이 떠나가니 곧 나라가 흉하다(起凶). 일어난다[起]는 장차 생겨난다는 말로, 민심이 떠나면 나라에 어려움이 일어난다.

☑ 무어지흉 원민야(无魚之凶 遠民也)

　부엌에 물고기가 없어 흉한 이유(无魚之凶)는 백성을 멀리하기 때문이다(遠民也). 백성을 멀리함(遠民也)은 구사가 정치를 바르게 하지 않고 백성을 스스로 멀리한 것이다. 나라에 충신이 없는 것은 백성을 멀리했기 때문이다. 따라서 효상은 나라에 충신이 없어 곧 나라가 멸망할 상으로, 점사는 백성을 멀리하면 흉하다.

■ 구오 효사와 소상전

구 오　　이 기 포 과　　함 장　　유 운 자 천
九五는 以杞包瓜니 含章이면 有隕自天이리라
상 왈　구 오 함 장　　중 정 야　　유 운 자 천　　지 불 사 명 야
象曰 九五含章은 中正也오 有隕自天은 志不舍命也라

구오는 버드나무 잎으로 오이를 감싸니, 빛나는 것을 간직하면 하늘로부터 떨어짐이 있다. 「상전」에서 말했다. "구오가 빛나는 것을 간직함"은 중정하기 때문이고, "하늘로부터 (복이) 떨어짐이 있음"은 뜻이 천명을 버리지 않기 때문이다.

▶ 杞: 구기자 기, 갯버들　包: 쌀 포　瓜: 오이 과　含: 머금을 함, 품다.　章: 글 장, 밝다.　隕: 떨어질 운　舍: 집 사/버릴 사

☑ 이기포과 함장 유운자천(以杞包瓜 含章 有隕自天)

　버드나무는 잎이 길어서 물건을 감쌀 수 있다. 빛나는 열매가 아래에 있는 것은 오이로 아래에 있는 어진 사람이다. 구오 임금이 아래로 어질고 재능 있는 신하나 낮은 백성을 포용하는 것을 버드나무 잎으로 오이를 감싸는 것(以杞包瓜)으로 비유한다. 구오의 버드나무 잎이 내려와 굽혀서 초육의 오이를 감싸주듯이 구오 임금이 스스로 낮추고 굽혀 모든 백성을 포용한다. 구오가 모든 백성을 포용하고 아름다운 정치를 하면(含章) 하늘로부터 복이 내려진다(有隕自天). 따라서 몸을 낮추고 지극한 정성을 쌓으면 하늘로부터 반드시 복을 얻는다.

☑ 구오함장 중정야(九五含章 中正也)

　구오가 빛나는 것을 간직함(九五含章)은 중정하기 때문이다(中正也). 이는 중정한 덕을 머금고 쌓는 것이니, 덕이 충실해지면 중정한 정치를 하게 되어 빛남이 있다. 중정(中正)은 효가 중을 얻고 양이 양의 자리에 있어 중도를 바르게 행한다는 의미이다.

☑ 유운자천 지불사명야(有隕自天 志不舍命也)

　하늘로부터 떨어짐이 있음(有隕自天)은 뜻이 천명을 버리지 않기 때문이다(志不舍命也). 명(命)은 하늘의 이치이고 버림[舍]은 어김이다. 뜻이 하늘의 이치를 어기지 않기 때문에 하늘로부터 복이 있다. 따라서 효상은 버드나무 잎으로 오이를 싸는 상으로, 점사는 어진 신하와 낮은 백성을 포용하면 복을 받을 것이다.

상구 효사와 소상전

上九^{상 구}는 姤其角^{구 기 각}이라 吝^린하니 无咎^{무 구}니라
象曰^{상 왈} 姤其角^{구 기 각}은 上窮^{상 궁}하여 吝也^{린 야}라

상구는 그 뿔에서 만남이니 부끄럽지만 허물이 없다. 「상전」에서 말했다. "그 뿔에서 만남"은 위에서 궁하여 부끄럽기 때문이다.

▷ 姤 : 만날 구   角 : 뿔 각

☑ 구기각 린 무구(姤其角 吝 无咎)

뿔은 굳세면서 가장 위에 있는 것이다. 구기각(姤其角)은 존귀한 자가 자존심을 낮추고 지위 낮은 자를 마지못해 만나는 것이다. 상구가 낮추고 굽혀야 백성과 만날 수 있으나 자존심이 있어 만남이 어렵다. 그래서 상구는 너무 높고 지극히 굳세니 백성을 만나는 것이 부끄럽다(姤其角吝). 상구가 만남이 부끄러워 백성을 멀리하는 것은 다른 사람들의 탓이 아니고 자신의 탓으로 허물을 돌릴 일이 아니다.

☑ 구기각 상궁린야(姤其角 上窮吝也)

그 뿔에서 만남(姤其角)은 위에서 다하여 부끄럽기 때문이다(上窮吝也). 상구는 이미 가장 위에 있고 굳셈이 지극하여 아래와 멀리 떨어져 있어 자신을 낮추고 만남이 부끄럽게 여긴다. 따라서 효상은 뿔에서 만나는 상으로, 점사는 스스로 낮추고 백성을 만나지 않으면 어려울 것이다.

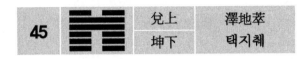

모이는 택지췌(澤地萃)

45		兌上	澤地萃
		坤下	택지췌

    택지췌괘(澤地萃卦)는 상괘가 못[澤]이나 기쁨[兌]을 상징하는 태괘(兌卦: ☱)이고, 하괘가 땅[地]을 상징하는 곤괘(坤卦: ☷)로, 이는 땅 위에 못이 있는 상이다. 못이 땅 위에 있으면 물이 못으로 흘러가 모인다. 췌(萃)는 모여서 번성해진다는 뜻이다. 못은 땅 위에 있고 물은 땅 위에 모여 못을 이루고 만물을 윤택하게 한다. 모이는 것은 나라의 백성, 재물과 조상의 덕이다. 만인이 모여들어 휴식을 취하니 평화롭고 아름다운 모습이다. 따라서 괘상은 못이 땅 위에 있는 택지(澤地) 상이요, 괘명은 모이는 췌(萃)이다.

    만나면 모이게 되고 모이면 번성한다. 췌괘(萃卦)에는 정신적 모임, 인적 모임과 물적 모임이 있다. 즉, 조상의 미덕, 대인과 재물의 모임이다. 믿음과 중정한 덕을 갖고 있으면 이러한 모임이 자신에게 귀의하게 된다. 초효는 내란내췌(乃亂乃萃)로, 이는 혼란스럽게 모이는 상황이니, 근심하지 말고 대인을 따르면 허물이 없다. 이효는 부내이용약(孚乃利用禴)으로, 이는 무왕이 믿음으로 검소한 제사를 지내는 상황이니, 유순하고 중정한 덕으로 검소한 제사를 지내면 허물이 없다. 삼효는 췌여차여(萃如嗟如)로, 이는 모이려고 해도 모이지 않아 탄식하는 상황이니, 호응을 얻지 못하면 조금 어려울 것이다. 사효는 대길(大吉)로, 이는 크게 길하여 허물이 없는 상황이니, 점사는 분수를 지킨다면 허물이 없다. 오효는 원영정(元永貞)으로, 이는 백성을 형벌이 아닌 덕으로 다스리는 상황이니, 나라를 다스리는 도가 바르면 길하다. 육효는 재자체이(齎咨涕洟)로, 이는 탄식하며 눈물과 콧물을 흘리는 상황이니, 욕심만 부린다면 흉하다.

144

▌괘사

萃는 亨 王假有廟니 利見大人하니 亨하니 利貞하나라
用大牲이 吉하니 利有攸往하나라

췌(萃)는 형통함이니 왕이 사당을 두는 것이 지극하다. 대인을 봄이 이로운 것은 형통하기 때문이니 바르게 함이 이롭다. 큰 제물을 써서 길하니 갈 바를 둠이 이롭다.

▶ 萃: 모을 췌, 모으다, 모이다. 假: 거짓 가/멀 하/이를 격, 지극하다. 廟: 사당 묘 牲: 희생 생, 제사에 쓰이는 짐승

☑ 췌형 왕격유묘(萃亨 王假有廟)

췌(萃)는 모이는 것이다. 모이는 것은 나라의 백성, 재물과 조상의 덕이다. 췌괘는 단결을 상징하고, 사당은 민의를 통합하는 곳이다. 대인은 정치적 통합을 이끌어가는 자이다. 왕이 대인을 중용하여 정치적 통합을 발휘하게 하면 나라는 형통하다. 형통(亨通)하다는 말은 모든 일이 뜻과 같이 잘되어 가다는 뜻이며, 길(吉)하다는 목적을 이루다는 뜻이다.

곤괘(坤卦: ☷)는 순종하는 것이고, 태괘(兌卦: ☱)는 기뻐하는 것이다. 췌형(萃亨)은 모임의 도가 형통하다는 뜻이요, 격(假)은 지극하다는 뜻이다. 왕과 대인은 무왕(武王)을 가리킨다. 왕이 사당을 두는 것이 지극한 것(王假有廟)은 조상의 정신이 사당에 모여 있기 때문이다. 백성들의 마음을 모으는 것은 종묘보다 지극히 큰 것은 없다. 왕이 사당을 두고 선왕을 받드는 것은 백성의 정신을 모으는 것이다.

☑ 이견대인형 이정(利見大人亨 利貞)

육이가 구오에 호응하기 때문에 서로 모임이 된다. 사람이 모이면 어지럽고, 사물이 모이면 싸우며, 일이 모이면 문란하니, 대인이 다스리지 않으면 모임은 다투어 어지럽게 된다. 대인의 가르침을 받아야 이롭고 형통해진다(利見大人亨). 모임에는 대인이 바르게 해야 이롭다(利貞). 따라서 모임이 바르지 않으면 형통할 수 없다.

☑ 용대생길 이유유왕(用大牲吉 利有攸往)

제사에 쓰는 희생 제물로 소, 양, 돼지 중에서 큰 희생[大牲]은 소이다. 췌는 쓰임이 합당해야 하니 큰 제물을 써서 길하다(用大牲吉). 제사처럼 정성과 공경으로 나라를 다스려야 이롭다(利

145

有攸往). 군왕이 제사를 통해 조상의 미덕을 모으고 계승하는 것이 백성의 정신을 모으고 정치하는 바른 도이다. 따라서 괘상은 왕이 조상에게 제사를 지내는 상으로, 점사는 정성과 공경으로 나라를 다스려야 이롭다.

■ 괘사에 대한 단전

단왈 췌 취야 순이열 강중이응 고 취야
象曰 萃는 聚也니 順以說하고 剛中而應이라 故로 聚也니라
왕 격유묘 치효향야
王假有廟는 致孝享也요
이견대인형 취이정야 용대생길 이유유왕 순천명야
利見大人亨은 聚以正也라 用大牲吉 利有攸往은 順天命也니
관기소취 이천지만물지정 가견 의
觀其所聚 而天地萬物之情을 可見矣리라!

「단전」에서 말했다. 췌(萃)는 모이는 것이니, 순응해서 기뻐하고 강이 중에 있으면서 호응하기 때문에 모인다. "왕이 사당을 두는 것이 지극함"은 효성을 다해 제사를 올리는 것이다. "대인을 보는 것이 이롭고 형통함"은 바른 도로써 모이기 때문이다. "큰 제물을 써서 길하니 갈 바를 두는 것이 이로움"은 천명에 순응하기 때문이다. 모인 것을 보면 천지만물의 실정을 알 수 있다.

▸ 聚: 모을 취 亨: 형통할 형/드릴 향, (제사)올리다.

☑ 췌취야 순이열(萃聚也 順以說)

취괘는 모이는 것이다(萃聚也). 곤괘(坤卦: ☷)는 백성들이 왕에게 순응하고 태괘(兌卦: ☱)는 왕이 백성들을 기쁘게 대하는 덕으로, 백성들은 순응해서 기뻐한다(順以說). 아래가 순응하고 위아래가 기뻐하니 모인다.

☑ 강중이응 고취야(剛中而應 故聚也)

위로 구오 임금이 굳세고 중을 얻고, 아래 유순한 육이와 호응하기 때문에(剛中而應) 임금과 신하가 모이는 때이다(聚也). 순종만하고 기뻐하면 간사하고 아첨하는 도이고, 굳세기만 하고 중도에 호응하지 않으면 대항하는 도이다. 구오는 굳세고 육이는 부드러워 모두 중정을 얻었으니 군신 간에 서로 호응하는 모임이다.

146

☑ 왕격유묘 치효향야(王假有廟 致孝享也)

천하의 마음을 모으는 것은 효도로 왕이 사당을 두는 것이 지극하다(王假有廟). 왕이 효성을 다해 제사를 올린다(致孝享也). 왕은 천하를 모으는 종묘를 두고 극진하게 제사를 올린다.

☑ 이견대인형 취이정야(利見大人亨 聚以正也)

대인을 봄이 이롭고 형통한 이유(利見大人亨)는 바른 도로써 모이기 때문이다(聚以正也). 대인은 국사를 공정하게 처리하고 효성으로 제사를 올려 백성들이 모이니 대인을 만나보는 것이 이롭고 형통한 이유이다.

☑ 용대생길 이유유왕 순천명야(用大牲吉 利有攸往 順天命也)

제사는 큰 제물을 써서 길하니 갈 바를 둠이 이로운 이유(用大牲吉 利有攸往)는 천명에 순응하기 때문이다(順天命也). 제사에 큰 제물을 쓰는 것은 공경과 정성을 다하는 것이다. 공경과 정성으로 나라를 다스리는 것이 천명을 따르는 것이다.

☑ 관기소취 이천지만물지정 가견의(觀其所聚 而天地萬物之情 可見矣)

모인 것을 보면(觀其所聚) 천지만물의 실정을 알 수 있다(天地萬物之情 可見矣). 모이는 이치를 보고 천지만물의 실정을 알 수 있다. 모인 것은 재물, 인재와 조상의 정신적 미덕이다.

■ 괘사에 대한 대상전

상왈 택상어지 췌 군자 이 제용기 계불우
象曰 澤上於地 萃니 君子 以하여 除戎器하여 戒不虞하니라

「상전」에서 말했다. 못이 땅 위에 올라가 있는 것이 췌이니, 군자는 이를 본받아 병기를 정비하여 예기치 못한 환란에 대비한다.

▶ 除: 덜 제, 닦다, 손질하다. 戎: 병장기 융/오랑캐 융, 군사, 병기 戒: 경계할 계 虞: 염려할 우, 헤아리다, 대비하다.

☑ 택상어지췌(澤上於地萃)

못이 땅보다 올라가 있는 것(澤上於地)은 못에 물이 많으면 언제 못이 터질지 모르니 예기

치 못할 환란이 벌어질 상이다. 부드러우면서도 험악한 것이 물이며 또한 백성이다. 물이 못 속에 있지 않으면 못이 곧 무너지고 땅보다 위에 있게 된다. 백성들도 나라가 불안하면 떼도둑이 되어 약탈하는데, 이것이 예기치 못한 환란이다.

☑ 군자이제융기 계불우(君子以除戎器 戒不虞)

군자는 췌괘(萃卦)의 상을 보고 병기를 정비하고 수리해서(君子以除戎器) 예기치 못한 환란을 경계하고 대비한다(戒不虞). 무리가 모이면 쟁탈이 있으니 대개 모이고 나면 일이 많이 일어난다. 병기를 정비한다(除戎器)는 것은 낡고 잘못된 것을 없애고 정비하는 것이다. 물이 모이면 터짐을 방비해야 하고, 사물이 모이면 없어짐을 방비해야 하며, 재물이 모이면 도적에게 빼앗김을 방비해야 하는 것이 예기치 못한 환란을 막는 것이다. 따라서 군자는 못이 땅보다 올라가 있는 상을 보고 병기를 정비하여 예기치 못한 환란을 대비한다.

■ 초육 효사와 소상전

초육 유부부종 내란내췌
初六은 有孚不終이면 乃亂乃萃하나니라
약호 일악위소 물휼 왕무구
若號하면 一握爲笑하리니 勿恤하고 往无咎리라
상왈 내란내췌 기지란야
象曰 乃亂乃萃는 其志亂也라

초육은 믿음이 있으나 일을 끝까지 마치지 못하면 참으로 (마음이) 혼란스러워 어지럽게 모인다. 호소하면 무리가 비웃겠지만 근심하지 말고 가면 허물이 없다. 「상전」에서 말했다. "참으로 (마음이) 혼란스러워 어지럽게 모임"은 그 뜻이 혼란스럽기 때문이다.

▸ **號**: 이름 호/부르짖을 호 **乃**: 이에 내, 참으로, 그리하여 **握**: 쥘 악 **恤**: 불쌍할 휼, 근심하다.

☑ 유부부종 내란내췌(有孚不終 乃亂乃萃)

초육과 구사는 바른 호응으로 믿으며(有孚) 서로 따르는 자들이다. 그러나 초육은 육이와 육삼에 가로막혀 일을 끝까지 마치지 못한다(有孚不終). 초육은 일을 끝내지 못하여 참으로 마음이 혼란스러우니 어지럽게 모인다(乃亂乃萃). 마음이 혼란스러워 동류와 모이는 것이다.

☑ 약호 일악위소 물휼 왕무구(若號 一握爲笑 勿恤 往无咎)

　초육이 구사에게 호응을 부르짖으면 육이와 육삼이 무리로 비웃겠지만(一握爲笑), 근심하지 말고 구사에게 가면 호응하니 허물이 없다(勿恤 往无咎). 일악(一握)은 무리의 뜻이다. 호소하면 무리들이 비웃겠지만 근심하지 말고 대인을 따르면 허물이 없다.

☑ 내란내췌 기지란야(乃亂乃萃 其志亂也)

　참으로 마음이 혼란스러워 어지럽게 모임(乃亂乃萃)은 그 마음이 혼란스럽기 때문이다(其志亂也). 마음이 바르지 못하면 동류인 여러 음들에게 미혹당해 혼란하여 굳건할 수 없다. 따라서 효상은 마음이 혼란스러워 어지럽게 모이는 상으로, 점사는 근심하지 말고 대인을 따르면 허물이 없다.

■ 육이 효사와 소상전

六二는 引吉하여 无咎하니 孚乃利用禴이리라
象曰 引吉无咎는 中하여 未變也라

육이는 끌어당기면 길하여 허물이 없으니, 믿음이 있어야 검소한 제사를 올리는 것이 이롭다. 「상전」에서 말했다. "끌어당기면 길하여 허물이 없음"은 중을 얻어 변하지 않기 때문이다.

▶ 禴: 봄 제사 약

☑ 인길무구(引吉无咎)

　육이는 음이 음의 자리에 있고, 구오는 양이 양의 자리에 있어, 서로 바르게 호응하니 신뢰하는 관계이다. 구오는 존귀한 자리에 있고 중정한 덕이 있는데, 육이를 끌어당기면 바로 임금과 신하가 화합하니 길하고 허물이 없다(引吉无咎). 무구(无咎)는 과실이나 재앙이 없다는 뜻이다.

☑ 부내이용약(孚乃利用禴)

　믿음은 마음에 있으니 검소한 제사를 올리는 것(用禴)은 소박하게 성의로 제사하여 신명(神明)과 사귀는 것이다. 마음이 진실해야 믿음이 있어 검소한 제사를 올린다(孚乃利用禴). 사람은 서로 자신만 지키려고 하면 반목하게 된다. 믿음은 모임의 근본으로 임금과 신하의 모임뿐만 아니라 모든 천하의 모임은 믿음이 있어야 한다.

☑ 인길무구 중미변야(引吉无咎 中未變也)

구오가 육이를 끌어당기면 길하여 허물이 없는 이유(引吉无咎)는 중을 얻어 변하지 않기 때문이다(中未變也). 유순하고 중정한 덕으로 검소하게 제사를 올리니 사람을 감동시켜 모이게 할 수 있다. 따라서 효상은 무왕이 믿음으로 검소한 제사를 지내는 상으로, 점사는 유순하고 중정한 덕으로 검소한 제사를 지내면 허물이 없다.

■ 육삼 효사와 소상전

六三은 萃如嗟如라 无攸利하니 往无咎이나 小吝하니라
육삼   췌여차여   무유리   왕무구   소린

象日 往无咎는 上巽也라
상왈 왕무구   상손야

육삼은 모이려 했으나 (모이지 않아) 탄식했다. 이로운 것이 없으니 가면 허물이 없으나 조금 부끄럽다. 「상전」에서 말했다. "가면 허물이 없음"은 위가 공손하기 때문이다.

▶ 嗟: 탄식할 차 吝: 아낄 린(인), 부끄러워하다. 巽: 부드러울 손

☑ 췌여차여 무유리(萃如嗟如 无攸利)

육삼은 유순한 음이고 중정하지 않아 모이려 해도 모일 상대가 없어 탄식이 절로 나니(萃如嗟如) 이로울 것이 없다(无攸利). 육삼은 상하가 모두 함께 모이지 않아 이로운 것이 없다. 오직 가서 상육을 따른다면 모이므로 허물이 없다.

☑ 왕무구 소린(往无咎 小吝)

육삼은 유순한 음으로 중정을 얻지 못하고 위로 바른 호응이 없으므로 함께 모이지 못한다. 육삼은 양의 자리에 음효가 왔고, 구사는 음의 자리에 양효가 와서 모두 자리가 마땅하지 않다. 육삼은 구사와 가까워 모이려 하지만 모이지 못하는 상황이므로, 비록 나아가면 화는 없더라도(往无咎) 부끄러움은 있을 수 있다(小吝).

☑ 왕무구 상손야(往无咎 上巽也)

육삼이 상육에게 가면 허물이 없는 이유(往无咎)는 위가 공손하기 때문이다(上巽也). 상육이 유순하고 기뻐하는 끝에 있으니, 육삼이 가면 허물이 없는 것은 상육이 공손해서 받아주기 때문이다. 상육은 육삼이 다가오는 것을 거부하지 않으나 다가가는 육삼은 다소 부끄러울 수 있다. 따라서 효상은 모이려고 해도 모이지 않아 탄식하는 상으로, 점사는 호응을 얻지 못하면 조금 어려울 것이다.

■ 구사 효사와 소상전

구 사　　　대 길　　　무 구
九四는 大吉이면 无咎리라
상 왈　대 길 무 구　　　위 부 당 야
象曰 大吉无咎는 位不當也라

구사는 크게 길하면 허물이 없다. 「상전」에서 말했다. "크게 길하면 허물이 없음"은 자리가 마땅하지 않기 때문이다.

☑ 대길무구(大吉无咎)

구사는 구오 임금과 가까운 자리에 있고 초육과 호응하고 육삼을 가까이 하니, 모두 구사에게 모임을 구한다. 구사는 현명한 대신으로 아래로 초육과 정응하고 육삼과 가까우니, 하괘의 백성들(☷)과 친하여 많은 백성의 지지를 얻으니, 크게 길하여 선을 다하면 허물이 없다(大吉无咎). 그렇지 않으면 강한 임금이 위에 있어 위엄과 권위로 크게 압박하여 엄청난 재앙을 받을 수 있어 구사는 경계해야 한다.

☑ 대길무구 위부당야(大吉无咎 位不當也)

크게 길하면 허물이 없는 이유(大吉无咎)는 자리가 마땅하지 않기 때문이다(位不當也). 자리가 마땅하지 않은 것은 양이 음의 자리에 있어 부당한 일을 할 수 있다. 위아래의 모임을 얻었으나 임금의 자리가 아니기 때문에 마땅하지 않다(位不當也). 구사는 무리를 얻었으나 자리가 마땅하지 않기 때문에 분수를 지켜야 크게 길하다. 따라서 효상은 크게 길하여 허물이 없는 상으로, 점사는 분수를 지킨다면 허물이 없다.

구오 효사와 소상전

 九五는 萃有位 无咎하나 匪孚어든 元永貞이면 悔亡하리라
象曰 萃有位는 志未光也라

구오는 모임에 지위가 있어 허물이 없으나, 믿음을 얻지 못해도 크고 영원하며 바르게 하니 후회가 없다. 「상전」에서 말했다. "모임에 지위가 있음"은 뜻이 아직 빛나지 않기 때문이다.

▶ 匪: 비적 비, 아니다. 孚: 미쁠 부, 미쁘다(믿음이 있다).

☑ 췌유위 무구(萃有位 无咎)

구오는 무리를 모아서 군림하니, 지위를 바르게 하고 덕을 닦아야 한다. 구오는 굳센 양으로 임금이며 존귀한 자리에 있어 그 지위에 맞고, 중정한 도를 얻었으므로 허물이 없다(萃有位 无咎).

☑ 비부 원영정 회망(匪孚 元永貞 悔亡)

구오는 중정한 도로 나라를 잘 다스리는데도 믿음을 얻지 못하면(匪孚) 스스로 반성하고, 크고 영원하고 바른 덕을 닦고 바르게 나라를 다스리면(元永貞) 백성들이 복종하니 후회가 없다(悔亡). 따라서 백성을 형벌이 아닌 덕으로 다스리면 후회가 없다.

☑ 췌유위 지미광야(萃有位 志未光也)

모임에 지위가 있는 이유(萃有位)는 뜻이 아직 빛나지 않기 때문이다(志未光也). 왕은 지위와 덕이 있으며 중정하고 허물이 없는데도 백성들이 복종하지 않으면, 도가 아직 빛나고 바르지 않기 때문이다.

구오는 지위가 있는데도 믿지 않으니 뜻이 아직 빛나지 않기 때문이다. 천하가 모임에 합당하려면 지위가 있어야 되고, 지위가 있더라도 덕이 없어서는 안 된다. 따라서 효상은 백성을 형벌이 아닌 덕으로 다스리는 상으로, 점사는 나라를 다스리는 도가 바르면 길하다.

상육 효사와 소상전

上六은 齎咨涕洟니 无咎니라
象曰 齎咨涕洟는 未安上也라

상육은 탄식하며 눈물과 콧물을 흘리니 허물이 없다. 「상전」에서 말했다. "탄식하며 눈물과 콧물을 흘림"은 아직 위가 편안하지 않기 때문이다.

▶ 齎: 탄식하는 소리 재   咨: 물을 자, 탄식하다.   涕: 눈물 체   洟: 콧물 이

☑ 재자체이 무구(齎咨涕洟 无咎)

사악한 소인은 높은 자리를 좋아하나 함께하려는 자가 없다. 상육은 함께 모이려고 해도 사람들이 함께하지 않아 탄식하며 눈물과 콧물을 흘린다(齎咨涕洟). 상육은 자신의 욕심 때문으로 함께하지 않으므로 누구를 탓할 수 없다(无咎).

☑ 재자체이 미안상야(齎咨涕洟 未安上也)

탄식하며 눈물과 콧물을 흘리는 이유(齎咨涕洟)는 아직 위가 편안하지 않기 때문이다(未安上也). 소인은 욕심을 부리고 궁지에 몰리면 상실감에 빠져 눈물과 콧물을 흘리니 수치스럽다. 따라서 효상은 탄식하며 눈물과 콧물을 흘리는 상으로, 점사는 욕심만 부린다면 흉하다.

46

자라서 오르는 지풍승(地風升)

46		坤上 巽下	地風升 지풍승

    지풍승괘(地風升卦)는 상괘가 땅[地]을 상징하는 곤괘(坤卦: ☷)이고, 하괘가 바람[風]이나 나무[木]를 상징하는 손괘(巽卦: ☴)로, 이는 땅 속에서 나무가 나오면 자라서 높은 곳을 향해 오르는 상이다. 승괘(升卦)는 땅 가운데 나무가 자라는 새싹을 상징하며, 크게 발전하는 행운의 괘이다. 승(升)은 위로 오른다는 뜻으로 태양이 떠오르는 것을 의미하는 승(昇)과 통용된다. 따라서 괘상은 땅 속에서 나무가 자라는 지풍(地風) 상이요, 괘명은 떠오르는 승괘(升卦)이다. 승괘(升卦)는 췌괘(萃卦)의 위아래를 뒤집어 놓은 괘이다. 췌괘(萃卦)는 사람들이 한곳으로 모여드는 상이며, 승괘(升卦)는 모여 세력을 확장하면서 점차 지위가 올라가는 상이다.

    곤(坤)이 위에 있고 손(巽)이 아래에 있어 나무가 땅 아래에 있어, 땅 가운데 나무가 자란다. 나무가 땅 가운데 자라서 더욱 높아지는 상이다. 사물은 쌓이고 모여 더욱 높아지고 커지면서 올라가는 것이다. 승괘(升卦)는 사람들이 모여들어 세력을 확대하고 지위를 상승시켜 가는 상으로, 하나의 나라가 서서히 강성해져 마침내 다른 나라를 정벌하고 패도를 잡는 상이다

    승괘(升卦)는 나무가 자라 오르는 상을 관찰하고 적합한 행동 방향을 일깨워 주는 이치를 제시한다. 초효는 윤승(允升)으로, 이는 믿어서 위로 오르는 상황이니, 현자를 만난다면 길하다. 이효는 부내이용약(孚乃利用禴)으로, 이는 믿음으로 검소한 제사를 올리는 상황이니, 믿음과 정성을 다하면 허물이 없다. 삼효는 승허읍(升虛邑)으로, 이는 빈 고을로 올라가는 상황이니, 장차 신분이 막힘없이 크게 상승한다. 사효는 향우기산(亨于岐山)으로, 이는 문왕이 기산에서 제사를 지내는 상황이니, 순리를 따르고 분수를 지키면 길하다. 오효는 승계(升階)로, 이는 문왕이 계단을 올라가는 상황이니, 바른 도를 지키면 길하다. 육효는 명승(冥升)으로, 이는 올라가는 것에 어둔 상황이니, 욕심을 내지 말고 분수를 지키면 이롭다.

154

괘사

升은 元亨하니 用見大人하면 勿恤하고 南征吉하리라
<small>승　　원형　　　용견대인　　　물휼　　　남정길</small>

승(升)은 크게 형통하니 대인을 만나보면 근심하지 말고, 남쪽으로 가면 길하다.

▶ 升: 되 승/오를 승　用: 쓸 용, 하다, 써(≒以)　征: 칠 정, 가다.

☑ 승원형 용견대인 물휼 남정길(升元亨 用見大人 勿恤 南征吉)

　　승(升)은 올라가는 것이다. 원(元)은 크다는 뜻이다. 나무는 땅에서 생겨 위로 올라가는 상이다. 올라가면 크게 형통하다(升元亨). 대인을 만나보면(用見大人) 근심하지 말고(勿恤), 남쪽으로 가면 길하다(南征吉). 정(征)은 바르게 나아간다는 뜻이다. 대인은 육오가 자신을 해치지 않을까 걱정하지 말고 육오에게 가야 길하다.

　　대인을 보는 것(見大人)은 육오가 현명한 대인을 만난다는 뜻이다. 대인은 육오를 찾아가야 길하다. 남쪽으로 가는 것은 북쪽의 세력이 강한 은나라가 아니라 남쪽의 약한 부족들을 정복하는 것이다. 이는 대인이 육오 임금을 찾아가는 것이다. 따라서 괘상은 나무가 위로 올라가는 상으로, 점사는 임금을 만나면 크게 형통하다.

괘사에 대한 단전

象曰 柔以時升하여 巽而順하고 剛中而應하니 是以大亨하니라
<small>단왈　유이시승　　　　손이순　　　강중이응　　　시이대형</small>
用見大人勿恤은 有慶也요 南征吉은 志行也라
<small>용견대인물휼　　유경야　　남정길　　지행야</small>

「단전」에서 말했다. 유(柔)가 때를 따라 올라가서 공손하고 유순하고, 강이 중에 있으면서 호응하니, 이 때문에 크게 형통하다. "대인을 만나니 근심하지 말 것"은 경사가 있기 때문이요, "남쪽으로 가면 길함"은 뜻이 행해지기 때문이다.

☑ 유이시승 손이순(柔以時升 巽而順)

　　승(升)은 등용되어 능력을 발휘하는 것이다. 아래 있던 음이 때를 따라 올라가니(柔以時升) 등용되어 지위가 상승한다. 등용되어 지위가 상승하더라도 아래에는 공손하고 위에는 유순하

다(巽而順). 상괘인 곤괘(坤卦)는 유순의 덕이 있고 하괘인 손괘(巽卦)는 순종의 덕이 있으니, 때를 순종하지 않으면 지위가 올라갈 수 없다.

☑ 강중이응 시이대형(剛中而應 是以大亨)

양효 구이 대인이 굳세고 중을 얻어 육오 임금과 잘 호응하니(剛中而應), 크게 형통하다(是以大亨). 초육은 부드러운 음효로 나갈 때를 기다리지 않으면 안 된다. 부드러우면 스스로 올라가지 못하고, 강하고 높으면 사람들이 따르지 않는다.

☑ 용견대인 물휼 유경야(用見大人 勿恤 有慶也)

대인을 만나면 근심하지 말라고 한 이유(用見大人 勿恤)는 공손하고 유순하며 굳세고 중덕으로 올라가는 경사가 있기 때문이다(有慶也). 대인을 따라야 올라가니, 지위에 올라가려면 임금과 대신을 따라야 하고, 도에 올라가려면 성인과 현인을 따라야 한다. 구이가 육오를 만나 큰 벼슬을 하니 경사요, 정치를 잘 하여 나라가 안정되니 경사가 있다.

☑ 남정길 지행야(南征吉 志行也)

남쪽으로 가면 길한 이유(南征吉)는 구이 대신이 육오 임금을 도와 자신의 뜻이 행해지기 때문이다(志行也). 남쪽으로 간다는 것은 육오 임금을 찾아 가는 것이다. 구이가 육오를 찾아가 만나 등용되니 자신의 뜻을 펼 수 있어 길하다. 따라서 구이가 육오를 만나 뜻을 펼치니 길하다.

■ 괘사에 대한 대상전

象曰 地中生木이 升이니
_{상 왈 지중생목 승}

君子 以하여 順德하여 積小以高大하니라
_{군자 이 순덕 적소이고대}

「상전」에서 말했다. 땅 속에서 나무가 나오는 것이 승(升)이니, 군자는 이를 본받아 덕에 순응하여 작은 것을 쌓아 높고 크게 한다.

▶ 生 : 날 생, 나오다, 자라다.

156

he 46. 자라서 오르는 지풍승(地風升)

☑ 지중생목승(地中生木升)

나무가 땅 속에서 조금씩 뻗어나와 자라면서 위로 올라가니 승이다(地中生木升). 조금씩 쌓아 높고 크게 되는 것은 손(巽: ☴)이라는 나무의 상이다. 나무가 하루라도 자라지 않는다면 시들듯이 군자는 하루라도 덕을 쌓지 않으면 안 된다.

☑ 군자이순덕 적소이고대(君子以順德 積小以高大)

덕에 순응하는 것은 곤(坤: ☷)이라는 땅의 상이다. 군자가 승(升)의 상을 보고 그 덕을 순응하고 닦으며 작은 것을 쌓아 높고 크게 한다(君子以順德). 나무가 땅 속에서 나와 작은 것이 커지듯이 군자는 작은 것을 쌓아 높고 크게 이루는 것(積小以高大)이 승(升)이다. 따라서 군자는 덕을 순응하여 작은 것을 쌓아 높고 크게 된다.

■ 초육 효사와 소상전

초 육   윤 승   대 길
初六은 允升이니 大吉하니라
상 왈   윤 승 대 길   상 합 지 야
象曰 允升大吉은 上合志也라

초육은 믿어서 자라면 크게 길하다. 「상전」에서 말했다. "믿어서 자라면 크게 길함"은 위로 뜻을 합하기 때문이다.

▶ 允: 맏 윤/진실로 윤, 미쁘다(믿음성이 있다).

☑ 윤승대길(允升大吉)

초육은 손(巽: ☴)의 아래에 있고 유순하고 공손하다. 믿는대允는 것은 믿고 따르는 것이다. 유순하고 공손한 초육이 오직 구이를 믿고 따른다. 초육은 유약하여 구이를 믿고 따라서 함께 올라가니 크게 길하다(允升大吉). 초육은 홀로 올라갈 수 없지만 현자를 만나서 올라갈 수 있고, 현자를 따라서 나아가면, 굳세고 중도를 따르니 길하다.

☑ 윤승대길 상합지야(允升大吉 上合志也)

믿어서 자라면 크게 길한 이유(允升大吉)는 위로 뜻을 합하기 때문이다(上合志也). 초육은 구이와 뜻을 합하여 함께 올라간다. 따라서 효상은 나무가 자라서 위로 오르는 상으로, 점사는 현자를 만난다면 길하다.

구이 효사와 소상전

_{구 이} _{부내이용약} _{무 구}
九二는 孚乃利用禴이니 无咎리라
_{상 왈} _{구 이 지 부} _{유 희 야}
象曰 九二之孚는 有喜也라

구이는 믿음이 있어야 검소한 제사를 함이 이로우니 허물이 없다. 「상전」에서 말했다. "구이의 믿음"
은 기쁨이 있다.

▶ 禴 : 봄 제사 약

☑ 부내이용약 무구(孚乃利用禴 无咎)

약(禴)은 여름철에 지내는 검소한 제사이다. 검소한 제사는 간략히 하는 제사이지만 정성을
다해 경건한 마음으로 하는 제사이다. 위로 믿음을 다하여 검소하게 제사를 지내면 위에서 그
간략함을 의심하지 않기 때문에 허물이 없다(孚乃利用禴 无咎). 검소한 제사라도 정성과 공경
으로 숭상해야 한다.

☑ 구이지부 유희야(九二之孚 有喜也)

구이의 믿음(九二之孚)은 기쁨이 있는 것이다(有喜也). 구이와 육오는 상하괘의 가운데에
있다. 구이가 육오를 감동시키고, 육오는 구이를 기다리며 올라가게 하여 구이는 기쁘고 육오
는 뜻을 크게 얻는다. 따라서 효상은 믿음으로 검소한 제사를 올리는 상으로, 점사는 믿음과 정
성을 다하면 허물이 없다.

구삼 효사와 소상전

_{구 삼} _{승 허 읍}
九三은 升虛邑이로다
_{상 왈} _{승 허 읍} _{무 소 의 야}
象曰 升虛邑은 无所疑也라

구삼은 빈 고을로 올라간다. 「상전」에서 말했다. "빈 고을로 올라감"은 의심할 것이 없기 때문이다.

▶ 虛: 빌 허   疑: 의심할 의

☑ 승허읍(升虛邑)

　　양은 하나[—]이기 때문에 채워져 있고, 음은 둘[--]이기 때문에 비어 있다. 구삼은 위로 가면 음의 곤괘(坤: ☷)에 이르고, 곤괘는 빈 것을 상징하므로 사람이 없는 고을에 들어가는 것이다. 텅 빈 고을에 들어가는 것(升虛邑)은 쉽다. 구삼은 바람을 얻고 위로 상육과 정응하니, 마치 텅 빈 마을로 올라가듯 거리낌 없이 올라갈 수 있다. 구삼은 양효로서 굳셈을 지녔으나 중도를 잃어 저돌적이다.

☑ 승허읍 무소의야(升虛邑 无所疑也)

　　빈 고을로 올라감(升虛邑)은 의심할 것이 없기 때문이다(无所疑也). 의심과 막힘이 없이 사람이 없는 고을에 들어가니, 저지하는 사람이 없이 마음대로 올라 갈 수 있다. 따라서 효상은 빈 고을로 올라가는 상으로, 점사는 장차 신분이 막힘없이 크게 상승한다.

▌ 육사 효사와 소상전

　육사　　왕용향우기산　　　길무구
六四는 王用享于岐山이면 吉无咎하리라
　상왈　왕용향우기산　　　순사야
象曰 王用享于岐山은 順事也라

육사는 왕이 기산에서 제사를 지내면 길하여 허물이 없다. 「상전」에서 말했다. "왕이 기산에서 제사를 지냄"은 순리대로 섬기는 것이다.

▶ 用: 쓸 용, 행하다.   享: 형통할 형/드릴 향, 제사지내다.   岐: 갈림길 기

☑ 왕용향우기산 길무구(王用享于岐山 吉无咎)

　　기산(岐山)은 문왕의 할아버지 고공단보(古公亶父)가 정착했던 곳이다. 문왕은 천하의 삼분의 이를 장악하고도 은나라에 순응하는 것을 보여 주기 위해 자신의 관할 지역 내에서 은나라를 위해 제사를 지냈다. 문왕이 매년 기산에서 제사를 지낼 때(王用享于岐山) 나라를 잘 다스려

많은 백성들이 모여 들었으니 길하고 허물이 없었다(吉无咎). 문왕은 위로 천자를 순응하고, 아래로 현자를 등용하고, 자신은 유순하고 겸손하여 그 지위를 벗어나지 않았다. 문왕처럼 분수를 지키면 길하여 허물이 없다.

☑ 왕용향우기산 순사야(王用亨于岐山 順事也)

문왕이 기산에서 제사를 지냄(王用亨于岐山)은 주왕을 순리대로 섬기는 것이다(順事也). 제사를 지내지 않았다면 왕의 뜻을 어기는 것이다. 섬기고 낮추고 공손하며 삼가는 도는 분수를 지키고 순리대로 하는 덕이다. 따라서 효상은 문왕이 기산에서 제사를 지내는 상으로, 점사는 순리를 따르고 분수를 지키면 길하다.

육오 효사와 소상전

六五(육오)는 貞吉(정길)하니 升階(승계)로다

象曰(상왈) 貞吉升階(정길승계)는 大得志也(대득지야)리라

육오는 바르게 하면 길하니 계단을 올라가듯 한다. 「상전」에서 말했다. "바르게 하면 길하니 계단을 올라가듯 함"은 크게 뜻을 얻었기 때문이다.

▸ **階**: 섬돌 계, 계단, 사다리, 오르다.

☑ 정길 승계(貞吉 升階)

육오는 존귀한 자리이나 음이고 유순하여 바르고 굳셈을 지켜야 길할 수 있다. 계단은 왕이 즉위할 때나 천자가 제사를 지낼 때 올라가는 것이다. 바른 도를 지키면 백성이 따르니 길하다(貞吉). 계단을 밟고 오름(升階)은 왕이 즉위하는 것이다. 왕은 바른 도를 지키고 현인의 보필을 받아 나라를 다스리면 민심을 얻고 나라가 안정된다. 문왕이 현인을 통하여 나라를 다스리고 바른 도를 지키니 민심을 크게 얻을 수 있었다.

☑ 정길승계 대득지야(貞吉升階 大得志也)

바르게 하면 길하니 계단을 올라가듯 함(貞吉升階)은 크게 뜻을 얻었기 때문이다(大得志也). 왕이 즉위하여 현자를 등용하고, 나라를 다스리고, 나라의 안정과 백성의 행복을 행하려는 뜻을 크게 얻는다. 따라서 효상은 문왕이 계단을 올라가는 상으로, 점사는 바른 도를 지키면 길하다.

상육 효사와 소상전

^{상 육} ^{명 승} ^{이 우 불 식 지 정}
上六은 冥升이니 利于不息之貞하니라
^{상 왈 명 승 재 상} ^{소 불 부 야}
象曰 冥升 在上하면 消不富也로다

상육은 올라가는 것에 어두워 쉬지 않고 바르게 함이 이롭다. 「상전」에서 말했다. "올라가는 것에 어두워" 위에 있으면 사라져서 부유하지 못하다.

▶ 冥: 어두울 명　息: 쉴 식, 그치다, 그만두다.　消: 사라질 소

☑ 명승 이우불식지정(冥升 利于不息之貞)

상육은 승괘(升卦)의 끝에 있고 더 이상 올라갈 데가 없어 자리를 지키는 것이 시급하니 스스로를 살펴 바름을 유지해야 한다. 상육은 올라감에 어두워 갈 줄만 알고 멈출 줄은 모르고 분별하지도 못한다.

올라가는 것에 어두워 오를 데까지는 다 올랐으니 욕심을 그칠 줄을 알고 쉬지 않고 바른 도를 지켜야 이롭다(冥升 利于不息之貞). 올라가는 것에 어둡다(冥升)는 것은 분별하지 못하고 안일에 빠져 어둡다는 것이다(冥豫). 따라서 군자는 바른 도를 종일토록 힘쓰고 힘써야 한다.

☑ 명승 재상 소불부야(冥升 在上 消不富也)

올라가는 것에 어두워 위에 있으면(冥升 在上) 자리나 권력이 사라져서 부유하지 못하다(消不富也). 권력과 이익에만 어두우면 권력도 잃고 부도 잃게 되니 바른 도를 지켜야 한다. 따라서 효상은 올라가는 것에 어둔 상으로, 점사는 욕심을 내지 말고 분수를 지키면 이롭다.

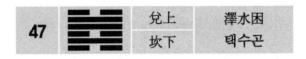

벗어나는 택수곤(澤水困)

| 47 | ䷮ | 兌上
坎下 | 澤水困
택수곤 |

　택수곤괘(澤水困卦)는 상괘가 못[澤]을 상징하는 태괘(兌卦: ☱)이고, 하괘가 물[水]을 상징하는 감괘(坎卦: ☵)로, 이는 못이 말라 물이 없는 상이다. 곤(困)은 곤궁하고 부족한 상태이다. 따라서 괘상은 물이 못 아래에 있어 못이 말라 물이 없는 택수(澤水) 상이요, 괘명은 곤경에 빠지는 곤괘(困卦)이다.

　지풍승괘(地風升卦)는 올라갈 때이고, 택수곤괘(澤水困卦)는 막혀 곤경에 처한 때이다. 곤(困)은 막혀 고달픔이다. 군자가 소인에게 막힘을 당하는 것이 곤궁한 때이다. 못에 물이 말라 주위 품물이 곤궁하게 되는 것은 나라에 재물이 말라 백성들이 곤궁한 상황에 처하는 때이다. 곤괘는 생명에 필요한 물이 부족한 것이고 이는 나라의 재물이 부족함이다.

　곤괘(困卦)는 국가와 백성의 경제가 곤궁한 상황을 벗어나는 교훈을 제시한다. 초효는 입우유곡(入于幽谷)으로, 이는 깊은 골짜기로 들어가는 상황이니, 더 어두운 곳으로 들어가 더 곤경해진다. 이효는 곤우주식(困于酒食)으로, 이는 술과 밥 때문에 어려우나 임금이 찾아오는 상황이니, 덕을 지키면 부귀영화가 올 것이다. 삼효는 거우질려(據于蒺藜)로, 이는 돌에 부딪히고 가시나무 위에 앉아 있고 집에는 아내가 없어진 상황이니, 의지할 곳 없어 흉하다. 사효는 곤우금거(困于金車)로, 이는 쇠수레에 시달려 더디게 오는 상황이니, 어려우나 좋게 마침이 있다. 오효는 의월(劓刖)로, 이는 코와 발꿈치가 베이는 곤경에서 벗어나는 상황이니, 정성을 다하여 현인을 구하면 이롭다. 육효는 곤우갈류(困于葛藟)로, 이는 칡넝쿨에 얽혀 움직이면 후회하는 상황이니, 반성하고 깨닫는다면 길하다.

■ 괘사

困은 亨貞하니 大人이라 吉하고 无咎하니
有言이면 不信하리라

곤(困)은 형통하고 바르니, 대인이라야 길하고 허물이 없으나 말을 해도 믿지 않는다.

▶ 困 : 곤할 곤, 곤궁하다, 부족하다, 지치다.

☑ 곤형정 대인길 무구(困亨貞 大人吉 无咎)

곤(困)은 곤궁하고 부족한 상태이다. 감괘(坎卦)는 험하고 태괘(兌卦)는 기뻐하니, 비록 어려우나 힘써 행하면 도는 형통하고 바르다(困亨貞). 삶 역시 내가 바라는 바요, 의로움 역시 내가 바라는 바지만, 두 가지를 동시에 얻을 수 없다면 삶을 버리고 의로움을 취한다(生亦我所欲也 義亦我所欲也 二者不可得兼 捨生而取義者也: 맹자 양혜왕 상).

소인은 삶을 취하는 사람이요, 대인은 삶을 버려서라도 의를 취하는 사람이다. 곤궁한 때에 대인이라야 바른 도를 지키니 길하고 허물이 없다(大人吉 无咎). 곤궁해도 제자리를 잃지 않는 것이 형통함이고, 곤궁해도 중을 잃지 않는 것이 바름이다.

☑ 유언불신(有言不信)

말을 함(有言)은 태괘의 입이고, 믿지 않음(不信)은 감괘의 의심이다. 대인이라도 곤경에 처한 사람이 하는 말은 믿지 않음(有言不信)은 입의 혀만을 숭상하는 사람의 말을 믿지 않는 것이다. 곤경에 처한 사람이 하는 말은 믿지 않고 구차한 변명으로 듣는다. 따라서 말을 해도 믿지 않는다면 묵묵히 자신의 평소 뜻을 실천해야 할 때이다.

■ 괘사에 대한 단전

象曰 困은 剛揜也니라
險以說하여 困而不失其所亨하니 其唯君子乎인제!
貞大人吉은 以剛中也요 有言不信은 尙口乃窮也라

「단전」에서 말했다. 곤괘(困卦)는 강이 가려진 것이다. 험하나 기뻐하고 어려워도 형통한 바를 잃지 않으니 오직 군자로구나! "대인이 바르게 해서 길함"은 강이 득중했기 때문이고, "말을 해도 믿지 않음"은 말을 높이면 곤궁해지기 때문이다.

▶ 揜: 가릴 엄   尙: 오히려 상, 숭상하다, 높이다.   口: 입 구, 말

☑ 곤강엄아(困剛揜也)

구이 강이 육삼 음에 가려지고, 구오 강이 상육 음에 가려졌으니, 소인이 군자의 앞을 가로막고 있다. 강이 가려지는 것(困剛揜也)은 소인이 가로막고 있어 군자가 곤궁해진다는 말이다. 굳센 양인 군자가 부드러운 음인 소인에게 가려졌으니, 군자의 도가 어렵고 막히는 때이다.

☑ 험이열 곤이불실기소형(險以說 困而不失其所亨)

곤궁에 처해 험해도 기뻐하고(險以說) 어려워도 형통함을 잃지 않는다(困而不失其所亨). 군자는 비록 곤궁하고 험한 때에도 천명을 따르고 의를 지키며 스스로 기쁨을 잃지 않는다.

☑ 기유군자호(其唯君子乎)

때가 비록 어려우나 의를 잃지 않고 바른 도를 지키는 자는 오직 군자일 것이다(其唯君子乎). 군자는 어렵더라도 뜻을 잃지 않는다.

☑ 정대인길 이강중아(貞大人吉 以剛中也)

구오 대인은 어렵더라도 바르게 해서 길한 것(貞大人吉)은 굳세고 바른 도를 따르기 때문이다(以剛中也). 비록 아무리 곤궁한 상황에 있더라도 굳셈과 중도의 덕을 지키면 길하다.

☑ 유언불신 상구내궁아(有言不信 尙口乃窮也)

곤궁에 처한 사람이 말하면 사람들이 믿지 않는다(有言不信). 말을 높이는 것(尙口)은 어려움을 벗어나려고 변명을 늘어놓는 것이다. 어려움을 벗어나고자 입으로만 주장하면 변명으로 들려 오히려 곤궁하게 된다(尙口乃窮也). 따라서 군자가 곤궁한 때에 하는 말을 신뢰받지 못하니, 덕을 쌓고 말을 줄이라는 경계이다.

■ 괘사에 대한 대상전

象曰 澤无水困이니 君子 以하여 致命遂志하니라
<small>상 왈 택 무 수 곤　　군 자 이　　치 명 수 지</small>

「상전」에서 말했다. 못에 물이 없는 것이 곤(困)이니, 군자는 이를 본받아 목숨을 바쳐 뜻을 이룬다.

▶ 致: 이를 치, 다하다, 주다. 遂: 드디어 수/따를 수, 이루다.

☑ 택무수곤(澤无水困)

 못에 물이 없는 것은 어렵고 모자라는 상이다. 못은 물을 저장하는 곳인데, 물이 못 아래 있으니 못이 말라서 물이 없어 어려움이 된다(澤无水困). 곤괘는 상괘 태괘(兌卦: ☱)가 못[澤]이고, 하괘 감괘(坎卦: ☵)가 물[水]이니, 물이 못 아래에 있어 못이 말라 물이 없는 상이다.

☑ 군자이치명수지(君子以致命遂志)

 군자는 곤의 상을 보고서 하늘에 명을 맡기고 뜻을 이룬다(君子以 致命遂志). 문왕은 유리(羑里)에 갇혀서 주역을 부연하였고, 공자는 진나라와 채나라 사이에서 어려움을 당했지만[在陳絶糧] 악기를 연주하며 노래를 불렀으니 이는 모두 어려움에 잘 대처한 것이다.

 목숨을 바쳐 뜻을 이루는 것(致命遂志)은 몸을 죽여서 인을 이루는 것과 같다. 목숨을 바치는 것(致命)은 감괘의 험한 상이고, 뜻을 이루는 것(遂志)은 태괘의 기쁜 상이다. 따라서 군자는 곤경한 때에 목숨을 버릴지언정 바른 도를 버려서는 안 된다.

■ 초육 효사와 소상전

初六은 臀困于株木이라 入于幽谷하여 三歲라도 不覿이로다
<small>초 육　　둔 곤 우 주 목　　입 우 유 곡　　삼 세　　부 적</small>
象曰 入于幽谷은 幽不明也라
<small>상 왈 입 우 유 곡　　유 불 명 야</small>

초육은 그루터기에 (앉아 있으니) 볼기가 곤란하다. 깊은 골짜기로 들어가서 삼 년이 (지나도) 만나지 못한다. 「상전」에서 말했다. "깊은 골짜기로 들어감"은 깊어서 밝지 못한 것이다.

▶ 臀 : 볼기 둔 株 : 그루 주, 그루터기 幽 : 그윽할 유/검을 유, 깊다. 谷 : 골 곡, 골짜기 覿 : 볼 적, 만나다.

☑ 둔곤우주목(臀困于株木)

초육은 음으로 낮은 곳에 있고 험한 감괘의 아래에 있어 어려울 때에 스스로 구제하지 못하는 자이다. 주목(株木)은 나무 그루터기, 둔(臀)은 볼기, 곤(困)은 곤궁함이다. 그루터기에 엉덩이를 걸치고 있으면 불편하다.

초육은 어려움을 상징하는 하괘 감의 시작에서 서서히 어려움 속으로 깊이 들어간다. 그루터기에 앉아 있으니 볼기가 곤란함(臀困于株木)은 지금 앉아 있는 지위가 맞지 않아 곤경한 상황으로 어려움의 시작을 뜻한다. 볼기가 그루터기에 있으니 볼기가 아프고 앉아 있기 어렵다.

☑ 입우유곡 삼세불적(入于幽谷 三歲不覿)

깊은 골짜기로 들어감(入于幽谷)은 지위를 버리고 은거하는 것이다. 등용해 주는 사람이 없어 깊은 곤경에 처하게 되고, 더욱 혼미하고 어두워 깊은 곤경에 빠져든 것이다. 홀로 깊은 골짜기로 들어가 삼 년이 지나도록 아무도 만나보지 못했다(三歲不覿).

☑ 입우유곡 유불명야(入于幽谷 幽不明也)

깊은 골짜기로 들어감(入于幽谷)은 골짜기가 깊어서 밝지 못한 것이다(幽不明也). 그루터기에 앉아 있다가 홀로 깊은 계곡으로 들어가 삼 년 간이나 긴 세월을 은거하였다. 어두운 곳에 들어가서 스스로 더욱 어려움에 빠짐을 말한다. 더 깊은 수렁 속으로 빠져들어 오랜 세월을 곤궁에서 빠져나오지 못했다. 따라서 효상은 깊은 골짜기로 들어가는 상으로, 점사는 더 어두운 곳으로 들어가 더 곤경해진다.

█ 구이 효사와 소상전

구 이   곤 우 주 식   주 불   방 래   이 용 향 사
九二는 困于酒食이나 朱紱이 方來하리니 利用亨祀니라
정   흉   무 구
征이면 凶하니 无咎니라
상 왈 곤 우 주 식   중   유 경 야
象曰 困于酒食은 中이라 有慶也리라

구이는 술과 밥 때문에 어려우나 주불(朱紱)이 곧 오리니, 제사를 지내는 것이 이롭다. 가면 흉하나 허물이 없다. 「상전」에서 말했다. "술과 밥 때문에 어려우나" 중에 있어 경사가 있다.

▶ 朱: 붉을 주 紱: 인끈 불, 제복, 입다. 祀: 제사 사

☑ 곤우주식(困于酒食)

우(于)는 '~때문에', '~에 의하여'를 뜻한다. 구이가 굳세고 알맞은 재질로 어려울 때에 있다. 구이 선비가 등용되지 못해 생활이 곤궁하니 마시고 먹을 것이 없어 어렵다(困于酒食).

☑ 주불방래(朱紱方來)

주불(朱紱)은 임금이 외출할 때 착용하는 무릎 가리개로 행차하는 임금을 상징한다. 주불이 곧 온다(朱紱方來)는 것은 구오 임금이 구이 신하를 찾아오니 부귀영화가 곧 온다는 말이다. 따라서 왕으로부터 등용을 받아 높은 관직에 올라가게 된다.

☑ 이용향사 정흉 무구(利用享祀 征凶 无咎)

제사를 지내는 것이 이롭다는 것(利用享祀)은 구이가 곧 종묘를 주관하는 벼슬을 하게 될 것이다. 즉, 왕의 제의를 받아들여 자신의 뜻을 펼치는 것이 이롭다. 구이가 구오를 먼저 찾아가면 모함을 받게 되어 흉하나(征凶) 때를 헤아리지 않고 가는 것인 만큼 남의 탓이 아니라(无咎) 오로지 자신의 탓일뿐이다.

☑ 곤우주식 중유경야(困于酒食 中有慶也)

구이는 먹을 것이 없어 어려우나(困于酒食) 중에 있어 경사가 있다(中有慶也). 비록 어려워 다른 사람에게 은혜를 베풀지는 못하지만, 굳세고 알맞은 덕을 지키면 반드시 형통함을 이루어 경사가 있다. 따라서 효상은 술과 밥 때문에 어려우나 임금이 찾아오는 상으로, 점사는 덕을 지키면 부귀영화가 올 것이다.

■ 육삼 효사와 소상전

六三은 困于石하며 據于蒺藜라

入于其宮이라도 不見其妻니 凶토다

象曰 據于蒺藜는 乘剛也요 入于其宮 不見其妻는 不祥也라

육삼은 돌 때문에 어려우며 가시나무에 덮혀 있다. 집에 들어가도 아내를 만나보지 못하니 흉하다. 「상전」에서 말했다. "가시나무에 덮혀 있음"은 강을 타고 있기 때문이고, "집에 들어가도 아내를 만나보지 못함"은 상서롭지 못한 것이다.

▶ **據**: 근거 거, 덮다.　**蒺**: 남가새 질　**藜**: 남가새 리(이/려)　**宮**: 집 궁　**祥**: 상서 상

☑ 곤우석 거우질려 흉(困于石 據于蒺藜 凶)

돌은 견고하고 무거운 사물이고, 가시나무[蒺藜]는 찔려서 앉아 있을 수 없는 식물이다. 육삼은 음이 양의 자리에 있고 득중하지 못하고, 양 사이에 끼어 부정한 행동을 하는 소인이고, 곤궁함을 잘 대처하지 못하는 자이다. 육삼은 위로 나아가면 두 양을 힘으로 이길 수 없고, 견고하여 어려우니 이는 돌 때문에 어렵다(困于石). 육삼은 구사의 돌에 부딪히고 구이의 가시나무 위에 있어(據于蒺藜) 불안하다.

☑ 입우기궁 불견기처 흉(入于其宮 不見其妻 凶)

육삼은 곤경이 극에 이르렀다. 집은 거처에 편안하고 아내는 편안함의 주인이다. 그러나 집에 들어가더라도(入于其宮) 아내조차 도망쳐 없어 만나지 못하니 흉하다(不見其妻 凶). 앉아 있을 곳이 아닌데 앉아 있으니 몸이 위태로울 것이다.

☑ 거우질려 승강야(據于蒺藜 乘剛也)

육삼이 가시나무에 앉아 있는 것(據于蒺藜)은 굳센 구이를 타고 있어(乘剛也) 불안함이 크다. 구이 가시나무는 강하고 험한 상황이다.

☑ 입우기궁 불견기처 불상야(入于其宮 不見其妻 不祥也)

집에 들어가도(入于其宮) 아내를 만나보지 못함(不見其妻)은 상서롭지 못한 것이다(不祥也). 상서롭지 못한 것(不祥也)은 좋은 징조가 아니므로, 편안함을 잃은 결과이다. 따라서 효상은 돌에 부딪히고 가시나무 위에 앉아 있고 집에는 아내가 없어진 상으로, 점사는 의지할 곳 없어 흉하다.

구사 효사와 소상전

구 사　　　래 서 서　　　곤 우 금 거　　　린　　유 종
九四는 來徐徐는 困于金車이니 吝하나 有終이리라
상 왈　래 서 서　　지 재 하 야　　　수 부 당 위　　유 여 야
象曰 來徐徐는 志在下也니 雖不當位나 有與也니라

구사가 더디게 오는 것은 쇠수레 때문에 어려워서이니 부끄러우나 끝마침이 있다. 「상전」에서 말했다. "더디게 옴"은 뜻이 아래에 있기 때문이니, 비록 자리가 마땅하지 않으나 함께하는 이가 있다.

▷ 徐: 천천히 할 서

☑ 래서서(來徐徐)

아래에서 위로 올라가는 것을 간다[往]고 하고, 위에서 아래로 내려오는 것을 온다[來]고 한다. 더디게 오는 것(來徐徐)은 구이가 막고 있어 구사가 초육 여자에게 오는 것이 더디다. 손괘는 부드럽고 굳세지 않으며, 곤괘를 구제할 수 있는 자리에 있지 못하고 용맹하게 가는 재질이 없기 때문에 구사는 느리다.

☑ 곤우금거린 유종(困于金車吝 有終)

쇠수레[金車]는 구이를 가리키고 신분이 높은 자만이 탈 수 있는 귀한 수레이다. 구사가 천천히 오는 것은 구이인 강건한 쇠수레가 막아 어려움을 겪기 때문이다(困于金車). 구사가 초육을 따르고자 하나 구이에 막혀 오는 것이 느리니 이는 쇠수레 때문에 어려운 것이다.

더딤은 의심하고 두려워하는 것이다. 뜻이 초육에게 있지만 구이에게 막혀 자리가 마땅하지 않아 위엄과 명령이 행해지지 못한다. 더디게 오는 것은 쇠수레 때문에 어려우니 부끄러울 만하나 끝마침이 있다(吝 有終). 구이가 쇠수레처럼 견고한 방해물이라 해도 구사는 정응하는 초육을 외면할 수 없다. 그래서 더디게 다가가 마침내 구이를 설득해 초육을 만나게 되니 좋게 끝마침이 있는 것이다.

☑ 래서서 지재하야(來徐徐 志在下也)

더디게 옴(來徐徐)은 구사의 뜻이 아래에 있기 때문으로(志在下也), 비록 자리가 마땅하지 않으나(雖不當位) 함께하는 이가 있다(有與也). 구사의 뜻이 아래에 있음(志在下也)은 아래가 초효로 초심을 유지해야 하는 것이다.

☑ 수부당위 유여야(雖不當位 有與也)

　구사가 자리가 마땅하지 않음(雖不當位)은 음의 자리에 있어 행동이 더디다는 말이다. 함께 하는 이가 있음(有與也)은 초육과 정응이 되어 행동은 비록 더디지만, 끝내는 어려움을 구제할 수 있으니 도움을 주어야 한다는 말이다. 구사가 초육과 호응하나 구이에게 막혀서 더디게 오니, 정응과 서로 함께하기 때문에 잘 마침이 있다. 따라서 효상은 쇠수레에 시달려 더디게 오는 상으로, 점사는 어려우나 좋게 마침이 있다.

■ 구오 효사와 소상전

구오 　　의월 　　곤우적불
九五는 劓刖이니 困于赤紱하나
내서유열 　　　　이용제사
乃徐有說하리니 利用祭祀니라
　상왈 　의월 　지미득야 　　내서유열 　　이중직야
象曰 劓刖은 志未得也요 乃徐有說은 以中直也요
이용제사 　　수복야
利用祭祀는 受福也리라

　구오는 코를 베이고 발꿈치를 베이니 적불 때문에 어려우나 늦게는 기쁨이 있으리니, 제사를 지내는 것이 이롭다. 「상전」에서 말했다. "구오가 코를 베이고 발꿈치를 베임"은 뜻을 얻지 못했기 때문이고, "늦게는 기쁨이 있음"은 중과 직을 얻기 때문이고, "제사를 지내는 것이 이로움"은 복을 받기 때문이다.

▶ 劓: 코 벨 의　刖: 발꿈치 벨 월　紱: 인끈 불, 제복(制服), 입다.

☑ 의월 곤우적불(劓刖 困于赤紱)

　코를 베는 형벌을 의(劓)라 하고, 발꿈치를 베는 형벌을 월(刖)이라 한다. 호응하여 함께 뜻을 얻지 못했기 때문에 구오는 코를 베이고 발꿈치를 베이는 상이 있다. 구오가 위로는 코를 베이고 아래로는 발꿈치를 베였다(劓刖). 즉, 수치스러워 행차할 수 없게 되었다.

　구오는 임금의 자리요 적불(赤紱)은 붉은 색 앞가리개를 입은 대부를 상징한다. 구오 임금이 대부 때문에 어려워졌다(困于赤紱). 대부가 가혹한 형벌로 백성을 다스리니 민심을 잃어 임금이 어려워졌다.

☑ 내서유열 이용제사(乃徐有說 利用祭祀)

구오가 비록 어려움에 있으나 군세고 알맞은 덕이 있고, 아래에 구이라는 군세고 알맞은 현인이 있어 도가 같고 덕이 합하니, 서서히 반드시 서로 호응하여 함께 세상의 어려움을 구제하니 이는 처음에는 어려우나 늦게는 기쁨이 있다(乃徐有說).

제(祭)는 하늘의 신에게, 사(祀)는 땅의 신에게, 향(享)은 사람의 신에게 제사하는 것이다. 구오는 임금의 자리로 제(祭)라 말하고, 구이는 아래에 있기 때문에 향(享)이라 하였다. 종묘에서 제사를 지내는 것이 이로움(利用祭祀)은 백성을 단결하고 사직을 보존할 수 있기 때문이다. 임금이 어려운 때에 현인을 구하기를 마치 제사지낼 때와 같이 정성과 공경을 지극히 하면 세상의 어려움을 구제할 것이다.

☑ 지미득야 이중직야 수복야(志未得也 以中直也 受福也)

구오가 코를 베고 발꿈치를 베는 형벌을 내린 이유(劓刖)는 뜻을 얻지 못했기 때문이다(志未得也). 뜻이란 종묘사직에 제사하는 뜻이다. 늦게는 기쁨이 있음(乃徐有說)은 중과 직을 얻기 때문이다(以中直也). 늦게는 기쁨이 있는 것은 알맞고 곧은 도로 아래에 있는 현인을 얻어서 함께 어려움을 구제하기 때문이다. 제사를 지내는 것이 이로움(利用祭祀)은 복을 받기 때문이다(受福也). 제사처럼 정성을 다하여 천하의 현명한 사람을 구하면, 세상의 어려움을 형통하게 하여 복과 경사를 누릴 수 있다. 따라서 효상은 대부에게 코와 발꿈치가 베이는 곤경에서 벗어나는 상으로, 점사는 정성을 다하여 현인을 구하면 이롭다.

▌상육 효사와 소상전

上六은 困于葛藟와 于臲卼이니 曰動悔하고 有悔 征吉하리라
象曰 困于葛藟는 未當也요 動悔有悔는 吉行也라

상육은 칡넝쿨과 위태로움 때문에 어려우니 움직이면 후회가 있고 후회가 있으면 가는 것이 길하다. 「상전」에서 말했다. "칡넝쿨 때문에 어려움"은 자리가 마땅하지 않기 때문이다. "움직이면 후회가 있고 후회가 있으면" 가는 것이 길하다.

▷ 葛: 칡 갈 藟: 덩굴풀 류(유) 臲: 위태할 얼 卼: 위태할 올

☑ 곤우갈류 우얼올(困于葛藟 于臲卼)

칡넝쿨[葛藟]은 묶어 매는 식물로 곤궁한 상황이고, 얼올(臲卼)은 위태롭고 불안한 상황이다. 상육은 음이 음의 자리에 있어 어려움이 지극하다. 상육은 칡넝쿨이 휘감으면서 꼭대기까지 뻗어 올라가 있으니 곤궁한 상황에 있다(困于葛藟). 칡넝쿨이 가장 높고 위태로운 곳에 처하였으니(于臲卼) 위태롭고 불안한 상황이다.

☑ 왈동회유회 정길(曰動悔有悔 征吉)

왈(曰)은 스스로 말하는 것이다. 상육이 칡넝쿨에 둘러싸여 곤궁한 상태에 있어 이를 벗어나려고 움직이면 칡넝쿨에 걸려 넘어지고 험한 곳으로 떨어져 움직이면 후회가 있다(動悔有悔). 후회가 있으면 빨리 깨달아 칡넝쿨에서 벗어나서 길하다(征吉). 어려움이 지극하지만 깨닫고 바꾸어 어려움에서 벗어나므로 길하다.

☑ 미당야 길행야(未當也 吉行也)

칡넝쿨 때문에 어려움(困于葛藟)은 자리가 마땅하지 않기 때문이고(未當也), 움직이면 후회가 있고(動悔), 후회가 있으면(有悔) 가는 것이 길하다(吉行也). 상육은 반성하고 깨달아 구오에 순응하면 길하다. 따라서 효상은 칡넝쿨에 얽혀 움직이면 후회하는 상으로, 점사는 반성하고 깨닫는다면 길하다.

48

국리민복을 도모하는 수풍정(水風井)

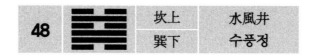

| 48 | ䷯ | 坎上
巽下 | 水風井
수풍정 |

　수풍정괘(水風井卦)는 상괘가 물[水]을 상징하는 감괘(坎卦: ☵)이고, 하괘가 바람[風]이나 나무[木]를 상징하는 손괘(巽卦: ☴)로, 이는 나무 위에 물이 있는 상이다. 정(井)은 우물이니, 나무의 두레박에 물이 담긴 것을 의미하며 의욕과 노력이 있는 자에게는 대성(大成)을 약속하는 괘이다. 따라서 괘상은 나무 위에 물이 있으니 나무가 물 속으로 들어가는 수풍(水風) 상이요, 괘명은 마르지 않는 우물 정괘(井卦)이다.

　정괘(井卦)는 곤괘(坤卦)의 위아래를 뒤집어 놓은 괘이다. 곤괘가 연못에 물이 바싹 마른 상황이면, 정괘는 물이 나무줄기를 따라 위로 오르는 상황이다. 나무가 물 아래로 들어가서 물을 퍼 올리는 것이 우물을 긷는 상이다. 사람은 두레박으로 물을 길어 올려 생명을 기른다. 정괘(井卦)는 백성들에게 부지런히 힘쓸 것을 권한다.

　정괘(井卦)는 정치원리와 인재등용 방법을 제시한다. 초효는 정니불식(井泥不食)으로, 이는 우물에 진흙이 있는 상황이니, 새로운 인물을 등용하면 국리민복을 이룰 수 있다. 이효는 옹폐루(甕敝漏)로, 이는 항아리가 깨져 물이 새는 상황이니, 인재가 흩어져 나라는 더욱 어려워진다. 삼효는 정설불식(井渫不食)으로, 이는 우물이 깨끗한데도 마시지 않는 상황이니, 임금이 밝아야 재능과 덕을 갖춘 인재가 중용될 것이다. 사효는 정추(井甃)로, 이는 우물에 벽돌을 쌓는 상황이니, 나라의 제도를 개혁하고 새로운 인재를 등용하면 치세가 될 것이다. 오효는 한천식(寒泉食)으로, 이는 우물이 맑아서 찬 샘물을 먹는 상황이니, 바른 덕과 재능을 갖고 있다면 국리민복이 이루어진다. 육효는 정수물막(井收勿幕)으로, 이는 우물을 거두어들이나 우물 입구를 덮지 않는 상황이니, 백성들이 공평하게 혜택을 받으면 나라가 더욱 부강해질 것이다.

173

▌ 괘사

 井은 改邑해도 不改井이니 无喪无得하며 往來井井하나라

정 개읍 불개정 무상무득 왕래정정

흘지 역미율정 이기병 흉

汔至 亦未繘井이니 羸其瓶이면 凶하나라

정(井)은 고을은 바꾸어도 우물은 바꿀 수 없으니, 줄지도 않고 늘지도 않으며, 오고가는 이가 우물을 우물물로 쓴다. (우물에 두레박이) 거의 이르러도 또 우물에 두레박이 닿지 못한다고 두레박을 깨뜨리면 흉하다.

▶ 改 : 고칠 개 汔 : 거의 흘 繘 : 두레박 줄 율(귤), 두레박으로 물을 긷다. 羸 : 파리할 리(이), 엎지르다, 깨뜨리다. 瓶 : 병 병, 두레박

☑ 정 개읍불개정(井 改邑不改井)

정(井)은 우물이고, 개(改)는 바꾸다는 뜻이다. 고을[邑]은 정치제도, 우물[井]은 나라를 다스리는 국리민복(國利民福)의 정치원리, 두레박[罐]은 청렴하고 현명한 인재, 두레박 줄[繘]은 인재 등용, 두레박 줄을 내라는 자는 임금이다.

수맥은 항상 일정하여 위치가 변하지 않는다. 고을은 다른 곳으로 바꾸어도 우물은 바꿀 수가 없다(改邑不改井). 나라를 다스리는 관리들이 무능하고 부패하면 교체할 수 있지만, 나라를 안정시켜 백성을 부유하게 하는 국리민복의 정치원리는 바꿀 수 없다.

☑ 무상무득 왕래정정(无喪无得 往來井井)

물을 길어도 줄지도 않고 내버려 두어도 늘지도 않는다(无喪无得). 나라의 부강과 백성의 경제적 번영을 위한 국리민복의 정치원리는 사용하더라도 없어지지 않는 자연의 원리이다.

오고가는 이가 우물을 우물물로 쓰는 것이다(往來井井). 정치하는 현자들이 이 국리민복의 정치원리를 사용하여 나라를 다스려야 한다. 정치원리의 도구는 기회의 공평과 경제적 번영이다. 이것은 백성들을 공평하게 대하고 잘 살게 하는 것이며, 현자들은 사욕과 가혹한 형벌에 빠지지 않고, 정의와 백성의 경제적 번영을 위한 정책을 행한다.

☑ 흘지역미율정 이기병흉(汔至亦未繘井 羸其瓶凶)

흘(汔)은 거의, 율(繘)은 두레박 줄, 리(羸)는 깨뜨리다는 뜻이다. 우물 바닥에 두레박이 거의 이르러도 우물 바닥에 두레박이 닿지 못한다고(汔至亦未繘井) 두레박을 깨뜨리면 흉하다

(嬴其甁[凶]). 두레박을 깨뜨리면 그 용도를 상실하니 흉하다. 성과가 바로 나지 않는다고 인재를 파면하면 인재를 잃고 민심이 이반한다. 따라서 괘상은 고을은 바뀌어도 우물은 바꾸지 않는 상으로, 점사는 성과가 바로 나지 않는다고 인재를 파면하면 인재를 잃고 민심이 이반한다.

▌괘사에 대한 단전

단왈 손호수이상수 정   정   양이불궁야
象曰 巽乎水而上水 井이니라 井은 養而不窮也니라
개읍불개정   이내강중야
改邑不改井은 乃以剛中也요
흘지역미율정   미유공야   이기병   시이흉야
汔至亦未繘井은 未有功也요 嬴其甁이라 是以凶也라

「단전」에서 말했다. 우물에 들어가서 물을 퍼 올리는 것이 정(井)이다. 정(井)은 (사람을) 길러주는 (덕이) 끝이 없다. "고을은 바꾸어도 우물은 바꿀 수 없음"은 강으로서 중을 얻기 때문이다. "(두레박이 우물에) 거의 이르러도 또 우물에 닿지 못하면" 공이 없는 것이고, "두레박을 깨뜨리면" 그 때문에 흉하다.

▶ 巽: 부드러울 손, 들어가다. 養: 기를 양 窮: 다할 궁/궁할 궁, 끝

☑ 손호수이상수정 정양이불궁야(巽乎水而上水井 井養而不窮也)

손괘(巽卦: ☴)는 겸손하다, 들어가다[入]는 뜻이다. 우물에 들어가 물을 퍼 올리는 것이 정(井)이다(巽乎水而上水 井). 물은 흘러 내려가니 올려야 먹을 수 있다. 정(井)은 만물을 자양하는 도로 끝이 없어서 아무리 길어 써도 마르는 법이 없으니 덕이 한결같다(井養而不窮也). 학문을 연마해도, 인재를 육성해도, 백성을 길러도 끝이 없는 것은 우물과 같다. 따라서 우물은 국리민복으로 우물의 덕은 끝이 없다.

☑ 개읍불개정 이내강중야(改邑不改井 乃以剛中也)

고을은 바꿀 수 있어도 우물은 바꿀 수 없는 것(改邑不改井)은 강으로써 중을 얻기 때문이다(乃以剛中也). 상괘 감괘(坎卦: ☵)는 물이고, 구오는 양효로 중을 얻어 외유내강하다(外柔內剛). 물의 속성이 변하지 않듯이 사람을 기르는 덕도 변하지 않는다.

☑ 미유공야 이기병 시이흉야(未有功也 羸其甁 是以凶也)

공(功)은 만물을 이롭게 하는 공이다. 두레박이 우물 바닥에 거의 이르더라도 또 우물에서 닿지 못하면(汔至亦未繘井) 공이 없는 것이다(未有功也). 인재 양성이나 백성 양육은 단기적 성과를 얻지 못한다. 두레박을 깨뜨리면 그 때문에 흉하다(羸其甁 是以凶也). 단기적 성과가 부족하다고 대신을 파면하면 나라의 안정은 더욱 악화될 것이다. 따라서 우물의 공은 대신에게 달려있고, 대신의 등용은 임금에게 달려있다.

▌ 괘사에 대한 대상전

象曰 木上有水 井이니 君子 以하여 勞民勸相하나라
^{상왈 목상유수 정 군자 이 노민권상}

「상전」에서 말했다. 나무 위에 물이 있는 것이 정(井)이니, 군자는 이를 본받아 백성을 위로하며 돕기를 권한다.

▶ 勞: 일할 로(노), 위로하다, 수고롭다. 勸: 권할 권 相: 서로 상, 돕다.

☑ 목상유수정 군자이 노민권상(木上有水井 君子以 勞民勸相)

우물 바닥의 흙물을 먹지 않기 위해 나무를 사각형으로 짜서 우물 바닥에 내려놓는데, 이것이 곧 나무 위에 물이 있는 상이다(木上有水). 군자가 우물의 상을 관찰하고, 우물의 덕을 본받아 백성들을 위로하고, 서로 돕고, 부지런히 일하도록 권면한다(君子以 勞民勸相). 따라서 백성들을 위로하는 것은 우물의 쓰임을 본받는 것이고, 백성들을 권면하여 서로 돕게 하는 것은 우물의 베풂을 본받는 것이다.

▌ 초육 효사와 소상전

初六은 井泥不食이라 舊井에 无禽이로다
象曰 井泥不食은 下也라 舊井无禽은 時舍也라

초육은 우물에 진흙이 있어 먹지 않는다. 옛 우물에 새가 없다. 「상전」에서 말했다. "우물에 진흙이 있어 먹지 않음"은 아래에 있기 때문이고, "옛 우물에 새가 없음"은 때가 버렸기 때문이다.

▶ 泥: 진흙 니(이) 舊: 옛 구 禽: 새 금/사로잡을 금, 짐승

☑ 정니불식 구정무금(井泥不食 舊井无禽)

　맑은 물은 양효로 위로 나오고, 진흙은 음효로 물을 혼탁하게 한다. 초육은 바닥에 있는 물로 음효로 탁하여 버려진 우물이다. 우물물은 위로 올라가야 쓰임이 있는데, 초육은 아래로 가라앉아 아무도 먹지 않고 심지어 새조차 찾지 않는 썩은 물이다.

　우물물이 맑지 못하고 진흙이 있으면 사람들이 먹지 않고(井泥不食), 새들도 먹지 않는다(舊井无禽). 진흙이 있는 물은 먹을 수 없다. 우물의 쓰임은 물로 사람을 기르는 것이다. 옛 우물[舊井]은 쓰지 않고, 버려진 우물로 등용되지 않고 버려진 인재이다. 따라서 대신이 부정부패하고 무능하면 민심이 이반하고 더 이상 관리로 쓸 수 없다.

☑ 정니불식 하야 구정무금 시사야(井泥不食 下也 舊井无禽 時舍也)

　우물에 진흙이 있어 먹지 않음(井泥不食)은 물이 맨 아래에 있기 때문이고(下也), 옛 우물에 새가 없음(舊井无禽)은 사용하지 않고 버려진 지 오래되었기 때문이다(時舍也).

　부패한 사람을 등용하면 나라가 깨끗해 질 수가 없다. 이들을 척결하고 새로운 인물을 등용해야 국리민복을 달성할 수 있다. 또한 사람은 항상 자기수양을 하고 덕을 쌓고 바른 도를 실천하지 않으면 먹을 수 없는 진흙물과 같다. 따라서 효상은 우물에 진흙이 있는 상으로, 점사는 새로운 인물을 등용하면 국리민복을 이룰 수 있다.

▌ 구이 효사와 소상전

九二는 井谷射鮒요 甕敝漏로다
象曰 井谷射鮒는 无與也라

구이는 우물 바닥의 웅덩이에서 붕어를 잡으니, 옹기 두레박이 깨져 물이 샌다. 「상전」에서 말했다. "우물 바닥의 웅덩이에서 붕어를 잡음"은 함께하는 이가 없기 때문이다.

▶ 射: 쏠 사/맞힐 석 鮒: 붕어 부 甕: 독 옹 敝: 해질 폐, 깨지다. 漏: 샐 루(누)

☑ 정곡사부 옹폐루(井谷射鮒 甕敝漏)

구이는 물이 맑지만 양이 작아 이용하는 사람이 없다. 우물 바닥의 웅덩이에서 붕어를 잡음(井谷射鮒)은 물이 조금밖에 없어 붕어가 겨우 놀 수 있는 물이다. 물이 없다는 것은 지식과 양식이 없다는 뜻이다. 항아리가 깨져 물이 샘(甕敝漏)은 물이 얼마 있지 않다는 것이다. 임금이 정치를 잘못하면 인재들이 은거하니 나라를 다스릴 인재가 별로 없다.

☑ 정곡사부 무여야(井谷射鮒 无與也)

우물 바닥의 웅덩이에서 붕어를 잡음(井谷射鮒)은 함께하는 이가 없기 때문이다(无與也). 대신이 정치를 잘못하면 대신을 도와주는 이도 없고, 현명한 인재가 나라에 없다. 따라서 효상은 항아리가 깨져 물이 새는 상으로, 점사는 인재가 흩어져 나라는 더욱 어려워진다.

▌ 구삼 효사와 소상전

구 삼　　정 설 불 식　　위 아 심 측
九三은 井渫不食하여 爲我心惻하니라
가 용 급　　왕 명　　병 수 기 복
可用汲이니 王明하면 並受其福하리라
상 왈　정 설 불 식　　행　측 야　구 왕 명　수 복 야
象曰 井渫不食은 行을 惻也오 求王明은 受福也라

구삼은 우물이 깨끗한 데도 마시지 않아 내 마음을 슬프게 한다. 물을 길을 수 있으니 왕이 현명하면 함께 그 복을 받을 것이다. 「상전」에서 말했다. "우물이 깨끗한 데도 마시지 않음"은 (덕을) 행하나 (중용되지 않아) 슬퍼하는 것이고, 왕의 현명함을 구해야만 복을 받는다.

▶ 渫: 파낼 설, 치다.　惻: 슬퍼할 측　汲: 길을 급　並: 나란히 병, 모두

☑ 정설불식 위아심측(井渫不食 爲我心惻)

구삼은 굳센 양으로 바름을 얻었으니 재능이 있는 자이며, 하괘의 위에 있으니 물이 깨끗하여 마실 수 있는 자이다. 구삼은 유능한 인재이지만, 구오 임금은 밝지 못해 믿지 못한다. 우물 밑에 있는 진흙을 치워 물이 깨끗한 데도 마시지 않아 마음이 슬프다(井渫不食 爲我心惻). 구삼은 재능과 덕을 갖추었는데도 중용되지 않아 슬프다.

☑ 가용급 왕명 병수기복(可用汲 王明 並受其福)

우물물이 깨끗해져 길어올려 마실 수 있으니(可用汲) 왕이 현명하면 함께 복을 받을 수 있다(求王明 受其福). 왕이 현명하면 재능 있는 인재가 등용되어 바른 도를 행하니 임금은 공을 누리고 백성들은 그 은택을 입게 되니 이는 위아래가 모두 복을 받는다.

☑ 구왕명 병수복야(求王明 並受福也)

우물이 깨끗한 데도 마시지 않는 것(井渫不食)은 덕을 행하나 중용되지 못해 슬퍼하는 것이고(行惻也), 왕의 현명함을 구해야만 모두 복을 받는다(求王明 並受福也). 우물이 깨끗한 데도 마시지 않는 것은 바로 재능과 지혜가 있는 인재가 중용되지 않으니, 이를 근심하고 안타까워 하는 것이다. 따라서 효상은 우물이 깨끗한 데도 마시지 않는 상으로, 점사는 임금이 밝아야 재능과 덕을 갖춘 인재가 중용될 것이다.

■ 육사 효사와 소상전

육사　　정추　　무구
六四는 井甃면 无咎리라
상왈　정추무구　　수정야
象曰 井甃无咎는 脩井也라

육사는 우물 (벽에) 벽돌을 쌓으면 허물이 없다. 「상전」에서 말했다. "우물 (벽에) 벽돌을 쌓으면 허물이 없음"은 우물을 수리했기 때문이다.

▶ 甃: 벽돌 추　脩(修): 닦을 수, 익히다, 연구하다, 고치다.

☑ 정추무구(井甃无咎)

추(甃)는 벽돌을 쌓는 것이다. 우물 바닥에 있는 진흙을 청소하고 벽돌을 쌓아 놓으면 우물 벽이 패여 나가지 않는다. 육사는 구오의 지지를 얻어 허물어진 우물벽을 수리하니 많은 사람이 장차 우물을 사용할 것이다. 우물 벽에 벽돌을 쌓은 것(井甃)은 군주와 신하가 백성을 위해 국가의 제도를 정비하는 것이다. 우물 벽에 벽돌을 쌓으면 백성들이 깨끗한 물을 마실 수 있으므로 허물이 없다(无咎).

☑ 정추무구 수정야(井甃无咎 修井也)

　우물 벽에 벽돌을 쌓으면 허물이 없음(井甃无咎)은 우물을 수리했기 때문이다(修井也). 구삼은 내괘에 있고 우물 안을 청소하여 깨끗하게 하며, 육사는 외괘에 있고 우물 벽에 벽돌을 쌓아 오염을 막는다. 청소하지 않으면 더 더러워지고, 벽돌을 쌓지 않으면 깨끗한 것도 쉽게 더럽게 된다. 우물을 수리하는 것은 나라의 제도를 개혁하고 새로운 인재를 등용하는 것이다. 따라서 효상은 우물에 벽돌을 쌓는 상으로, 점사는 나라의 제도를 개혁하고 새로운 인재를 등용하면 치세가 될 것이다.

■ 구오 효사와 소상전 ────────

　　　　구 오　　　정 렬 한 천 식
九五는 井冽寒泉食이로다
　　상 왈　한 천 지 식　　중 정 야
象曰　寒泉之食은　中正也라

구오는 우물이 맑아서 찬 샘물을 먹는다. 「상전」에서 말했다. "찬 샘물을 먹음"은 중정하기 때문이다.

▶ 冽: 맑을 렬(열)　寒: 찰 한　泉: 샘 천

☑ 정렬 한천식(井冽 寒泉食)

　구오는 우물이 맑아서(井冽) 시원한 샘물을 먹을 수 있다(寒泉食). 한천(寒泉)은 깨끗하고 시원한 샘물로 밝은 덕과 훌륭한 재능을 갖춘 인재이다. 우물물이 맑아 모든 사람이 즐겨 마시는 상황으로 재능과 덕을 갖춘 인재가 등용되었다. 불이 세차면 뜨겁고, 물이 세차면 맑다. 우물이 차고 맑으면 우물 속의 찬 샘물이 맑게 솟아 나온다.

☑ 한천지식 중정야(寒泉之食 中正也)

　찬 샘물을 먹음(寒泉之食)은 중정하기 때문이다(中正也). 구오는 상괘의 중앙에 있어 중(中)을 얻고 양으로 양의 자리에 있어 정(正)하다. 구오는 인재를 등용하고 국리민복의 정치원리를 실천한다. 따라서 효상은 우물이 맑아서 찬 샘물을 먹는 상으로, 점사는 바른 덕과 재능을 갖고 있다면 국리민복이 이루어진다.

▌상육 효사와 소상전

上六은 井收勿幕하고 有孚元吉이니라
<small>상 육　　　정 수 물 막　　　유 부 원 길</small>

象曰 元吉在上이 大成也라
<small>상 왈　원 길 재 상　　대 성 야</small>

상육은 우물을 거두어들인 후 우물을 덮지 말고, 믿음이 있으면 크게 길하다. 「상전」에서 말했다. "크게 길하여 위에 있음"은 크게 이루었기 때문이다.

▶ 收: 거둘 수, 가지런히 하다. 幕: 장막 막, 덮다.

☑ 정수물막 유부원길(井收勿幕 有孚元吉)

우물물을 다 길으면(收), 우물 입구를 가리고 덮는다(幕). 우물물을 다 길은 후 우물 위를 덮지 말라는 것(井收 勿幕)은 백성들이 우물물을 먹을 수 있도록 하기 위함이다. 상육은 우물을 사용하고 덮어 두지 않는 것은 우물을 많은 사람들에게 개방하여 공유하는 것이다. 모든 사람들이 사용할수록 오히려 우물물이 마르지 않고, 많은 백성을 길러 내니 크게 길하다.

사람들이 모두 물을 마실 수 있도록 해야 하는 것처럼 나라의 혜택이 백성들에게 고루 전달되어야 한다. 다른 사람이 우물을 긷지 못하게 덮개를 덮는 사람은 믿음이 없는 사람이다. 백성들이 임금이나 나라를 믿으면 나라가 더욱 안정되고 부강해진다(有孚元吉).

☑ 원길재상 대성야(元吉在上 大成也)

크게 길하여 위에 있는 것(元吉在上)은 크게 이룬 것이다(大成也). 맑은 물 위에 있는 물은 더 좋은 물이니 크게 길하다. 상육이 우물을 덮지 않아서 사람들이 고루 우물을 마실 수 있다. 더 좋은 정치원리를 통해 백성들이 공평하게 혜택을 받는 것이 바른 도를 크게 이루는 것이다. 따라서 효상은 우물을 거두어들이나 우물 입구를 덮지 않는 상으로, 점사는 백성들이 공평하게 혜택을 받으면 나라가 더욱 부강해질 것이다.

49

개혁하는 택화혁(澤火革)

49	䷰	兌上	澤火革
		離下	택화혁

　　택화혁괘(澤火革卦)는 상괘가 못[澤]을 상징하는 태괘(兌卦: ☱)이고, 하괘가 불[火]을 상징하는 리괘(離卦: ☲)로, 이는 못 가운데 불이 있는 상이다. 혁괘(革卦)는 근본적으로 변혁하는 혁명(革命)을 의미한다. 물은 위에 있어 불을 끄고, 불은 아래에 있어 물을 없애 서로 바꾸니, 새로운 상이 나타난다. 혁(革)은 낡은 것을 고쳐 바로잡거나 낡은 것을 바꾸어 새 것을 이루는 것이다. 낡았다는 것은 현실에 맞지 않으니 잘못된 것을 바꾸는 것이다. 따라서 괘상은 못이 위에 있고 불이 아래에 있는 택화(澤火) 상이요, 괘명은 개혁하는 혁괘(革卦)이다. 수풍정괘(水風井卦)는 우물의 덕을 베풀고, 택화혁괘(澤火革卦)는 오래된 우물을 개혁한다.

　　혁(革)은 변혁(變革)으로, 물과 불은 서로 멸식(滅息)시키니, 물은 불을 끄고 불은 물을 말려서 서로 변혁하는 것이다. 혁(革)은 옛것을 바꿈이다. 그대로 두면 썩고, 바꾸면 청결해진다. 옛것을 바꾸면 초기에는 사람들이 갑자기 믿지 못하기 때문에 반드시 시일이 지나야 믿는다. 혁괘(革卦)는 끄고 태워서 사회를 근본적으로 개혁하여 새로운 질서를 창조하는 때이다.

　　혁괘(革卦)에서는 개혁과 혁명은 천도와 인도에 순응하는 이치를 제시한다. 초효는 황우지혁(黃牛之革)으로, 이는 단단하게 황소 가죽으로 묶는 상황이니, 함부로 행동하면 허물이 있다. 이효는 이일내혁지(己日乃革之)로, 이는 기일이 되어 혁명하는 상황이니, 준비했던 개혁을 과감히 행하면 경사가 있다. 삼효는 혁언삼취(革言三就)로, 이는 개혁한다는 말이 세 번 이루어지는 상황이니, 신중하게 개혁하면 국민의 지지를 받는다. 사효는 유부개명(有孚改命)으로, 믿음이 있어 천명을 고쳐 길한 상황이니, 백성들의 믿음이 있으면 길하다. 오효는 대인호변(大人虎變)으로, 이는 호랑이 털갈이 하듯 개혁하는 상황이니, 강력하게 개혁하면 백성들로부터 신뢰를 얻는다. 육효는 군자표변(君子豹變)으로, 이는 군자는 표범처럼 변하고 소인은 얼굴만 변하는 상황이니, 덕을 갖춘 군자라야 개혁을 완성할 수 있다.

괘사

革^혁은 已日乃孚^{이일내부}하리니 元亨利貞^{원형이정}하여 悔亡^{회망}하니라

혁(革)은 기일이 되어야 믿을 것이니, 크게 형통하고 바르게 함이 이롭고 후회가 없다.

▶ 革: 가죽 혁, 고치다. 已: 이미 이, 그치다.

☑ 혁 이일내부 원형이정 회망(革 已日乃孚 元亨利貞 悔亡)

혁(革)은 옛것을 바꿈이요, 이일(已日)은 새로운 변화가 시작되는 시점이다. 혁괘(革卦)는 새것을 취하고 낡은 것을 고치는 것이다(鼎新革故). 옛것을 바꾸면 사람들이 초기에는 선뜻 믿지 못하나 반드시 기일이 되어야 믿고 따를 것이다(革 已日乃孚).

폐단을 바르게 고치니 크게 형통하고, 바르게 함이 이롭고 후회가 없다(元亨利貞 悔亡). 낡은 폐단으로 고통과 불편을 겪은 후에 개혁하니, 개혁이 통하는 이유이다. 따라서 괘상은 기일이 지나서 개혁하는 상으로, 점사는 기일이 되어야 믿고 따르니 후회가 없다.

괘사에 대한 단전

象曰 革^{단왈 혁}은 水火相息^{수화상식}하며 二女同居^{이녀동거}하되 其志不相得^{기지불상득}이 曰革^{왈혁}이라
已日乃孚^{이일내부}는 革而信之^{혁이신지}라 文明以說^{문명이열}하여 大亨以正^{대형이정}하니
革而當^{혁이당}하니 其悔乃亡^{기회내망}하니라 天地^{천지} 革而四時 成^{혁이사시 성}하며 湯武革命^{탕무혁명}하여
順乎天而應乎人^{순호천이응호인}하니 革之時 大矣哉^{혁지시 대의재}라!

「단전」에서 말했다. 혁은 물과 불이 서로 그치게 하고, 두 여자가 한 곳에 같이 살되 그 뜻이 서로 맞지 않는 것이니, 이를 혁이라 한다. 기일이 되어야 믿음은 고쳐야 (백성들은) 믿는다. 밝고 빛나며 기뻐하여 크게 형통하고 바르니, 고쳐서 마땅하니 후회가 곧 없어진다. 천지가 고쳐서 사시가 이루어지며, 탕왕과 무왕이 혁명하여 천명에 순응하고 사람들에게 호응하였으니, 혁의 때가 크도다!

▶ 息: 쉴 식, 그치다, 그만두다. 得: 얻을 득, 맞다. 文: 글월 문, 빛나다. 湯: 끓일 탕

☑ 혁 수화상식(革 水火相息)

물과 불은 서로 이기니 서로 없앤다(水火相息). 물과 불이 함께 있으면 서로 그치게 한다. 그침[息]은 사라짐[止息]이고 또 생겨남[生息]인데, 물건은 사라진 뒤에 생겨난다. 물과 불은 상극으로 서로 멸실한다. 물과 불이 서로 대항하고 있으니 혁(革)은 모순과 대립, 갈등과 상극을 해결하는 방도이다. 따라서 혁(革)은 대립하면서도 새로운 것으로 바꾸어 나아가는 방도이다.

☑ 이녀동거 기지불상득 왈혁(二女同居 其志不相得 曰革)

두 여자가 한 곳에 살되(二女同居) 마음이 서로 맞지 않아(其志不相得) 혁(革)이라 한다. 태괘 소녀(少女)와 리괘 중녀(中女)가 처음에는 같이 살았지만 나중에는 각각 다른 데로 시집을 가서 운명과 뜻이 같지 않았다.

☑ 이일내부 혁이신지(己日乃孚 革而信之)

이일(己日)은 이미 정해 놓은 날로 때가 되어야 고친다. 기일이 되어야 믿음(己日乃孚)은 고쳐야 백성들은 믿는다(革而信之). 고쳐야 할 때에 고치면 백성들이 믿는다. 백성들이 개혁하는 것을 끝내 믿지 않고서는 나라를 훌륭하게 다스린 경우는 없었다.

☑ 문명이열 대형이정(文明以說 大亨以正)

리괘(離卦: ☲)는 밝고 빛남이 문명을 상징하고, 태괘(兌卦: ☱)는 기쁨함을 상징하니, 개혁은 백성들을 밝고 빛나며 기쁘게 하는 데 있다(文明以說). 밝고 빛나며 기뻐하기 때문에 개혁을 믿고 크게 형통하고, 바르기 때문에(大亨以正) 백성들이 마음으로 기뻐하며 복종하는 것이다.

☑ 혁이당 기회내망(革而當 其悔乃亡)

백성들이 화합하면서 순응하는 개혁은 정당하고 합리적인 개혁으로(革而當) 백성들의 지지를 받아야 성공하니 후회가 없다(其悔乃亡). 백성들이 개혁을 순응하면 크게 형통하고 곧고 바름을 얻을 수 있다. 그러나 도에 맞지 않으면 도리어 폐해를 초래하기 때문에 뉘우친다.

☑ 천지 혁이사시성 탕무혁명(天地 革而四時成 湯武革命)

천지가 음양으로 바뀌어 사시(四時)가 이루어진다(天地 革而四時成). 천지의 음양이 바뀌어 사계절을 이루니, 만물이 생기고 자라고 마침이 마땅함을 얻어, 변혁한 뒤에 사계절이 이루어진다. 탕왕은 걸왕을, 무왕은 주왕을 몰아내고 혁명했다.

☑ 순호천이응호인 혁지시대의재(順乎天而應乎人 革之時大矣哉)

탕왕과 무왕이 혁명하여(湯武革命) 천명에 순응하고 사람들에게 부응하니(順乎天而應乎人) 혁의 때가 크다(革之時大矣哉). 나라의 시운이 끝나면 혁명하여 새롭게 하는 데, 하늘에서 명을 받아 세상을 바꾸는 것이 혁명이다. 탕왕과 무왕은 위로 천명에 순응하고 아래로 민심에 부응하여 혁명하였다. 탕왕이 하나라를 바꾸어 은나라를 만든 것과 무왕이 은나라를 바꾸어 주나라를 만든 것은 천명이 관계된 것이다.

하(夏)나라 걸왕(桀王)의 폭정으로 많은 제후들이 유덕한 탕왕에게 복종하니 걸왕은 탕왕을 하대에 유폐하였으나 재화를 받고 석방하였다. 그후 탕왕은 현상(賢相) 이윤(伊尹)과 함께 걸왕을 토벌하고 국호를 상(商)이라 정하여 제도를 정비하였다. 탕왕(湯王)은 중국 고대 은(殷)나라를 창건한 왕으로 성탕(成湯)이라고도 한다. 상나라를 은나라로도 부른다.

무왕(武王: BC1169~BC1116)은 은나라 주왕(紂王)을 정벌하고 주(周)나라를 세웠다. 무왕이 은나라를 정벌한 행동은 포악한 군주를 응징하고 고통받는 백성들을 구제하기 위한 혁명으로 평가받았다. 무왕의 주왕 정벌은 역성혁명(易性革命)을 정당화하는 사례가 되었다. 무왕은 아버지 문왕과 함께 성왕으로 추앙된다.

■ 괘사에 대한 대상전

상왈 택중유화 혁 군자 이 치력명시
象曰 澤中有火 革이니 君子 以하여 治歷明時하니라

「상전」에서 말했다. 못 가운데 불이 있는 것이 혁(革)이니, 군자는 이를 본받아 역법을 다스려 때를 밝힌다.

▶ 治: 다스릴 치   歷: 지날 력(역), 달력, 책력, 역법

☑ 택중유화혁 군자이 치력명시(澤中有火革 君子以 治歷明時)

물과 불이 서로 없애는 것이 혁이니, 혁은 개혁이다(澤中有火革). 군자가 개혁의 상을 관찰하여 해·달·별자리의 변화를 미루어 역법을 다스려 사계절의 순서를 밝힌다(君子以 治歷明時). 백성들이 사계절의 변화에 따라 농사짓는 일에 활용하게 하여 나라의 안정을 이룬다.

초구 효사와 소상전

初九는 鞏用黃牛之革이니라
象曰 鞏用黃牛는 不可以有爲也라

초구는 단단하게 황소 가죽으로 묶는다. 「상전」에서 말했다. "단단하게 황소 가죽으로 묶음"은 (큰 일을) 할 수 없기 때문이다.

▶ 鞏: 굳을 공, 단단하다, 묶다. 革: 가죽 혁, 고치다.

☑ 공용황우지혁(鞏用黃牛之革)

황소 가죽은 단단하고 질기다. 초구는 아래에 있고 지위가 없으며, 위로 호응하여 도와주는 이가 없으니 개혁의 때에 큰 일을 할 수 없는 자이다. 개혁은 반드시 때가 있다. 단단하게 황소 가죽으로 묶음(鞏用黃牛之革)은 마음이 움직이지 못하도록 단단하게 한다. 개혁의 초창기에는 속마음을 보이지 말고, 행동을 자제하고, 때를 기다려야 한다. 따라서 분수에 맞지 않게 함부로 행동하면 허물이 있다.

☑ 공용황우 불가이유위야(鞏用黃牛 不可以有爲也)

단단하게 황소 가죽으로 묶는 이유(鞏用黃牛)는 경솔하게 행동하면 큰 일을 할 수 없기 때문이다(不可以有爲也). 초구는 아래 자리에 있어 지위가 없고 위로 호응이 없어 개혁하는 큰 일을 해서는 안 된다. 따라서 효상은 단단하게 황소 가죽으로 묶는 상으로, 점사는 함부로 행동하면 허물이 있다.

육이 효사와 소상전

六二는 已日이어야 乃革之니 征吉하여 无咎하리라
象曰 已日革之는 行有嘉也라

육이는 기일이 되어야 개혁할 수 있으니, (그대로) 가면 길하여 허물이 없다. 「상전」에서 말했다. "기일이 되어야 개혁함"은 가면 아름다운 경사가 있기 때문이다.

☑ 이일내혁지 정길무구(已日乃革之 征吉无咎)

육이는 유순하고 중정하며 위에 호응이 있어 개혁할 수 있다. 그러나 기일이 되어야 개혁할 수 있는 것(已日乃革之)은 때가 되어 개혁하면 길하여 허물이 없으니(征吉无咎), 선뜻 개혁해서는 안 된다. 왕(往)은 목표를 하고 간다, 정(征)은 바르게 나아간다는 뜻이다. 불은 건조하고 너무 급박한 데에서 화가 있으니, 반드시 서두르지 않은 뒤에야 개혁할 수 있다.

☑ 이일혁지 행유가야(已日革之 行有嘉也)

기일이 되어야 개혁하는 이유(已日革之)는 때가 되어 개혁하면 아름다운 경사가 있기 때문이다(行有嘉也). 이는 세상의 폐해를 개혁할 수 있기 때문이다. 육이는 바름과 중도를 얻었고 위로 구오와 정응하니 개혁할 조건이 있다. 때를 놓치면 장시간을 기다려야 하니, 준비했던 개혁을 과감히 행하면 위아래가 합심하여 길하다. 따라서 효상은 기일이 되어 개혁하는 상으로, 점사는 준비했던 개혁을 과감히 행하면 경사가 있다.

■ 구삼 효사와 소상전

九三은 征凶하니 貞厲하니 革言三就면 有孚리라
象曰 革言三就이니 又何之矣리오?

구삼은 (조급하게) 가면 흉하고 바르더라도 위태로우니 개혁한다는 말이 세 번 이루어지면 믿음이 있을 것이다. 「상전」에서 말했다. "개혁한다는 말이 세 번 이루어지니" 또 어디로 가겠는가?

▶ 就: 나아갈 취, 이루다, 시작하다. 之: 갈 지

☑ 정흉정려 혁언삼취 유부(征凶貞厲 革言三就 有孚)

구삼은 양으로 하괘의 위에 있고 리괘(離卦: ☲)의 위에 있어 강하나 중(中)을 얻지 못했으니 조급히 개혁하는 자이다. 구오는 강하고 외괘에서 중을 얻어 구삼이 구오를 치는 것은 어렵다. 개혁을 서두르면 흉하고 바른 도를 지키더라도 위태롭다(征凶貞厲). 육이에서 개혁은 이미 성공했으나 구삼에서 개혁 저항 세력이 위험하다. 구삼은 저항 세력을 정벌할 것이 아니라 바름을 지키며 위험을 사전에 방지해야 한다.

개혁할 때는 바름을 지키고 위태롭고 두려운 마음을 품어야 한다. 개혁한다는 말이 세 번 이

루어짐(革言三就)은 여러 번 생각하고 합의한 후 구체적인 행동으로 옮길 때 백성들의 믿음이 있다(有孚). 따라서 개혁은 많은 사람들의 지지를 받을 때 실행해야 위태롭지 않다.

☑ 혁언삼취 우하지의(革言三就 又何之矣)

개혁한다는 말이 세 번 이루어지니(革言三就) 또 어디로 가겠는가(又何之矣)? 여러 사람들을 살펴보고 의논하여 세 번 합하였다면 일이 마땅한 것이다. 또 어디로 가겠는가(何之矣)는 개혁을 신중하게 생각하고 많은 사람들의 지지를 받았으니 반드시 개혁하면 성공 할 수밖에 없는 것이다. 따라서 효상은 개혁한다는 말이 세 번 이루어지는 상으로, 점사는 신중하게 개혁하면 국민의 지지를 받는다.

■ 구사 효사와 소상전

구사 회망 유부 개명길
九四는 **悔亡**하니 **有孚**면 **改命吉**하리라

상왈 개명지길 신지야
象曰 改命之吉은 **信志也**라

구사는 후회가 없으니 믿음이 있으면 천명을 고쳐 길하다. 「상전」에서 말했다. "천명을 고쳐 길함"은 뜻을 믿어주기 때문이다.

☑ 회망 유부 개명길(悔亡 有孚 改命吉)

구사는 군주와 가까운 지위에 있고 개혁의 임무를 맡은 자이다. 옛 질서가 붕괴되고 새 질서가 수립되어 백성들이 개혁을 수용하고 개혁의 공을 이루어 후회가 없다(悔亡). 백성들의 믿음이 있으면(有孚) 구사는 천명을 고칠 수 있어 길하다(改命吉).

☑ 개명지길 신지야(改命之吉 信志也)

천명을 고쳐 길함(改命之吉)은 뜻을 믿어주기 때문이다(信志也). 천명을 바꿔 길한 것은 윗사람·아랫사람이 그의 뜻을 믿어주기 때문이다. 따라서 효상은 믿음이 있어 천명을 고쳐 길한 상으로, 점사는 백성들의 믿음이 있으면 길하다.

구오 효사와 소상전

九五는 大人虎變이니 未占有孚니라
_{구 오} _{대 인 호 변} _{미 점 유 부}
象曰 大人虎變은 其文炳也라
_{상 왈} _{대 인 호 변} _{기 문 병 야}

구오는 대인이 호랑이처럼 개혁하면 점치지 않고도 믿음이 있다. 「상전」에서 말했다. "대인이 호랑이처럼 개혁하면" 그 무늬가 빛나기 때문이다.

▶ 虎 : 범 호   文 : 글월 문, 문채, 무늬   炳 : 불꽃 병/밝을 병, 빛나다.

☑ 대인호변 미점유부(大人虎變 未占有孚)

구오는 굳센 양의 재질과 중정의 덕으로 높은 자리에 있으니 대인이다. 대인은 새로운 질서를 만드는 주체이다. 대인은 옛것을 바꾸어 강력하게 개혁하면(大人虎變) 점을 치지 않고도 다른 사람으로부터 믿음을 얻는다(未占有孚). 호랑이가 털갈이를 하면 털과 무늬가 더 아름답게 변하니(虎變) 이는 강력한 개혁이다. 따라서 대인이 강력하게 개혁하여 더 좋은 나라를 만들면 백성들로부터 신뢰를 얻게 된다.

☑ 대인호변 기문병야(大人虎變 其文炳也)

대인이 호랑이처럼 강력하게 개혁하면(大人虎變) 그 무늬가 빛나기 때문이다(其文炳也). 대인이 강력하게 개혁하면 호랑이가 털갈이하여 더 아름답게 변신하듯이 나라가 아름답게 된다. 따라서 효상은 호랑이 털갈이 하듯 개혁하는 상으로, 점사는 강력하게 개혁하면 백성들로부터 신뢰를 얻는다.

상육 효사와 소상전

上六은 君子豹變이오 小人革面이니 征凶하고 居貞吉하니라
_{상 육} _{군 자 표 변} _{소 인 혁 면} _{정 흉} _{거 정 길}
象曰 君子豹變은 其文蔚也요 小人革面은 順以從君也라
_{상 왈} _{군 자 표 변} _{기 문 위 야} _{소 인 혁 면} _{순 이 종 군 야}

상육은 군자는 표범처럼 변하고 소인은 얼굴만 변하니, 가면 흉하고 바르게 거처하면 길하다. 「상전」에서 말했다. "군자가 표범처럼 변함"은 무늬가 아름다운 것이고, 소인이 얼굴만 변함은 순하게 군주

를 따르는 것이다.

▷ 豹: 표범 표 蔚: 고을 이름 울/제비쑥 위, 무성하다, 아름답다.

☑ 군자표변 소인혁면(君子豹變 小人革面)

표범은 작고 사납기는 하나 기세가 호랑이에는 미치지 못한다. 대인은 호랑이[虎]로, 군자는 표범[豹]으로 비유한다. 구오는 임금의 자리로 대인이나 상육은 군자이다. 표범처럼 변함(君子豹變)은 호랑이처럼 변함(虎變)보다 약한 변함이다. 호랑이처럼 변함은 대인이 사회를 대폭적으로 개혁하는 것이나 얼굴만 변함(小人革面)은 소인이 외모만 바꾸는 것처럼 형식적으로 가볍게 개혁하는 것이다.

상육은 개혁이 완료되어 기존의 질서가 무너지고 새로운 질서가 정착되기 시작한다. 덕을 갖춘 군자라면 표범이 털갈이를 하듯 기존의 잔재를 제거하고 새롭게 변화시켜야 한다.

☑ 정흉 거정길(征凶 居貞吉)

개혁한 후 사회를 안정시키지 못하면 개혁이 지체된다. 불안정한 상태에서 다시 큰 일을 벌이면 개혁이 좌절된다. 소인이 따르지 않는다고 정벌하면 흉하다(征凶). 변화가 되지 않는 소인들을 정벌하면 소인들이 반격할 수 있어 개혁이 좌절될 수 있다. 상육이 바르게 거처해야 길함(居貞吉)은 군자가 몸소 바른 도를 지켜야 길하기 때문이다. 사회가 근본적으로 변화하여 자리를 잡기까지 안정기가 필요하다. 안정도 되지 않은 상태에서 다시 큰 일을 벌이면 자칫 지금까지 쌓아 온 노력이 낭비될 될 수 있다.

☑ 기문위야 소인혁면 순이종군야(其文蔚也 小人革面 順以從君也)

군자가 표범처럼 변함(君子豹變)은 무늬가 아름다운 것이고(其文蔚也), 소인이 얼굴만 변함(小人革面)은 순하게 군주를 따르는 것이다(順以從君也). 군자는 옛것을 바꾸어 새것을 따르니 변한 모습이 마치 표범의 무늬처럼 아름답다. 그러나 소인은 변하기 어려운 자로, 마음은 교화되지 못하고 변하는 척하여 윗사람의 명령과 가르침을 따를 뿐이다. 상육은 소인을 정벌하려고 하지 말고 바르게 나아가야 소인들이 반란을 일으키지 않는다. 따라서 효상은 군자는 표범처럼 변하고 소인은 얼굴만 변하는 상으로, 점사는 덕을 갖춘 군자라야 개혁을 완성할 수 있다.

새것을 만드는 화풍정(火風鼎)

| 50 | ䷱ | 離上 巽下 | 火風鼎 화풍정 |

　화풍정괘(火風鼎卦)는 상괘가 불[火]을 상징하는 리괘(離卦: ☲)이고, 하괘가 바람[風]이나 나무[木]를 상징하는 손괘(巽卦: ☴)로, 이는 나무 위에 불이 있는 상이다. 정(鼎)은 발이 세 개이고, 귀가 두 개로 음식을 삶는 큰 가마솥이다. 솥은 음식을 삶아 인간의 육신을 길러주는 도구로 성현을 길러낸다는 뜻이다. 정(鼎)은 권력을 상징하거나 새것을 창조하는 혁신을 뜻한다. 따라서 괘상은 나무가 불 속으로 들어가 타오르는 화풍(火風) 상이요, 괘명은 솥으로 밥을 짓는 정괘(鼎卦)이다. 정괘는 혁괘의 위아래를 뒤집어 놓은 괘이다. 혁괘(革卦)는 옛 것을 버리고 새로운 것으로 교체하는 반면, 정괘는 새로운 것을 굳건하게 유지한다. 혁괘(革卦)는 옛것을 고치고 정괘(鼎卦)는 새것을 취하니, 변화를 완성하는 괘이다.

　정괘(鼎卦)는 삶아서 새것을 만들어내는 것을 본받아 개혁하는 것을 제시한다. 초효는 정전지(鼎顚趾)로, 이는 솥의 다리를 엎어 나쁜 것을 제거하고 첩을 얻어 자식을 낳는 상황이니, 혁신하고 인재를 등용하면 나라가 안정될 것이다. 이효는 정유실(鼎有實)로, 이는 솥에 음식이 담겨 있으나 나의 짝이 병이 있어 가까이 하지 않는 상으로, 나쁜 무리와 가까이 하지 않는다면 허물이 없다. 삼효는 정이혁(鼎耳革)으로, 이는 솥의 귀가 변하여 가는 길이 막혀서 꿩고기를 먹지 못하는 상으로, 현명한 군주가 마침내 등용하여 중책을 맡게 될 것이다. 사효는 정절족(鼎折足)으로, 이는 솥의 다리가 부러져 솥의 음식이 엎어진 상황이니, 덕과 지혜가 부족하면 직분을 잘 수행하지 못해 흉하다. 오효는 정황이금현(鼎黃耳金鉉)으로, 이는 솥에 누런 귀와 쇠고리가 있는 상황이니, 중도를 지키면 길하다. 육효는 정옥현(鼎玉鉉)으로, 이는 솥에 옥고리를 건 상황이니, 군자가 임금을 보좌하니 길하다.

191

괘사

鼎은 元吉亨하니라
정 원길형

정(鼎)은 크게 길하여 형통하다.

▶ 鼎: 솥 정, 대치하다, 바르다, 존귀하다.

☑ 정원길형(鼎元吉亨)

정(鼎)은 음식을 삶아 익히는 솥이나 제사용 기물이다. 정(鼎)은 청동을 용해하여 틀에 부어 새로운 기물을 만들어 혁신하니, 개혁하다, 혁명하다, 변혁하다는 뜻이다. 정은 권력을 상징하거나 새것을 창조하는 혁신을 뜻한다. 맨 아래의 부드러운 음은 발이 되고, 구이, 구삼과 구사의 굳센 양은 배가 되면서 솥 안의 음식이 있는 곳이고, 육오의 부드러운 음은 귀가 되고, 상구의 굳센 양은 현(鉉)이 되니 이것이 솥의 상이다.

솥은 날것을 익히고 굳센 것을 변화시켜 물건을 변혁한다. 정(鼎)은 나무가 불 속에 들어가 삶으니 크게 형통하다(鼎元吉亨). 따라서 괘상은 불이 나무를 태워 솥의 음식을 익히는 상으로, 점사는 나무와 불이 협력하듯 동료와 협력하면 길하다.

괘사에 대한 단전

象曰 鼎象也니 以木巽火 亨飪也니
단왈 정상야 이목손화 팽임야

聖人亨하여 以享上帝하고 而大亨하여 以養聖賢하니라
성인팽 이향상제 이대팽 이양성현

巽而耳目聰明하며 柔進而上行하고 得中而應乎剛이라 是以元亨하니라
손이이목총명 유진이상행 득중이응호강 시이원형

「단전」에서 말했다. 정(鼎)은 형상으로 나무에 불을 들여 음식을 삶는 것이다. 성인이 삶아서 상제께 제사하고, 크게 삶아 성현을 기른다. 공손하고 이목이 총명하며, 유(육오)가 나아가 위로 올라가고, 중을 얻어 강(구이)에 호응하니, 이 때문에 크게 형통하다.

▶ 巽: 부드러울 손, 들어가다. 亨: 형통할 형/드릴 향/삶을 팽, 제사를 올리다. 飪: 익힐 임, 삶다.

☑ 정상야 이목손화 팽임야(鼎象也 以木巽火 亨飪也)

팽(亨)과 飪(임)은 삶다는 뜻이다. 나무는 불에 공손하고, 손(巽)은 바람이며 들어감이다(入也). 나무가 불에 순종함(以木巽火)은 나무가 불에 들어간 것이다. 정(鼎)은 형상으로(鼎象也) 나무에 불을 붙여 음식을 삶는 것이다(以木巽火 亨飪也).

☑ 성인팽이향상제 이대팽 이양성현(聖人亨以享上帝 而大亨 以養聖賢)

성인은 옛날 훌륭한 왕이다. 성인이 정(鼎)을 사용하여 음식을 삶아 상제께 제사드림(聖人亨以享上帝)은 상제의 은혜에 보답하는 것이다. 음식을 삶아 익히는 것은 성현을 기르기 위한 것이다(大亨以養聖賢). 성현을 기르는 것은 성현이 백성을 교화하고 나라를 다스리기 때문이다. 육오는 솥을 사용하는 주인이다.

☑ 손이이목총명(巽而耳目聰明)

정괘(鼎卦)는 손(巽)이 공손함이고, 리(離)가 눈이 되며, 육오가 귀가 되니, 안은 손순(巽順)하고 밖은 총명하다. 그리하여 사람이 정괘를 본받아 안은 공손하고 밖은 눈과 귀가 총명하다(巽而耳目聰明).

☑ 유진이상행 득중이응호강(柔進而上行 得中而應乎剛)

유가 나아가 위로 올라감(柔進而上行)은 구사가 올라가 육오가 되니, 득중하고 구이의 강에 호응한다(得中而應乎剛). 구사가 올라가 지위가 높고 권한이 크더라도 겸손하게 아래 사람들의 말을 귀담아 듣는다.

☑ 시이원형(是以元亨)

임금은 현인을 양성한다. 구사가 올라가 육오가 되어 중정의 자리에 있고 양강의 현인과 호응하니 크게 형통하다(是以元亨).

괘사에 대한 대상전

 象曰 木上有火 鼎이니 君子 以하여 正位凝命하니라

193

「상전」에서 말했다. 나무 위에 불이 있는 것이 정(鼎)이니, 군자는 이를 본받아 자리를 바르게 하고 명을 굳게 지킨다.

▸ 凝: 엉길 응, 얼다, 차다, 춥다, 굳다.

☑ 목상유화정 군자이 정위응명(木上有火鼎 君子以 正位凝命)

　나무 위에 불이 있음은 나무가 불에 타오르니 삶아 익히는 상은 정이다(木上有火鼎). 군자가 정(鼎)의 상을 보고서 자리를 바르게 하고 명을 굳게 지킨다(君子以 正位凝命). 정(鼎)은 본받고 본뜨는 그릇으로, 모양이 단정하고 몸체가 안정되고 묵직하다.

　솥은 무거운 그릇이므로 지위를 바르게 하여 천명을 모은다는 뜻이 있다. 솥은 안정된 곳에 놓으면 안정되고, 위태로운 곳에 놓으면 위태롭다. 임금이 바르게 정치하면(正位) 백성들이 임금의 명을 굳게 지킨다(凝命).

▌ 초육 효사와 소상전

初六은 鼎顚趾나 利出否하니 得妾하면 以其子无咎리라
象曰 鼎顚趾나 未悖也요 利出否는 以從貴也라

초육은 솥의 발을 엎어 나쁜 것을 꺼내는 것이 이로우니, 첩을 얻으면 자식을 낳으니 허물이 없다. 「상전」에서 말했다. "솥의 발을 엎었으나" 아직 어긋난 것이 아니다. "나쁜 것을 꺼냄이 이로움"은 귀함을 따르기 때문이다.

▸ 顚: 엎드러질 전/이마 전　趾: 발 지, 발가락　否: 아닐 부/막힐 비, 나쁘다.　悖: 거스를 패, 어그러지다.

☑ 정전지 이출비(鼎顚趾 利出否)

　초육은 음이 솥 아래에 있으니 발의 상이고, 위로 구사와 호응하여 발이 위로 향하니 솥의 발이 엎어지는 상이다. 솥의 발이 넘어지면(鼎顚趾), 그 안에 담긴 음식이 엎어지니, 솥 안의 나쁜 음식물(오래된 것, 나쁜 습관, 악폐, 부패 등)을 엎어서 꺼낸다. 솥을 엎어 오래된 것, 나쁜 것과 부패한 것을 꺼내는 것은 새로움을 취하는 혁신이다. 솥의 발이 엎어져 나쁜 것을 꺼내는 것이 이롭다(利出否). 즉, 혁신하니 이롭다.

☑ 득첩이기자 무구(得妾以其子 无咎)

첩을 얻으면 자식을 낳으니 허물이 없다(得妾以其子 无咎). 훌륭한 인물을 얻어 새로운 정치를 하면 나라가 안정되니 허물이 없다. 첩은 훌륭한 인물이요, 자식은 새로운 정치이다.

☑ 정전지 미패야(鼎顚趾 未悖也)

솥의 발을 엎어 나쁜 것을 비울 수 있다. 솥의 발을 엎었으나 어긋난 것이 아님(未悖也)은 솥의 발이 엎어 나쁜 음식을 비우는 것은 옳다. 묶은 것을 털어 내고 새로운 것을 채울 수 있다.

☑ 이출비 이종귀야(利出否 以從貴也)

나쁜 것을 꺼내는 것이 이로움(利出否)은 솥 안의 오래된 나쁜 것을 꺼내어 버리니 이로운 것이다. 옛것을 버리고 새로운 것을 담고, 나쁜 것을 쏟아내고 좋은 것을 넣는 것이다. 따라서 솥의 발을 엎어 나쁜 것을 제거하고 첩을 얻어 자식을 낳는 상으로, 점사는 혁신하고 인재를 등용하면 나라가 안정될 것이다.

■ 구이 효사와 소상전

구 이　　정유실　　　아구유질　　　불아능즉　　　길
九二는 鼎有實이나 我仇有疾하니 不我能卽이면 吉하리라
상 왈　정유실　　　신소지야　　아구유질　　　종무우야
象曰 鼎有實이나 愼所之也니 我仇有疾은 終无尤也리라

구이는 솥에 음식이 담겨 있으나 나의 짝이 병이 있어 내가 가까이하지 않으면 길하다. 「상전」에서 말했다. "솥에 음식이 담겨 있으나" 갈 바를 삼가야 하고, "나의 짝이 병이 있으나" 끝내 허물이 없다.

▶ 仇: 원수 구, 짝, 동반자, 상대　疾: 병 질　卽: 곧 즉, 가까이하다.　愼: 삼갈 신　尤: 더욱 우, 허물, 과실

☑ 정유실 아구유질 불아능즉길(鼎有實 我仇有疾 不我能卽吉)

구이는 굳셈으로 가운데 자리에 있으니 솥에 음식이 가득 담겨 있는 상이다. 음양은 서로 구하나 정(正)이 아니면 서로 원수가 된다. 구이는 강중(剛中)으로 초육이 비록 가까이 있으나 나아올 수 없다.

나의 짝 초육은 병이 있다(我仇有疾). 초육은 폐단이 많은 나쁜 무리이다. 내가 가까이하지 않으면 길하다(不我能卽吉). 구이는 중도를 얻어 초육의 유혹을 물리치고, 육오와 바른 관계를

유지하니 길하다. 재물을 중정한 대신이 아니라 사특한 소인에게 맡기면 나라에 병이 되고 원수가 된다.

☑ 정유실 신소지야(鼎有實 愼所之也)

초육은 솥을 비웠고, 구이는 솥 안에 음식이 담겨 있다(鼎有實). 갈 바를 삼가야 하는 것(愼所之也)은 구이가 초육에게 가는 것을 삼가는 것이다. 즉, 폐단이 많은 나쁜 무리인 초육과 함께하지 않고, 정응인 육오에게 가서 신중하게 개혁해야 성공할 수 있다.

☑ 아구유질 종무우야(我仇有疾 終无尤也)

우(尤)는 남이 탓하는 것이고, 구(咎)는 나의 허물이다. 나의 짝이 병이 있으나(我仇有疾) 구이가 끝내 허물이 없다(終无尤也). 나쁜 무리들에게 가지 않고 정응인 구오에게 가서 개혁하니 허물이 없다. 따라서 효상은 솥에 음식이 담겨 있으나 나의 짝이 병이 있어 가까이 하지 않는 상으로, 점사는 나쁜 무리와 가까이 하지 않는다면 허물이 없다.

▌구삼 효사와 소상전

九三은 鼎耳革하여 其行塞하여 雉膏不食하나
方雨虧悔 終吉이리라
象曰 鼎耳革은 失其義也라

구삼은 솥의 귀가 변하여 그 가는 길이 막혀서 꿩고기를 먹지 못하나, 장차 비가 내리면 부족하다는 후회가 마침내 길하다. 「상전」에서 말했다. "솥의 귀가 변함"은 그 의미를 잃었기 때문이다.

▶ **塞**: 변방 새/막힐 색   **雉**: 꿩 치   **膏**: 기름 고   **虧**: 이지러질 휴, 부족하다.

☑ 정이혁 기행색(鼎耳革 其行塞)

솥의 귀는 육오이고 솥의 주체이다. 구삼은 양으로 손괘(☴)의 위에 있어서 굳세고 공손하고, 그 재능이 일을 이루기에 충분하다. 그러나 구삼은 가운데에 있지 않아 육오에게 신임을 얻지 못한 자이다.

솥의 귀가 떨어져나가면 솥을 옮기지 못한다. 솥의 귀가 변한 것(鼎耳革)은 솥의 귀가 망가

진 것이다. 가는 길이 막힌 것(其行塞)은 솥의 귀가 망가졌으니 솥을 옮기지 못한다는 것이다. 솥의 귀가 변한 것은 육오가 사욕에 사로잡혀 정의와 공평으로 나라를 다스리지 못한다.

☑ 치고불식 방우휴회 종길(雉膏不食 方雨虧悔 終吉)

꿩고기[雉膏]는 귀한 음식으로 녹(祿)과 지위(地位)를 상징한다. 구삼은 재능이 있으나, 육오의 녹과 지위를 얻지 못한다. 막힌 솥의 귀를 꿰어 솥을 들 수가 없어 꿩고기를 받아 먹지 못하니(雉膏不食) 재능과 덕이 있으나 등용되지 못하고 임금의 녹을 얻지 못한다.

음·양이 사귀어 통하면 비가 내린다. 장차 비가 내려(方雨) 육오와 구삼이 곧 화합한다. 비가 와서 솥을 식혀 주니 이제는 솥을 움직일 수 있게 되었다. 구삼은 재능이 있으면서도 때를 만나지 못하여 원망하였으나 육오가 마침내 등용하여 길하다(虧悔終吉). 등용되지 않았던 인재가 현명한 군주에 의해 중책을 맡게 된 것이다.

☑ 정이혁 실기의야(鼎耳革 失其義也)

솥의 귀가 변함(鼎耳革)은 그 의미를 잃었기 때문이다(失其義也). 육오가 공평하고 현명하지 못한 것은 군주의 역할을 잃은 것이다. 따라서 효상은 솥의 귀가 변하여 그 가는 길이 막혀서 꿩고기를 먹지 못하는 상으로, 점사는 현명한 군주가 마침내 등용하여 중책을 맡게 될 것이다.

■ 구사 효사와 소상전

 ^{구 사} ^{정 절 족} ^{복 공 속} ^{기 형 악} ^흉
九四는 鼎折足하여 覆公餗하니 其形渥이라 凶토다.
^{상 왈} ^{복 공 속} ^{신 여 하 야}
象曰 覆公餗하니 信如何也오?

구사는 솥의 다리가 부러져서 군주에게 바칠 음식이 엎어지고 그 얼굴이 붉어지니 흉하다. 「상전」에서 말했다. "군주에게 바칠 음식이 엎어졌으니" 믿음이 어떠하겠는가?

▶ 折: 꺾을 절 覆: 다시 복/덮을 부, 엎어지다. 餗: 죽 속, 음식물 渥: 두터울 악/적실 우/담글 우, 붉다.

☑ 정절족 복공속 기형악 흉(鼎折足 覆公餗 其形渥 凶)

구사는 대신의 지위에서 나라의 일을 맡은 자이다. 훌륭한 인재를 등용하면 나라를 잘 다스릴 수 있으나 훌륭한 인재를 등용하지 않으면 국사를 실패하고 나라에 화를 끼칠 것이다.

초육은 음유(陰柔)의 소인으로 등용할 수 없는 자다. 솥의 다리가 부러짐(鼎折足)은 능력이 부족하여 큰 임무를 감당할 수 없는 것이다. 군주에게 바칠 음식이 엎어짐(覆公餗)은 임무를 수행하지 못해 대사를 망친 것이다. 대신에 등용되었으나 임무를 감당하지 못해 얼굴이 붉어지니(其形渥) 흉하다(凶). 대신이 재능과 덕이 부족하여 맡은 일을 수행하지 못해 나라의 은택을 백성에게 주지 못한다.

☑ 복공속 신여하야(覆公餗 信如何也)

군주에게 바칠 음식이 엎어진 이유(覆公餗)는 믿음을 얻지 못했기 때문이다. 대신이 나라의 치세를 이룬다면 믿음을 얻지만, 그렇지 않으면 직분을 잃는다. 따라서 효상은 솥의 다리가 부러져 솥의 음식이 엎어진 상으로, 점사는 덕과 지혜가 부족하면 직분을 잘 수행하지 못해 흉하다.

육오 효사와 소상전

六五는 鼎黃耳金鉉이니 利貞하니라
象曰 鼎黃耳는 中以爲實也라

육오는 솥에 누런 귀와 쇠고리가 있으니 바르게 함이 이롭다. 「상전」에서 말했다. "솥에 누런 귀가 있음"은 중도를 본질로 삼기 때문이다.

▶ 鉉 : 솥귀 현, 재상

☑ 정황이금현 이정(鼎黃耳金鉉 利貞)

육오는 솥의 귀이고 상구는 금현이다. 귀에 고리가 있기 때문에 솥을 움직일 수 있다. 금현(金鉉)은 솥의 귀를 꿰어 솥을 드는 고리이다. 솥에 누런 귀가 달려있고(鼎黃耳) 쇠고리가 붙어있어(金鉉) 솥을 잘 움직일 수 있다. 음식이 잘 익어야 이롭다(利貞).

☑ 정황이 중이위실야(鼎黃耳 中以爲實也)

솥에 누런 귀가 달려있음(鼎黃耳)은 중도를 본질로 삼기 때문이다(中以爲實也). 육오는 부드러움으로 총명하고, 중도를 지켜 견고하다. 따라서 효상은 솥에 누런 귀와 쇠고리가 있는 상으로, 점사는 중도를 지키면 길하다.

▎상구 효사와 소상전

상구　정옥현　대길　무불리
上九는 鼎玉鉉이니 大吉하여 无不利니라
상왈 옥현재상　강유 절야
象曰 玉鉉在上은 剛柔 節也라

상구는 솥에 옥고리가 있으니 크게 길하여 이롭지 않음이 없다.「상전」에서 말했다. "옥고리가 위에 있는 것"은 강유가 적절하기 때문이다.

☑ 정옥현 대길 무불리(鼎玉鉉 大吉 无不利)

쇠는 불을 두려워하나 옥은 불을 두려워하지 않아 옥을 귀하게 여긴다. 초육은 솥의 다리이고, 이효・삼효・사효는 솥의 배이며, 오효는 솥의 귀이고, 상효는 솥의 고리이다. 솥을 받드는 것은 다리이고, 솥에 음식을 담는 것은 배이며, 솥을 움직이는 것은 귀이고, 솥을 드는 것은 고리로, 솥이 고리로 들려지게 되면 그 공이 이루어진다.

쇠는 굳세고 옥은 조화롭다. 육오는 쇠고리이고(鼎金鉉), 상구는 옥고리이다(鼎玉鉉). 상구는 옥고리를 쓰니 길하고 허물이 없다(大吉 无不利). 옥현(玉鉉)은 귀한 고리로 임금을 보좌하는 군자를 상징한다. 군자가 임금을 보좌하니 크게 길하다. 육오는 부드럽기 때문에 굳셈을 귀하게 여기고, 상구는 굳세기 때문에 조화를 귀하게 여긴다.

☑ 옥현재상 강유절야(玉鉉在上 剛柔節也)

옥고리가 위에 있는 것(玉鉉在上)은 강유가 적절하기 때문이다(剛柔節也). 굳세면서도 온화함은 바로 절도가 있는 것이다. 상구는 공을 이루고 씀을 지극히 하는 자리에 있어서 굳셈과 부드러움이 절도에 맞으니, 이 때문에 크게 길하여 이롭다. 따라서 효상은 솥에 옥고리를 건 상으로, 점사는 군자가 임금을 보좌하니 길하다.

경계하고 대비할 중뢰진(重雷震)

51		震上	重雷震
		震下	중뢰진

중뢰진괘(重雷震卦)는 상괘와 하괘가 우레[雷]를 상징하는 진괘(震卦: ☳)로, 이는 우레가 겹쳐서 진동하는 상이다. 진(震)은 우(雨)와 진(辰)의 합성어로서 우뢰가 서로 이어서 움직인다. 진의 상은 우레이고 뜻은 움직임이니, 우레는 움직여 놀라고 두려워하는 뜻이 있다. 화풍정괘는 솥을 사용하는 것이고, 중뢰진괘는 우레가 진동하는 때에 제사를 주관하는 장자이다. 따라서 괘상은 우레가 겹쳐서 진동하는 중뢰(重雷) 상이요, 괘명은 움직이는 진괘(震卦)이다.

혁괘(革卦)는 상층 권력집단을 교체하는 괘이나 진괘(震卦)는 백성들의 도덕적 교화를 하는 괘이다. 혁명한 후에는 나라를 안정시키고 백성을 고무시켜 부패와 소인을 제거한다. 진괘는 혁명하고 나라를 안정시킨 후에 백성을 교화시켜 법과 질서가 유지되는 사회를 이루는 것이다.

진괘(震卦)는 위험한 상황이라도 천도를 지키고 자신을 살피고 수양할 것을 교훈한다. 초효는 진래혁혁(震來虩虩)으로, 이는 우레가 칠 때 두려워 떨면 뒤에 웃고 말함이 즐거운 상황이니, 자신을 살펴 수양하고 법도를 어기지 않으니 길하다. 이효는 상패(喪貝)로, 이는 우레가 울려 재물을 잃어버린 상황이니, 자신을 반성하면 재물은 곧 다시 찾게 된다. 삼효는 진소소(震蘇蘇)로, 이는 우레가 쳐 놀라고 불안한 상황이니, 두려워하는 마음으로 행동을 살핀다면 재앙이 없다. 사효는 진수니(震遂泥)로, 이는 우레가 진흙에 빠진 상황이니, 소인의 득세로 재능을 충분히 발휘하지 못한다. 오효는 무상(无喪)으로, 이는 우레가 칠 때 왕래하여 위태로워도 잃는 것이 없는 상황이니, 잘 헤아려 중도로 처리하면 잃을 것이 없다. 육효는 진삭삭(震索索)으로, 이는 우레가 흩어져서 두리번거리며 보는 상황이니, 미리 경계하고 방비하면 허물이 없다.

▌괘사

震은 亨하니 震來虩虩이면 笑言啞啞이리니
震驚百里에 不喪匕鬯하니라

진(震)은 형통하니, 우레가 칠 때 두려워 떨면 웃고 말함이 즐거우니 우레가 백 리를 두렵게 하는데도 국자와 울창주를 놓치지 않는다.

▶ 震: 우레 진, 진동하다, 움직이다, 놀라다.   虩: 두려워하는 모양 혁   啞: 웃을 액   驚: 놀랄 경
   匕: 비수 비, 숟가락, 국자   鬯: 울창주 창

☑ 진형(震亨)

진(震)은 움직임과 놀람이다. 진(震)은 움직여 나아가니 형통하다(震亨). 우레가 치고 움직이고 나아가니 사물은 모두 두려워하여 정돈되어 가지런하게 되니, 진(震)에는 형통한 덕이 있다.

☑ 진래혁혁 소언액액(震來虩虩 笑言啞啞)

우레가 칠 때 스스로 편안하지 못하고 둘러보면서 두려워 떤다(震來虩虩). 웃고 말함이 즐거운 것(笑言啞啞)은 우레가 칠 때는 삼가고 조심하지만 끝나면 안도하고 웃는다는 말이다. 두려워하면 잘못을 저지르지 않고, 안정되면 마침내 웃고 말하게 된다.

☑ 진경백리 불상비창(震驚百里 不喪匕鬯)

비(匕)는 종묘에 제사지낼 때 쓰던 국자 모양의 제기(祭器)요, 창(鬯)은 향기로운 술이니, 비창(匕鬯)은 종묘 제사를 상징한다. 우레의 진동이 백 리 먼 곳까지도 놀라게 한다(震驚百里). 군주가 위엄과 명령으로 백성을 긴장시킨다. 제주는 국자와 울창주를 놓치지 않는다(不喪匕鬯). 이는 종묘 제사를 잊어버리지 않는다는 뜻이다. 즉, 군주가 백성을 교화시켜서 나라를 계속 발전시켜 나간다.

우레의 위엄을 군주의 위엄에 비유한다. 군주가 명령을 내려 백성을 긴장시키고, 군주의 위엄을 회복하고, 종묘와 사직을 보존한다. 따라서 괘상은 우레가 백 리를 울려도 국자와 울창주를 놓치지 않는 상으로, 점사는 군주가 백성을 교화시키면 나라가 발전할 것이다.

▌ 괘사에 대한 단전

_{단왈 진 형}　　_{진 래 혁 혁}　　_{공 치 복 야}
彖曰 震은 亨하니 震來虩虩은 恐致福也요
_{소 언 액 액}　　_{후 유 칙 야}　　_{진 경 백 리}　　_{경 원 이 구 이 야}
笑言啞啞은 後有則也라 震驚百里는 驚遠而懼邇也니
_{출 가 이 수 종 묘 사 직}　　_{이 위 제 주 야}
出可以守宗廟社稷하여 以爲祭主也리라

「단전」에서 말했다. 진(震)은 형통하니, "우레가 칠 때 두려워 떠는 것"은 두려워하여 복을 이루기 때문이고, "웃고 말하는 것이 즐거움"은 법을 지킨 뒤이기 때문이다. "우레가 백 리를 두렵게 함"은 멀리 있는 자를 놀라게 하고 가까이 있는 자를 두렵게 함이니, 나아가 있을 때라도 종묘와 사직을 보존하여 제주가 되기 때문이다.

▶ 恐: 두려울 공　懼: 두려워할 구　邇: 가까울 이　宗: 마루 종, 근원, 근본, 제사　廟: 사당 묘
　社: 모일 사/토지신 사　稷: 피 직, 곡신

☑ 진 형 진래혁혁 공치복야(震 亨 震來虩虩 恐致福也)

진(震)은 형통하다(震亨). 우레가 칠 때 잠시 두려워하다가 곧 정신을 차리고 안도한다. 우레가 칠 때 두려워하는 이유(震來虩虩)는 악행이나 과오가 있어 반성하기 때문이다. 악행이나 과오를 반성하고 고쳐 착한 일을 행하면, 두려움이 복을 부른다(恐致福也). 군자가 자신을 반성하여 잘못을 고치니 선행이 쌓여 복을 받게 되는 것이다.

☑ 소언액액 후유칙야(笑言啞啞 後有則也)

법을 준수한 뒤에는(後有則也) 웃고 말함이 즐겁다(笑言啞啞). 법을 지키니 마음이 태연하고 편안하게 된다. 따라서 백성들이 기강과 법을 지켜 편안해지고 즐거워진다.

☑ 진경백리 경원이구이야(震驚百里 驚遠而懼邇也)

백 리란 원래 제후국의 영토를 상징하니 멀리 있는 자이다. 우레가 백 리를 두렵게 함(震驚百里)은 멀리 있는 자를 놀라게 하고, 가까이 있는 자를 두렵게 함이다(驚遠而懼邇也). 놀람은 잘못을 뉘우치는 것이고, 두려움은 잘못을 고치고 행실을 바꾸는 것이다.

☑ 출가이수종묘사직 이위제주야(出可以守宗廟社稷 以爲祭主也)

종묘(宗廟)는 사당이고, 사직(社稷)은 토지신과 곡식신으로 나라이다. 나아감[出]은 임금이

순시(巡視)하는 것이다. 임금이 순시를 나아가면 장남은 남아서 종묘와 사직을 지키고(出可以守宗廟社稷) 제주의 예를 대신한다(以爲祭主也). 제주는 국자와 울창주를 들고 제사를 지낼 때 오로지 공경만을 생각한다. 군주는 우레처럼 명령을 하고, 멀거나 가까이 있는 모든 백성들이 두려움을 갖고, 법을 준수하게 한다.

▌ 괘사에 대한 대상전

상 왈 천 뢰 진　　군 자 이　　공 구 수 성
象曰 洊雷震이니 君子 以하여 恐懼脩省하니라

「상전」에 말했다. 우레가 거듭된 것이 진(震)이니, 군자는 이를 본받아 두려워하여 (자신을) 수양하고 (덕을) 살핀다.

▶ 洊: 이를 천, 거듭하다.　雷: 우레 뢰(뇌)　恐: 두려울 공　懼: 두려워할 구　修: 닦을 수　省: 살필 성

☑ 천뢰진 군자이 공구수성(洊雷震 君子以 恐懼修省)

　천(洊)은 거듭함이다. 진괘(震卦: ☳)는 우레가 거듭되어 위엄이 떨쳐지는 상이다(洊雷震). 군자는 하늘의 위엄을 두려워하니, 자신을 수양하고 덕을 살펴(君子以恐懼修省) 허물을 고친다. 두려워하는 것(恐懼)은 마음에서 일어나고, 자신을 수양하고 덕을 살핌(修省)은 일에서 드러난다. 따라서 군주의 명령은 우레와 같아 백성들이 두려워하고, 두려운 마음은 자신을 반성하고 잘못을 고치게 한다.

▌ 초구 효사와 소상전

초 구　　진 래 혁 혁　　후　　소 언 액 액　　길
初九는 震來虩虩이면 後에 笑言啞啞이니 吉하니라
상 왈 진 래 혁 혁　　공 치 복 야　　소 언 액 액　　후 유 칙 야
象曰 震來虩虩은 恐致福也요 笑言啞啞은 後有則也라

초구는 우레가 칠 때 두려워 떨면 뒤에 웃고 말함이 즐거우니 길하다. 「상전」에서 말했다. "우레가 칠 때 두려워 떪"은 두려워하여 복을 이루기 때문이고, "웃고 말하는 것이 즐거움"은 법을 지킨 뒤이기 때문이다.

☑ 진래혁혁 후소언액액 길(震來虩虩 後笑言啞啞 吉)

처음에는 두려워 떨다가(震來虩虩) 뒤에 웃고 말함이 즐거우니 길하다(後笑言啞啞 吉). 먼저 떨어야 뒤에 안정되며, 먼저 두려워해야 뒤에 편안해진다. 초구와 구사는 같이 우레가 치는 주효이고, 나머지 네 음효는 진동하는 벼락 소리를 듣고 두려워하는 자들이다.

☑ 공치복야 후유칙야(恐致福也 後有則也)

우레가 칠 때 두려워 떠는 것은 자신을 반성하고 잘못을 고치는 것이고, 두려워해야 복을 이룬다(恐致福也). 웃고 말함이 즐거운 이유(笑言啞啞)는 법을 지킨 뒤이기 때문이다(後有則也). 두려워하기에 스스로 자신을 살펴 수양하고 감히 법도를 어기지 않는다. 따라서 효상은 우레가 올 때 두려워 떨면 뒤에 웃고 말함이 즐거운 상으로, 점사는 자신을 살펴 수양하고 법도를 어기지 않으니 길하다.

■ 육이 효사와 소상전

육 이　　진 래 려　　억 상 패　　제 우 구 릉
六二는 震來厲라 億喪貝하여 躋于九陵이니
물 축　　칠 일 득
勿逐하면 七日得하리라
상 왈　　진 래 려　　승 강 야
象曰 震來厲는 乘剛也라

육이는 우레가 치니 위태롭다. 많은 재물을 잃어 구릉에 올라 찾지 않더라도 칠 일에 얻는다. 「상전」에서 말했다. "우레가 치는 것이 위태로움"은 강을 탔기 때문이다.

▶ 厲: 갈 려(여), 사납다, 위태롭다.　億: 억 억, 많은 수　貝: 조개 패, 재물　躋: 오를 제　陵: 언덕 릉(능)
　逐: 쫓을 축, 찾다.

☑ 진래려 억상패 제우구릉(震來厲 億喪貝 躋于九陵)

육이는 가운데 효의 자리에 있어서 우레가 칠 때에 위험하고 두려워하는 상이 있다. 육이는 음으로 중정함을 얻어 굳센 양인 초구를 타고 있으므로, 우레가 칠 때에 형세가 매우 사납고 위태롭기 때문에(震來厲) 재물을 크게 잃고(億喪貝) 찾기 위해서 아주 높이 올라간다(躋于九陵).

☑ 물축 칠일득(勿逐 七日得)

육이는 비록 잃은 재물을 찾지 않더라도 칠 일이면 저절로 다시 찾게 된다(勿逐 七日得). 위태로운 상황을 잘 대처하면, 즉 자신을 반성하면 재물은 저절로 회복되는 것이다.

☑ 진래려 승강야(震來厲 乘剛也)

우레가 쳐 위태롭게 느껴 재물을 잃을 것 같아 높은 언덕으로 피신했는데 오히려 재물을 잃어버렸다. 잃어버린 재물은 찾지 않아도 칠 일이면 다시 찾게 된다. 우레가 치니 위태로움(震來厲)은 강을 탔기 때문이다(乘剛也). 부드러운 음인 육이가 굳센 양인 초구를 타고 있어서 우레의 위엄에 위태로워 재물을 잃었지만 중정하기 때문에 저절로 찾게 되었다. 따라서 효상은 우레가 울려 재물을 잃어버린 상으로, 점사는 자신을 반성하면 재물은 곧 다시 찾게 된다.

■ 육삼 효사와 소상전

육삼 진소소 진행 무생
六三은 震蘇蘇니 震行하면 无眚하리라
상왈 진소소 위부당야
象曰 震蘇蘇는 位不當也라

육삼은 우레에 놀라고 불안하니 움직여 가면 재앙이 없다. 「상전」에서 말했다. "우레에 놀라고 불안함"은 자리가 마땅하지 않기 때문이다.

▶ 蘇: 되살아날 소, 깨다, 놀라다. 震: 우레 진, 움직이다, 떨다. 眚: 흐릴 생, 잘못, 재앙

☑ 진소소 진행무생(震蘇蘇 震行无眚)

육삼은 음으로서 양의 자리에 있어 바르지 않으니 평소에도 불안한데, 우레가 쳐 더 놀라고 불안하다(震蘇蘇). 신중하고 불안한 마음으로 움직여 가면 재앙이 없다(震行无眚). 두려워하는 마음으로 행동을 살핀다면 허물이 없다고 경계한 것이다.

☑ 진소소 위부당야(震蘇蘇 位不當也)

우레가 쳐 놀라고 불안함(震蘇蘇)은 음이 양의 자리에 있어 자리가 마땅하지 않기 때문이다(位不當也). 육삼은 자리가 마땅하지 않기 때문에 두려운 마음을 갖고 신중하게 행동하면 재앙

을 피할 수 있다. 따라서 효상은 우레가 쳐 놀라고 불안한 상으로, 점사는 두려워하는 마음으로 행동을 살핀다면 재앙이 없다.

구사 효사와 소상전

구사 진수니
九四는 震遂泥라
상왈 진수니 미광야
象曰 震遂泥는 未光也로다

구사는 우레가 마침내 진흙에 빠졌다. 「상전」에서 말했다. "우레가 마침내 진흙에 빠짐"은 아직 빛나지 못하기 때문이다.

▶ 遂: 드디어 수, 마침내   泥: 진흙 니(이), 진흙에 빠지다.

☑ 진수니(震遂泥)

구사는 우레가 마침내 진흙에 빠졌다(震遂泥). 구사는 우레가 치는 소리를 듣고 두렵고 당황하여 갑자기 진흙에 빠진 것이다. 현인이 소인의 득세로 능력을 발휘할 기회가 없어졌다.

☑ 진수니 미광야(震遂泥 未光也)

우레가 진흙에 빠짐(震遂泥)은 아직 빛나지 못하기 때문이다(未光也). 재능이 있는 현인이 소인들의 득세 때문에 능력을 충분히 발휘하지 못하는 처지이다. 따라서 효상은 우레가 진흙에 빠진 상으로, 점사는 소인의 득세로 재능을 충분히 발휘하지 못한다.

육오 효사와 소상전

육오 진왕래 려 억 무상유사
六五는 震往來 厲하니 億하여 无喪有事니라
상왈 진왕래려 위행야 기사 재중 대무상야
象曰 震往來厲는 危行也요 其事 在中하니 大无喪也니라

육오는 우레가 칠 때 왕래함이 위태로우나 잘 헤아려 (재물을) 잃은 것이 없고 큰 일이 있다. 「상전」에 말했다. "우레가 칠 때 왕래함이 위태로움"은 다니는 것이 위태롭고, 그 큰 일이 중에 있으니 잃음이 없다.

▶ 億: 억 억, 많다, 헤아리다.

☑ 진왕래려 억무상 유사(震往來厲 億无喪 有事)

우레가 칠 때 왕래함이 위태롭다(震往來厲)는 것은 우레가 칠 때 오고 가는 것이 위험하다는 것이다. 육오는 양의 자리에 음효가 왔고 양의 구사를 타고 있어서 왕래가 모두 위험하다. 잘 대처하여 재물을 크게 잃은 것이 없고 제사를 지내는 큰 일을 지속한다(億无喪 有事). 유사(有事)란 제사를 지내는 큰 일로 왕권을 보존하는 것을 상징한다. 신중하고 중도를 지키면 비록 위태로워도 큰 일을 지킬 수 있다.

☑ 기사재중 대무상야(其事在中 大无喪也)

우레가 칠 때 왕래함이 위태로움(震往來厲)은 다니는 것이 위태롭고(危行也), 그 큰 일이 중에 있으니 잃음이 없다(其事在中 大无喪也). 우레가 칠 때 왕래를 모두 위태롭게 하여 다니는 것이 두렵고 위태롭다. 그러나 육오가 알맞음에 있어서 큰 일을 중도로 처리하고 수양하고 살피기 때문에 크게 잃는 바가 없다. 따라서 효상은 우레가 칠 때 왕래하여 위태로워도 잃는 것이 없는 상으로, 점사는 잘 헤아려 중도로 처리하면 잃을 것이 없다.

상육 효사와 소상전

상육 진삭삭 시확확 정흉
上六은 震索索하여 視矍矍이니 征凶하니라
진불우기궁 우기린 무구 혼구유언
震不于其躬이오 于其鄰이면 无咎리니 婚媾有言이니라
상왈 진삭삭 중미득야 수흉무구 외린계야
象曰 震索索은 中未得也라 雖凶无咎는 畏鄰戒也라

상육은 우레가 흩어져서 두리번거리며 보니 가면 흉하다. 우레가 자기 몸에 이르지 않고 그 이웃에 이르러도 (미리 경계하면) 허물이 없으니, 혼인하면 (원망하는) 말이 있을 것이다. 「상전」에 말했다. "우레가 흩어짐"은 중을 얻지 못했기 때문이고, 비록 흉해도 허물이 없음은 이웃이 경계함을 보고 두려워하기 때문이다.

▶ 索: 찾을 삭(색), 떨어지다, 분산하다, 두려워하다 矍: 두리번거릴 확 鄰: 이웃 린(인) 媾: 화친할 구
畏: 두려워할 외 戒: 경계할 계

☑ 진삭삭 시확확 정흉(震索索 視矍矍 征凶)

상육은 진괘(震卦)의 끝에 있고 두려워 두리번거리는 상이며, 육오를 경계하고 움직이지 않으니, 호응하지도 가지도 않고 원망한다. 우레가 흩어져서 눈을 두리번거리며 봄(震索索 視矍矍)은 우레가 칠 때 불안하여 주변을 두리번거리며 보는 것이다. 가면 흉함(征凶)은 우레가 치면 마음이 불안하여 행하면 흉한 것이다. 즉, 무모하게 시도하면 반드시 흉하다.

☑ 진불우기궁 우기린 무구(震不于其躬 于其鄰 无咎)

우레가 자기 몸에 이르지 않고(震不于其躬) 그 이웃에 이르러도 미리 경계하면 허물이 없다(于其鄰 无咎). 우레가 이웃집에 이르렀을 때 우레를 보고 두려워하고 미리 경계하여 대비하면 화가 없을 것이다.

☑ 혼구유언(婚媾有言)

혼구(婚媾)는 혼인, 유언(有言)은 원망하거나 분쟁하는 말이다. 혼인하면 말이 있을 것이다(婚媾有言). 혼인은 원망하는 말이 있을 것이다. 비록 혼인하는 사람과 친근한 자일지라도 원망이 생길 수 있다.

☑ 중미득야 수흉무구 외린계야(中未得也 雖凶无咎 畏鄰戒也)

우레가 흩어짐(震索索)은 중을 얻지 못했기 때문이고(中未得也), 비록 흉해도 허물이 없음(雖凶无咎)은 이웃이 경계하는 것을 보고 두려워하고 미리 경계했기 때문이다(畏鄰戒也). 알맞은 도를 얻지 못하였기 때문에 두려워하면서 불안해하고, 이웃에 우레가 칠 때 두려워하며 불안해 하는 것을 보고 경계하고 미리 방비하면 비록 흉하나 허물이 없다. 따라서 효상은 우레가 흩어져서 두리번거리며 보는 상으로, 점사는 미리 경계하고 방비하면 허물이 없다.

편안하게 멈추는 중산간(重山艮)

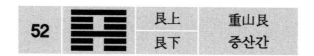

| 52 | | 艮上
艮下 | 重山艮
중산간 |

중산간괘(重山艮卦)는 상괘와 하괘가 모두 산을 상징하는 간괘(艮卦: ☶)로, 이는 산이 위아래로 있어 산이 거듭 막고 있으니 나아갈 수 없는 상이다. 간괘(艮卦)는 위아래에 산이 거듭되며 마음을 찾는다는 평정(平靜)을 뜻하여 좋은 괘이다. 간(艮)은 멈추다, 그치다, 억제하다, 억누르다는 뜻이다. 간(艮)의 멈춤[止]은 편안하게 멈춘다는 의미로 그 멈춰야 할 자리에 멈추는 것이다. 간괘(艮卦)는 산이 가로막혀 제자리에 멈추는 때이다. 괘상은 산이 위아래로 겹쳐 있는 중산(重山) 상이요, 괘명은 멈추는 간괘(艮卦)이다.

간괘(艮卦)는 진괘(震卦)의 위아래를 뒤집어 놓은 괘이다. 진괘(震卦)가 강렬한 움직임을 상징하는 괘로 우레 소리에 놀라 스스로 단속하는 괘이나, 간괘(艮卦)는 지극히 고요한 상태를 상징하는 괘로 욕구가 나타나기 전에 멈추어 사욕이 움직이지 못하게 하는 괘다. 두 괘는 수신 괘로 진괘(震卦)가 동적인 수신이라면, 간괘(艮卦)는 정적인 수신이다.

간괘(艮卦)는 멈출 때 멈출 줄 알고 분수를 지키고 바른 도를 실천하라는 교훈이다. 초효는 간기지(艮其趾)로, 이는 발꿈치에서 멈추는 상황이니, 멈출 때 멈추면 이롭다. 이효는 간기비(艮其腓)로, 이는 장딴지에서 멈추는 상황이니, 마지못해 따라가니 위태롭다. 삼효는 간기한(艮其限)으로, 이는 허리에 멈춰 등뼈를 벌리는 상으로, 소인들이 득세하여 나라의 안정이 위태롭다. 사효는 간기신(艮其身)으로, 이는 몸에서 멈추는 상황이니, 사리사욕을 억제하면 허물이 없다. 오효는 간기보(艮其輔)로, 이는 볼에서 멈추고 말에 조리가 있는 상황이니, 조리 있고 신중하게 말하면 후회가 없다. 육효는 돈간(敦艮)으로, 이는 돈독하게 멈추는 상황이니, 돈독한 덕으로 욕심을 억제하면 길하다.

괘사

간 기 배　 불 획 기 신　 행 기 정
艮其背면 不獲其身하며 行其庭하여도
불 견 기 인　 무 구
不見其人하여 无咎리라

등에서 멈추면 몸을 얻지 못하며, 뜰을 다녀도 사람을 보지 못하여 허물이 없다.

▶ 艮: 멈출 간, 그치다, 멈추다, 어렵다.　獲: 얻을 획, 붙잡다.

☑ 간기배 불획기신(艮其背 不獲其身)

간(艮)은 멈추다, 그치다, 억제하다, 억누르다는 뜻이다. 간(艮)은 멈추어야 할 때 멈추거나 머물러야 할 때 머물러야 한다는 말이다. 사람은 사악한 마음이 발동되고, 욕심이 앞서면 바른 도를 지킬 수 없다. 등에서 멈추면 욕심에 사로잡히지 않는다.

보이는 것은 앞에 있는데, 등은 뒤에 있으니 보이지 않는다. 보이지 않는 곳에서 멈추면 욕심이 마음을 어지럽히지 않아 멈춤이 편안하다. 등에서 멈춤(艮其背)은 욕심을 멈추게 하는 것이다. 등은 마음이 멈추는 곳으로 사욕을 멈추고 도를 지키는 것이다. 몸을 얻지 못함(不獲其身)은 욕심이 자신을 붙잡지 못하는 것이다.

☑ 행기정 불견기인 무구(行其庭 不見其人 无咎)

뜰을 다녀도 사람을 보지 못함(行其庭 不見其人)은 등을 지고 아주 가깝게 다녀도 보지 못해 욕심을 품지 못한다. 이는 욕심을 멈추는 도리를 지키는 것이고, 욕심을 멈추니 허물이 없다 (无咎). 사람의 욕심은 물건을 끌어당기는 데서 생기는데, 얼굴을 등지면 다른 사람이 나의 몸을 보지 못하고, 나도 다른 사람의 몸을 보지 못한다. 비록 매우 가깝더라도 서로 보지 못하면 욕심이 움직이지 않는다.

괘사에 대한 단전

단 왈　간 지 야　　시 지 즉 지　　　시 행 즉 행
彖曰 艮止也니 時止則止하고 時行則行하여
동 정 불 실 기 시　 기 도 광 명　　　간 기 지　　지 기 소 야
動靜不失其時 其道光明이니라 艮其止는 止其所也라

상 하 적 응　　　불 상 여 야　　시 이 불 획 기 신　 행 기 정　 불 견 기 인　 무 구 야
上下敵應하여 不相與也라 是以不獲其身 行其庭 不見其人 无咎也라

「단전」에서 말했다. 간(艮)은 멈춤이니, 멈출 때면 멈추고, 다닐 때면 다녀서, 움직임과 고요함이 때를 잃지 아니함은 도가 빛나고 밝다. 간(艮)이 멈춤은 자리에 멈추기 때문이다. 위아래가 적으로 응하여 서로 함께하지 않는다. 이 때문에 몸을 얻지 못하며 뜰에 가면서도 사람을 보지 못해 허물이 없다.

☑ 간지야 시지즉지 시행즉행(艮止也 時止則止 時行則行)

간(艮)은 멈춤이다(艮止也). 마땅히 멈춰야 할 것은 욕심이다. 욕심은 생각에서 나오니, 자신의 것이 아닌 것을 생각하지 않으면 욕심이 멈춘다. 멈춤은 때이다. 멈출 때면 멈추고(時止則止), 다닐 때면 다닌다(時行則行). 갈 때는 가고, 올 때는 오고, 물러날 때는 물러나는 것처럼 모든 것은 시기가 있으니 시기를 잃지 말아야 한다.

☑ 동정불실기시 기도광명(動靜不失其時 其道光明)

움직임과 고요함이 때를 잃지 아니함(動靜不失其時)은 때를 잃지 말고 때를 거스르지 않는 것이다. 움직임과 멈춤이 때에 맞지 않으면 망령되고, 때를 잃지 않으면 순리대로 행하여 의리에 합하는 것이다. 움직임과 고요함이 때를 잃지 않는 것이 간의 도가 빛나고 밝다(其道光明).

☑ 간기지 지기소야(艮其止 止其所也)

간이 멈춤(艮其止)은 자리에 멈추기 때문이다(止其所也). 멈춤은 자리에 연유한다. 사물이 있으면 반드시 법칙이 있으니, 어버이는 자애에 멈추고, 자식은 효에 멈추고, 임금은 어짊에 멈추고, 신하는 공경에 멈춘다. 모든 사물은 자리를 가졌으니 자리를 얻으면 안정되고, 자리를 잃으면 어그러진다. 성인이 나라를 순리대로 다스릴 수 있는 것도 오직 자리에서 멈추기 때문이다.

☑ 상하적응 불상여야(上下敵應 不相與也)

간괘의 여섯 효가 상하로 상응하지 않고 적으로 응하니(上下敵應) 서로 교류하지 않는다(不相與也). 상괘와 하괘가 적으로 서로 대응하여 서로 함께하는 뜻이 없다. 음과 양이 서로 호응하면 서로 함께하지만 적이므로 서로 함께하지 않으니 서로 등져 멈춘다. 서로 대적하면, 안으로 자신을 보지 못하고 밖으로 남을 보지 못하여, 뜰을 다녀도 사람을 보지 못한다.

☑ 행기정 불견기인 무구야(行其庭 不見其人 无咎也)

몸을 얻지 못함(不獲其身)은 욕심을 멈추는 것이다. 뜰을 다녀도 사람을 보지 못하니(行其

211

庭 不見其人) 등을 지고 있어 아주 가깝게 다녀도 보지 못해 욕심을 품지 못한다. 따라서 욕심을 억제하면 허물이 없다(无咎也).

괘사에 대한 대상전

상왈 겸산간   군자 이   사 불 출 기 위
象曰 兼山艮이니 君子 以하여 思不出其位하니라

「상전」에서 말했다. 산이 거듭된 것이 간(艮)이니, 군자는 이를 본받아 생각이 그 지위에서 벗어나지 않는다.

☑ 겸산간(兼山艮)

간괘는 위아래가 다 산이므로 겹친 산이다(兼山艮). 상괘와 하괘가 모두 간이고 멈춘 채 움직이지 않는다.

☑ 군자이 사불출기위(君子以 思不出其位)

군자가 간괘에서 멈춤의 상을 본받아 자기의 지위를 벗어나는 생각을 하지 않는다(君子以 思不出其位). 군자는 멈춰야 할 때 나아가지 않고, 자신의 분수를 지킨다. 따라서 군자가 간의 상을 살펴서 마땅히 멈춰야 할 때에 멈추고, 생각이 지위에서 벗어나지 않아 분수를 넘고 법도에 넘치는 행동을 하지 않는다.

초육 효사와 소상전

초 육   간 기 지   무 구   이 영 정
初六은 艮其趾라 无咎하니 利永貞하니라
상왈 간 기 지   미 실 정 야
象曰 艮其趾는 未失正也라

초육은 발꿈치에서 멈추니, 허물이 없고 오래도록 바르게 함이 이롭다. 「상전」에서 말했다. "발꿈치에서 멈춤"은 바름을 잃지 않은 것이다.

▶ 趾 : 발 지, 발꿈치 永 : 길 영, 오래도록

☑ 간기지 무구 이영정(艮其趾 无咎 利永貞)

간괘는 욕심을 억제하는 괘로 움직이려는 것은 바로 욕심이다. 욕심이 생기려는 때에 억제하니 허물이 없다. 초육은 발꿈치가 되고, 육이는 장딴지가 된다. 사람이 다니려고 하면 발이 반드시 먼저 움직인다.

발꿈치에서 멈춤(艮其趾)은 일이 나타나는 순간에 처음부터 멈추는 것이다. 발꿈치가 움직이지 않으면 움직일 수 없다. 처음에 멈추면 바름을 잃지 않으므로 허물이 없다(无咎). 멈출 때 멈추는 것이 바르게 하는 것이니 오래도록 바르게 하면 이롭다(利永貞).

☑ 간기지 미실정야(艮其趾 未失正也)

발꿈치에서 멈춤(艮其趾)은 바름을 잃지 않은 것이다(未失正也). 멈춰야 할 때 다니는 것은 바른 것이 아니다. 일이 시작될 때 멈추는 것은 잃는 것이 가장 적다. 따라서 효상은 발꿈치에서 멈추는 상으로, 점사는 멈출 때 멈추면 이롭다.

육이 효사와 소상전

六二는 艮其腓니 不拯其隨라 其心不快로다
象曰 不拯其隨는 未退聽也라

육이는 장딴지에서 멈춤이니 따르는 사람을 구원하지 못하기 때문에 마음이 유쾌하지 않다. 「상전」에서 말했다. "따르는 사람을 구원하지 못함"은 (윗사람이) 물러나서 듣지 않기 때문이다.

▶ 腓: 장딴지 비 拯: 건질 증, 구원하다. 隨: 따를 수 快: 쾌할 쾌, 유쾌하다. 聽: 들을 청, 따르다, 판결하다.

☑ 간기비 부증기수 기심불쾌(艮其腓 不拯其隨 其心不快)

육이가 중정의 덕이 있어 멈추어야 할 때 멈출 수 있어 장딴지에서 멈춘다(艮其腓). 허리가 움직이면 장딴지는 따라갈 뿐 구원하지 못한다(不拯其隨). 육이는 지위가 낮아 구삼을 구해 줄 수 없으나 단지 따를 뿐이다. 멈춰야 하는데 마지못해 따라가니 불쾌하다(其心不快). 육이는 멈춰야 할 때이나 구삼을 설득해도 소용 없이 따를 수밖에 없다.

☑ 부증기수 미퇴청야(不拯其隨 未退聽也)

　따르는 사람을 구원하지 못함(不拯其隨)은 윗사람이 물러나서 듣지 않기 때문이다(未退聽也). 육이는 장딴지요 구삼은 허리다. 육이는 구삼을 구원해줄 수 없으므로 마음이 유쾌하지 않고, 구삼은 기꺼이 육이의 충고를 따르지 않으므로 위태롭다. 따라서 효상은 장딴지에서 멈추는 상으로, 점사는 마지못해 따라가니 위태롭다.

▌구삼 효사와 소상전

 　九三은 艮其限이라 列其夤이니 厲薰心이로다

　　　　　象曰 艮其限이라 危薰心也라

구삼은 허리에서 멈춰 등뼈를 벌려놓아 위태로움이 마음을 태운다. 「상전」에서 말했다. "허리에서 멈춰" 위태로움이 마음을 태운다.

▶ 限 : 한할 한, 허리　列 : 벌일 렬(열), 나누다.　夤 : 조심할 인, 등골　厲 : 갈 려(여), 위태롭다.　薰 : 향초 훈, 태우다.

☑ 간기한 열기인 려훈심(艮其限 列其夤 厲薰心)

　구삼은 위아래의 경계에 있고 바름을 얻었으나 양이 너무 강해 바르게 행하나 허리에서 멈추게 되니(艮其限) 소인들이 대신의 권력을 박탈한 것이다. 또 허리에서 등뼈를 벌려놓으니(列其夤) 소인들이 대신과 백성의 사이를 벌려놓아 나라가 위태롭다. 소인들이 대신과 백성의 사이를 벌려 위태로움이 마음을 태우니(厲薰心) 불안이 심하다.

☑ 간기한 위훈심야(艮其限 危薰心也)

　멈춤의 도는 멈출 때 멈추고, 갈 때 가고, 물러날 때 물러나는 것이다. 허리에서 멈춰(艮其限) 위태로움이 마음을 태운다(危薰心也). 나아가고 물러나며 굽히고 펼 수 없는 것은 위아래가 벌려졌기 때문으로 위태롭고 두려운 것이다. 따라서 효상은 허리에 멈춰 등뼈를 벌리는 상으로, 점사는 소인들이 득세하여 나라의 안정이 위태롭다.

█ 육사 효사와 소상전

六四는 艮其身이니 无咎니라
(육사)(간기신)(무구)

象曰 艮其身은 止諸躬也라
(상왈)(간기신)(지저궁야)

육사는 몸에서 멈춤이니 허물이 없다. 「상전」에서 말했다. "몸에서 멈춤"은 자신의 몸에서 멈추는 것이다.

☑ 간기신 무구(艮其身 无咎)

몸[身]은 사람의 몸이고, 몸[躬]은 자신의 몸이다. 육사는 대신의 자리로 멈춰야 할 때 멈추게 하는 자이다. 육사는 유약한 음으로 구삼과 육이를 멈추지 못하나 자신만은 스스로 멈추니 허물이 없다. 구삼에 넘어가지 않고 몸에서 멈춤(艮其身)은 자신이 사리사욕을 억제하니 허물이 없다(无咎). 사리사욕을 억제하여 심신이 바르게 되었으나 윗자리에 있으면서 겨우 자신만을 바르게 한 것이다.

☑ 간기신 지저궁야(艮其身 止諸躬也)

바깥 사물을 멈추게 하는 것은 외부의 유혹을 이기는 것이고, 내 몸을 멈추는 것은 내부의 유혹을 이기는 것이다. 몸에 멈춤(艮其身)은 자신의 몸에서 멈추는 것이다(艮其身 止諸躬也). 육사는 사리사욕을 억제하고 스스로 반성하고 수양하여 바른 도를 지키는 자이다. 따라서 효상은 몸에서 멈추는 상으로, 점사는 사리사욕을 억제하면 허물이 없다.

█ 육오 효사와 소상전

六五는 艮其輔라 言有序면 悔亡하리라
(육오)(간기보)(언유서)(회망)

象曰 艮其輔는 以中正也라
(상왈)(간기보)(이중정야)

육오는 볼에서 멈춤이니, 말이 질서가 있으면 후회가 없다. 「상전」에서 말했다. "그 볼에서 멈춤"은 중으로써 바름이다.

▶ 輔: 도울 보, 광대뼈

☑ 간기보 언유서 회망(艮其輔 言有序 悔亡)

볼[輔]은 뺨의 볼로 말이 나오는 곳이다. 육오는 임금의 지위이고 세상의 멈춤을 주재하는 자이나 유약한 음의 재질로 뜻을 감당할 수 없다.

볼에서 멈춤(艮其輔)은 말의 멈춤으로 허언, 아첨, 조롱이나 비난을 억누르는 것이다. 말이 질서가 있음(言有序)은 말이 순서가 있어야 하고, 이치와 법에 맞아야 한다는 뜻이다. 육오는 말을 함부로 하여 생기는 설화(舌禍)가 없으니 후화가 없다(悔亡).

☑ 간기보 이중정야(艮其輔 以中正也)

육오는 가운데 있어 입을 다무는 것이 알맞음을 얻은 상이다. 볼에서 멈춤(艮其輔)은 막말하지 않고 조리 있고 신중하게 말하면 중(中)으로써 바름을 얻게 된다(以中正也). 사람이 마땅히 멈추고 삼가야 할 것은 말과 행동이다. 따라서 효상은 볼에서 멈추고 말에 조리가 있는 상으로, 점사는 조리 있고 신중하게 말하면 후회가 없다.

▋ 상구 효사와 소상전

^{상구} ^{돈간} ^길
上九는 敦艮이니 吉하니라
^{상왈} ^{돈간지길} ^{이후종야}
象曰 敦艮之吉은 以厚終也라

상구는 돈독하게 멈춤이니 길하다. 「상전」에서 말했다. "돈독하게 멈추는 것이 길함"은 끝까지 두텁기 때문이다.

▶ 敦 : 도타울 돈

☑ 돈간길(敦艮吉)

상구는 견고하여 마땅히 멈춰야 할 때 멈추는 자이다. 상구는 돈독한 덕으로 욕심을 억제하면 길하다(敦艮吉). 멈춤이 끝까지 가는 것이 어렵지만, 상구는 굳건하고 괘의 위에 있어 최대한으로 억제하니 길하다.

☑ 돈간지길 이후종야(敦艮之吉 以厚終也)

상구는 지위가 절정에 있어 머물러야 할 곳에서 머물고 있어 길하다. 돈독하게 멈춤이 길한 것(敦艮之吉)은 끝까지 두텁기 때문이다(以厚終也). 세상의 일은 오직 끝까지 지키는 것이 어려운데, 멈춤이 끝까지 돈독하니 길하다. 따라서 효상은 돈독하게 멈추는 상으로, 점사는 돈독한 덕으로 욕심을 억제하면 길하다.

(53)

점차 나아가는 풍산점(風山漸)

53		巽上 艮下	風山漸 풍산점

　풍산점괘(風山漸卦)는 상괘가 바람[風]을 상징하는 손괘(巽卦: ☴)이고, 하괘가 산[山]을 상징하는 간괘(艮卦: ☶)로, 이는 산이 아래 있고 바람이 위에 있는 상이다. 점(漸)은 점진적으로 나아감이다. 나무가 산 위에 있으니, 점진적으로 나아가 높아지는 것이 점괘의 상이다. 따라서 나무는 산으로 인해 높아지며, 바람은 산을 따라 일어나서 높아지며, 남자는 지위를 얻어 존귀해지고, 부인은 남편을 통해 존귀해지고, 모친은 자식을 통해 존귀해지니, 점진적으로 나아감이다. 괘상은 나무가 서서히 자라는 풍산(風山) 상이요, 괘명은 점점 나아가는 점괘(漸卦)이다.

　점괘(漸卦)에는 만물이 점진적으로 진행되는 질서와 법칙이 있다. 초육은 홍점우간(鴻漸于干)으로, 이는 기러기가 물가로 점진적으로 나아가는 상황이니, 위태롭게 여기면 기다려 주니 허물이 없다. 이효는 홍점우반(鴻漸于磐)으로, 이는 기러기가 반석 위로 점진적으로 내려앉아 음식을 즐겁게 먹는 상황이니, 바른 도를 행하여 세상에 은덕을 미치게 하면 길하다. 삼효는 홍점우륙(鴻漸于陸)으로, 이는 기러기가 뭍으로 점차 나아가니 남편이 가면 돌아오지 않고 부인은 잉태한 상황이니, 부부의 도를 잃으면 흉하다. 사효는 홍점우목(鴻漸于木)으로, 이는 기러기가 나무로 점차 나아가 평평한 가지를 얻는 상황이니, 순종하고 공손하면 허물이 없다. 오효는 홍점우릉(鴻漸于陵)으로, 이는 기러기가 언덕으로 점차 나아가고, 부인이 삼 년 동안 잉태하지 못하는 상황이니, 유혹을 물리쳐 경사가 있고 길하다. 육효는 기우가용위의(其羽可用爲儀)로, 이는 그 날개가 예의와 법도가 될 만한 상황이니, 날 때에는 질서가 있어서 길하다.

218

괘사

점 여귀길 이정
漸은 女歸吉하니 利貞이니라

점(漸)은 여자가 시집가는 것이 길하니 바르게 함이 이롭다.

▷ 漸: 점점 점/적실 점, 점점, 차츰, 차츰 나아가다.　歸: 돌아갈 귀, 시집가다, 보내다.

☑ 점여귀길 이정(漸女歸吉 利貞)

　점(漸)은 순서에 따라 점차 나아간다는 뜻이다. 육례(六禮)가 순서대로 진행되어야 정상적인 결혼으로 인정하고 복도 받을 수 있는 것이 풍속이었다. 육례(六禮)는 남자가 규방에 있는 여인을 맞이하는 혼인 예법이다. 납채(納采: 신랑집에서 청혼예물을 보냄), 문명(問名: 신부의 출생연월일이나 그 어머니의 성씨를 물음), 납길(納吉: 길한 혼인날을 신부집에 알림), 납폐(納幣: 혼인증명으로 예물을 신부집에 보냄), 청기(請期: 신랑집에서 택일의 가부를 신부집에 물음), 친영(親迎: 신랑이 신부집에 가서 아내를 맞이함)을 치루면 결혼이 성사된다.

　여자가 시집가는 것이 길한 것(女歸吉)은 의례와 예식에 따라서 순서를 지키며 혼례를 치루니(利貞) 길하다. 신하가 조정에 나아갈 때에 순서를 따르지 않는다면 도의에 어긋나 흉함과 허물이 뒤따른다. 따라서 괘상은 여자가 시집가는 상으로, 점사는 순서대로 행하면 이롭다.

괘사에 대한 단전

단 왈 점 지 진 야 여 귀 길 야
彖曰 漸之進也 女歸吉也라
진 득 위 왕 유 공 야 진 이 정 가 이 정 방 야
進得位하니 往有功也요 進以正하니 可以正邦也니
기 위 강 득 중 야 지 이 손 동 불 궁 야
其位는 剛得中也라 止而巽하니 動不窮也라

「단전」에서 말했다. 점(漸)의 나아감은 여자가 시집을 가는 것이 길함이 된다. 나아가 자리를 얻으니 가면 공이 있다. 올바름으로 나아가면 나라를 바르게 할 수 있다. 그 자리는 강이 중을 얻는다. 그치고 공손하므로 움직임이 궁하지 않다.

☑ 점지진야 여귀길야(漸之進也 女歸吉也)

점의 나아감은 바르고 점진적인 것이다. 점진적으로 나아가는 것(漸之進也)은 여자가 의례와 예식에 따라서 시집감이니 길하다(女歸吉也).

☑ 진득위 왕유공야(進得位 往有功也)

공(功)이란 일을 수행하여 얻은 구체적인 결실을 뜻한다. 구삼과 구오는 양이 나아가서 자리를 얻고, 육이와 육사는 음이 나아가서 자리를 얻는다. 나아가 각각 자신의 자리를 얻었으니(進得位) 일을 해 나아가면 공이 있다(往有功也). 이는 여자가 시집가서 한 남자의 부인이 되고, 부인의 역할을 다하는 공로가 있다는 뜻이다.

☑ 진이정 가이정방야(進以正 可以正邦也)

바른 자리에서 나라를 잘 다스리면 백성들이 바르게 살 수 있다. 정도로 나아가면(進以正) 나라를 바르게 하여 민심을 얻을 수 있다(可以正邦也). 여자가 시집가 부인의 역할을 다하는 것은 나라를 바르게 하는 것이다.

☑ 기위 강득중야(其位 剛得中也)

중정(中正)은 육이가 음효이고 구오는 양효인 경우이다. 즉, 중정은 중과 정을 동시에 얻는 경우로 가장 좋은 효이다. 중정은 중도를 바르게 행하여 길하고 바르다.

구오가 굳센 양과 중정으로 존귀한 자리를 얻었다. 바름으로 나아가면 나라를 바르게 할 수 있다는 말은 가정의 도리가 바르고 나라가 안정됨을 뜻한다. 구오는 바른 자리로 가운데에 있다. 따라서 구오는 존귀한 자리를 얻어 굳세고 중도를 지키는(其位 剛得中也) 현명한 덕을 갖춘 자이다.

☑ 지이손 동불궁야(止而巽 動不窮也)

간괘는 멈추고 손괘는 순종하니 멈춤은 안정이 되며 순종은 온화하고 유순한 뜻이 된다. 사람이 욕심을 멈추지 않으면 조급하여 점진적으로 할 수 없어 궁하지만, 간괘는 그치고 고요하고 손괘는 순종하기 때문에 나아가 움직임에 궁함이 없다. 따라서 욕심을 멈추고 마음이 공손하면(止而巽) 행동을 하여도 궁하지 않다(動不窮也).

■ 괘사에 대한 대상전

象曰 山上有木이 漸이니 君子 以하여 居賢德하여 善俗하니라
^{상 왈 산 상 유 목 점 군 자 이 거 현 덕 선 속}

「상전」에서 말했다. 산 위에 나무가 있는 것이 점(漸)이니, 군자는 이를 본받아 현명한 덕에 머물러 풍속을 선하게 해야 한다.

☑ 산상유목 점(山上有木 漸)

하괘 간(艮)은 산이고 상괘 손(巽)은 나무로, 산 위에 나무가 점진적으로 자라고 있는 것이 점(漸)이다(山上有木). 그러므로 산 위에 나무가 조금씩 자라듯이 세상의 모든 것은 순서에 따라 조금씩 발전한다.

☑ 군자이 거현덕선속(君子以 居賢德善俗)

군자는 이를 본받아 현명한 덕에 머물러 풍속을 선하게 해야 한다(君子以 居賢德善俗). 군자는 덕을 조금씩 쌓아 세상의 풍속을 선하게 하여 점진적으로 교화해야 한다. 따라서 군자는 먼저 덕을 쌓아 현명해진 다음에 다른 사람도 선해지도록 점진적으로 교화해야 한다.

■ 초육 효사와 소상전

初六은 鴻漸于干이니 小子厲하여 有言无咎니라
^{초 육 홍 점 우 간 소 자 려 유 언 무 구}
象曰 小子之厲니 義无咎也니라
^{상 왈 소 자 지 려 의 무 구 야}

초육은 기러기가 물가로 점진적으로 나아가니, 어린이가 위태로워서 말은 있지만 허물은 없다. 「상전」에서 말했다. "어린이가 위태롭게 여김"은 의리에는 허물이 없다.

▶ 鴻: 기러기 홍 干: 방패 간/줄기 간, 물가 厲: 갈 려(여), 사납다, 위태롭다.

☑ 홍점우간 소자려 유언무구(鴻漸于干 小子厲 有言无咎)

기러기는 금슬이 좋아 한쪽이 죽어도 다른 기러기와 짝짓기를 하지 않는다고 알려졌다. 기러기가 날아갈 때에는 질서가 있으며 나아감에도 점진적이다. 때에 맞춰서 행동하는 것이 점진

적이라는 뜻이다.

기러기가 물가로 점진적으로 나아간다(鴻漸于干). 기러기는 물가에서 서서히 이리저리 오락가락하다가 날아간다. 성숙한 기러기는 앞에서 날고, 어린 기러기는 뒤에서 난다. 어린 기러기들은 무리를 잃을까 염려하고 위태롭게 느껴 짖으면, 성숙한 기러기가 반드시 천천히 날면서 기다려 준다. 어린이가 위태로우면(小子厲) 위험하다는 말을 해도 허물이 없다(有言无咎).

☑ 소자지려 의무구야(小子之厲 義无咎也)

어린이가 위태롭게 여김(小子之厲)은 의리에는 허물이 없다(義无咎也). 어린 기러기가 후미에서 처져 위태로우면 선두의 기러기가 속도를 맞춰주니 재앙을 만나지 않는다. 따라서 효상은 기러기가 물가로 점진적으로 나아가는 상으로, 점사는 위태롭게 여기면 기다려 주니 허물이 없다.

█ 육이 효사와 소상전

육이　홍점우반　음식간간　길
六二는 鴻漸于磐이라 飲食衎衎하니 吉하니라
상왈　음식간간　불소포야
象曰 飲食衎衎은 不素飽也라

육이는 기러기가 반석 위로 점차 나아간다. 음식을 먹는 것이 즐거워 길하다. 「상전」에서 말했다. "음식을 먹는 것이 즐거움"은 부질없이 배만 부르려는 것이 아니다.

▶ 磐: 너럭바위 반, 머무르다.　衎: 즐길 간　素: 본디 소/흴 소, 부질없다, 헛되다.　飽: 배부를 포

☑ 홍점우반 음식간간 길(鴻漸于磐 飲食衎衎 吉)

육이는 가운데에 있어서 바름을 얻었고 위로 구오와 호응하니 점진적으로 나아감이 편안한 자이다. 반(磐)은 물가의 넓은 안전한 돌로 이미 배가 부른 상태에서 노닐며 쉬는 곳이다.

기러기가 물가에서 반석으로 나아감(鴻漸于磐)은 반석 위로 점차 내려앉는 것이다. 초육에서 물가에서 놀던 기러기가 육이에서 조금 더 진출해 바위 위까지 올라가 먹이를 먹고 있는 상황이다. 육이는 음식을 먹는 것을 즐거워 길하다(飲食衎衎 吉). 기러기가 반석 위에 내려앉은 것은 더 높은 목표를 달성하기 위한 것이다.

☑ 음식간간 불소포야(飮食衎衎 不素飽也)

현명하고 덕이 있는 군자는 하는 일 없이 자리만 차지하지 않는다. 음식을 먹음이 즐거움(飮食衎衎)은 부질없이 배 부르게만 먹는 것이 아니다(不素飽也). 이는 중정한 군자가 바른 도를 행하여 세상에 은덕을 미치게 하는 것을 비유한다. 군자는 녹봉에 대해 부끄러움을 느끼고 소인은 음식을 늘 걱정한다. 따라서 효상은 기러기가 반석 위로 점진적으로 내려앉아 음식을 즐겁게 먹는 상으로, 점사는 바른 도를 행하여 세상에 은덕을 미치게 하면 길하다.

▌ 구삼 효사와 소상전

구 삼   홍점우륙   부정불복
九三은 鴻漸于陸이니 夫征不復하고
부 잉 불 육   흉   이 어 구
婦孕不育하여 凶하니 利禦寇하니라
상 왈 부정불복   이군추야   부잉불육   실기도야
象曰 夫征不復은 離群醜也요 婦孕不育은 失其道也요
이 용 어 구   순 상 보 야
利用禦寇는 順相保也라

구삼은 기러기가 뭍으로 점차 나아가니 남편은 가면 돌아오지 않고, 부인은 잉태하더라도 양육을 못하여 흉하니, 도적을 막음이 이롭다. 「상전」에서 말했다. "남편이 가면 돌아오지 않음"은 무리를 떠나 추하기 때문이다. "부인이 잉태하더라도 양육하지 못함"은 도를 잃어버렸기 때문이다. "도적을 막는 것이 이로움"은 순리대로 서로 보호하기 때문이다.

▶ 陸 : 뭍 륙(육) 夫 : 지아비 부 征 : 갈 정/칠 정 復 : 회복할 복/ 다시 부 婦 : 며느리 부 孕 : 아이 밸 잉
　禦 : 막을 어 寇 : 도적 구 離 : 떠날 리(이) 醜 : 추할 추, 나쁘다, 무리, 군중 保 : 지킬 보

☑ 홍점우륙 부정불복(鴻漸于陸 夫征不復)

육(陸)은 평평하고 높은 지대이다. 기러기는 물가에 사는 조류로 육지가 편안한 곳이 아니다. 기러기가 뭍으로 올라오는 것은 근거지를 떠난 것으로 편안함을 잃은 상이다. 전쟁에 나가 돌아오지 않는 남편, 잉태해도 양육하지 못하는 아내 등은 흉한 모습을 비유한 것이다.

기러기가 물가에 있지 않고 뭍으로 올라오는 것을 구삼이 육사를 탐내고 부정한 관계를 하는 것을 비유한 것이다. 구삼은 기러기가 점진적으로 뭍으로 나아가서(鴻漸于陸) 편안히 있을 수 있는 장소를 얻지 못한 상이다.

양을 뜻하는 부(夫)는 구삼이다. 남편 구삼이 바름을 지키지 못하여 다른 여자 육사에게 가

면 돌아오지 못한다(夫征不復). 정(征)은 떠남이며 복(復)은 돌아옴인데, 돌아오지 않음은 의리를 돌아보지 않는 것이다.

☑ 부잉불육흉 이어구(婦孕不育凶 利禦寇)

　남편은 구삼이고 아내는 육사이다. 아내가 다른 남자와 불륜하고 잉태하여 양육을 못하니 도가 아니므로 흉하다(婦孕不育 凶). 구삼은 나아갈 줄만 알고 돌아올 줄을 모른다. 육사는 구삼과 정식 배필이 아닌데 유혹으로 임신했지만 기를 수가 없어 흉할 수밖에 없다. 도적은 해치는 자로 불륜한 자들도 도적이다. 구삼은 육사와 만나서 불륜을 하지 말아야 한다. 구삼이 도적을 막는 것은 이로우나(利禦寇) 도적을 막지 못하면 흉하게 된다.

☑ 이군추야 실기도야 순상보야(離群醜也 失其道也 順相保也)

　남편이 가면 돌아오지 못함(夫征不復)은 무리를 떠나 추한 사람이 되는 것이다(離群醜也). 구삼만 홀로 유혹에 이끌리어 바름을 잃고 무리를 떠나게 된다. 뭍은 편안하게 머무는 곳이 아닌데 홀로 뭍으로 점차 나아가는 것이 무리를 떠나는 것이고 길을 잃는 것이다.

　부인이 잉태하더라도 양육하지 못함(婦孕不育)은 부부의 도를 잃어버렸기 때문이다(失其道也). 부부의 도리를 잃고, 정절을 지키지 못하고, 불륜으로 아이를 잉태하였으니, 제대로 아이를 기르지 못한다.

　도적을 막는 것이 이로움(利用禦寇)은 순리대로 서로 보호하기 때문이다(順相保也). 부부의 도를 지키는 것이 편안함을 보존할 수 있다. 따라서 효상은 기러기가 뭍으로 점차 나아가니 남편이 가면 돌아오지 않고 부인은 잉태한 상으로, 점사는 부부의 도를 잃으면 흉하다.

■ 육사 효사와 소상전

六四는 鴻漸于木이니 或得其桷이면 无咎리라
(육사　홍점우목　혹득기각　무구)
象曰 或得其桷은 順以巽也라
(상왈 혹득기각　순이손야)

육사는 기러기가 나무로 점차 나아가니, 혹 (평평한) 가지를 얻으면 허물이 없다. 「상전」에서 말했다. "혹 (평평한) 가지를 얻음"은 순종하고 공손하기 때문이다.

▶ 桷 : 서까래 각, 가지

☑ 홍점우목 혹득기각 무구(鴻漸于木 或得其桷 无咎)

나무는 점진적으로 높아지지만 불안한 상이다. 기러기는 나무 위에 앉는 새가 아니다. 기러기가 나무로 점차 나아감(鴻漸于木)은 기러기가 못 갈 데를 간 것이다. 기러기는 발가락이 물갈퀴로 연결되어 나뭇가지를 움켜잡지 못하기 때문에 나뭇가지에 머물지 못한다.

각(桷)은 평평하게 뻗은 가지로 기러기가 혹 평평한 가지 위에서는 편안하게 머물 수 있어 허물이 없다(或得其桷 无咎). 기러기가 나무에 올라감은 불안한 일이지만 혹 평평한 가지에 머물면 편안하다.

☑ 득기각 순이손야(得其桷 順以巽也)

구오의 도움을 얻는다면 비록 위태로운 처지에 있더라도 허물이 없다. 평평한 가지를 얻음(得其桷)은 순종하고 공손하기 때문이다(順以巽也). 순종하고 공손하면 편안한 자리를 얻을 수 있다. 따라서 효상은 기러기가 나무로 점차 나아가 평평한 가지를 얻는 상으로, 점사는 순종하고 공손하면 허물이 없다.

■ 구오 효사와 소상전

九五는 鴻漸于陵이니 婦三歲 不孕하나 終莫之勝이라 吉하리라
象曰 終莫之勝吉은 得所願也라

구오는 기러기가 언덕으로 점차 나아가니, 부인이 삼 년 동안 잉태하지 못했지만 끝내 이기지 못하므로 길하다. 「상전」에서 말했다. "끝내 이기지 못하여 길함"은 원하던 바를 얻었기 때문이다.

▶ 陵: 언덕 릉(능)

☑ 홍점우릉(鴻漸于陵)

릉(陵)은 높은 언덕이고, 임금의 자리를 상징한다. 구오는 굳센 양으로 중정하고 아래로 육이와 호응하며 존귀한 자리에 있어 기러기가 나무로부터 점차로 언덕으로 나아가는 상이다(鴻漸于陵). 기러기가 언덕으로 올라간 것은 자신에게 가장 적합한 안식처를 찾아간 것이다. 비록 구오는 존귀한 자리를 얻었지만 점진적으로 나아갈 때 도를 행하는 일은 진실로 급작스럽게 할 수 없다.

☑ 부삼세불잉 종막지승 길(婦三歲不孕 終莫之勝 吉)

구오는 육이와 정응이 되고 중정의 덕이 있지만, 구삼과 육사는 막고 사귐을 막는 자들이다. 남편이 이미 떠나 부인이 삼 년 동안 잉태하지 못했다(婦三歲不孕)는 것은 부인이 정절을 오랫동안 지켰다는 말이다. 어떤 남자가 한 여자의 남편이 멀리 떠난 것을 알고 그녀를 유혹했지만 그녀가 끝내 물리쳐 길하다(終莫之勝 吉). 지(之)는 잉(孕)으로 부인을 유혹하다는 뜻이다. 구오가 구삼과 육사를 물리치고 마침내 배필인 육이를 만나 길하다. 따라서 구오는 곧 원하던 바를 얻어서 길하게 된다.

☑ 종막지승길 득소원야(終莫之勝吉 得所願也)

다른 남자가 부인을 유혹하지 못하고 부인이 끝내 길한 이유(終莫之勝吉)는 부인이 정절을 지키고 원하던 남편을 만났기 때문이다(得所願也). 따라서 효상은 기러기가 언덕으로 점차 나아가고, 부인이 삼 년 동안 잉태하지 못하는 상으로, 점사는 유혹을 물리쳐 경사가 있고 길하다.

▌상구 효사와 소상전

상구 홍점우륙 기우 가용위의 길
上九는 鴻漸于陸니 其羽 可用爲儀니 吉하니라
상 왈 기 우 가 용 위 의 길 불 가 란 야
象曰 其羽可用爲儀吉은 不可亂也라

상구는 기러기가 산으로 점차 날아가니, 그 날개는 예의와 법도가 될 만하여 길하다. 「상전」에서 말했다. "그 날개는 예의와 법도가 될 만하여 길함"은 어지럽힐 수 없기 때문이다.

☑ 홍점우륙 기우가용위의 길(鴻漸于陸 其羽可用爲儀 吉)

날개는 법도나 인품을 비유한다. 기러기가 무리를 지어 날아갈 때에는 질서가 있다. 기러기는 산 위로 점차 날아가며(鴻漸于陸) 시기를 놓치지 않고 무리가 엄숙한 대열을 이루어 날며 질서를 잃지 않으니, 날개는 법도가 될 만하다(其羽可用爲儀).

☑ 불가란야(不可亂也)

그 날개는 예의와 법도가 될 만하니 길한 이유(其羽可用爲儀 吉)는 날 때에는 질서가 있어서 어지럽힐 수 없기 때문이다(不可亂也). 어지럽힐 수 없음은 기러기 무리가 질서 있게 대열을 유지한다는 뜻이다. 따라서 효상은 기러기가 산으로 점진적으로 나아가고, 그 날개가 예의와 법도가 될 만한 상으로, 점사는 날 때에는 질서가 있어서 길하다.

바르지 않는 혼인 뇌택귀매(雷澤歸妹)

54		震上 兌下	雷澤歸妹 뇌택귀매

뇌택귀매괘(雷澤歸妹卦)는 상괘가 우레[雷]를 상징하는 진괘(震卦: ☳)이고, 하괘가 못[澤]을 상징하는 태괘(兌卦: ☱)로, 이는 우레가 못 위로 나오니 봄에 남녀가 결혼할 때이다. 귀매괘의 상괘 진(☳)이 장남(長男), 하괘 태(☱)가 소녀(少女)로 장남과 소녀가 어울리는 괘다. 귀(歸)는 시집가는 것이고 매(妹)는 손아래 누이이다. 따라서 괘상은 못 위에 우레가 있는 뇌택(雷澤) 상이요, 괘명은 비정상적으로 시집가는 귀매괘(歸妹卦)이다. 귀매괘(歸妹卦)는 점괘(漸卦)의 위 아래를 뒤집어 놓은 괘이다.

고대 풍습에는 한 남자에게 여자 자매 둘을 한꺼번에 시집보내는 경우가 있었다. 요임금이 순임금에게 두 딸을 한꺼번에 시집보냈다. 귀매(歸妹)란 여자 자매 둘이 한 남자와 결혼하는 것을 가리킨다. 점괘(漸卦)가 정식적인 혼인관계를, 귀매괘(歸妹卦)가 비정상적인 혼인관계를 상징한다. 따라서 점괘는 육례를 중시한 괘이나 귀매괘에는 육례 과정을 거치지 않고 남녀가 서로 좋아해서 결합하는 상이다.

귀매괘(歸妹卦)는 비정상적인 혼례를 통해 교훈을 제시한다. 초효는 파능리(跛能履)로, 이는 여동생을 잉첩으로 시집보내어 절름발이처럼 걷는 상황이니, 정실을 받들고 남편을 도우면 길하다. 이효는 묘능시(眇能視)로, 이는 애꾸눈이 멀리 볼 수 없는 상황이니, 분수를 지키면 이롭다. 삼효는 반귀이제(反歸以娣)로, 이는 여동생이 시집갔다가 쫓겨와 잉첩으로 시집가는 상황이니, 교만하고 분수를 지키지 않으면 버림을 당하게 된다. 사효는 귀매건기(歸妹愆期)로, 이는 여동생이 혼기를 놓친 상황이니, 좋은 배필을 기다렸기 때문이다. 오효는 기군지몌(其君之袂)로, 이는 정실의 소매가 잉첩의 소매보다 아름답지 못한 상황이니, 존귀한 신분이라도 검약하고, 겸손하고, 공손해야 한다. 상효는 여승광(女承筐)으로, 이는 여자가 광주리를 이고 있지만 담긴 물건이 없고, 남자가 양을 베었으나 피가 나지 않는 상황이니, 제사를 받들지 못하니 부부가 될 수 없다.

▌ 괘사

귀 매　　정 흉　　무 유 리
歸妹는 **征凶**하니 **无攸利**하니라

귀매(歸妹)는 (시집)가면 흉하니 이로울 바가 없다.

▶ **歸** : 돌아갈 귀, 돌아가다, 따르다, 맡기다, 시집가다.　**妹** : 누이 매

☑ 귀매정흉 무유리(歸妹征凶 无攸利)

　　귀(歸)는 시집가다, 매(妹)는 소녀(少女)로 귀매(歸妹)는 시집가는 때이다. 돌아간다는 것[歸]은 근원으로 가는 것이니 여자가 친정에 잠시 머물렀다가 시집으로 돌아가는 것이다.
　　첩으로 시집을 가면 흉하다(征凶). 첩실로 가는 것은 바르지 못한 결혼이기 때문에 흉하다. 따라서 괘상은 소녀가 장남을 따르는 상으로, 점사는 비정식적으로 결혼하면 흉하다.

▌ 괘사에 대한 단전

단 왈　귀 매　　천 지 지 대 의 야
彖日 歸妹는 **天地之大義也**니
천 지 불 교 이 만 물　　불 흥　　귀 매　　인 지 종 시 야
天地不交而萬物이 **不興**하니 **歸妹**는 **人之終始也**라
열 이 동　　소 귀 매 야　　정 흉　　위 부 당 야
說以動하여 **所歸 妹也**니 **征凶**은 **位不當也**요
무 유 리　　유 승 강 야
无攸利는 **柔乘剛也**라

「단전」에서 말했다. 귀매(歸妹)는 천지의 큰 뜻이다. 하늘과 땅이 교감하지 않으면 만물이 흥성하지 못하니, 귀매(歸妹)는 사람에게 끝과 시작이다. 기뻐하면서 움직여 시집가는 자는 여동생이니, "(시집)가면 흉함"은 자리가 마땅하지 않기 때문이다. "이로울 것이 없음"은 유가 강을 탔기 때문이다.

▶ **說** : 말씀 설/달랠 세/기뻐할 열/벗을 탈　**當** : 마땅 당

☑ 귀매 천지지대의야(歸妹 天地之大義也)

　　귀매(歸妹)는 혼례를 갖추지 않고 여자가 남자에게 시집가는 것이지만, 천지음양이 화합하기 때문에 천지의 큰 뜻이다(天地之大義也). 천지의 도는 음양이 서로 사귀어 만물을 낳고, 만

물은 천지의 이치를 얻어 각각 음양이 합하여 낳아 귀매는 천지의 큰 뜻이다.

☑ 천지불교 이만물불흥(天地不交 而萬物不興)

천지가 사귀지 않으면(天地不交) 만물은 흥성하지 못하고(萬物不興) 남녀가 사귀지 않으면 자녀가 태어날 수 없다. 남녀가 짝을 이루는 것은 천지의 큰 뜻이다.

☑ 귀매 인지종시야(歸妹 人之終始也)

귀매(歸妹)는 끝마치고 시작하는 도이다. 시집감은 딸로서는 끝이 되고, 부인으로서는 시작이 된다. 귀매는 사람에게 끝과 시작이다(歸妹 人之終始也). 따라서 남녀가 본가에서의 삶을 마치고, 부부로서의 새로운 삶을 시작하는 것이다.

☑ 열이동 소귀매야(說以動 所歸妹也)

시집가는 자는 여동생이다. 진괘(震卦)는 움직임이고 태괘(兌卦)는 기쁨으로, 소녀가 시집가는 것을 기뻐하면서 움직인다(說以動). 이는 소녀가 남자를 따르는 것을 기뻐하며 움직인다는 말이다.

☑ 정흉 위부당야(征凶 位不當也)

시집을 가면 흉한 이유(征凶)는 정실이 아닌 첩실이므로 자리가 마땅하지 않기 때문이다(位不當也). 이효·삼효·사효·오효는 모두 자리가 마땅하지 않은 것은 정실이 아닌 첩실로 시집가니, 시집을 가면 흉하다고 경계했다.

☑ 무유리 유승강야(无攸利 柔乘剛也)

이로울 것이 없는 이유(无攸利)는 유음이 강양을 탔기 때문이다(柔乘剛也). 시집가는 것이 흉한 이유는 자리가 합당하지 않고 또한 아내가 남편을 잘못 탔기 때문이다. 남녀에게는 존비의 질서가 있고, 부부에게는 따르는 예법이 있다. 그런데 귀매괘에서 음이 굳센 양을 타니 이로움이 없다. 따라서 음란하고 사벽함에 이르니 귀매괘가 흉한 이유이다.

▋ 괘사에 대한 대상전

상왈 택상유뢰 귀매 군자 이 영종지폐
象曰 澤上有雷 歸妹니 君子 以하여 永終知敝하니라

「상전」에서 말했다. 못 위에 우레가 있는 것이 귀매(歸妹)이니, 군자는 이를 본받아 끝을 영구하게 하고 깨질 수 있음을 알아야 한다.

▶ 敝 : 해질 폐, 깨지다, 다하다, 버리다.

☑ 택상유뢰 귀매(澤上有雷 歸妹)

하괘 태괘(兌卦)가 못이고 상괘 진괘(震卦)가 우레이기 때문에 못 위에 우레가 있는 것이 귀매다(澤上有雷 歸妹). 우레가 위에서 진동하고 못이 따라서 움직이며, 양이 위에서 움직이고 음이 기뻐서 따르니, 여자가 남자를 따르기 때문에 귀매(歸妹)가 된다.

☑ 군자이 영종지폐(君子以 永終知敝)

군자는 남녀가 짝하여 자식을 낳아 서로 잇는 상을 보고, 끝을 영구하게 하고 깨짐이 있음을 안다(君子以 永終知敝). 영종(永終)은 생명이 다할 때까지 오래도록 함께 살자는 약속이다. 지폐(知敝)는 사이가 나빠져 약속이 깨질 수 있다는 것을 아는 것이다. 영종(永終)은 처음부터 끝까지 부부의 도를 지키는 것이요, 지폐(知敝)는 부부의 도가 깨질 수 있다는 것을 아는 것이다. 부부의 도는 항상할 수 있는 도가 아니므로, 오래되면 깨질 수 있다는 것을 경계해야 한다.

▋ 초구 효사와 소상전

초구 귀매이제 파능리 정길
初九는 歸妹以娣니 跛能履라 征吉하리라
상왈 귀매이제 이항야 파능리길 상승야
象曰 歸妹以娣나 以恒也요 跛能履吉은 相承也라

초구는 여동생을 잉첩으로 시집보내니, 절름발이라도 걸을 수 있어 가면 길하다. 「상전」에서 말했다. "여동생을 잉첩으로 시집보냄"은 항구한 도를 갖췄기 때문이며, "절름발이라도 걸을 수 있어 길함"은 서로 받들기 때문이다.

▶ 妹: 손아래 누이 매 娣: 손아래 누이 제 跛: 절름발이 파 履: 밟을 리(이)

☑ 귀매이제 파능리 정길(歸妹以娣 跛能履 征吉)

고대에 제후는 장가들 때 아홉 명의 여자를 얻었다. 정식 부인은 잉첩으로 모두 자신의 여동생과 조카딸을 데리고 시집갔다. 잉첩(媵妾)은 귀인에게 시집가는 여인이 데리고 가던 시첩(侍妾)이다. 언니는 정실(正室)이고, 여동생 제(娣)는 측실(側室)이다.

초구는 양이 양의 자리에 있어 바르고 현명하나 아래에 있고 정응이 없기 때문에 잉첩의 상이 된다. 그러나 굳센 양은 여자에게 현명하고 바른 덕이 되지만, 천한 신분이 되어 정실을 받들고 남편을 도울 뿐이다. 여동생을 잉첩으로 시집보냄(歸妹以娣)은 여동생을 측실로 시집보내는 것이다. 절름발이라도 걸을 수 있음(跛能履)은 첩의 신분이라도 남편을 도울 수 있으면 편안하고 길하다(征吉).

姉(윗누이 자)는 언니이고 정처(正妻)로 정실 부인이나, 娣(손아래 누이 제)는 여동생이고 첩이다. 초구는 언니를 따라 시집간 여동생이다. 첩의 신분으로서 분수를 알고 겸손하게 처신하면 길하다. 절름발이는 첩의 신분을 비유한 것이다. 따라서 절름발이도 걸을 수 있듯이 비록 첩의 신분이라도 남편을 도울 수 있으니, 남편을 바르게 도우면 길하다.

☑ 귀매이제 이항야(歸妹以娣 以恒也)

여동생을 잉첩으로 시집보냄(歸妹以娣)은 항구한 도를 갖췄기 때문이다(以恒也). 잉첩이 혼인의 항구한 도를 지켜야 길하다. 첩은 정실을 따르는 자로 불평하지 말고 혼인의 도를 끝까지 지켜야 한다.

☑ 파능리길 상승야(跛能履吉 相承也)

절름발이라도 걸을 수 있어 길함(跛能履吉)은 서로 받들기 때문이다(相承也). 비록 측실은 정실 밑에 있어 할 수 있는 일이 적어 절름발이와 같지만, 길한 이유는 정실을 받들고 남편을 도울 수 있기 때문이다. 잉첩은 정실을 도와 남편을 내조해야 길하다. 따라서 여동생을 잉첩으로 시집보내어 절름발이처럼 걷는 상으로, 점사는 정실을 받들고 남편을 도우면 길하다.

█ 구이 효사와 소상전

^{구 이} ^{묘 능 시} ^{이 유 인 지 정}
九二는 眇能視니 利幽人之貞하니라
^{상 왈} ^{이 유 인 지 정} ^{미 변 상 야}
象日 利幽人之貞은 未變常也라

구이는 애꾸눈으로 보는 것이니, 은둔자가 바르게 함이 이롭다. 「상전」에서 말했다. "은둔자가 바르게 하는 것이 이로움"은 떳떳한 도가 변하지 않았기 때문이다.

▶ 眇: 애꾸눈 묘 幽: 그윽할 유/검을 유, 조용하다, 피하여 숨다.

☑ 묘능시 이유인지정(眇能視 利幽人之貞)

구이는 굳센 양이며 가운데 자리를 얻었으니 현명하고 올바른 자인데, 선량한 배필을 얻지 못했기 때문에 애꾸눈이 멀리 볼 수 없으니(眇能視), 잉첩은 못본 척해야 모함이나 시기를 면할 수 있어 스스로 은둔자처럼 바른 도를 지키면 이롭다(利幽人之貞). 부인은 기질이 곧고 강한데, 남편은 우유부단하며 주변의 여자인 구사에게 휘둘린다. 애꾸눈처럼 못보는 척해야 편안하다. 따라서 구이는 강건하며 중도를 잃지 않아 상황을 이겨낼 수 있다.

☑ 이유인지정 미변상야(利幽人之貞 未變常也)

은둔자가 바르게 함이 이로움(利幽人之貞)은 떳떳한 도가 변하지 않았기 때문이다(未變常也). 구이 잉첩이 정실을 따를 때에는 반드시 애꾸눈으로 보는 것처럼 못본 척하고 분수를 지키니 길하다. 이것은 측실이 지켜야 하는 항상된 도이다. 따라서 효상은 애꾸눈이 멀리 볼 수 없는 상으로, 점사는 분수를 지키면 이롭다.

█ 육삼 효사와 소상전

^{육 삼} ^{귀 매 이 수} ^{반 귀 이 제}
六三은 歸妹以須니 反歸以娣니라
^{상 왈} ^{귀 매 이 수} ^{미 당 야}
象日 歸妹以須는 未當也라

육삼은 여동생을 천첩으로 시집보냈으나, 다시 돌아와 잉첩으로 시집보낸다. 「상전」에서 말했다. "여동생을 천첩으로 시집보냄"은 (자리가) 마땅하지 않기 때문이다.

▶ 須: 모름지기 수, 미천한 여자, 천첩 反: 돌이킬 반/돌아올 반 娣: 손아래 누이 제

☑ 귀매이수 반귀이제(歸妹以須 反歸以娣)

　　육삼은 음으로 양의 자리에 있고 부인의 덕을 잃고, 위로 호응함이 없어서 갈 곳이 없고, 남의 배필이 되기에 부족하고, 바르지 못한 여자다. 수(須)는 미천한 자니 천첩(賤妾)이다.

　　여동생을 천첩으로 시집보냄(歸妹以須)은 여동생이 정실이 아닌 첩으로 시집가는 것이다. 다시 돌아와 잉첩으로 시집보냄(反歸以娣)은 천첩으로 시집갔다가 시집에서 쫓겨와 언니를 따라 언니의 남편에게 잉첩으로도 시집가야 한다는 말이다.

☑ 귀매이수 미당야(歸妹以須 未當也)

　　육삼은 부드러운 음이고 바르지 못하며, 위로 정응함이 없어서 받아주는 자가 없기 때문에 구이를 따라야 한다. 마땅하지 않음(未當也)은 처한 곳, 가진 덕, 시집가는 것이 모두 마땅하지 않다는 뜻으로, 데려가는 자가 없어 때를 기다려야 한다.

　　여동생을 천첩으로 시집보냄(歸妹以須)은 자리가 마땅하지 않기 때문이다. 미천한 첩이 교만하고 분수를 지키지 않으면 구이로부터 버림을 당한다. 따라서 효상은 여동생이 시집갔다가 쫓겨와 잉첩으로 시집가는 상으로, 점사는 교만하고 분수를 지키지 않으면 버림을 당하게 된다.

█ 구사 효사와 소상전

九四는 歸妹愆期니 遲歸有時니라
象曰 愆期之志는 有待而行也라

구사는 여동생을 시집보냄에 혼기를 놓쳐 시집감이 지체되었으니 때가 있는 것이다. 「상전」에서 말했다. "혼기를 놓친 뜻"은 기다렸다가 (시집을) 가려고 했기 때문이다.

▶ 愆: 허물 건, 지나치다, 잃다. 遲: 더딜 지/늦을 지, 지체하다.

☑ 귀매건기 지귀유시(歸妹愆期 遲歸有時)

　　구사는 강건하고 사회적 지위까지 높은 여자이다. 이상적인 배필을 찾지 못해 적절한 혼기를 놓쳐서 시집가지 못했다(歸妹愆期). 여자가 현명한 데도 혼기를 놓친 이유는 정해진 때가 있

험한 세상을 사는 처세술 주역해설 [하경]

기 때문이다(遲歸有時). 즉, 아름다운 배필을 기다렸기 때문이다.

☑ 건기지지 유대이행야(愆期之志 有待而行也)

혼기를 놓친 뜻(愆期之志)은 좋은 짝을 만나기를 기다렸다가 시집을 가려고 했기 때문이다(有待而行也). 좋은 짝을 만나기를 기다렸기 때문에 혼기를 지나친 것이다. 따라서 효상은 여동생이 혼기를 놓친 상으로, 점사는 좋은 배필을 기다렸기 때문이다.

▌육오 효사와 소상전

육 오　　제 을 귀 매　　기 군 지 몌　불 여 기 제 지 몌　량
六五는 帝乙歸妹니라 其君之袂 不如其娣之袂 良하니

월 기 망　　길
月幾望이면 吉하니라

상 왈　제 을 귀 매　불 여 기 제 지 몌 량 야　　기 위 재 중　　　이 귀 행 야
象曰 帝乙歸妹 不如其娣之袂良也는 其位在中하여 以貴行也라

육오는 제을이 딸을 (문왕에게) 시집보냈다. 정실의 소매가 잉첩의 소매보다 아름답지 못하니, 달이 거의 보름에 가까우면 길하다. 「상전」에서 말했다. "제을이 딸을 (문왕에게) 시집보냈으나, (정실의 소매가) 잉첩의 소매보다 아름답지 못함"은 그 자리가 중에 있어서 귀함으로 행하기 때문이다.

▶ 袂: 소매 몌　幾: 몇 기, 거의, 얼마, 가깝다.　望: 바랄 망/보름 망

☑ 제을귀매(帝乙歸妹)

제을(帝乙)은 상나라 주왕(紂王)의 부친으로 상나라 29대 왕위를 계승하였으나 재위 기간에 나라가 더욱 쇠약하였다. 희창의 세력이 강성해지면 위협이 될 것으로 여긴 제을은 훗날을 위해 신분이 낮은 희창에게 딸을 시집보냈다. 제을은 제후국의 우두머리였던 주나라 희창(문왕)에게 딸을 시집보냈다(帝乙歸妹).

☑ 기군지몌 불여기제지몌량(其君之袂 不如其娣之袂良)

군(君)은 제을의 딸이고, 양(良)은 좋고 예쁘다는 뜻이다. 제을의 딸은 존귀한 자리에 있으면서도 겸손하고 검약하며 중도를 지켰다. 제을의 딸은 옷을 소박하게 입어 정실의 소매(其君之袂)가 잉첩의 소매보다 아름답지 못했다(不如其娣之袂良). 신분이 높은 육오 제을의 딸이 신분이 낮은 첩보다도 옷이 더 소박하였다.

의복의 소매는 용모를 장식하기 위함이다. 잉첩은 용모를 꾸미는데 힘쓰는 자다. 육오는 존귀한 여자이지만 예법을 숭상하고 장식을 좋아하지 않아 그녀의 소매는 잉첩의 소매보다 좋지 않았다.

☑ 월기망 길(月幾望 吉)

육오는 부드럽고 존귀한 자리에 있고, 아래로 구이에 호응하여 덕을 숭상하였으나 장식을 숭상하지 않았다. 제을은 여식을 지체가 낮은 신하에게 시집보내며 복식을 화려하게 꾸미지 않았다. 그러나 여자의 덕이 융성하여 달이 보름에 가까운 상이 되니 길하다(月幾望 吉). 기망(幾望)은 아직 가득차지 않은 상태다. 제을의 딸이 존귀하면서도 검약하여 화려하지 않으나 겸손하고 길하다. 따라서 군자는 존귀한 신분이라도 검약하고, 겸손하고, 공손해야 한다.

☑ 기위재중 이귀행야(其位在中 以貴行也)

제을이 딸을 정실로 시집보냈으나(帝乙歸妹), 잉첩의 소매보다 아름답지 못함(不如其娣之袂良也)은 그 자리가 중에 있어서 귀함으로 행하기 때문이다(其位在中 以貴行也). 제을의 딸이 존귀한 신분이지만 고결한 인품과 중도가 있어 검약하고 겸손하다. 따라서 효상은 정실의 소매가 잉첩의 소매보다 아름답지 못한 상으로, 점사는 존귀한 신분이라도 검약하고, 겸손하고, 공손해야 한다.

▌상육 효사와 소상전

上六은 女承筐无實이라 士刲羊无血이니 无攸利하니라
象曰 上六无實은 承虛筐也라

상육은 여자가 광주리를 이고 있지만 (담긴) 물건이 없다. 남자가 양을 베었으나 피가 나지 않으니 이로울 것이 없다. 「상전」에서 말했다. "상육은 (담긴) 물건이 없음"은 빈 광주리를 이었기 때문이다.

▶ 承: 이을 승 筐: 광주리 광 實: 열매 실, 재물 刲: 찌를 규, 베다.

☑ 여승광무실 사규양무혈 무유리(女承筐无實 士刲羊无血 无攸利)

시집을 간 여자는 선조를 받들고 제사를 모셔야 하는데, 제사를 모시지 못하면 부인이라 할 수 없다. 제후의 제사에서는 직접 희생물을 베어 피를 담아 제사를 지냈는데, 국운을 융성하게

235

한다고 믿었기 때문이다.

사당에서 제례를 지낸 후에야 부부가 될 수 있었다. 신부는 광주리에 과일을 담아 이고 오고, 신랑은 양의 피를 갖고 사당에서 제사를 지내야 비로소 정식으로 부부가 된다. 그런데 신부가 갖고 온 광주리에 과일이 없고, 신랑이 준비한 양에서 피가 나지 않으니 제례를 지낼 수 없다.

여자는 광주리를 머리에 이고 가야 하는데 담긴 물건이 없으니(女承筐 无實), 제사를 모시지 못한다는 뜻이다. 남자가 양을 베었지만 피가 없는 것(士刲羊 无血)도 제사를 지낼 수 없으니 이로울 것이 없다(无攸利).

☑ 무실 승허광야(无實 承虛筐也)

담긴 물건이 없음(无實)은 빈 광주리를 머리에 이었기 때문이다(承虛筐也). 광주리에 담긴 물건이 없음은 빈 광주리를 뜻하니, 빈 광주리로 제사를 모실 수 없다는 뜻이다. 여자가 제사를 받들지 못하면 부부가 될 수 없다. 빈 광주리처럼 허황된 것을 추구해서는 안 된다. 따라서 효상은 여자가 광주리를 이고 있지만 담긴 물건이 없고, 남자가 양을 베었으나 피가 나지 않는 상으로, 점사는 제사를 받들지 못하니 부부가 될 수 없다.

풍성하게 하는 뇌화풍(雷火豐)

| 55 |  | 震上 離下 | 雷火豐 뇌화풍 |

뇌화풍괘(雷火豐卦)는 상괘가 우레[雷]를 나타내는 진괘(震卦: ☳)이고, 하괘가 불[火]을 나타내는 리괘(離卦: ☲)로, 이는 우레가 위에 있고 불이 아래에 있는 상이다. 밝음으로 움직이고 움직여 밝게 할 수 있는 것은 모두 성대함을 이루는 도다. 밝으면 비출 수 있고 움직이면 형통할 수 있으니, 그런 뒤에 큼을 이룰 수 있다. 풍(豐)은 풍성하다, 성대하다는 뜻이다. 따라서 괘상은 불 위에 우레가 있는 뇌화(雷火) 상이요, 괘명은 성대한 풍괘(豐卦)다.

풍괘(豐卦)는 발전, 번영과 성숙을 뜻하고, 세상을 밝게 비추는 최고의 운이다. 풍괘(豐卦)는 움직여 밝게 하고 풍성함이 이루어지는 때로 군자는 밝은 판단력과 우레 같은 위엄으로 국사를 판단하고 법을 집행한다. 초효는 우기배주(遇其配主)로, 이는 짝이 되는 주인을 만나되 동등한 관계를 유지하는 상황이니, 겸손하지 않고 협력하지 않는다면 화를 면치 못한다. 이효는 풍기부(豐其蔀)로, 이는 가리개가 커서 대낮에도 북두성을 보는 상황이니, 정성으로 감동시키지 못하면 의심과 미움을 받게 된다. 삼효는 풍기패(豐其沛)로, 이는 대낮에 작은 별을 보다가 오른 팔뚝이 부러진 상황이니, 때가 아니므로 재능을 발휘할 수 없다. 사효는 우기이주(遇其夷主)로, 이는 가리개가 풍성하여 대낮에도 북두성을 보며, 동등한 상대를 만나는 상황이니, 도움을 주는 사람을 만난다면 길하다. 오효는 래장 유경예(來章 有慶譽)로, 이는 재능 있는 인재를 오게 하면 경사와 명예가 있는 상황이니, 인재를 등용하면 경사와 복이 있다. 육효는 부기가(蔀其家)로, 이는 집을 가리개로 막고 텅 비어 오랫동안 사람을 볼 수 없는 상황이니, 스스로 관계를 단절하면 현자들이 없다.

237

▌괘사

豊은 亨하니 王이어야 假之하니 勿憂면 宜日中이라

풍(豊)은 형통하니 왕이어야 (세상의 풍성함을) 이룰 수 있으니, 근심하지 않으려면 마땅히 해가 중천에 비추듯이 해야 한다.

▷ 豊: 풍년 풍, 무성하다, 풍성하다, 크다, 가득하다. 假: 거짓 가/이를 격 憂: 근심 우 宜: 마땅 의

☑ 풍형 왕격지(豊亨 王假之)

풍(豊)은 성대하다, 풍성하다, 크다는 뜻이다. 풍(豊)은 성대함이 되니 그 뜻이 저절로 형통하며(豊亨), 왕이어야 나라의 풍성함을 이룰 수 있다(王假之). 따라서 왕이 군주의 덕을 가져야 성대할 수 있다.

☑ 물우 의일중(勿憂 宜日中)

왕의 덕이 커서 나라가 풍성한 때에는 백성이 많고 사물이 번성한다. 마땅히 해가 중천에서 성대하게 밝게 널리 비추어(宜日中) 미치지 않는 곳이 없게 하면 근심이 없다(勿憂). 따라서 덕이 있는 군주만이 나라와 백성을 풍성하게 할 수 있다.

▌괘사에 대한 단전

象曰 豊大也니라 明以動이라 故로 豊이니라
王假之는 尙大也요 勿憂 宜日中은 宜照天下也라
日中則昃하며 月盈則食하니 天地盈虛도 與時消息인데
而況於人乎며 況於鬼神乎여!

「단전」에서 말했다. 풍(豊)은 큼이다. 밝고 움직이는 까닭에 풍성하다. "왕이어야만 이룰 수 있음"은 큰 것을 숭상하기 때문이고, "근심하지 않으려면 마땅히 해가 중천에 비추듯이 해야 함"은 마땅히 천하를 비추기 때문이다. 해가 중천에 있으면 기울고, 달이 가득차면 이지러지니, 천지가 차고 비는 것이

때와 더불어 소멸하고 생존하는데, 하물며 사람에 있어서이며, 하물며 귀신에 있어서겠는가?

▶ 照: 비칠 조　昃: 기울 측　食: 밥 식/먹을 식, 갉아 먹다.　盈: 찰 영　消: 사라질 소, 소멸시키다.　息: 쉴식, 생존하다, 자라다.

☑ 풍대야 명이동 고풍(豐大也 明以動 故豐)

풍(豐)은 큼이다(豐大也). 리괘(☲)는 밝고 진괘(☳)는 움직이니, 밝음[明]과 움직임[動]이 서로 의지하여 풍성하고 큼을 이룬다(明以動 故豐). 밝지 않으면 움직여도 갈 곳이 없고, 움직이지 않으면 밝아도 쓰일 곳이 없다. 따라서 덕이 빛나야 공이 이루어질 수 있다.

☑ 왕격지 상대야(王假之 尙大也)

왕은 넓은 영지와 많은 백성을 소유하므로 풍성하고 큰 도는 왕이어야만 이룰 수 있다(王假之). 소유한 것이 크니 보존하고 다스리는 도가 또한 마땅히 커야 한다. 따라서 왕이 숭상하는 바는 지극히 크다(尙大也).

☑ 물우 의일중 의조천하야(勿憂 宜日中 宜照天下也)

백성, 재물과 영토가 이미 넓으면, 왕권이 두루 미치지 못할까 근심해야 한다. 마땅히 해가 중천에 비추듯이 다스려야 한다(宜日中). 백성을 잘 다스려 왕의 덕이 마땅히 천하를 비추면(宜照天下也), 이젠 근심할 필요가 없다(勿憂). 왕의 큰 재능과 큰 지혜로 백성과 재물이 풍성하고 영토를 보전할 수 있다. 눈과 귀가 총명함이 성대하게 밝고, 두루 미치게 되는 이유이다.

☑ 일중즉측 월영즉식(日中則昃 月盈則食)

풍(豐)은 크고 또 차는 것이지만, 풍성함은 때가 지남에 따라 줄어들기도 한다. 해가 중천에 있어 성대함이 지극하면 마땅히 기울고(日中則昃), 달이 이미 가득차면 이지러짐이 있다(月盈則食). 풍성함은 때가 되면 곤궁해질 수 있다. 날로 새로워지면 크게 되고 이것을 되돌리면 차게 되는데, 해가 중천에 항상 있는 것이 아니니 해가 기우는 것을 경계해야 한다.

☑ 천지영허 여시소식(天地盈虛 與時消息)

천지가 차고 비는 것(天地盈虛)이 때와 더불어 소멸하고 생존하는 것(與時消息)은 자연의 이치이며 법칙이다. 따라서 천지가 성대하고 기우는 것이 때에 따라 이루어진다.

☑ 황어인호 황어귀신호(況於人乎 況於鬼神乎)

천지의 운행이 때에 따라 나아가고 물러나듯이 사람과 귀신도 이러한 이치에서 벗어나지 않는다. 천지가 때에 따라 생장하고 소멸하는데, 하물며 사람과 귀신에게 있어서이겠는가(況於人乎 況於鬼神乎)? 따라서 군자는 자신을 수양하고 덕을 쌓고 중용을 지켜야 한다.

▌괘사에 대한 대상전

상 왈 뇌 전 개 지 풍　　군 자 이　　절 옥 치 형
象曰 雷電皆至 豐이니 君子 以하여 折獄致刑하니라

「상전」에서 말했다. 우레와 번개가 모두 이르는 것이 풍(豐)이니, 군자는 이를 본받아 옥사를 판결하고 형벌을 집행한다.

▶ 雷: 우레 뢰(뇌), 천둥　電: 번개 전　折: 꺾을 절, 판단하다.　獄: 옥 옥, 감옥　致: 이를 치, 집행하다.

☑ 뇌전개지풍 군자이절옥치형(雷電皆至豐 君子以折獄致刑)

우레(☳)와 번개(☲)가 모두 이르는 것(雷電皆至)은 밝음과 움직임이 함께 합하여 이르니 풍성한 상이다(豐). 리괘(☲)는 번개의 밝음이 비추어 살피는 상이고, 진괘(☳)는 우레의 움직임이 위엄으로 결단하는 상이다. 풍(豐)은 간사함을 살피고 죄를 막는 것이다. 밝음으로 간사함을 살피고, 위엄으로 죄를 막는다.

옥사를 판결함(折獄)은 반드시 그 실정을 비추어 공정해야 믿을 수 있고, 형벌을 집행함(致刑)은 간악한 자에게 위엄으로써 벌을 집행하는 것이다. 풍성해질수록 욕심도 많아지는데 이를 잘 다스려야 풍성을 유지할 수 있다. 그러므로 군자가 번개와 우레의 밝고 움직이는 상을 살펴서 옥사를 공정하게 판결하고 형벌을 위엄 있게 집행한다.

▌초구 효사와 소상전

초 구　　우 기 배 주　　수 순 무 구　　왕 유 상
初九는 遇其配主하되 雖旬无咎하니 往有尙이라
상 왈 수 순 무 구　　과 순 재 야
象曰 雖旬无咎니 過旬災也리라

초구는 짝이 되는 주인을 만나되 비록 동등한 관계이나 허물이 없으니 나아가면 숭상함을 받는다. 「상전」에서 말했다. "비록 동등하게 만나면 허물이 없음"이니 동등을 지나치면 재앙이다.

▶ 遇: 만날 우 配: 나눌 배/짝 배 旬: 열흘 순, 고르다. 災: 재앙 재

☑ 우기배주 수순무구 왕유상(遇其配主 雖旬无咎 往有尙)

초구가 굳센 밝음으로 바름을 얻어 구사의 굳셈과 호응으로 짝이 되는 주인을 만나되(遇其配主), 동등한 관계로 구사를 만나야 허물이 없다(雖旬无咎). 초구는 자신과 잘 어울리는 구사를 동등한 관계에서 만나야 재앙이 없다. 동등한 관계에서 만나야 구사는 초구를 숭상하게 된다(往有尙). 따라서 초구와 구사는 양효로 상호 배척하는 관계이나 육오인 유약한 군주를 모시는 상황에서 양자가 협력하면 허물이 없고 숭상을 받게 된다.

☑ 수순무구 과순재야(雖旬无咎 過旬災也)

비록 지위가 동등하게 만나면 허물이 없으나(雖旬无咎) 동등을 지나치면 재앙이다(過旬災也). 동등을 지나침(過旬)은 동등한 관계가 깨지면 오히려 재앙을 받게 된다. 초구가 구사를 유약하다고 무시하거나 구사가 초구를 비하하면 재앙이 닥친다. 따라서 효상은 짝이 되는 주인을 만나되 동등한 관계를 유지하는 상으로, 점사는 겸손하지 않고 협력하지 않는다면 화를 면치 못한다.

■ 육이 효사와 소상전

六二는 豐其蔀라 日中見斗니 往하면 得疑疾하니
육이 풍기부 일중견두 왕 득의질

有孚發若하면 吉하니라
유부발약 길

象曰 有孚發若은 信以發志也라
상왈 유부발약 신이발지야

육이는 가리개[蔀]가 풍성하여 대낮에도 북두성을 보며, 나아가면 의심과 미움을 받지만 믿음을 갖고 뜻을 펼치면 길하다. 「상전」에서 말했다. "믿음을 갖고 뜻을 펼침"은 믿음으로 자신의 뜻을 펼치는 것이다.

▶ 豐: 풍년 풍, 풍성하다. 蔀: 빈지문 부, 덮개 斗: 말 두, 북두성 疑: 의심할 의 疾: 병 질, 흠, 미움

☑ 풍기부 일중견두(豐其蔀 日中見斗)

　가리개가 풍성함(豐其蔀)은 가리개로 가려 더 어둡다는 것으로 임금이 신하에 가려 보이지 않는다. 북두성은 어두울 때에 나타난다. 어둠이 밝음을 가려 대낮에도 북두성을 본다(日中見斗). 대낮에도 어두워 밤에 나타나는 북두성을 본다는 것은 더욱 어두워졌다는 말이다.

☑ 왕득의질 유부발약 길(往得疑疾 有孚發若 吉)

　임금이 신하의 위세에 가려지니 덕이 부족한 임금이라면 신하를 의심하여 증오할 것이다. 현명한 신하 육이가 나아가서 뜻을 펼친다면 육오에게 도리어 의심과 미움을 받을 것이다(往得疑疾). 육오 임금은 자신을 해칠까 근심하여 육이 신하를 의심하고 미워하게 된다.

　믿음을 갖고 임금의 마음을 감동시켜 뜻을 펼치면 도를 행할 수 있어 길하다(有孚發若). 신하가 임금을 정성으로 섬기면 임금이 몽매하더라도 뜻을 펼칠 수 있다.

☑ 유부발약 신이발지야(有孚發若 信以發志也)

　육이는 믿음을 갖고 육오를 감동시켜 뜻을 펼침(有孚發若)은 믿음으로 자신의 뜻을 펼치는 것이다(信以發志也). 따라서 효상은 가리개가 커서 대낮에도 북두성을 보는 상으로, 점사는 정성으로 감동시키지 못하면 의심과 미움을 받게 된다.

█ 구삼 효사와 소상전

九三은 豐其沛라 日中見沫요 折其右肱이니 无咎니라
象曰 豐其沛라 不可大事也요 折其右肱이니 終不可用也라

구삼은 장막이 풍성하다. 대낮에 작은 별을 보다가 오른 팔뚝이 부러졌으니 허물이 없다. 「상전」에서 말했다. "장막이 풍성하니" 큰 일을 할 수 없고, "오른 팔뚝이 부러졌으니" 끝내 쓸 수 없다.

▶ 沛: 비 쏟아질 패/늪 패, 기, 장막　沫: 땅 이름 매, 별의 이름　折: 꺾을 절　肱: 팔뚝 굉

☑ 풍기패 일중견매(豐其沛 日中見沫)

　패(沛)는 안을 에워싸 가리는 장막으로 가리개[蔀]보다도 더 어둡다. 장막이 풍성함(豐其沛)은 가리개보다 더 어둡다. 매(沫)는 작은 별이다. 작은 별을 봄(見沫)은 어둠이 깊은 것이다. 대

낮에 작은 별을 보는 것(日中見沬)은 구삼 때보다 더 어두워졌다. 신하의 영향력이 강화되어 임금의 권위가 가려진 것이다.

☑ 절기우굉 무구(折其右肱 无咎)

오른 팔뚝은 주로 쓰는 부위인데 부러졌다면 할 수 있는 능력이 적다. 어질고 지혜로운 군자가 현명한 임금을 만나면 세상에 훌륭한 일을 할 수 있는데 그런 임금이 없으니, 오른 팔뚝이 부러진 것과 같다(折其右肱). 이는 자신을 등용할 임금이 없게 된 것이다. 현명한 임금이 없는 것은 구삼이 스스로 만든 허물이 아니므로 허물이 없다(无咎).

☑ 불가대사야 절기우굉 종불가용야(不可大事也 折其右肱 終不可用也)

큰 일은 장막을 걷는 일이나 어둡고 가려진 때는 할 수 없다. 장막이 풍성함(豐其沛)은 어둠이 빛을 가렸으니 구삼이 능력을 발휘할 수 없는 상황이 되었다. 큰 일을 할 수 없는 것(不可大事也)은 등용되지 않아 큰 일을 맡을 수 없었다. 오른 팔뚝이 부러졌으니(折其右肱) 끝내 쓸 수 없다(終不可用也). 현명한 군주가 없으니 출사하여 재능을 쓸 수 없게 되었다. 따라서 효상은 대낮에 작은 별을 보다가 오른 팔뚝이 부러진 상으로, 점사는 때가 아니므로 재능을 발휘할 수 없다.

구사 효사와 소상전

구사 풍기부 일중견두 우기이주 길
九四는 豐其蔀라 日中見斗니 遇其夷主하면 吉하리라
상왈 풍기부 위부당야 일중견두 유불명야
象曰 豐其蔀는 位不當也라 日中見斗는 幽不明也라
우기이주 길행야
遇其夷主는 吉行也라

구사는 가리개가 풍성하다. 대낮에도 북두성을 보니, 동등한 상대를 만나면 길하다. 「상전」에서 말했다. "가리개가 풍성함"은 자리가 마땅하지 않기 때문이고, "대낮에도 북두성을 봄"은 어두워서 밝지 않기 때문이고, "동등한 상대를 만남"은 길하여 나아갈 수 있다.

▶ 遇: 만날 우 夷: 오랑캐 이, 평평하다. 幽: 그윽할 유/검을 유, 어둡다.

☑ 풍기부 일중견두 우기이주 길(豐其蔀 日中見斗 遇其夷主 吉)

가리개로 주위를 가리면 밝지 못하다. 가리개가 커서 빛을 막으니(豐其蔀) 대낮에도 북두성을 본다(日中見斗)는 것은 가리개가 커서 밝은 대낮인데도 도리어 더 어둡다는 것이다. 임금이 신하의 위세에 눌려 신하가 국정을 처리하니 민의가 신하에게 쏠린다.

초구와 구사는 음양이 동등한 상대이다(夷主). 구사는 음양이 같은 상대를 만나야 길하다(遇其夷主 吉). 구사 대신이 덕을 같이하는 초구를 구하여 자신을 돕게 한 뒤 어두운 육오를 도울 수 있기 때문에 동등한 상대를 만나면 길하다. 따라서 구사가 아래에 있는 어진 자를 얻어서 덕을 함께하여 서로 돕는다면 성대함을 이룰 수 있어 길하다.

☑ 위부당야 일중견두 유불명야(位不當也 日中見斗 幽不明也)

가리개가 풍성함(豐其蔀)은 자리가 마땅하지 않기 때문이다(位不當也). 자리가 부당하니 어두워 풍성함을 이룰 수 없다. 대낮에 북두성을 봄(日中見斗)은 더욱 어두워졌다는 것이다. 어두워서 빛을 보지 못한다(幽不明也)는 것은 임금이 더욱 유약해졌으니 능력을 발휘할 기회가 더욱 줄어들었다는 말이다.

☑ 우기이주 길행야(遇其夷主 吉行也)

구사는 중정을 얻지 못하고 높은 자리에 있기 때문에 지극히 어두워져서 밝지 못하다. 구사가 음양이 동등한 초구를 만나면 길하여 나아갈 수 있을 것이다(遇其夷主 吉行也). 따라서 효상은 가리개가 풍성하여 대낮에도 북두성을 보니 동등한 상대를 만나는 상으로, 점사는 도움을 주는 사람을 만난다면 길하다.

▌ 육오 효사와 소상전

六五는 來章이면 有慶譽하여 吉하니라
象曰 六五之吉은 有慶也라

육오는 재능 있는 인재를 오게 하면 경사와 명예가 있어 길하다. 「상전」에서 말했다. "육오의 길함"은 경사가 있는 것이다.

▶ 章 : 글 장, 밝다, 크다, 인재   慶 : 경사 경   譽 : 기릴 예/명예 예

☑ 래장 유경예 길(來章 有慶譽 吉)

왕(往)은 육이에서 육오로는 가는 것이고, 래(來)는 육오에 육이로는 오는 것이다. 장(章)은 빛나고 재능 있는 인재다. 육오는 부드러운 음의 재질로 성대하고 큼을 이룰 수 없지만 육이의 빛나고 재능 있는 인재를 오게 하여 쓸 수 있으면 복과 경사가 있고, 또 경사와 명예를 얻으니 길하다(來章 有慶譽 吉). 임금이 관대하고 부드러우니 재능 있는 인재가 모여들어 나라를 다스리니 나라가 빛난다.

☑ 육오지길 유경야(六五之吉 有慶也)

재능 있는 사람이 와서 육오를 도와 공이 더욱 빛나므로, 경사와 복이 천하에 미칠 수 있다. 육오의 길함(六五之吉)은 경사가 있는 것이다(有慶也). 임금이 비록 어리석고 유약하더라도 어질고 재능 있는 인재를 등용하면 경사와 복을 천하에 미쳐 길하다. 따라서 효상은 재능 있는 인재를 오게 하면 경사와 명예가 있는 상으로, 점사는 인재를 등용하면 경사와 복이 있다.

▌상육 효사와 소상전

上六은 豐其屋하고 蔀其家라 闚其戶하니 闃其无人하여
三歲라도 不覿하니 凶하니라
象曰 豐其屋은 天際翔也요 闚其戶 闃其无人은 自藏也라

상육은 집을 풍성하게 하고 집에 가리개를 쳐놓는다. 그 문을 엿보니 고요하고 사람이 없어서 삼 년이 되어도 만나보지 못하니 흉하다. 「상전」에서 말했다. "집을 풍성하게 함"은 하늘가로 비상하는 것이고, "그 문을 엿보니 고요하고 사람이 없음"은 스스로 감추었기 때문이다.

▶ 屋: 집 옥 闚: 엿볼 규 戶: 집 호, 지게문 闃: 고요할 격 覿: 볼 적 際: 즈음 제/가 제, 끝, 변두리
翔: 날 상 藏: 감출 장

☑ 풍기옥 부기가(豐其屋 蔀其家)

집을 풍성하게 함(豐其屋)은 집을 크게 짓는 것이고, 집에 가리개를 쳐놓는 것(蔀其家)은 장막을 쳐서 집을 가리니 밝지 못하다. 상육은 집을 높고 크게 하고, 집에 가리개를 스스로 쳐놓는 자이므로 흉하다.

☑ 규기호 격기무인(闚其戶 闃其无人)

상육은 부드러운 음으로 성대하고 크지만 지위가 없는 자리에 있으니 이는 너무 높고 어두워서 스스로 남과 관계를 끊는 것이다. 그 문을 엿봄에 고요하고 사람이 없는 것이다(闚其戶 闃其无人). 따라서 상육이 스스로 관계를 단절하니 현자들이 사라지고 없다.

☑ 삼세불적 흉(三歲不覿 凶)

고요하고 사람이 없어서 삼 년이 되어도 사람을 만나보지 못함(三歲不覿)은 아직도 사람을 보지 못함이니 아직도 변하지 않은 것이다. 삼 년의 오랜 세월에 이르도록 변할 줄을 모르니 그 흉함이 당연하다.

상육은 관대한 마음을 잃으니 인재가 모두 떠나고 재물이 커진 상황이다. 상육이 관대한 마음을 잃고 재물만을 추구하다 보니 주위의 인물들이 다 떠나고 대궐만 썰렁하게 남아 있는 상이다.

☑ 천제상야 규기호 격기무인 자장야(天際翔也 闚其戶 闃其无人 自藏也)

움직임이 다하면 반드시 고요하므로 그 문을 엿보니(闚其戶) 고요하여 사람이 없다(闃其无人). 사람이 없다는 것과 보지 못한다는 것은 막고 가림이 심하기 때문이다. 상육은 하늘가로 비상(飛翔)하는 듯하니 높고 큼이 심하다(豐其屋 天際翔也). 문을 엿보니 사람이 없는 이유(闚其戶 闃其无人)는 큼의 끝에 있으나 실상은 지위가 없는 자리이기 때문이다. 사람들이 모두 떠났으니 이는 스스로 감추고 피하여 친하지 않기 때문이다. 따라서 효상은 집을 가리개로 막고 텅 비어 오랫동안 사람을 볼 수 없는 상으로, 점사는 스스로 관계를 단절하면 현자들이 없다.

56

나그네 화산려(火山旅)

| 56 | ䷷ | 離上
艮下 | 火山旅
화산려 |

화산려괘(火山旅卦)는 상괘가 불[火]을 상징하는 리괘(離卦: ☲)이고, 하괘가 산[山]을 상징하는 간괘(艮卦: ☶)로, 이는 산 위에 불이 있는 상이다. 려(旅)는 나그네나 여행을 뜻하며, 산은 여관, 불은 나그네를 상징한다. 산 위의 불이 오래 머물러 있지 않듯이 나그네도 한 곳에 오래 머무르지 않고 떠나므로, 나그네는 허무하고 고독하다. 나그네는 친했던 사람과의 관계가 소원해지고 친구와의 거리가 멀어져, 친밀한 사람이 적어지는 어려운 시기를 경험한다. 따라서 괘상은 산 위에 불이 있는 화산(火山) 상이요, 괘명은 여행하는 려괘(旅卦)이다.

화산려괘는 뇌화풍괘(雷火豐卦)를 상하로 뒤집어 놓은 괘로, 힘들고 위험한 여행길에서 나그네가 취할 방향에 대한 교훈이 담겨 있다. 뇌화풍괘(雷火豐卦)는 풍성함이고, 화산려괘(火山旅卦)는 풍성함이 끝나고 여행하는 때이다. 려괘는 풍요로움의 극한에 이르도록 자기 이익만 추구하다 결국 사람들에게 외면당한 때이다.

려괘(旅卦)는 인간의 삶이 나그네와 같아 곤궁할 때가 있으나 유순한 덕을 잃지 않고 겸손하게 행동하면 명성과 재물을 얻을 수 있다는 교훈이다. 초효는 여쇄쇄(旅瑣瑣)로, 이는 나그네가 자질구레한 상황이니, 작은 이익에만 집착하면 재앙을 불러들인다. 이효는 여즉차(旅卽次)로, 이는 나그네가 여관에 들어가 노자를 간직하고 아이 종의 바름을 얻는 상황이니, 편안히 머물 수 있어 길하다. 삼효는 려분기차(旅焚其次)로, 이는 여행 중에 여관이 불에 타고 아이 종이 바름을 잃은 상황이니, 조심하고 겸손하지 않으면 화가 있다. 사효는 득기자부(得其資斧)로, 이는 여행 중에 노자와 도끼를 얻었으나 편안하지 않은 상황이니, 떠도는 나그네처럼 지위를 얻지 못하여 불쾌하다. 오효는 사치일시망(射雉 一矢亡)으로, 이는 꿩을 쏘아 한 화살로 잡아 마침내 명성과 작위를 얻는 상황이니, 능력을 인정받아 명성과 재물을 얻는다. 육효는 려인선소후호도(旅人先笑 後號咷)로, 이는 나그네가 먼저는 웃고 뒤에는 울부짖는 상황이니, 재산을 탕진하고 재앙이 닥치는 것을 끝내 깨닫지 못한다.

괘사

 려 소 형 려 정 길
旅는 小亨하고 旅貞하여 吉하니라

려(旅)는 조심해야 형통하니 나그네는 바르게 해야 길하다.

▶ 旅: 나그네 려(여), 여행하다.   小: 작을 소, 삼가다, 주의하다.

☑ 려 소형 려정길(旅 小亨 旅貞吉)

　려(旅)는 멈추어 있지(艮) 못하고 떠도는(離) 나그네다. 소(小)는 삼가다, 조심하다는 뜻이다. 려괘(旅卦)는 머물던 곳을 떠나 거처하지 못하는 상이므로 나그네가 된다.

　간괘(☶)는 멈추고 리괘(☲)는 밝음에 걸려 있으므로 조심해야 형통하니(旅小亨) 나그네는 바르게 해야 길하다(旅貞吉). 나그네는 여행 중에 항시 스스로를 단속하며 바름을 지켜야 길하다. 따라서 곤궁한 나그네는 항상 거처하지 않으니 바른 도를 지켜야 길하다.

괘사에 대한 단전

 단 왈 려소형　유 득 중 호 외 이 순 호 강　　지 이 리 호 명
彖曰 旅小亨은 柔得中乎外而順乎剛하고 止而麗乎明이라
시 이 소 형　려 정 길 야　　려 지 시 의　대 의 재
是以小亨 旅貞吉也니 旅之時義 大矣哉라!

「단전」에서 말했다. 려(旅)는 조심해야 형통하니 유가 밖에서 중을 얻고 강을 따르며, 멈추고 밝음에 걸려 있다. 이 때문에 려(旅)는 조심해야만 형통하고, "나그네가 바르게 해야 길함"이니, 려(旅)의 때와 뜻이 크도다!

▶ 麗: 고울 려(여)/걸릴 리, 걸리다, 붙잡아 매다.

☑ 려소형 유득중호외 이순호강(旅小亨 柔得中乎外 而順乎剛)

　여행은 낯선 곳을 다니니 조심하고 겸손해야 형통하다(旅小亨). 낯선 곳에 있어 유약하지만 중도를 지키고 굳센 자에게 순종해야 한다(柔得中乎外 而順乎剛). 나그네가 강한 사람을 만나니, 잘 대처하지 않으면 욕을 보거나 화를 불러들일 수 있다. 따라서 나그네는 곤궁함에 있더라

도 조심하면 형통할 수 있어 길하다.

☑ 지이리호명(止而麗乎明)

간괘(艮卦)는 멈춤을 상징하고, 리괘(離卦)는 밝음을 상징한다. 멈추고 밝음에 걸려 있다(止而麗乎明). 나그네가 밖에서 여행하면서 멈추고 편안하게 처소를 얻는다.

☑ 시이소형 려정길야(是以小亨 旅貞吉也)

나그네는 여행하면서 밖에서 처소하여 조심해야만 형통하니(是以小亨), 나그네는 여행하면서 바르게 해야 길하다(旅貞吉也). 나그네는 여행하는 중에 조심해야 하고 정도를 지켜야 길하다.

☑ 려지시의대의재(旅之時義大矣哉)

려의 때와 뜻(旅之時義)이 크다(大矣哉). 나그네는 여행하면서 겪는 일이 많으므로 바르게 해야 길하니 여행의 때와 뜻이 중요하고 크다. 따라서 진퇴의 시기와 뜻을 알면 자신이 하려는 뜻을 이룰 수 있다.

■ 괘사에 대한 대상전

 상 왈 산 상 유 화 려　군 자 이　명 신 용 형　이 불 류 옥
象曰 山上有火 旅니 君子 以하여 明愼用刑하며 而不留獄하니라

「상전」에서 말했다. 산 위에 불이 있는 것이 려(旅)이니, 군자는 이를 본받아 형벌을 쓰는 것을 밝게 하고 삼가며, 감옥에 (오래) 머무르게 하지 않는다.

▶ 愼: 삼갈 신　留: 머무를 류(유), 지체하다.

☑ 산상유화려(山上有火 旅)

상괘 리괘(離卦: ☲)가 불을 상징하고 하괘 간괘(艮卦: ☶)가 산을 상징하니, 산 위에 불이 있는 것이 려(旅)이다(山上有火 旅). 따라서 나그네는 머무르지 않는 상이 있으므로 불을 산에 오래 머무르게 할 수 없다.

☑ 군자이 명신용형 이불류옥(君子以 明愼用刑 而不留獄)

불을 산에 오래 머무르게 할 수 없고 죄인을 오래 감옥에 가두는 것은 옳지 않다. 밝음(明)은 불이 물건을 비추는 상이고, 삼감(愼)은 산이 고요하게 멈추어 있는 상이다. 군자는 이를 본받아 형벌을 밝게 집행하고 삼가하여(君子以 明愼用刑), 감옥에 오래 머무르게 하지 않는다(而不留獄). 감옥에 오래 가두지 않음은 산에 불이 지나치게 번지지 않는 것과 같다. 밝음은 실정을 숨기지 않고 나타내는 것이며, 삼가면 벌을 남용하지 않는다.

명신용형(明愼用刑)은 재판을 공명정대하게 판결하여 범죄자에게 적절한 형벌을 부과하는 것이다. 밝음은 공명정대한 판결이며, 형벌은 범죄자에게만 부과한다. 불류옥(不留獄)은 죄인을 감옥에 오래 가두지 않는 것이다. 따라서 판결은 공명정대하고 신속하게 하고, 형벌은 남용하지 않는다.

■ 초육 효사와 소상전

초 육　　려 쇄 쇄　　사 기 소 취 재
初六은 旅瑣瑣니 斯其所取災니라
상 왈　려 쇄 쇄　　지 궁　　　재 야
象曰 旅瑣瑣는 志窮하여 災也라

초육은 나그네가 자질구레하니 이는 그 재앙을 취하게 된다. 「상전」에서 말했다. "나그네가 자질구레함"은 뜻이 궁하여 재앙이 있는 것이다.

▶ 瑣 : 자질구레할 쇄　 災 : 재앙 재, 죄악

☑ 려쇄쇄 사기소취재(旅瑣瑣 斯其所取災)

쇄쇄(瑣瑣)는 행동이 어설프고 보잘것없다는 뜻이다. 초육은 부드러운 음으로 아래에 있어서 비천하고, 뜻을 이루지 못하여 어려운 상황에 처한 자이다. 집을 떠나 바름을 잃고 어려운 상황을 벗어날 수 없어서 주변의 사소한 것에 집착한다. 작은 이익에만 집착하면 주변 사람들의 반감을 일으키고 결국에는 재앙을 겪게 된다.

비천한 사람이 나그네의 어려움에 처하면 큰 목표에 힘을 쏟지 못하고 자질구레하여(旅瑣瑣) 결국에는 스스로 재앙을 초래하게 된다(斯其所取災). 낯선 곳을 여행할 때 기인이나 도둑으로부터 공격받아 재앙을 겪을 수 있으므로 굳건한 자세와 올바른 방향을 선택해야 한다.

☑ 려쇄쇄 지궁재야(旅瑣瑣 志窮災也)

나그네가 자질구레함(旅瑣瑣)은 뜻이 궁색하여 재앙이 있는 것이다(志窮災也). 나그네가 자질구레하면 바름을 잃어 재앙을 자초한다. 나그네 여행 길에서 조심하고 올바르게 행동하면 재앙을 피할 수 있다. 따라서 효상은 나그네가 자질구레한 상으로, 점사는 작은 이익에만 집착하면 재앙을 불러들인다.

█ 육이 효사와 소상전

육 이　　려 즉 차　　　회 기 자　　　득 동 복 정
六二는 旅卽次하여 懷其資하고 得童僕貞이로다
상 왈　득 동 복 정　　　종 무 우 야
象曰 得童僕貞은 終无尤也리라

육이는 나그네가 여관에 들어가 노자를 간직하고 아이 종의 바름을 얻는다. 「상전」에서 말했다. "아이 종의 바름을 얻음"은 끝내 허물이 없는 것이다.

▶ 卽 : 곧 즉, 나아가다.　次 : 버금 차/머뭇거릴 차, 여관, 장소　懷 : 품을 회　資 : 재물 자　童 : 아이 동
　僕 : 종 복

☑ 려즉차 회기자 득동복정(旅卽次 懷其資 得童僕貞)

육이는 유순하고 중정한 덕이 있다. 유순하면 사람들이 함께하고 중정하면 마땅함을 잃지 않는다. 육이는 소유한 것을 보존할 수 있고, 동복(童僕)도 믿을 만하다. 차(次)는 나그네가 편안히 쉬는 여관이고, 자(資)는 나그네의 여행 비용인 노자(路資)이며, 동복(童僕)은 나그네가 도움을 받는 어린 사람이다. 나그네가 여관에 들어가(旅卽次) 노자를 간직하고(懷其資), 또 동복의 정직을 얻으면(得童僕貞) 믿을 수 있으니 나그네로서 가장 길한 것이다. 신하와 종이 충실하고 곧은 의리를 얻을 수 있다.

☑ 득동복정 종무우야(得童僕貞 終无尤也)

나그네로 떠도는 사람은 도움을 받는 자가 동복(童僕)인데 동복의 충성과 정직을 얻었으니(得童僕貞), 끝내 허물과 후회가 없다(終无尤也). 나그네가 편안히 머물 곳이 있고, 쓸 수 있는 물자가 있으며, 또 동복의 충성과 정직을 가지고 있으면 의탁할 수 있어서 비록 나그네로 떠도는 때일지라도 끝내 후회와 허물이 없다. 따라서 효상은 나그네가 여관에 들어가 노자를 간직하고 아이 종의 바름을 얻는 상으로, 점사는 편안히 머물 수 있어 길하다.

▌구삼 효사와 소상전

九三은 旅焚其次하고 喪其童僕貞이니 厲하니라

象日 旅焚其次하니 亦以傷矣요 以旅與下하니 其義喪也니라

구삼은 여행 중에 여관이 타고 아이 종이 바름을 잃었으니 위태롭다. 「상전」에서 말했다. "여행 중에 여관이 타면" 또한 손실을 입고, 나그네로서 아랫사람을 (무례하게) 대하니 그 의리를 상실한다.

▶ 焚 : 불사를 분 厲 : 갈 려(여), 위태롭다.

☑ 려분기차 상기동복정 려(旅焚其次 喪其童僕貞 厲)

나그네가 지나치게 굳세고 스스로 높게 여김은 곤궁과 재앙을 부른다. 구삼이 난폭하고 스스로 겸손하지 않으면 사람들이 함께하지 않는데, 그 여관이 불에 타고(旅焚其次), 동복이 바름을 잃고 다 떠났으니(喪其童僕貞) 편안하게 거처할 곳도 없고 일도 부릴 수 없으니 위태롭다(厲). 나그네는 거처하는 여관이 불에 타 재산의 손해도 막심한데 심부름꾼과도 인간적 의리마저 끊어졌으니 더욱 난처해졌다.

☑ 역이상의 이려여하 기의상야(亦以傷矣 以旅與下 其義喪也)

나그네는 여행 중에 조심하고 겸손해야 한다. 여행 중에 여관이 불에 타면(旅焚其次) 또한 손실을 입고(亦以傷矣), 나그네로서 아랫사람을 무례하게 대하니(以旅與下) 나그네의 유순한 의리를 상실한다(其義喪也). 구삼이 지나치게 강하여 아래 초육을 방자하게 대하니 초육이 떠나 도움을 받기 어렵다. 따라서 효상은 여행 중에 여관이 불에 타고 아이 종이 바름을 잃은 상으로, 점사는 조심하고 겸손하지 않으면 화가 있다.

▌구사 효사와 소상전

九四는 旅于處하고 得其資斧하나 我心不快로다

象日 旅于處는 未得位也니 得其資斧하나 心未快也라

구사는 나그네가 거처하고 노자와 도끼를 얻었으나 내 마음은 유쾌하지 않았다. 「상전」에서 말했다.

"나그네가 거처함"은 지위를 얻지 못함이니, 노자와 도끼를 얻었으나 마음이 유쾌하지 않았다.

▶ 于: 어조사 우, ~에, 가다, 하다, 정하다.   處: 머무를 처/곳 처   斧: 도끼 부   快: 쾌할 쾌, 유쾌하다.

☑ 려우처 득기자부 아심불쾌(旅于處 得其資斧 我心不快)

처(處)는 임시로 머무를 곳, 자(資)는 재물, 노자, 부(斧)는 권력, 호신용 도끼를 말한다. 구사는 임시로 거처할 곳을 구하고 노잣돈과 호신용 도끼가 있더라도(旅于處 得其資斧) 초육의 도움을 받지 못하여 마음이 유쾌하지 못하다(我心不快). 구사는 재능을 펴고 그 뜻을 행할 수 없어서 마음이 불쾌하다.

☑ 미득위야 득기자부 심미쾌야(未得位也 得其資斧 心未快也)

구사가 비록 임금과 가까운 곳에 있으나 떠도는 나그네의 처지에 있으니 이는 그가 아직 지위를 얻지 못함이다. 구사가 군세고 밝은 재질로 비록 물자와 도끼를 얻더라도(得其資斧) 지위를 얻지 못하였기 때문에(未得位也) 뜻을 행할 수 없어 마음이 불쾌하다(心未快也). 따라서 효상은 여행 중에 거처하고 노자와 도끼를 얻었으나 편안하지 않은 상으로, 점사는 떠도는 나그네처럼 지위를 얻지 못하여 불쾌하다.

▌ 육오 효사와 소상전

六五는 射雉一矢亡이라 終以譽命이니라
(육오) (사치일시망) (종이예명)
象曰 終以譽命은 上逮也라
(상왈) (종이예명) (상체야)

육오는 꿩을 쏘아 화살 하나를 잃는다. 마침내 명성과 작위를 얻는다. 「상전」에서 말했다. "마침내 명성과 작위를 얻음"은 위로 미치기 때문이다.

▶ 射: 쏠 사/맞힐 석   雉: 꿩 치   矢: 화살 시   譽: 기릴 예/명예 예   命: 목숨 명, 작위(爵位)   逮: 잡을 체, 뒤따르다, 미치다.

☑ 사치일시망 종이예명(射雉 一矢亡 終以譽命)

꿩을 쏘아 화살 하나를 잃음(射雉 一矢亡)은 한 화살로 꿩을 잡는 것이다. 꿩을 잡으니 마침내 명성과 작위를 얻는다(終以譽命). 꿩은 무늬가 빛나고 아름답기 때문에 명성과 작위를 비유한 것이다. 한 화살로 꿩을 잡는 것은 큰 성과를 거두는 것이다. 마침내 명성과 작위를 얻는다는 것은 임금의 총애를 얻는 것이다.

☑ 종이예명 상체야(終以譽命 上逮也)

　　육오는 임금의 자리로 위에 있는 자이다. 마침내 명성과 작위를 얻음(終以譽命)은 위로 미치기 때문이다(上逮也). 위로 미친다(上逮)는 그 명성과 작위가 윗사람에게 알려지는 것이다. 따라서 효상은 꿩을 쏘아 한 화살로 잡아 마침내 명성과 작위를 얻는 상으로, 점사는 능력을 인정받아 명성과 재물을 얻는다.

▍상구 효사와 소상전

상구　조분기소　　려인　선소후호도　　상우우역　　흉
上九는 鳥焚其巢니 旅人이 先笑後號咷라 喪牛于易니 凶하니라
상왈 이려재상　　기의분야　상우우역　　종막지문야
象曰 以旅在上하니 其義焚也요 喪牛于易하니 終莫之聞也로다

상구는 새가 둥지를 불태우니, 나그네가 먼저는 웃고 뒤에는 울부짖는다. 들에 있는 소를 잃으니 흉하다. 「상전」에서 말했다. 나그네로서 위에 있으니 의리상 불타게 된 것이다. "들에 있는 소를 잃음"은 끝내 알지 못했다.

> 焚: 불사를 분　巢: 새집 소　號: 이름 호/부르짖을 호　咷: 울 도　易: 바꿀 역/쉬울 이, 밭두둑 역(場)
> 聞: 들을 문, 알다.

☑ 조분기소 려인선소 후호도(鳥焚其巢 旅人先笑 後號咷)

　　나그네는 처음엔 높은 자리에 있어 웃었지만, 거처마저 불에 타서 통곡한다. 나그네의 때에 지나치게 굳세고 자신을 높게 여겨 편안한 곳을 잃는다. 둥지[巢]는 새가 편안히 머무는 곳인데 새가 둥지를 불태움(鳥焚其巢)은 편안한 곳을 잃어서 머물 곳이 없는 것이다. 나그네가 높은 자리에 있어 먼저 웃으나(旅人先笑) 이미 편안함을 잃고 재앙을 겪으므로 울부짖는다(後號咷). 상구가 흉한 것은 너무 높이 있어 사람들의 시기와 미움을 샀기 때문이다.

☑ 상우우역 흉(喪牛于易 凶)

　　역(易)은 들[場]을 의미하며 들에 있는 소를 잃으니 흉하다(喪牛于易 凶). 들에 있는 소를 잃음은 들에 방목하던 소가 어느덧 없어졌으니 화는 소홀한 데서 오는 것이다. 둥지가 불타고 소

도 잃었으니 돌아가려고 해도 돌아갈 곳도 물자도 없어 흉하다. 따라서 나그네는 교만하지 않고 소처럼 순하고 겸손해야 한다.

☑ 기의분야 상우우역 종막지문야(其義焚也 喪牛于易 終莫之聞也)

나그네가 위에 있으면서 존귀하고 높음을 자처하다 마땅히 둥지를 불태우는 일이 있다(以旅在上 其義焚也). 들에 있는 소를 잃음은 끝내 알지 못했다(喪牛于易 終莫之聞也). 재산을 탕진하고 재앙이 닥치는 것을 끝내 깨닫지 못한다. 만약 스스로 깨달아 알았다면 뒤늦게 울부짖지 않았다. 따라서 효상은 나그네가 먼저는 웃고 뒤에는 울부짖는 상으로, 점사는 재산을 탕진하고 재앙이 닥치는 것을 끝내 깨닫지 못한다.

겸손한 중풍손(重風巽)

| 57 | ䷸ | 巽上
巽下 | 重風巽
중풍손 |

　중풍손괘(重風巽卦)는 상괘와 하괘가 바람[風]을 상징하는 손괘(巽卦: ☴)로, 이는 바람이 거듭 부는 상이다. 손(巽)은 공손하게 자신을 낮추고 사람들 사이로 들어가다, 따르다라는 뜻이 있다. 손(巽)은 바람·순응·들어감 등을 상징한다. 바람이 불면 그 뒤를 이어 바람이 또 분다. 바람이 불다가 산을 만나면 곧바로 뚫고 지나지 않고 돌아서 간다는 것은 겸손과 순응이다. 바람은 조그마한 틈만 있어도 들어간다. 손괘는 아랫사람이 윗사람에게 순응하며, 윗사람은 부드러운 바람처럼 아랫사람을 감화시키는 괘다. 거듭된 손(巽)은 위아래가 모두 손괘이기 때문에 겸손하고 순종하며 들어가면 반드시 아래에서 다하게 되니 명령하는 상이다. 따라서 괘상은 바람과 바람이 서로 따라 부는 중풍(重風) 상이요, 괘명은 겸손하다는 손괘(巽卦)이다.

　손괘(巽卦)는 순종과 겸손의 지혜이다. 초효는 과단성이 없는 진퇴(進退)로, 이는 뜻을 의심하는 상황이니, 굳세게 결단하면 이롭다. 이효는 용사무분(用史巫紛)으로, 이는 사관과 무당을 씀이 어수선한 상황이니, 정성스럽고 겸손하면 허물이 없다. 삼효는 빈손(頻巽)으로, 이는 미간을 찌푸리며 마지못해 겸손한 상황이니, 억지로 겸손하려고 하니 부끄럽다. 사효는 전획삼품(田獲三品)으로, 이는 사냥하여 삼품의 짐승을 얻는 상황이니, 인재를 등용하여 나라를 잘 다스리게 하니 공이 있다. 오효는 무초유종(无初有終)으로, 이는 처음은 없고 끝은 있는 상황이니, 먼저 할 일을 신중하게 충분히 생각하고, 그 이후에 일어날 일을 충분히 생각하면 길하다. 육효는 손재상하(巽在牀下)로, 이는 평상 아래 엎드려 있다가 재물과 권세를 잃는 상황이니, 지나치게 겸손하다가 재물과 권세를 잃고 나서 바른 도를 지킨들 흉하다.

괘사

손　　소 형　　　이 유 유 왕　　　이 견 대 인
巽은 小亨하니 利有攸往하며 利見大人하니라

손(巽)은 조심하면 형통하니 가는 바를 두는 것이 이로우며 대인을 만나보는 것이 이롭다.

▸ 巽: 부드러울 손, 유순하다, 공손하다.　小: 작을 소, 삼가다, 주의하다.

☑ 손소형 이유유왕(巽小亨 利有攸往)

　손괘(巽卦)는 들어감이다. 하나의 음이 두 양의 아래에 있어 낮고 유순하며 엎드리고 들어오는 상이다. 소(小)는 주의하다, 대인(大人)은 벼슬자리에 있는 사람을 뜻한다.

　음이 양에게 순종하기 때문에 조심하면 형통하다(小亨). 바람은 끊임없이 나아가는데 나아가지 않으면 바람이 아니다. 바람은 겸손하고 순종하며 들어가기 때문에 겸손하게 나아가는 것이 이롭다(利有攸往). 따라서 조심하고 겸손해야 이로운 것이다.

☑ 이견대인(利見大人)

　바람은 부드럽게 나아가고, 구석구석을 어루만지며, 빈틈없이 나아가는 것은 지혜로운 대인이다. 굳센 양이 양의 자리에 있고 중을 얻어 구오 대인을 보는 것이 이롭다(利見大人). 따라서 힘 있는 대인에게 들어가 순종하고 지위를 세우는 것이 이롭다.

괘사에 대한 단전

단 왈　중 손　　　이 신 명
象曰 重巽으로 以申命하니
강 손 호 중 정 이 지 행　　　유 개 순 호 강
剛巽乎中正而志行하며 柔皆順乎剛이라
시 이 소 형　　　이 유 유 왕　　　이 견 대 인
是以小亨하니 利有攸往하며 利見大人하니라

「단전」에서 말했다. 중복된 손(巽)으로 명령을 내리고, 강이 중정한 도에 겸손하여 뜻이 행하여지고, 유가 모두 강에게 순종한다. 이 때문에 조심하면 형통하니 가는 바를 두는 것이 이로우며 대인을 만나보는 것이 이롭다.

257

▶ 重 : 무거울 중, 겹치다, 거듭하다, 귀중하다.   申 : 거듭 신, 말하다, 알리다, 베풀다.   命 : 목숨 명, 운수, 명령

☑ 중손이신명(重巽以申命)

손(巽)은 공손, 순종과 유순, 중(重)은 중복을 뜻한다. 중복된 손(巽)은 상체와 하체가 모두 손괘(巽卦: ☴)이다. 중복된 손(巽)은 위와 아래, 즉 신하와 백성이 모두 공손하다. 신하와 백성이 순종하니 군주가 명령을 내린다(重巽以申命). 위는 도를 따르면서 명령을 내고, 아래는 명령을 받들어 순종하여 위와 아래가 모두 유순하니 거듭 공손한 상이다.

바람이란 하늘의 호령(號令)이기 때문에 명령의 상이 있다. 내괘 손괘(巽卦)는 명령의 시작이며, 외괘 손괘(巽卦)는 내린 명령을 거듭한 것이다. 따라서 군자가 명령을 거듭 반복하고 간곡하게 당부하면, 유순하면서 사람들에게 들어간다.

☑ 강손호중정이지행 유개순호강(剛巽乎中正而志行 柔皆順乎剛)

구오는 임금의 자리로 양이 양의 자리에 있어 중정하니 공손하다. 굳센 양의 자리에 있는 존귀한 자인 임금은 중정의 도가 있고 백성을 순종하게 하니 그의 뜻이 행해진다(剛巽乎中正而志行). 이는 부드러운 음이 모두 굳센 양을 순종한다(柔皆順乎剛). 유음(柔陰) 백성이 강양(剛陽) 임금에게 순종하는 것이다. 굳센 강 구오는 공손하게 중정의 뜻을 행한다.

☑ 시이소형 이유유왕 이견대인(是以小亨 利有攸往 利見大人)

아랫사람이 윗사람을 순종하므로 조심하면 형통하니(是以小亨), 가는 것이 이로우며(利有攸往), 지혜 있는 자인 대인을 만나보는 것이 이롭다(利見大人). 따라서 대인을 만나 배우고 따르면 이롭다.

▌ 괘사에 대한 대상전

 象曰 隨風이 巽이니 君子 以하여 申命行事하니라
상왈 수풍 손 군자 이 신명행사

「상전」에서 말했다. 따르는 바람이 손(巽)이니, 군자는 이를 본받아 명령을 거듭 내려 정사를 행한다.

▶ 隨 : 따를 수/게으를 타, 추종하다, 추구하다.   申 : 거듭 신

☑ 수풍손 군자이신명행사(隨風巽 君子以申命行事)

위아래가 모두 따르므로 거듭된 손(巽)이다. 상괘와 하괘가 모두 손괘로 서로 거듭하여 따르는 바람이 손이다(隨風巽). 따라서 바람은 틈이 없이 만물에 들어가는 것처럼 백성들은 명령을 순종하지 않을 수 없다.

군자는 거듭된 손(巽)이 서로 이어서 따르는 상을 보고, 명령을 거듭 내려 정사를 행한다(君子以申命行事). 명령을 거듭 내림(申命)은 정사를 행하기에 앞서 훈계하는 것이고, 정사를 행함(行事)은 명령을 거듭한 이후에 말을 실천하는 것이다. 따라서 명령과 정사가 이치에 따르면 민심이 합하고 백성들이 순종하게 된다.

■ 초육 효사와 소상전

초 육　　진 퇴　　이 무 인 지 정
初六은 進退니 利武人之貞이니라
상 왈　진 퇴　　지 의 야　　이 무 인 지 정　　지 치 야
象曰 進退는 志疑也요 利武人之貞은 志治也라

초육은 나아갔다 물러섰다 함이다. 무인(武人)의 바름이 이롭다. 「상전」에서 말하였다. "나아가고 물러남"은 뜻을 의심하기 때문이고, "무인의 바름이 이로움"은 뜻이 다스려지기 때문이다.

▶ 治 : 다스릴 치, 바로 잡히다, 고치다.

☑ 진퇴 이무인지정(進退 利武人之貞)

초육은 음으로 아래에 있어서 낮추고 겸손이 지나치고 구이한테 막혀 나아가고 물러나는 상이 있다. 진퇴는 겸손으로 물러날 때 물러나고 나아갈 때 나아가는 것이다. 초육이 나아갔다 물러섰다 함(進退)은 마음을 정하지 못하고 오락가락하는 모습이다. 초육이 음효로 무기력하고 바름을 잃고 위로 정응하는 효가 없기 때문이다.

손괘는 빈틈없이 정책을 행하는 굳센 상황에서 명령을 온화하게 내리는 괘다. 유약한 태도를 경계하여 굳센 무인의 결단이 필요하다. 구오인 무인이 굳세게 결단을 내리니 이롭다(利武人之貞). 굳센 겸손은 이로우나 우유부단한 겸손은 이롭지 않다.

☑ 진퇴 지의야 이무인지정 지치야(進退 志疑也 利武人之貞 志治也)

뜻이란 겸손을 말한다. 초육이 진퇴 결단을 망설이는 이유는 살피고 가려야 확고해지기 때

문이다. 나아가고 물러남은 뜻을 의심하기 때문으로(進退 志疑也), 즉 진퇴를 의심하기 때문에 진퇴를 결단하지 못하고 우유부단하다. 무인의 바름이 이로움(利武人之貞)은 뜻이 바로 결단한 대로 행하기 때문이다(志治也). 따라서 효상은 진퇴(進退)가 과단성이 없고 뜻을 의심하는 상으로, 점사는 굳세게 결단하면 이롭다.

■ 구이 효사와 소상전

구 이　손 재 상 하　용 사 무 분 약　길　무 구
九二는 **巽在牀下**니 **用史巫紛若**하면 **吉**코 **无咎**리라
상 왈　분 약 지 길　득 중 야
象曰 紛若之吉은 **得中也**라

구이는 겸손함이 평상 아래에 있으니, 사관과 무당을 씀이 어수선하면 길하고 허물이 없다. 「상전」에서 말했다. "(사관과 무당을 씀이) 어수선한 것이 길함"은 중(中)을 얻었기 때문이다.

▶ 史 : 사기 사, 사관　牀 : 평상 상　巫 : 무당 무　紛 : 어지러울 분, 많다.

☑ 손재상하(巽在牀下)

손(巽)은 겸손하다, 상(牀)은 사람이 눕는 평상, 분약(紛若)은 어수선한 모양을 뜻한다. 구이는 양으로 음의 자리에 있고 아래에 있으니, 지나치게 겸손한 자이다. 구이는 초육의 평상 아래로 가서 엎드려 겸손하게 있다(巽在牀下). 구이는 정성스럽고 겸손하게 행동한다.

☑ 용사무분약길 무구(用史巫紛若吉 无咎)

사관(史官)은 점치는 일을 담당하고, 무당(巫堂)은 축문을 담당한다. 사관은 신의 뜻을 묻기 위해 점을 치고, 무당은 굿하는 가무로써 신을 즐겁게 한다. 이들은 인간과 귀신 사이를 매개한다.
사관과 무당이 신명에게 뜻을 전달하고 가무할 때는 행동은 시끄럽더라도 태도는 정성스럽고 겸손하다. 어수선하게 축문을 외어도, 시끄럽게 가무를 하더라도 사관과 무당의 정성과 겸손을 본받으면 길하고 허물이 없다(用史巫紛若吉 无咎).

☑ 분약지길 득중야(紛若之吉 得中也)

구이는 사관과 무당이 신령에게 정성스럽고 겸손하면 아첨하거나 두려워함이 아니니, 길하고 허물이 없는 까닭이다. 사관과 무당을 쓰는 것은 신과 사귀는 것이다. 신령과 교감하기 위해

사관과 무당이 축문을 어수선하게 외워도 길한 이유(紛若之吉)는 중을 얻기 때문이다(得中也). 구이는 중도를 지키기 때문에 길하다. 따라서 효상은 사관과 무당을 씀이 어수선한 상으로, 점사는 정성스럽고 겸손하면 허물이 없다.

▌구삼 효사와 소상전

九三은 頻巽이니 吝하니라
象曰 頻巽之吝은 志窮也라

구삼은 찌푸리며 (마지못해) 겸손하니 부끄럽다. 「상전」에서 말했다. "찌푸리며 (마지못해) 겸손하니 부끄러움"은 뜻이 궁하기 때문이다.

▶ 頻: 자주 빈, 찡그리다, 찌푸리다. 吝: 아낄 린(인), 부끄러워하다.

☑ 빈손린(頻巽吝)

구삼은 굳셈이 지나치고 알맞지 않으니 겸손할 수 없는 자이다. 구삼은 찌푸리며 마지못해 겸손하니 부끄럽다(頻巽吝). 그리하여 구삼은 교만하여 억지로 겸손하려고 하니 그 뜻을 자주 잃는다.

☑ 빈손지린 지궁야(頻巽之吝 志窮也)

구삼은 지나친 굳셈으로 순종할 수 없는 자이다. 그래서 구삼은 미간을 찌푸리며 억지로 겸손하니 부끄럽고 구삼의 뜻이 궁하다(志窮也). 구이는 겸손하게 일을 처리하고, 구삼은 마지못해 겸손하고, 육사는 자신을 낮춰 나라에 공을 세운다. 구삼은 윗사람이나 아랫사람이 탐탁하지 않아 궁함이 있다. 따라서 효상은 미간을 찌푸리며 마지못해 겸손한 상으로, 점사는 억지로 겸손하려고 하니 부끄럽다.

▌ 육사 효사와 소상전

六四_는 悔亡_{하니} 田獲三品_{이로다}
(육사) (회망) (전획삼품)

象曰 田獲三品_은 有功也_라
(상왈) (전획삼품) (유공야)

육사는 후회가 없어지니, 사냥하여 삼품의 짐승을 얻는다. 「상전」에서 말했다. "사냥하여 삼품의 짐승을 얻으니" 공이 있다.

▶ 田 : 밭 전, 사냥하다.

☑ 회망 전획삼품(悔亡 田獲三品)

전(田)은 사냥한다는 뜻이다. 사냥에 나가 삼품을 얻었다는 것은 다양하고 많은 짐승을 잡았다는 뜻으로 나라에 큰 공을 세운 것이다. 삼품(三品)은 건두(乾豆: 제사용 말린 고기), 빈객(賓客: 손님 접대용 고기), 충포(充庖: 군주용 고기)이다.

육사는 음으로 음의 자리에 있고 상체의 아래에 있어 후회가 없어지는 상이다. 육사는 겸손하고 필요한 물품을 얻어 공을 세운다. 후회가 없어지는 까닭(悔亡)은 사냥하여 삼품의 짐승을 얻기 때문이다(田獲三品). 사냥하여 삼품을 얻은 것은 인재를 등용하여 정치하는 것을 비유한 것이다.

☑ 전획삼품 유공야(田獲三品 有功也)

사냥하여 삼품의 짐승을 얻으니(田獲三品) 공이 있다(有功也). 공(功)은 사냥을 통해 얻은 공로이다. 육사는 구오를 순종하고 나라를 다스릴 인재를 발굴하니 공이 있다. 따라서 효상은 사냥하여 삼품의 짐승을 얻는 상으로, 점사는 인재를 등용하여 나라를 잘 다스리게 하니 공이 있다.

▌ 구오 효사와 소상전

九五_는 貞吉悔亡_{하여} 无不利_니 无初有終_{이라}
(구오) (정길회망) (무불리) (무초유종)

先庚三日_{하며} 後庚三日_{이면} 吉_{하니라}
(선경삼일) (후경삼일) (길)

象曰 九五之吉_은 位正中也_라
(상왈) (구오지길) (위정중야)

구오는 바르게 하면 길하여 후회가 없어서 이롭지 않음이 없으니 처음은 없고 끝은 있다. 경일보다 삼

일을 먼저 하고, 경일보다 삼일을 뒤에 하면 길하다. 「상전」에서 말했다. "구오의 길함"은 자리가 바르고 알맞기 때문이다.

▶ 庚: 별 경, 별, 일곱째 천간(天干), 바뀌다, 변화하다.

☑ 정길회망 무불리 무초유종(貞吉悔亡 无不利 无初有終)

　구오는 존귀한 자리에 있어서 손괘(巽卦)의 주인이고 명령을 내리는 자이다. 구오가 중을 얻어 바른 도를 지키면 아래에서는 따르고 스스로 제어할 수 있으니 길하여 후회가 없고(貞吉悔亡) 가는 곳마다 이롭지 않음이 없다(无不利). 중정한 덕을 지켜 후회가 없으니 처음은 없고 끝은 있다(无初有終). 즉, 처음에는 바르지 않았으나 마침내 바르게 되었다. 처음에는 아직 선하지 않으나, 끝내 고쳐서 선하게 되었다. 구오 군주가 명령을 처음 내릴 때는 잘 순종하지 않았으나, 마침내 겸손함이 있어 순종하니 길하다.

☑ 선경삼일 후경삼일 길(先庚三日 後庚三日 吉)

　충분한 시간을 갖고 정책을 수립하고 실행하는 것이 변화를 싫어하는 백성들의 공감을 얻는 방법이다. 구오가 명령을 내리기 전에 삼일을 생각하여 결정하고(先庚三日), 명령을 내린 후 삼일을 생각하면 길하다(後庚三日 吉). 결정하기 전에 먼저 할 일을 신중하게 충분히 생각하고, 결정한 이후에도 일어날 일을 충분히 생각한다. 경(庚)은 일곱째 천간(天干)으로 정일(丁日)은 경일(庚日)이 되기 전 삼일, 계일(癸日)은 경일 이후 삼일이 되는 날이다.

☑ 구오지길 위정중야(九五之吉 位正中也)

　구오의 길함(九五之吉)은 자리가 바르고 알맞기 때문이다(位正中也). 자리가 중정한 도에 부합하니 후회가 없고 이롭지 않은 것이 없다. 위아래가 순종하고 명령에 나라가 안정되어 길하다. 따라서 효상은 처음은 없고 끝은 있는 상으로, 점사는 먼저 할 일을 신중하게 충분히 생각하고, 그 이후에 일어날 일을 충분히 생각하면 길하다.

▌ 상구 효사와 소상전

上九는 巽在牀下하여 喪其資斧니 貞凶하니라
象曰 巽在牀下는 上窮也요 喪其資斧는 正乎아? 凶也라

상구는 겸손해서 평상 아래에 있어서 재물과 도끼를 잃으니, 바르게 하더라도 흉하다. 「상전」에서 말했다. "겸손해서 평상 아래에 있음"은 위에 있으면서 궁한 것이고, "재물과 도끼를 잃음"은 바른 도인가? 흉하다.

▶ 資: 재물 자 斧: 도끼 부

☑ 손재상하 상기자부 정흉(巽在牀下 喪其資斧 貞凶)

상구는 손괘(巽卦)의 끝에 있어 지나치게 겸손한 자이다. 겸손해서 평상 아래에 엎드려 있음(巽在牀下)은 지나치게 겸손하면 비굴하다는 뜻이다. 자(資)는 가지고 있는 재물이고 도끼[斧]는 결단하는 것으로, 굳센 양은 결단함이 있지만, 지나치게 겸손하면 결단함을 잃으니 재물과 도끼를 잃는 것이다(喪其資斧). 상구가 위에 있으면서 지나치게 겸손하다가 재물과 권세를 잃고 나서 바른 도를 지킨들 흉하다(貞凶).

☑ 상궁야 상기자부 정호흉야(上窮也 喪其資斧 正乎凶也)

상구는 겸손하면서 아첨하여 재물과 권세를 보존하나 위에 있으면서도 바른 도를 지키지 않아 궁하다(上窮也). 아첨으로 이룬 재물과 권세는 모두 다 잃게 되니(喪其資斧) 바르게 한들 흉하다(正乎凶也). 따라서 효상은 평상 아래 엎드려 있다가 재물과 권세를 잃는 상으로, 점사는 지나치게 겸손하다가 재물과 권세를 잃고 나서 바른 도를 지킨들 흉하다.

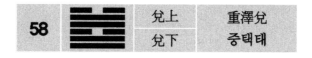

58

기뻐하는 중택태(重澤兌)

| 58 | ䷹ | 兌上
兌下 | 重澤兌
중택태 |

중택태괘(重澤兌卦)는 상괘와 하괘가 못[澤]이나 기쁨[兌]을 상징하는 태괘(兌卦: ☱)로, 이는 위도 못이고 아래도 못이 있는 상이다. 태괘(兌卦)는 위아래가 모두 못이 거듭되고 즐거움도 겹친 괘이며, 위에서 먼저 기뻐하고 아래가 따라서 기뻐하는 괘이다. 못은 고대 농업 사회에서 생명의 원천이었으므로 기쁨이라는 의미이다. 따라서 태괘(兌卦)는 순응의 결과로 기쁨이 이어지는 때이다. 괘상(卦象) 두 개의 못에서 물이 교류하여 서로 기뻐하는 중택(重澤) 상이요, 괘명은 기쁘다는 태괘(兌卦)이다.

태괘(兌卦)는 이끌려 오거나 이끌어 오는 기뻐하는 괘이다. 초구는 화태길(和兌吉)로, 이는 화목하게 지내는 것을 기쁘게 하는 상황이니, 행동을 의심할 것이 없으니 길하다. 이효는 부태길(孚兌吉)로, 이는 믿음이 있어서 기쁘게 하는 상황이니, 믿음이 있고 행하고자 하는 뜻을 두니 후회가 없다. 삼효는 래태흉(來兌凶)으로, 이는 아첨하면서 다가와 기쁘게 하는 상황이니, 정당하게 기쁘게 하는 것이 아니면 흉하다. 사효는 상태미녕(商兌未寧)으로, 이는 기쁨을 헤아리려도 편안하지 못한 상황이니, 절개와 바름을 지키면 경사가 있다. 오효는 부우박(孚于剝)으로, 이는 박탈당하는데도 믿는 상황이니, 믿지 않아야 할 것을 믿으니 위태롭다. 육효는 인태(引兌)로, 이는 다른 사람에게 이끌려 와서 기뻐하는 상황이니, 아첨을 경계하지 않는다면 위험하다.

▊ 괘사

^태 ^형 ^{이 정}
兌는 亨하니 利貞하니라

태(兌)는 형통하니 바르게 하는 것이 이롭다.

▶ 兌 : 바꿀 태/기쁠 태/날카로울 예/기뻐할 열

☑ 태형 이정(兌亨 利貞)

　태(兌)는 기뻐하는 도이다. 못은 물로 만물을 생장하게 하고 기쁘게 한다. 남을 기쁘게 하면 자기도 또한 기쁘니 모두가 형통하다(兌亨). 기뻐하는 도는 곧고 바르게 해야 이롭다(利貞). 음은 양을 기쁘게 하니 육삼의 음이 초구와 구이의 양을 기쁘게 해주고, 상육의 음이 구오와 구사를 기쁘게 해준다. 기쁨을 탐닉하면 쉽게 쾌락에 빠질 수 있다. 따라서 괘상은 기뻐하는 상으로, 점사는 곧고 바르게 하면 모두가 이롭다.

▊ 괘사에 대한 단전

^{단 왈 태} ^{열 야} ^{강 중 이 유 외} ^{열 이 리 정}
象曰 兌는 說也니 剛中而柔外하여 說以利貞이라
^{시 이 순 호 천 이 응 호 인} ^{열 이 선 민} ^{민 망 기 로}
是以順乎天而應乎人하여 說以先民하면 民忘其勞하니라
^{열 이 범 난} ^{민 망 기 사} ^{열 지 대} ^{민 권 의 재}
說以犯難하면 民忘其死하나니 說之大 民勸矣哉라

「단전」에서 말했다. 태(兌)는 기뻐함이니 강이 중을 얻고 유가 밖에 있어서, 기쁘게 해서 바르게 함이 이롭다. 이 때문에 하늘에 순종하고 사람에게 호응해서, 기쁘게 백성들보다 (수고로운 일을) 먼저 하면 백성들은 수고로움을 잊는다. 기쁘게 어려움을 이기면 백성들은 죽음을 잊으니, 기뻐함이 커서 백성들을 권장하는 것이다.

▶ 說 : 말씀 설/기뻐할 열　忘 : 잊을 망　勞 : 일할 로(노), 수고롭다.　犯 : 범할 범, 이기다.　勸 : 권할 권/싫증날 권, 힘쓰다.

☑ 태열야(兌說也)

　태(兌)는 기뻐함이다(兌說也). 하나의 음이 두 양의 위에 있으니, 음은 양에 대해서, 양은 음에 대해서 서로 기뻐한다.

☑ 강중이유외 열이이정(剛中而柔外 說以利貞)

군센 양인 구이와 구오가 가운데 자리에 있고(剛中), 부드러운 음인 육삼과 상육이 밖에 있다(柔外). 밖이 부드럽고 기뻐하여 바르게 함이 이롭다(說以利貞). 양은 군셈으로 마음 가운데 있으며 미덥고, 음은 밖에 있으며 유순하고 겸손하여 기쁘고, 바른 도를 지키니 이롭다.

☑ 시이순호천이응호인(是以順乎天而應乎人)

강중(剛中)과 유외(柔外)로 기쁘게 하고 바르게 하는 까닭에(是以) 위로는 천리를 따르고 아래로는 사람들의 마음에 호응한다(順乎天而應乎人). 따라서 태괘는 천도와 인도에 부합한다.

☑ 열이선민 민망기로(說以先民 民忘其勞)

편안과 삶은 사람이 좋아하는 바이고, 수고로움과 죽음은 사람들이 싫어하는 바이다. 군자가 기쁘게 백성들보다 수고로운 일을 먼저 하면 백성들은 수고로움을 잊는데(說以先民 民忘其勞), 이는 바로 백성들도 노고를 아끼지 않고 기뻐하며 불평하지 않는다.

☑ 열이범난 민망기사(說以犯難 民忘其死)

군자가 스스로 기쁘게 어려움을 극복하면(說以犯難) 백성들도 자신의 생명을 뒤돌아보지 않고 어려움을 극복한다(民忘其死). 따라서 군자는 위험을 무릅쓰고서라도 백성의 안위를 살펴야 백성들이 군자에게 순종한다.

☑ 열지대 민권의재(說之大 民勸矣哉)

백성들을 크게 기쁘게 하면(說之大) 백성들을 권장하는 것이다(民勸矣哉). 백성들을 기쁘게 함이 천지가 베풂과 같아서, 백성들이 마음에서 감동하고 기뻐하면서 복종하고 싫어함이 없다.

■ 괘사에 대한 대상전

상왈 리택 태 군자 이 붕우강습
象曰 麗澤이 兌니 君子 以하여 朋友講習하니라

「상전」에서 말했다. 붙어 있는 못[澤]이 태(兌)이니, 군자는 이를 본받아 벗들과 강습한다.

▶ 麗: 고울 려(여)/걸릴 리, 붙다. 澤: 못 택 講: 외울 강 習: 익힐 습

☑ 리택태 군자이붕우강습(麗澤兌 君子以朋友講習)

   붙어 있는 못은 두 못[澤]이 서로 붙어 있는 것이다. 두 못이 서로 붙어서 번갈아 서로 적셔주니 서로 물이 불어나고 기뻐하는 상(麗澤兌)이 태괘이다. 군자가 그 상을 관찰하여 벗들과 이치를 토론하고 익히니(君子以朋友講習) 서로에게 유익하다.

   양은 양으로 벗을 삼으니 구이와 구오가 벗[朋]이 되고 초구와 구사가 벗이 된다. 붕(朋)은 같은 스승 밑에서 함께 공부한 벗이고, 우(友)는 뜻을 같이 하는 벗이다. 서로 기뻐함에는 벗들만한 자들이 없고, 뜻을 함께하여 서로 도와줌에는 강습만한 것이 없다.

■ 초구 효사와 소상전

초 구 　 화 태 　 길
初九는 和兌니 吉하니라
상 왈 　 화 태 지 길 　 행 미 의 야
象曰 和兌之吉은 行未疑也라

초구는 화목하고 기쁘게 하니 길하다. 「상전」에서 말했다. "화목하고 기쁘게 하니 길함"은 행동이 의심스러운 데가 없기 때문이다.

☑ 화태길(和兌吉)

   초구는 양이 양의 자리에 있으나 중을 얻지 못했다. 화(和)는 치우치지 않는 것으로 화태(和兌)란 내면에서 오는 기쁨으로 사람들을 기쁘게 하니 길하다. 초구는 굳센 양으로 비굴하지 않고 가장 아래에 있으니 공손하며 기쁘게 하니 화목하다. 초구는 화목하고 기쁘게 하고 사악함에 휩쓸리지 않으므로 길하다(和兌吉).

☑ 화태지길 행미의야(和兌之吉 行未疑也)

   초구가 화목하고 기쁘게 해서 길함(和兌之吉)은 초구의 행동이 의심스러운 데가 없기 때문이다(行未疑也). 행동을 의심할 것이 없으니 화목해서 기쁘다. 따라서 효상은 화목하게 지내는 것을 기쁘게 하는 상으로, 점사는 행동을 의심할 것이 없으니 길하다.

█ 구이 효사와 소상전

九二는 孚兌니 吉하고 悔亡하니라

象曰 孚兌之吉은 信志也라

구이는 미덥게 해서 기쁘게 하니 길하고 후회가 없다. 「상전」에서 말했다. "미덥게 해서 기쁘게 하니 길함"은 뜻이 미덥기 때문이다.

▶ 孚 : 미쁠 부, 미덥다.

☑ 부태길 회망(孚兌吉 悔亡)

구이는 양효로서 음의 자리에 있지만 중을 얻었고, 중은 믿음으로 다른 구오를 미덥게 해서 기쁘게 하니 길하고(孚兌吉) 후회가 없다(悔亡). 구이는 중도를 얻어 성실하고 믿음이 있고, 믿음은 사람을 기쁘게 하니 길하다. 구이의 믿음은 구오에 대한 믿음이다.

☑ 부태지길 신지야(孚兌之吉 信志也)

믿음으로 기쁘게 하니 길함(孚兌之吉)은 뜻이 미덥기 때문이다(信志也). 초구는 자기의 뜻을 행하는 것이고, 구이는 행하고자 하는 데에 뜻을 두는 것이다. 따라서 효상은 믿음이 있어서 기쁘게 하는 상으로, 점사는 믿음이 있고 행하고자 하는 뜻을 두니 후회가 없다.

█ 육삼 효사와 소상전

六三은 來兌니 凶하니라

象曰 來兌之凶은 位不當也라

육삼은 다가와서 기쁘게 하니 흉하다. 「상전」에서 말했다. "다가와서 기쁘게 하니 흉함"은 자리가 마땅하지 않기 때문이다.

☑ 래태흉(來兌凶)

육삼은 부드러운 음으로 중정하지 못하고, 음이 양을 쫓아 다니면서 기쁘게 하는 소인이나

269

도로써 기쁘게 하지 못하는 자이다. 육삼의 기쁨은 내면에서 오는 진실한 기쁨이 아니다. 육삼은 요염하게 아첨하면서 기쁘게 하니 흉하다(來兌 凶).

☑ 래태지흉 위부당야(來兌之凶 位不當也)

　육삼은 음이면서 중을 얻지 못해 양에게 아첨하면서 다가와서 사특하게 기쁘게 함이 흉한 까닭(來兌之凶)은 자리가 마땅하지 않기 때문이다(位不當也). 아첨이나 환심으로 기쁘게 하는 것은 정당하게 기쁘게 하는 것이 아니다. 따라서 효상은 아첨하면서 다가와 기쁘게 하는 상으로, 점사는 정당하게 기쁘게 하는 것이 아니면 흉하다.

▌ 구사 효사와 소상전

九四는 商兌未寧이니 介疾有喜리라
象曰 九四之喜는 有慶也라

구사는 기쁨을 헤아려도 편안하지 못하니, 절개를 지키고 (아첨을) 미워하면 기쁨이 있다. 「상전」에서 말했다. "구사의 기쁨"은 경사가 있기 때문이다.

▶ 商: 장사 상, 헤아리다.　寧: 편안할 녕(영)　介: 낄 개, 강직하다, 굳다, 지조, 절개　疾: 병 질, 근심, 증오

☑ 상태미녕 개질유희(商兌未寧 介疾有喜)

　상(商)은 헤아려 생각하느라 결단하지 못함이다. 마땅히 결단할 듯하지만 결단하지 못하는 것은 헤아리기 때문이다. 편안하지 못함(未寧)은 결단한 이후의 상황이 불안한 것이다. 구오 또는 육삼 중에서 누구를 기쁘게 할 것인지를 분별하지 못하니 편안하지 못하다(商兌未寧). 구오는 임금이요, 육삼은 아첨하는 소인이나 사특한 사람이다. 구사는 뜻이 유약하여 결단하지 못하고 불안하다.

　개(介)는 절개나 지조이다. 만약 구오에 대한 절개를 지키고 육삼의 아첨을 미워하고 멀리하면 기쁨이 있다(介疾有喜). 구오를 따르는 것은 바름이며, 육삼이 기쁘게 하는 것은 사특함이다. 구사가 임금의 자리와 가까우므로 굳세고 절개 있게 바름을 지켜 사특하고 악함을 미워하면 장차 임금의 신임을 얻어 경사가 있게 된다.

☑ 구사지희 유경야(九四之喜 有慶也)

구사의 기쁨(九四之喜)은 경사가 있기 때문이다(有慶也). 임금에 대해 절개와 바름을 지켜 임금이 기뻐하면 굳센 양의 도를 행하여 경사가 있다. 구사는 육삼의 아첨을 막으니 마음도 기쁘다. 비록 사특한 음을 멀리하고 굳센 양인 임금을 돕는다면, 자신의 기쁨이 되고 나라의 경사가 된다. 따라서 효상은 기쁨을 헤아려도 편안하지 못한 상으로, 점사는 절개와 바름을 지키면 경사가 있다.

■ 구오 효사와 소상전

九五는 孚于剝이면 有厲리라
^{구 오} ^{부 우 박} ^{유 려}

象曰 孚于剝은 位正當也라
^{상 왈} ^{부 우 박} ^{위 정 당 야}

구오는 박탈당하는데도 믿으면 위태로움이 있다. 「상전」에서 말했다. "박탈당하는데도 믿음"은 자리가 마땅하기 때문이다.

▶ 剝: 벗길 박, 깎다.

☑ 부우박 유려(孚于剝 有厲)

상육은 음으로 사악하고 기쁨의 끝에 있으며, 양을 벗기는데 충분한 자로 아부하거나 탐욕스런 소인이다. 구오는 상육 소인에 의해서 기쁨이 박탈되는데도 믿으니 위태롭다(孚于剝 有厲). 박(剝)은 음이 양을 깎는 것, 즉 소인의 기세가 커지고 왕의 기세가 깎이는 것이다. 믿지 않아야 할 것을 믿으니 위험할 수밖에 없다. 아부하거나 탐욕스런 소인이 구오를 벗겨내니 구오는 모두 박탈당한다.

☑ 부우박 위정당야(孚于剝 位正當也)

박탈당하는데도 믿음(孚于剝)은 자리가 마땅하기 때문이다(位正當也). 구오는 존귀한 자리에 있어 소인이 가장 박탈하고자 하는 대상이며, 소인에 의해 유혹될 수 있는 자이다. 따라서 효상은 박탈당하는데도 믿는 상으로, 점사는 믿지 않아야 할 것을 믿으니 위태롭다.

▌상육 효사와 소상전

上六은 引兌라
_{상 육   인 태}

象曰 上六引兌는 未光也라
_{상 왈 상 육 인 태   미 광 야}

상육은 (아첨에) 이끌려서 기뻐함이다. 「상전」에서 말했다. "상육은 (아첨에) 이끌려서 기뻐함"은 아직 빛나지 못한 것이다.

▶ 引: 끌 인

☑ 인태(引兌)

상육은 음으로 굳센 양을 타고 있으며 기쁨의 끝에 있으나, 기쁨이 서서히 사라지는 때이다. 상육은 능숙하여 다른 사람이 저절로 끌려 오지만, 육삼은 미숙하여 기쁘게 해주려고 다른 사람을 유인한다. 상육은 아첨하는 육삼에 이끌려서 함께 기뻐한다(引兌). 내면의 기쁨이 없는데도 와서 기뻐할 수 있는 자는 육삼밖에 없다.

☑ 상육인태 미광야(上六引兌 未光也)

상육은 이끌려서 기뻐함(上六引兌)은 아직 빛나지 못한다(未光也). 이끌려서 오는 것은 유혹을 당하는 것이기 때문에 바르지 않으므로 아직 빛나는 일이 아니다. 뇌물로 유혹하거나 아첨하여 환심을 사는 것을 기뻐해서는 안 된다. 따라서 효상은 다른 사람에게 이끌려 와서 기뻐하는 상으로, 점사는 아첨을 경계하지 않는다면 위험하다.

민심을 끄는 풍수환(風水渙)

59		巽上 坎下	風水渙 풍수환

　풍수환괘(風水渙卦)는 상괘가 바람[風]을 상징하는 손괘(巽卦: ☴)이고, 하괘가 물[水]을 상징하는 감괘(坎卦: ☵)로, 이는 물 위로 바람이 불어서 물이 흩어지는 상이다. 환(渙)은 물이 흘러서 흩어진다는 뜻이다. 물이 바람을 만나면 흩어지기 때문에 환(渙)이다. 따라서 괘상은 물 위로 바람이 부는 풍수(風水) 상이요, 괘명은 흩어지는 환괘(渙卦)이다.

　환괘(渙卦)는 바람이 불어 물 위를 덮고 있는 모든 더러운 것을 씻어내니 모든 고난이 사라지고 만사가 형통하는 괘이다. 종묘를 세우고 제사를 드리는 것이 흩어진 민심을 모으는 방법이다. 환괘(渙卦)는 이산된 민심을 수습하는 방도나 험난함을 극복하는 방도이다.

　환괘(渙卦)는 바람이 불어 흩어질 때 민심을 이끌고 새로운 출발을 하는 방법에 관한 교훈이다. 초효는 용증마장(用拯馬壯)으로, 이는 구원해줄 말이 건장한 상황이니, 타고 가는 말이 건장하니 길하다. 이효는 환분기궤(渙奔其机)로, 이는 흩어지는 때에 궤로 달려가는 상황이니, 주변 사람들과 협력하면 후회가 없다. 삼효는 환기궁(渙其躬)으로, 이는 흩어지는 때에 윗사람의 협조를 받는 상황이니, 윗사람을 쫓아 자신의 악습을 버리면 후회가 없다. 사효는 환기군(渙其群吉)으로, 이는 무리를 흩어지게 하니 백성들이 언덕처럼 많이 모이는 상황이니, 소인들의 나쁜 버릇을 흩어지게 하면 길하다. 오효는 환한기대호(渙汗其大號)로, 이는 많은 재물을 흩어 백성에게 베푸는 상황이니, 많은 재물을 흩어 백성에게 베풀면 허물이 없다. 육효는 환기혈(渙其血)로, 이는 피를 흩어 제거하고 두려움에서 벗어나는 상황이니, 근심을 흩어 버리면 허물이 없다.

■ 괘사

환 형　　　왕 격 유 묘　　　이 섭 대 천　　　이 정
渙은 亨하니 王假有廟며 利涉大川하니 利貞하니라

환(渙)은 형통하니, 왕이 종묘를 지극히 두며, 큰 내를 건너는 것이 이로우니, 바르게 하는 것이 이롭다.

▶ 渙: 흩어질 환, 빛나다.　假: 거짓 가/이를 격, 지극하다.　廟: 사당 묘

☑ 환형 왕격유묘(渙亨 王假有廟)

　환(渙)은 흩어짐이다(渙離散也). 환괘(渙卦)는 위가 손괘(☴)이고 아래가 감괘(☵)로, 물 위에 바람이 불어 흩어지는 상이 된다. 바람이 불어 비가 내리고, 비는 흩어져 만물을 생장시켜 널리 이롭게 하니 형통하다(渙亨). 이는 왕이 종묘에서 지극히 제사를 지내기 때문이다(王假有廟).

　종묘에서 제사를 지내는 것은 정성을 다하여 흩어진 조상의 혼령을 모으는 제례이다. 또한 흩어진 민심을 한곳으로 모으는 것이다. 왕이 종묘에서 정성을 드려 제사를 지내듯 흩어진 민심을 모으려면 정성을 드려야 한다. 종묘(宗廟)는 역대 왕과 왕비의 위패(位牌: 죽은 사람의 이름을 적은 나무패)를 모시던 사당이다.

☑ 이섭대천 이정(利涉大川 利貞)

　큰 내를 건너는 것이 이로움(利涉大川)은 정성을 다해야 큰 일을 할 수 있는 것이다. 바르게 하는 것이 이롭다(利貞)는 것은 흩어진 민심을 한곳으로 모으니 환난과 장애를 극복할 수 있으니 이로운 것이다. 큰 내를 건너는 것은 나라의 난국을 극복하는 것이다. 따라서 정성을 다하면 큰 내를 건널 수 있고, 어려운 큰 일도 할 수 있으며, 바르게 해야 한다.

■ 괘사에 대한 단전

단 왈 환 형　　　강 래 이 불 궁　　　유 득 위 호 외 이 상 동
彖曰 渙亨은 剛來而不窮하고 柔得位乎外而上同이라
왕 격 유 묘　　　왕 내 재 중 야　　　이 섭 대 천　　　승 목 유 공 야
王假有廟는 王乃在中也요 利涉大川은 乘木有功也라

「단전」에서 말했다. 환(渙)이 형통함은 강이 왔으나 곤궁하지 않고, 유가 밖에서 자리를 얻어 위와 함께하기 때문이다. 왕이 종묘를 지극히 두니 왕이 중에 있기 때문이요, 큰 내를 건너는 것이 이로운 것

은 나무를 타서 공이 있기 때문이다.

▶ 同: 한가지 동, 함께하다　乃: 이에 내, 곧　乘: 탈 승

☑ 환형(渙亨)

　환괘(渙卦)는 이산된 민심을 수습하는 방도나 험난함을 극복하는 방도이다. 환(渙)은 형통하다(渙亨). 강(剛)은 구이와 구오를 가리키고, 유(柔)는 초육과 육사를 가리킨다. 왕은 구오이고 사당은 육사이다.

☑ 강래이불궁 유득위호외이상동(剛來而不窮 柔得位乎外而上同)

　환(渙)이 형통한 이유이다. 강(剛)이 왔으나 곤궁하지 않음(剛來而不窮)은 강이 중도를 얻어 유를 올라타 곤궁하지 않은 것이다. 유(柔)가 밖에서 자리를 얻음(柔得位乎外)은 음효인 육사가 외괘에서 높은 자리를 차지했다는 말이다. 유와 함께함(上同)은 육사가 구오와 뜻을 같이 하는 것이다. 강유는 양음으로 재질은 다르고 흩어져도 뜻은 같아 형통하다.

☑ 왕격유묘 왕내재중야(王假有廟 王乃在中也)

　왕이 사당에서 지극히 제사를 지내는 것(王假有廟)이 민심이 흩어지는 때에 민심을 수습하는 방도이다. 왕이 바로 제사의 중심에 있기 때문이다(王乃在中也). 중심에 있다는 것은 민심에 있다는 것이다. 민심을 수습하는 것은 종묘를 숭상하고 왕위를 바로세우는 일이다.

☑ 이섭대천 승목유공야(利涉大川 乘木有功也)

　공(功)이란 일을 수행하여 얻은 구체적인 결실이다. 큰 내를 건넘이 이로움(利涉大川)은 나무를 타서 공이 있는 것이다(乘木有功也). 흩어짐을 다스리는 방도는 험난함을 구제하는 것이다. 위 손괘(☴)는 나무이고 아래 감괘(☵)는 물이며 대천(大川)으로, 험함을 극복하고 흩어짐을 구제하는 것이 이롭다. 나무를 타는 것(乘木)은 배를 타고 내를 건너는 것으로, 어려움을 극복하면 민심 이반을 구제하는 공이 있다. 따라서 바른 도를 지키면서 험함을 극복하고 큰 일을 하여 공을 세운다.

▌괘사에 대한 대상전

<ruby>象<rt>상</rt></ruby><ruby>曰<rt>왈</rt></ruby> <ruby>風<rt>풍</rt></ruby><ruby>行<rt>행</rt></ruby><ruby>水<rt>수</rt></ruby><ruby>上<rt>상</rt></ruby>이 <ruby>渙<rt>환</rt></ruby>이니 <ruby>先<rt>선</rt></ruby><ruby>王<rt>왕</rt></ruby>이 <ruby>以<rt>이</rt></ruby>하여 <ruby>享<rt>향</rt></ruby><ruby>于<rt>우</rt></ruby><ruby>帝<rt>제</rt></ruby>하며 <ruby>立<rt>입</rt></ruby><ruby>廟<rt>묘</rt></ruby>하니라

「상전」에서 말했다. 바람이 물 위를 가는 것이 환(渙)이니, 선왕이 이를 본받아 상제에게 제사하고 종묘를 세운다.

☑ 풍행수상 환(風行水上 渙)

바람이 물 위를 가는 것(風行水上)은 바람과 물이 모두 흩어지는 상이다(渙). 풍행수상(風行水上)은 민심이 이반한 상이다.

☑ 선왕이 향우제 입묘(先王以 享于帝 立廟)

선왕(先王)이 이러한 상을 보고서 흩어진 민심을 수습하기 위해 상제에게 제사하고 종묘를 세운다(先王以 享于帝 立廟). 이것은 이반된 민심을 모으는 것이다. 입묘(立廟)는 조상의 사당을 세우고 제사를 지내는 것이다. 흩어진 민심을 수습하는 방도가 제사만 한 것이 없다.

▌초육 효사와 소상전

<ruby>初<rt>초</rt></ruby><ruby>六<rt>육</rt></ruby>은 <ruby>用<rt>용</rt></ruby><ruby>拯<rt>증</rt></ruby>하되 <ruby>馬<rt>마</rt></ruby><ruby>壯<rt>장</rt></ruby>하니 <ruby>吉<rt>길</rt></ruby>하니라
<ruby>象<rt>상</rt></ruby><ruby>曰<rt>왈</rt></ruby> <ruby>初<rt>초</rt></ruby><ruby>六<rt>육</rt></ruby><ruby>之<rt>지</rt></ruby><ruby>吉<rt>길</rt></ruby>은 <ruby>順<rt>순</rt></ruby><ruby>也<rt>야</rt></ruby>라

초육은 구원하되 말이 건장하니 길하다. 「상전」에서 말했다. "초육이 길함"은 순종하기 때문이다.

▶ 拯: 건질 증, 구원하다, 돕다. 壯: 씩씩할 장/장할 장, 건장하다.

☑ 용증마장 길(用拯馬壯 吉)

증마(拯馬)는 구원해 주는 말, 피신할 때 타고 가는 말이다. 초육은 괘의 처음에 있어 흩어지는 초기이고 음효로 유약하여 힘이 부족하나 구원해 줄 말이 건장하기 때문에 길하다(用拯馬壯 吉). 건장한 말에 의지해서 어려운 상황을 극복하는 것이다. 구원함[拯]은 흩어짐[渙]의 반대이다. 초육이 강한 구이의 도움을 받으니 길하다.

☑ 초육지길 순야(初六之吉 順也)

　초육이 길한 까닭(初六之吉)은 구원해줄 말이 순종하기 때문이다(順也). 구원해 줄 말이 건장하고 순응하면 길하다. 따라서 효상은 구원해 줄 말이 건장한 상으로, 점사는 타고 가는 말이 건장하니 길하다.

구이 효사와 소상전

구 이　　환　분 기 궤　회 망
九二는 渙에 奔其机면 悔亡하리라
상 왈　환 분 기 궤　득 원 야
象曰 渙奔其机는 得願也라

구이는 흩어지는 때에 궤로 달려가면 후회가 없다. 「상전」에서 말했다. "흩어지는 때에 궤로 달려감"은 소원을 얻기 때문이다.

▶ 奔: 달릴 분　机: 책상 궤

☑ 환분기궤 회망(渙奔其机 悔亡)

　환(渙)은 흩어지는 때이다. 초육은 구이를 건장한 말처럼, 구이는 초육을 편안한 궤처럼 느낀다. 초육과 구이가 흩어지고 이반하는 때를 당하여 음과 양이 친하여 서로 구하면 서로 의지하게 된다.
　구이는 흩어지는 때에 편안하게 의지할 만한 궤로 달려가니 후회가 없어진다(渙奔其机 悔亡). 궤로 달려감(奔其机)은 편안하게 의지하는 것을 비유하였다. 구이는 흩어졌던 후회가 초육을 만나 없어진다.

☑ 환분기궤 득원야(渙奔其机 得願也)

　흩어지는 때에 궤로 달려감(渙奔其机)은 소원을 얻기 때문이다(得願也). 구이는 초육에게 달려가서 깔개로 편안함을 삼고, 굳센 양과 부드러운 음이 서로 합하여 흩어짐을 구제하는 소원을 얻을 수 있다. 구이는 위아래 효, 즉 주변 사람들과 협력해야 소원을 이룰 수 있다. 따라서 효상은 흩어지는 때에 궤로 달려가는 상으로, 점사는 주변 사람들과 협력하면 후회가 없다.

■ 육삼 효사와 소상전

육삼　환　기궁　무회
六三은 渙에 其躬이 无悔니라
상왈　환기궁　지재외야
象曰 渙其躬은 志在外也라

육삼은 흩어지는 때에 그 자신만 후회가 없다. 「상전」에서 말했다. "흩어지는 때에 그 자신만 후회 없음"은 뜻이 밖에 있기 때문이다.

▷ 躬: 몸 궁, 자기, 자신

☑ 환기궁 무회(渙其躬 无悔)

육삼은 부드러운 음으로 중정하지 못하며, 자신에게 악습이 있는 상이나 상구와 호응하고, 자신의 악습을 흩어 버리니 후회가 없다(渙其躬 无悔). 육삼은 많은 난관을 겪으면서 자신의 악습을 반성한다.

☑ 환기궁 지재외야(渙其躬 志在外也)

흩어지는 때에 그 자신만 후회가 없음은 뜻이 밖에 있기 때문이다(渙其躬 志在外也). 육삼은 상구에 뜻이 있어 자기의 악습을 버리고, 그를 쫓아 흩어짐을 구제한다. 육삼은 상구의 협조를 받으면 위기를 탈출할 수 있다. 따라서 효상은 흩어지는 때에 윗사람의 협조를 받는 상으로, 점사는 윗사람을 쫓아 자신의 악습을 버리면 후회가 없다.

■ 육사 효사와 소상전

육사　환기군　　　원길　　환유구　비이소사
六四는 渙其群이라 元吉이니 渙有丘 匪夷所思니라
상왈　환기군원길　　광대야
象曰 渙其群元吉은 光大也라

육사는 무리를 흩어지게 함이니 크게 길하니, 흩어져서 언덕처럼 (많이 모이는 것은) 보통 사람이 생각하는 바가 아니다. 「상전」에서 말했다. "무리를 흩어지게 함이 크게 길함"은 빛나고 크기 때문이다.

▷ 元: 으뜸 원, 크다.　丘: 언덕 구, 크다.　匪: 비적 비, 아니다.　夷: 오랑캐 이, 무리, 동료, 보통

☑ 환기군 원길(渙其群 元吉)

무리[群]는 초육과 육삼이다. 사익을 추구하는 무리를 흩어지게 하면 크게 길하다(渙其群 元吉). 무리를 흩어지게 함은 이익을 추구하기 위해 결집된 사적 집단을 해산시키는 것이다. 육삼은 자신의 나쁜 버릇을 흩어지게 하나, 육사는 소인들의 나쁜 버릇을 흩어지게 하는 자이므로 먼저 자신부터 나쁜 버릇이나 사익을 버려야 길하다.

☑ 환유구 비이소사(渙有丘 匪夷所思)

언덕은 공적 집단으로 일반 백성의 무리다. 언덕[丘]은 막 흩어지는 때에 크게 모이게 할 수 있으니 그 공(功)이 매우 크다. 사적 무리를 흩어지게 하니 백성들이 언덕처럼 많이 모이는 것(渙有丘)을 보통 사람들은 생각할 수 없는 일이다(匪夷所思).

☑ 환기군원길 광대야(渙其群元吉 光大也)

무리를 흩어지게 함이 크게 길함(渙其群元吉)은 빛나고 크기 때문이다(光大也). 크게 길함은 육사의 공덕(功德)이 빛나고 큼을 말한다. 따라서 효상은 무리를 흩어지게 하니 백성들이 언덕처럼 많이 모이는 상으로, 점사는 소인들의 나쁜 버릇을 흩어지게 하면 길하다.

▌구오 효사와 소상전

九五는 渙에 汗其大號면 渙에 王居니 无咎리라
象曰 王居无咎는 正位也라

구오는 흩어지는 때에 큰 호령을 땀이 나듯 하면 왕이 많은 재물을 흩어 베풀면 허물이 없다. 「상전」에서 말했다. "왕이 많은 재물을 흩어 베풀면 허물이 없음"은 바른 자리이기 때문이다.

▶ 汗: 땀 한 號: 이름 호/부르짖을 호, 명령 居: 살 거, 있다, 저축하다

☑ 환한기대호 환왕거 무구(渙汗其大號 渙王居 无咎)

큰 호령[大號]은 국가적 중대사를 해결하기 위해 내리는 큰 명령이다. 흩어지는 때에 큰 호령을 땀이 나듯 함(渙汗其大號)은 크게 호령을 내고 법령을 시행하여 백성의 마음을 모으는 것이다. 땀이 나면 다시 되돌릴 수 없듯이 명령을 내리면 철회할 수 없다.

왕거(王居)는 왕이 갖고 있는 많은 재물이다. 구오는 많은 재물을 흩어 백성에게 베풀면 허물이 없다(渙王居 无咎). 왕이 바른 도와 덕을 천하에 베풀어 민심을 얻으면 재앙이 없다.

☑ 왕거무구 정위야(王居无咎 正位也)

왕이 많은 재물을 흩어 백성에게 베풀면 허물이 없음(王居无咎)은 바른 자리이기 때문이다 (正位也). 구오는 굳센 양으로 높은 자리에 있고 바른 자리를 얻었으므로 호령을 크게 내어 세상을 구제한다. 따라서 많은 재물을 흩어 백성에게 베푸는 상으로, 점사는 많은 재물을 흩어 백성에게 베풀면 허물이 없다.

■ 상구 효사와 소상전

상 구 환 기 혈 거 적 출 무 구
上九는 渙其血이 去逖出하면 无咎니라
상 왈 환 기 혈 원 해 야
象曰 渙其血은 遠害也라

상구는 그 피를 흩어 제거하고 두려움에서 벗어나면 허물이 없다. 「상전」에서 말했다. "그 피를 흩어 제거함"은 해로움을 멀리하기 때문이다.

▶ 血: 피 혈, 근심하다. 去: 갈 거, 없애다. 逖: 멀 적, 두려워하다.

☑ 환기혈 거적출 무구(渙其血 去逖出 无咎)

혈(血)은 근심하다[恤]의 뜻이므로 그 피를 흩어 제거함(渙其血去)은 근심을 흩어 버려 떠나게 하는 것이다. 두려움에서 벗어나면 허물이 없다(逖出 无咎). 따라서 근심을 흐트려 멀리 사라지게 하니 재앙이 없다.

☑ 환기혈 원해야(渙其血 遠害也)

그 피를 흩어 제거하는 것은 해로움을 멀리하기 때문이다(遠害也). 상구는 흩어짐의 끝에 있어 흩어짐에서 벗어나고 해를 멀리 한다. 피를 흩으면 피가 제거되고, 두려움을 흩으면 두려움에서 벗어난다. 세상이 흩어지는 시기에 위급과 재앙이 많으니 상구는 민심을 모아 백성을 근심과 재앙으로부터 멀리해야 한다. 따리서 효상은 피를 흩어 제거하고 두려움에서 벗어나는 상으로, 점사는 근심을 흩어 버리면 허물이 없다.

60

절제할 수택절(水澤節)

60	䷻	坎上 兌下	水澤節 수택절

　　수택절괘(水澤節卦)는 상괘가 물[水]을 상징하는 감괘(坎卦: ☵)이고, 하괘가 못[澤]을 상징하는 태괘(兌卦: ☱)로, 이는 못 위에 물이 있는 상이다. 못은 가득차면 넘쳐 담수용량에 맞게 절제해야 한다. 절(節)은 본래 대나무의 마디를 뜻하는데, 절제(節制), 절약(節約), 검소(儉素), 절도(節度) 등의 의미가 파생되었다. 연못은 담수용량에 한계가 있어서 그 이상의 물이 흘러 들어오면 넘치기 때문에 많은 물이 유입되는 것은 억제해야 한다. 따라서 괘상은 못 위에 물이 있는 수택(水澤) 상이요, 괘명은 절제하는 절괘(節卦)이다.

　　절괘(節卦)는 환괘(渙卦)를 위아래로 뒤집어 놓은 도전괘다. 환괘는 흩어지는 괘요, 절괘는 절제하는 괘다. 환괘는 이산된 민심을 수습하는 방도나 험난한 상황을 극복하는 괘요, 절괘는 위기를 극복한 후 절제하며 다시 물자를 비축해 가는 괘이다. 못의 용량은 한계가 있어 못 위에 물이 가득하면 흘려 절제가 있는 상이기 때문에 절괘이다. 못은 평상시 물을 모았다가 필요할 때 쓰는 것으로 절제하는 괘다.

　　절괘(節卦)는 그칠 때 그치고 나아갈 때 나아가는 절제하는 괘다. 초효는 불출호정(不出戶庭)으로, 이는 안마당을 나가지 않는 상황이니, 언행을 엄격하게 절제하면 허물이 없다. 이효는 불출문정(不出門庭)으로, 이는 문밖 마당을 나가지 않는 상황이니, 적절하게 절제하지 않으면 흉하다. 삼효는 차약(嗟若)으로, 이는 절제하지 않아 탄식하는 상황이니, 깨닫고 절제하면 허물이 없다. 사효는 안절(安節)로, 이는 편안하게 절제하는 상황이니, 자발적으로 절제하면 형통하다. 오효는 감절(甘節)로, 이는 달콤하게 절제하는 상황이니, 즐겁고 조화롭게 절제하면 길하다. 육효는 고절(苦節)로, 이는 과도하게 절제하는 상황이니, 지나침은 미치지 못함만 못하니 달콤한 절제로 전환하지 않으면 흉하다.

█ 괘사

_절 _형 _{고 절} _{불 가 정}
節은 亨하니 苦節은 不可貞이니라

절(節)은 형통하나 과도한 절제는 바르지 못하다.

▶ 節 : 마디 절, 관절, 예절, 절개, 절도, 절약, 절제, 요약, 절기 苦 : 쓸 고, 괴롭다, 매우, 과도하게
  貞 : 곧을 정, 바르다.

☑ 절형 고절불가정(節亨 苦節不可貞)

　절(節)은 절제(節制), 절약(節約), 절도(節度)의 뜻이다. 절제(節制)란 지나치지도 않고 넘치지도 않게 한계를 두어 멈추는 것이다. 못은 용량에 한계가 있으니 절제는 형통하나(節亨) 너무 심하게 절제하면 괴롭기 때문에 바르지 못하다(苦節 不可貞). 과도하게 절제하면 견디지 못하고, 견디지 못하면 바르게 될 수 없다.

　절제(節制)는 지나친 것을 멈추는 것이다. 못 위에 물이 있는 것은 못에 물이 들어오는 것으로, 너무 과도하게 물이 들어오면 넘치게 된다. 못의 용도는 평상시 물을 모았다가 필요할 때 쓰는 것으로 이는 절제로 물을 조절하는 것이다. 따라서 괘상은 과도한 절제는 바르지 못한 상으로, 점사는 적절하게 절제하면 길하다.

█ 괘사에 대한 단전

_{단 왈} _{절 형} _{강 유 분 이 강 득 중}
象曰 節亨은 剛柔分而剛得中이라
_{고 절 불 가 정} _{기 도 궁 야}
苦節不可貞은 其道窮也라
_{열 이 행 험} _{당 위 이 절} _{중 정 이 통}
說以行險하고 當位以節하고 中正以通하니라
_{천 지 절 이 사 시 성} _{절 이 제 도} _{불 상 재} _{불 해 민}
天地節而四時成하니 節以制度하여 不傷財하며 不害民하니라

단전에서 말했다. 절(節)이 형통한 것은 강과 유가 나뉘고 강이 중을 얻었기 때문이다. 과도한 절제가 바르지 못한 것은 그 도가 다했기 때문이다. 기뻐하여 험함을 행하고, 지위가 마땅하여 절제하고, 중정하여 통한다. 천지가 절제해서 사시가 이루어지니 절제하여 제도를 만들면 재물을 손상하지 않고 백성을 해치지 않는다.

▶ 說: 말씀 설/기뻐할 열   制: 절제할 제/지을 제   度: 법도 도   傷: 다칠 상

☑ 절형 강유분이강득중(節亨 剛柔分而剛得中)

절제하는 도에는 형통의 의미가 있다. 중도를 지키고 절제하니 형통하다(節亨). 절(節)은 동등하게 나누는 것이니 굳셈과 유순함이 나뉨(剛柔分)은 양이 셋이고 음이 셋이다. 구이와 구오는 굳셈이 중도를 얻었다(剛得中).

☑ 고절불가정 기도궁야(苦節不可貞 其道窮也)

상육은 구오를 지나쳐 과도한 절제(苦節)가 된다. 중정을 얻어 행할 수 있으면 절제다. 절제가 지나치면 바르지 못하니(苦節不可貞) 그 도가 다하여 통하지 못하기 때문이다(其道窮也). 도가 궁하면 바르지 못하다.

☑ 열이행험 당위이절 중정이통(說以行險 當位以節 中正以通)

내괘가 태괘(兌卦: ☱)이고 외괘가 감괘(坎卦: ☵)로, 기뻐하여 험함을 행함(說以行險)은 기뻐하는 절제가 되어야 백성들이 자발적으로 절제하여 험함을 극복할 수 있다는 말이다. 어려움과 험함을 만나면 멈출 것을 생각하지만, 한창 기쁠 때에는 잘 멈추지 못한다.

지위가 마땅하여 절제함(當位以節)은 높은 자리에 있는 오효가 절제하니, 중정하여 절제하면서도 통한다(中正以通). 중정의 도를 지키면 일이 순조롭게 진행된다. 따라서 중정하면 통하고 지나치면 고통스럽다.

☑ 천지절이사시성(天地節而四時成)

천지가 절제하기 때문에 사시가 생기니(天地節而四時成) 춘하추동의 사시가 순환된다. 그러나 절제가 없으면 사계절이 순환되지 않아 한 번 봄이면 영원히 봄이고, 한 번 여름이면 영원히 여름이니, 이는 사계절 순환의 질서가 없어지는 것이다.

☑ 절이제도 불상재 불해민(節以制度 不傷財 不害民)

천지가 절제하여 사시가 순환되듯이 천하에 필요한 법과 제도는 모두 절(節)이 있다. 성인이 제도를 만들어 절제하기 때문에(節以制度) 재물을 손상하지 않고 백성을 해치지 않는다(不傷財 不害民). 사치하면 재물이 부족하고, 재물이 부족하면 탐욕이 일어나며, 탐욕이 일어나면 반드시 백성을 해친다. 따라서 임금은 천지가 절제하는 도에 근거하여 법과 제도를 제정하여 재물을 낭비하지 않고 백성도 해치지 않아야 한다.

283

괘사에 대한 대상전

상왈 택상유수 절 군자 이 제수도 의덕행
象曰 澤上有水 節이니 君子 以하여 制數度하며 議德行하니라

「상전」에서 말했다. 못 위에 물이 있는 것이 절(節)이니, 군자는 이를 본받아 예절과 법도를 제정하고 덕행을 의논한다.

▶ **制**: 절제할 제/지을 제 **數**: 셀 수, 예법 **度**: 법도 도 **議**: 의논할 의

☑ 택상유수 절(澤上有水 節)

못이 물을 담을 수 있는 용량에는 한계가 있으니 지나치면 넘친다. 못 위에 물이 있는 것이 절(澤上有水 節)이니 못은 물이 넘치면 흘려 보내고, 적으면 담아놓아 물을 낭비하지 않도록 조절한다. 넘치지도 않고 적지도 않게 조절하는 것이 절이다.

☑ 군자이 제수도 의덕행(君子以 制數度 議德行)

수(數)는 예절이고, 도(度)는 법도이다. 절(節)은 절제하여 예법에 부합하는 것이다. 못 위에 물이 있고, 물이 마르지도 않고, 넘치지도 않는 것이 절제가 되는 상을 군자는 본받는다(君子以). 예절과 법도를 제정함(制數度)은 정사가 알맞은 것이며, 덕행을 의논함(議德行)은 말과 행동이 알맞은 것이다. 따라서 마음에 있는 것이 덕이고 밖으로 드러내는 것이 행동으로, 덕행이 의에 합당해야 절제하는 것이다.

초구 효사와 소상전

초구 불출호정 무구
初九는 不出戶庭이면 无咎리라
상왈 불출호정 지통색 야
象曰 不出戶庭이나 知通塞也니라

초구는 안마당을 나가지 않으니 허물이 없다. 「상전」에서 말했다. "안마당을 나가지 않음"은 통함과 막힘을 알기 때문이다.

▶ **戶**: 집 호 **庭**: 뜰 정 **塞**: 변방 새/막힐 색

☑ 불출호정 무구(不出戶庭 无咎)

　문(門)은 외부로 나가는 대문이요, 호(戶)는 대문을 들어와 집안에서 다른 건물로 들어가는 작은 문이다. 호정(戶庭)은 집안에 있는 뜰이나 안마당을 뜻한다. 초구는 절제의 시작 단계로 집안의 뜰을 나가지 않으니 허물이 없다고 경계하였다.

　집안의 뜰조차도 나가지 않음(不出戶庭)은 집 바깥뿐만 아니라 작은 문 바깥으로도 나가지 않는 것이다. 이는 말의 경계를 넘지 않는 것이며, 말을 신중히 하여 비밀을 지키는 것이니 엄격한 절제이다. 초구는 집안의 뜰조차도 나가지 않으니 허물이 없다(不出戶庭 无咎). 따라서 집안의 뜰을 나가지 않는 것은 상황을 잘 판단하고, 함부로 말하지 말고, 비밀을 지켜야 하는 엄격한 절제의 도이다.

☑ 불출호정 지통색야(不出戶庭 知通塞也)

　초구는 함부로 말하지 말고, 비밀을 지키라는 절제의 도이다. 이것은 언행의 이치와 절제의 이치를 알기 때문이다(知通塞也). 사람이 절제할 것은 말과 행실이고, 말을 절제하면 행실이 바르니, 말이 행실보다 앞서는 것을 경계한다. 따라서 효상은 안마당을 나가지 않는 상으로, 점사는 언행을 엄격하게 절제하면 허물이 없다.

▊ 구이 효사와 소상전

　九二는 不出門庭이라 凶하니라
　象曰 不出門庭凶은 失時極也라

구이는 문밖 마당을 나가지 않으니 흉하다. 「상전」에서 말했다. "문밖 마당을 나가지 않으니 흉함"은 심하게 때를 잃었기 때문이다.

▸ 極: 극진할 극/다할 극, 매우, 심히

☑ 불출문정 흉(不出門庭 凶)

　초구의 호(戶)는 작은 문이나 구이의 문(門)은 큰 문이다. 초구는 절제하는 시작 단계로 시작부터 엄격하게 절제해야 하지만, 구이는 중간 단계로 과도한 절제는 흉할 수 있다. 문밖 마당을 나가지 않으니 흉하다(不出門庭 凶)는 것은 과도하게 절제하면 자신의 틀 안에 갇혀 옹색해지고 대인관계가 단절되어 흉하다는 말이다. 바르지 못한 절제는 인색하면서 나약한 행실이 된다.

　구이는 양효로서 유능하고 중도를 갖췄고, 육삼과 육사가 호응하고 있어 나아갈 수 있는 상황인데도 열등감 때문에 집 안에 있으니 나아가야 할 때를 놓쳐 흉한 것이다. 초구는 마른 못에 물이 들어오면 흘러나가지 못하게 하는 것이고, 구이는 못에 물이 많으면 흘러나가게 하니 절괘(節卦)는 때에 따라 변한다.

☑ 불출문정 흉 실시극야(不出門庭 凶 失時極也)

　문밖 마당을 나가지 않으니 흉함(不出門庭 凶)은 심하게 때를 잃었기 때문이다(失時極也). 과도하게 절제하면 흉이니 이는 때를 놓치기 때문이다. 구이는 마땅히 쓸 때인데도 절제하면 오히려 흉하다. 따라서 효상은 문밖 마당을 나가지 않는 상으로, 점사는 적절하게 절제하지 않으면 흉하다.

▌육삼 효사와 소상전

六三은 不節若이면 則嗟若하리니 无咎니라
象曰 不節之嗟를 又誰咎也리오?

육삼은 절제하지 않으면 한탄하게 되니 (마침내 깨닫고 절제하니) 허물이 없다. 「상전」에서 말했다. "절제하지 않아 한탄하면" 또 누구를 탓하겠는가?

▶ 則: 법칙 칙/곧 즉　嗟: 탄식할 차　誰: 누구 수　咎: 허물 구, 탓하다.

☑ 부절약 즉차약 무구(不節若 則嗟若 无咎)

　육삼은 중정하지 않으므로 처음부터 절제하지 못하는 상이다. 육삼은 음효로 마땅히 절제할 때에 스스로 절제할 능력이 없으니 한탄하게 된다. 절제하지 않으면 한탄하게 되지만(不節若 則嗟若) 마침내 깨닫고 절제하니 허물이 없다(无咎). 스스로 절제해서 의리를 따른다면 허물이 없고, 그렇지 않으면 반드시 재앙이 닥쳐 한탄할 것이다.

☑ 부절지차 우수구야(不節之嗟 又誰咎也)

　절제하지 않아 한탄하면(不節之嗟) 또 누구를 탓하겠는가(又誰咎也)? 절제하면 허물을 면할 수 있는데 스스로 절제하지 못하여 한탄하게 되었으니 자신의 허물이다. 따라서 효상은 절제하지 않아 탄식하는 상으로, 점사는 깨닫고 절제하면 허물이 없다.

▌육사 효사와 소상전

육사 안절 형
六四는 安節이니 亨하니라
상 왈 안 절 지 형 승 상 도 야
象曰 安節之亨은 承上道也라

육사는 편안하게 절제하니 형통하다. 「상전」에서 말했다. "편안하게 절제함이 형통함"은 위의 도를 받들기 때문이다.

▶ 承: 이을 승

☑ 안절형(安節亨)

육사는 부드러운 음이 바름을 얻어 위아래에서 도와주니 편안하게 절제할 수 있다. 안절(安節)은 마음에서 스스로 하는 편안한 절제이다. 편안하게 절제하면 통하지 않음이 없으므로 형통하다(安節亨). 물이 위로 넘치면 절제가 없는 것이고, 아래로 흐르면 절제가 있는 것이다.

☑ 안절지형 승상도야(安節之亨 承上道也)

구오는 가운데 있어 절제를 주도하고, 육사는 간괘의 그침에 있어 절제를 편안하게 여기고, 구오의 도를 순응하니 형통하다. 편안하게 절제함이 형통한 것(安節之亨)은 왕의 도를 받들기 때문이다(承上道也). 육사 신하가 구오 왕과 편안하게 나라를 잘 다스리고, 왕의 명에 순응하고 마음에서 스스로 행하는 절제이다. 따라서 효상은 편안하게 절제하는 상으로, 점사는 자발적으로 절제하면 형통하다.

▌구오 효사와 소상전

구 오 감 절 길 왕 유 상
九五는 甘節이라 吉하니 往하면 有尙하니라
상 왈 감 절 지 길 거 위 중 야
象曰 甘節之吉은 居位中也라

구오는 달콤한 절제이니 길하고, 가면 숭상을 받을 것이다. 「상전」에서 말했다. "달콤한 절제가 길함"은 있는 자리가 중이기 때문이다.

▶ 甘 : 달 감

☑ 감절길 왕유상(甘節吉 往有尙)

　구오는 굳세고 중도를 얻고 존귀한 자리에 있어 절제의 주인이다. 백성이 편안하고 기뻐하며 따르는 것은 절제가 달콤하고 아름다우니 길하다(甘節吉). 감절(節吉)로 나라를 다스리면 숭상을 받는다(往有尙). 임금은 중도를 잃지 않고 때에 맞게 절제하니 인색하지도 낭비하지도 않아 나라와 백성 모두 풍족하게 하니 백성들이 숭상한다. 달콤한 절제(甘節)는 즐겁고 평이하여 어려움이 없음을 말한다. 편안한 절제(安節)는 안전하고 편안한 것이고, 과도한 절제(苦節)는 참기 어렵고 고통스런 것이다.

☑ 감절지길 거위중야(甘節之吉 居位中也)

　달콤한 절제가 길함(甘節之吉)은 있는 자리가 중이기 때문이다(居位中也). 구오는 존귀한 자리에 있고, 중도로 절제하고 나라를 다스리니 나라와 백성이 풍족하여 길하다. 따라서 효상은 달콤한 절제인 상으로, 점사는 즐겁고 조화롭게 절제하면 길하다.

▌ 상육 효사와 소상전

상 육　고 절　　정 흉　회 망
上六은 苦節이니 貞凶코 悔亡하니라
상 왈 고 절 정 흉　기 도 궁 야
象曰 苦節貞凶은 其道 窮也라

상육은 과도한 절제를 고집하면 흉하고 뉘우치면 (흉함이) 없다. 「상전」에서 말했다. "과도한 절제를 고집하면 흉함"은 그 도가 다하기 때문이다.

▶ 貞 : 곧을 정, 굳다.

☑ 고절정흉 회망(苦節貞凶 悔亡)

　상육은 음의 자리에 있고 바름을 얻었으나 절제의 끝에 있어 절제가 너무 지나치니 절제를 완화해야 한다. 고절(苦節)은 고통을 주는 과도한 절제로 법도와 예법을 견딜 수 있는 한계를 벗어난 것이다. 과도한 절제를 굳게 지키면 흉하고(苦節貞凶) 뉘우치면 흉함이 사라지니(悔亡), 뉘우침은 과도함을 멈추고 중도를 따르는 것이다. 따라서 과도한 절제를 멈추고 바른 도를 지키면 후회가 없다.

☑ 고절정흉 기도궁야(苦節貞凶 其道窮也)

　　과도한 절제를 고집하면 흉함(苦節貞凶)은 그 도가 다하기 때문이다(其道窮也). 상육은 높은 자리로 절제가 이미 극에 다다랐다. 과도한 절제는 백성들의 삶을 고통스럽게 하여 민심이 이반될 수 있어 백성들이 기꺼이 받아들이는 달콤한 절제[甘節]로 전환해야 한다. 현명한 군자는 절제해야 할 때 절제하고, 써야할 때 쓴다. 따라서 효상은 과도하게 절제하는 상으로, 점사는 지나침은 미치지 못함만 못하니 달콤한 절제로 전환하지 않으면 흉하다.

민음이 있는 풍택중부(風澤中孚)

61	䷼	巽上	風澤中孚
		兌下	중택중부

풍택중부괘(風澤中孚卦)는 상괘가 바람[風]을 상징하는 손괘(巽卦: ☴)이고, 하괘가 못[澤]을 상징하는 태괘(兌卦: ☱)로, 이는 못 위에 바람이 들어오는 상이다. 손괘(巽卦)는 감동시켜 통하고 태괘(兌卦)는 감동하여 기뻐하는 것이 중부(中孚)의 상이다. 중(中)은 마음 속이며 부(孚)는 믿음이다. 중부(中孚)는 마음 속에서 나오는 진실한 믿음이다. 따라서 괘상은 못 위에 바람이 부는 풍택(風澤) 상이요, 괘명은 믿는 중부괘(中孚卦)이다.

중부괘(中孚卦)는 안팎이 모두 충실하고 가운데가 비어서 속이 미더운 상이 된다. 괘의 가운데가 비어 있어, 위와 아래가 교통하여 믿음이 있다. 위와 아래가 통하고 지도자가 사사로움이 없을 때 비로소 백성들에게 믿음을 줄 수 있다. 믿은 이후에 행할 수 있으니, 윗사람이 믿어서 지킬 수 있고, 아랫사람이 믿어서 따른다.

중부괘(中孚卦)는 지도자가 백성에게 믿음의 덕을 제시한 괘이다. 초효는 유타불연(有它不燕)으로, 이는 다른 마음이 있으면 편안하지 못한 상황이니, 뜻이 변하지 않으면 길하다. 이효는 기자화지(其子和之)로, 이는 학이 서로 화답하는 상황이니, 마음에서 원하면 매사가 길하다. 삼효는 득적(得敵)으로, 이는 적을 만나 혹은 북을 치고, 혹은 그만두는 상황이니, 믿음이 부족하면 행동이 불안하다. 사효는 월기망(月幾望)으로, 이는 달이 거의 차 올라 말의 짝이 없어진 상황이니, 소인과의 관계를 단절하고 임금을 믿음으로 섬기면 허물이 없다. 오효는 유부연여(有孚攣如)로, 이는 믿음으로 잡아매듯 하는 상황이니, 믿음으로 관계를 맺으면 허물이 없다. 육효는 한음등우천(翰音登于天)으로, 이는 닭이 하늘로 올라가는 상황이니, 지나치게 믿으면 흉하다.

괘사

中孚_{중부}는 豚魚吉_{돈어길}하니 利涉大川_{이섭대천}하고 利貞_{이정}하니라

중부(中孚)는 돼지와 물고기까지 (믿게 하면) 길하니, 큰 내를 건너는 것이 이롭고 바르게 하는 것이 이롭다.

▶ 孚: 미쁠 부, 믿음직하다(faithful). 豚: 돼지 돈

☑ 중부 돈어길(中孚 豚魚吉)

중(中)은 가운데 있는 것이고, 부(孚)는 믿음이다. 돼지는 조급하고 물고기는 어리석어 믿게 하기 어렵다. 그러나 돼지와 물고기까지 믿게 할 수 있으면 길하다(中孚 豚魚吉).

☑ 이섭대천 이정(利涉大川 利貞)

믿음이 있으면 큰 내를 건널 수 있고, 큰 내를 건너면 이롭다(利涉大川). 큰 일을 하더라도 바르게 해야 이롭다(利貞). 돼지와 물고기는 무지한 동물이고, 큰 내는 위험한 곳이다. 믿음이 지극하면 동물을 감동시키고, 큰 일은 반드시 바르게 해야 이롭다. 따라서 괘상은 돼지와 물고기까지 믿게 하는 상으로, 점사는 바르게 하면 이롭다.

괘사에 대한 단전

象曰_{단왈} 中孚_{중부}는 柔在內而剛得中_{유재내이강득중}이니 說而巽_{열이손}하며 孚乃化邦也_{부내화방야}니라
豚魚吉_{돈어길}은 信及豚魚也_{신급돈어야}요 利涉大川_{이섭대천}은 乘木_{승목}고 舟虛也_{주허야}요
中孚_{중부}코 以利貞_{이이정}이면 乃應乎天也_{내응호천야}리라

「단전」에서 말했다. 중부(中孚)는 유가 안쪽에 있고 강이 중을 얻었으니, 기뻐하고 공손하며, 믿음이 비로소 나라를 교화한다. "돼지와 물고기까지 (믿게 하면) 길함"은 믿음이 돼지와 물고기까지 미친 것이다. "큰 내를 건너는 것이 이로움"은 나무배를 타고 있었는데 배가 비었기 때문이며, 속이 미덥고 바르게 해서 이로우면 마침내 하늘에 응한다.

291

▸ 乃 : 이에 내, 비로소 化 : 될 화, 교화하다, 감화시키다. 及 : 미칠 급, 이르다. 乘 : 탈 승 舟 : 배 주

☑ 중부 유재내이강득중(中孚 柔在內而剛得中)

　유가 안쪽에 있는 것(柔在內)은 두 음이 중부괘의 안에 있는 것이고, 굳센 양이 중을 얻은 것(剛得中)은 구이와 구오가 각각 하괘와 상괘의 중앙에 있는 것이다. 강이 중을 얻었으니 믿음이 충실하고 크다. 구이는 신하이고 구오는 임금인데 서로 믿음이 있으니 나라가 교화된다.

☑ 열이손 부내화방야(說而巽 孚乃化邦也)

　상괘 손괘가 겸손이고, 하괘 태괘가 기쁨이며, 위아래가 모두 내적으로는 기뻐하고 외적으로는 사람들에게 공손하기 때문에(說而巽), 백성들에게 믿음을 주어 비로소 나라를 교화시킨다(孚乃化邦也). 교화(敎化)란 가르치고 이끌어서 좋은 방향으로 변화시키는 것이다.

　위아래 모두 기뻐하고, 윗사람은 지성으로 아랫사람에게 공손하며, 아랫사람은 믿음을 가지고 기쁨으로 윗사람을 따른다. 이처럼 백성들에게 믿음을 줄 때 나라를 교화할 수 있다. 따라서 군자가 내적 기쁨과 외적 겸손으로 믿음을 줄 때 백성들이 감화된다.

☑ 돈어길 신급돈어야(豚魚吉 信及豚魚也)

　믿음은 돼지나 물고기까지 영향을 미쳐 감화시켰으니(信及豚魚也) 길하다(豚魚吉). 돼지와 물고기는 무지몽매한 동물이지만, 믿음으로 먹이를 주면 모두 모여든다. 따라서 믿음이 돼지와 물고기까지 미쳤다면 천하에 감동시키지 못할 것이 없다.

☑ 이섭대천 승목주허야(利涉大川 乘木舟虛也)

　큰 내를 건너는 것이 이로움(利涉大川)은 나무배를 타고 있었는데 배가 비었기 때문이다(乘木舟虛也). 괘의 전체는 바깥쪽이 충실하고 속이 비어 있으니 배가 비어 있는 상이 있다. 상괘 손괘가 나무배이고, 하괘 태괘가 못인데 나무배가 비어있으니 배가 물 위를 떠서 순탄하게 가기 때문에 큰 내를 건너는 것이 이로운 이유이다.

☑ 중부이이정 내응호천야(中孚以利貞 乃應乎天也)

　속이 미덥고 바르게 해서 이로우면(中孚以利貞) 마침내 하늘에 응한다(乃應乎天也). 마음에 믿음이 있고 바른 도를 지키면 하늘의 도는 믿음과 바름이기 때문에 하늘이 감응을 받아 인간을 도와주게 된다. 마음 속이 미더움(中孚)은 육사이고, 바르게 함(利貞)은 구오이다. 구오는 하늘의 자리인데 육사가 그에 호응하니 하늘이 호응하는 것이다.

▌ 괘사에 대한 대상전

象曰 澤上有風이 中孚니
상 왈 택 상 유 풍　　중 부
君子 以하여 議獄하며 緩死하니라
군 자 이　　　의 옥　　　완 사

「상전」에서 말했다. 못 위에 바람이 있는 것이 중부(中孚)이니, 군자는 이를 본받아 옥사를 의논하며 사형을 늦춘다.

▸ 緩 : 느릴 완, 늦추다.

☑ 택상유풍 중부(澤上有風 中孚)

　못 위에 바람이 있어 바람과 못이 서로 감동하는 것이 중부의 상이다(澤上有風 中孚). 성실과 믿음이 만물에 영향을 미치지 않는 곳이 없는 것이 중부괘의 상이다.

☑ 군자이 의옥완사(君子以 議獄緩死)

　옥사를 의논하며 사형을 늦추는 것(議獄緩死)이 중부의 덕이다. 옥사를 의논하는 것(議獄)은 그 죄를 논의하여 판결하는 것이고, 사형을 늦추는 것(緩死)은 너그럽게 해서 죄를 경감하여 생명을 이어주니, 진실과 측은한 마음을 다하는 것이 중부이다. 군자가 옥사를 논의함에 그 진심을 다하고, 사형을 늦추는 것은 측은함을 극진히 하는 것이다.

▌ 초구 효사와 소상전

初九는 虞吉하니 有它不燕하리라
초 구　　우 길　　　유 타 불 연
象曰 初九虞吉은 志未變也라
상 왈　초 구 우 길　　지 미 변 야

초구가 헤아리면 길하나 다른 마음이 있으면 편안하지 못하다. 「상전」에 말했다. "초구가 헤아리면 길함"은 뜻이 변하지 않기 때문이다.

▸ 虞 : 염려할 우, 편안하다, 헤아리다.　它(他) : 다를 타　燕 : 제비 연, 잔치, 편안하다.

☑ 우길 유타불연(虞吉 有它不燕)

　　초구는 육사와 구오를 잘 헤아려 구오를 믿으면 길하다(虞吉). 그러나 다른 마음이 있으면 편안하지 못하다(有它不燕). 초구가 구오를 믿지 않고 육사를 믿고 마음이 가면 편안하지 못하다. 따라서 믿을 수 있는 자를 헤아려보는데, 초구가 다른 사심이 있으면 편안하지 않다.

☑ 초구우길 지미변야(初九虞吉 志未變也)

　　초구가 헤아리면 길함(初九虞吉)은 뜻이 변하지 않기 때문이다(志未變也). 초구는 양의 자리에 양이 와서 정을 얻고 뜻이 굳세니, 구오를 믿는 마음이 결코 변하지 않는다. 따라서 효상은 다른 마음이 있으면 편안하지 못한 상으로, 점사는 뜻이 변하지 않으면 길하다.

■ 구이 효사와 소상전

^{구 이}　^{명 학 재 음}　^{기 자 화 지}
九二는 鳴鶴在陰이니 其子和之로다
^{아 유 호 작}　^{오 여 이 미 지}
我有好爵하여 吾與爾靡之하니라
^{상 왈}　^{기 자 화 지}　^{중 심 원 야}
象曰 其子和之는 中心願也라

구이는 우는 학이 그늘에 있으니 그 새끼가 화답한다. 내게 좋은 벼슬이 있어 나와 네가 더불어 매어 있다. 「상전」에 말했다. "그 새끼가 화답함"은 속마음에서 원하기 때문이다.

▶ 鳴: 울 명　陰: 그늘 음　鶴: 학 학　爵: 벼슬 작, 술　爾: 너 이　靡: 쓰러질 미, 매다, 묶다, 아니다.

☑ 명학재음 기자화지(鳴鶴在陰 其子和之)

　　구이는 가운데서 굳세고 충실하여 믿음이 지극한 자이다. 믿음이 지극하면 감동시켜 통할 수 있다. 꾸룩꾸룩 우는 어미 학이 그늘에 있다(鳴鶴在陰). 어미 학이 물어다 주는 먹이에 새끼 학이 받아 먹으면서 꾸룩꾸룩 화답한다(其子和之). 이것은 어미 학과 새끼 학이 정성과 믿음으로 서로 감응하는 것이다.

☑ 아유호작 오여이미지(我有好爵 吾與爾靡之)

　　구이는 신하이고 구오는 임금이다. 구오 임금에게 좋은 벼슬이 있어(我有好爵) 구이 신하에게 벼슬을 주니 나와 네가 더불어 은혜와 의리로 매어 있다(吾與爾靡之). 즉, 임금과 신하가 은혜와 의리로 서로 매어 있다. 작(爵)은 벼슬 이외에도 술잔이라는 의미로 임금이 신하에게 벼슬을 주면서 술을 따라주는 뜻도 있다.

☑ 기자화지 중심원야(其子和之 中心願也)

원하는 것은 마음이고, 화답하는 것은 흔적이다. 새끼 학이 어미 학의 꾸륵꾸륵 울음 소리에 화답함(其子和之)은 속마음에서 원하기 때문이다(中心願). 속마음에서 원한다는 것은 진실하게 원하는 것을 말한다. 믿음은 속마음이 원하는 것이다. 따라서 효상은 학이 서로 화답하는 상으로, 점사는 마음에서 원하면 매사가 길하다.

▌육삼 효사와 소상전

六三은 得敵하여 或鼓或罷 或泣或歌로다
象曰 或鼓或罷는 位不當也라

육삼은 적을 만나 혹은 북을 치고 혹은 그만두고 혹은 울고 혹은 노래한다. 「상전」에 말했다. "혹은 북을 치고 혹은 그만둠"은 자리가 마땅하지 않기 때문이다.

▶ 得: 얻을 득, 만나다, 알다, 깨닫다. 罷: 마칠 파, 그만두다. 泣: 울 읍

☑ 득적 혹고혹파 혹읍혹가(得敵 或鼓或罷 或泣或歌)

육삼은 음의 부드러움으로 중정함을 잃고 믿음이 없어 남을 의심하는 자이다. 육삼은 의심하니 강한 적을 만난다(得敵). 적(敵)은 상구이고 믿음이 다한 자이다.

혹은 북을 치는 것(或鼓)은 공격하는 것이고, 혹은 그만두는 것(或罷)은 물러나서 방어하는 것이다. 혹은 우는 것(或泣)은 적이 공격하는 것이 두려워서 우는 것이고, 혹은 노래하는 것(或歌)은 적이 공격하지 않아 즐거워 노래하는 것이다. 이것은 육삼이 심리적으로 불안하고 대처능력이 부족한 것인데 이는 믿음이 부족하기 때문이다.

☑ 혹고혹파 위부당야(或鼓或罷 位不當也)

혹은 북을 치고 혹은 그만둠(或鼓或罷)은 자리가 마땅하지 않기 때문이다(位不當也). 육삼은 양의 자리에 음이 와서 부정하니 이는 뜻이 굳세지 않고 믿음이 부족하여 불안한 행동을 한

다. 따라서 효상은 적을 만나 혹은 북을 치고, 혹은 그만두는 상으로, 점사는 믿음이 부족하면 행동이 불안하다.

▌육사 효사와 소상전 ━━━━━━━━━

六四는 月幾望이니 馬匹亡하면 无咎리라
_{육 사 　 월 기 망 　 　 마 필 망 　 　 무 구}
象曰 馬匹亡은 絶類上也라
_{상 왈 　 마 필 망 　 　 절 류 상 야}

육사는 달이 거의 보름에 가까우니 말의 짝이 없어지면 허물이 없다. 「상전」에서 말했다. "말의 짝이 없어짐"은 무리를 끊고 올라가기 때문이다.

▶ 幾: 몇 기, 거의　望: 바랄 망/보름 망　匹: 짝 필　亡: 망할 망/없을 무, 잃다, 없애다.　絶: 끊을 절, 단절하다.

☑ 월기망 마필망 무구(月幾望 馬匹亡 无咎)

육사는 바름을 얻어 윗사람의 신뢰가 지극한 대신이다. 달이 거의 보름에 가까움(月幾望)은 신하가 임금의 신임을 이용하여 자신의 영향력을 확대시키는 것이다. 그렇게 하면 화가 있으니 차지 않은 달처럼 충성스럽고 바르게 임금을 모셔야 한다. 육사의 짝이 되는 말(馬匹)은 초구인 붕당이나 소인이다. 육사가 초구 말과의 관계를 끊어야(馬匹亡) 허물이 없다(无咎). 육사는 나쁜 초구와 단절하나, 청렴하고 차지 않은 달처럼 충실한 믿음으로 구오를 섬긴다.

☑ 마필망 절류상야(馬匹亡 絶類上也)

말의 짝이 없어짐(馬匹亡)은 무리를 끊고 올라가기 때문이다(絶類上也). 초구와 단절하고 구오에게 순종하는 것이 육사의 믿음이다. 따라서 효상은 달이 거의 차 올라 말의 짝이 없어진 상으로, 점사는 소인과의 관계를 단절하고 임금을 믿음으로 섬기면 허물이 없다.

▌구오 효사와 소상전 ━━━━━━━━━

九五는 有孚攣如면 无咎리라
_{구 오 　 유 부 연 여 　 　 무 구}
象曰 有孚攣如는 位正當也라
_{상 왈 　 유 부 연 여 　 　 위 정 당 야}

구오는 믿음으로 잡아매듯이 하면 허물이 없다. 「상전」에서 말했다. "믿음으로 잡아매듯 함"은 자리가 정당하기 때문이다.

▶ 攣: 걸릴 련(연), 매이다, 연관되다.

☑ 유부연여 무구(有孚攣如 无咎)

중정(中正)은 이효가 음효이고 오효는 양효인 경우이다. 중정은 중과 정을 동시에 얻는 경우로 중도를 바르게 행하여 길하고 바르다. 효가 중도를 얻고 그 자리[位]가 바르면 가장 좋은 효로 간주한다.

구오는 강건하고 중정하니 속의 믿음이 충실하고 존귀한 지위에 있어 믿음의 주인이 되는 자이다. 구오는 믿음으로 천하를 감동하여 천하의 마음을 잡아매듯이 하면 허물이 없다(有孚攣如 无咎). 구오는 공익을 우선하고, 신하와 백성을 믿음으로 관계를 맺으면 허물이 없다.

☑ 유부연여 위정당야(有孚攣如 位正當也)

믿음으로 잡아매듯이 함(有孚攣如)은 자리가 정당하기 때문이다(位正當也). 구오는 임금의 자리에 있으면서 중정한 도로 백성들이 믿도록 견고하게 할 수 있어야 그 지위에 맞다. 따라서 효상은 믿음으로 잡아매듯 하는 상으로, 점사는 믿음으로 관계를 맺으면 허물이 없다.

▌ 상구 효사와 소상전

上九는 翰音이 登于天이니 貞하여 凶하니라
象曰 翰音登于天이니 何可長也리오?

상구는 날아가는 소리가 하늘로 올라가니 (올라간다고) 고집하면 흉하다. 「상전」에서 말했다. "날아가는 소리가 하늘로 올라가니" 어찌 오래갈 수 있겠는가?

▶ 翰: 편지 한/날개 한, 날다.

☑ 한음등우천 정흉(翰音登于天 貞凶)

상구는 양이 맨 위에 있어 믿음이 지나친 상이다. 닭은 하늘을 나는 짐승이 아닌데 날아가는 소리가 하늘로 올라감(翰音登于天)은 상구가 너무 지나친 행동을 하니 믿음이 없다. 올라간다고 고집하면 흉하다(貞[凶]). 올라간다고 주장할수록 믿음이 부족하다. 따라서 지나치게 믿으면서 변할 줄을 모르는 것을 경계한 것이다.

☑ 한음등우천 하가장야(翰音登于天 何可長也)

날아가는 소리가 하늘로 올라가니(翰音登于天) 어찌 오래갈 수 있겠는가(何可長也)? 닭은 높이 날아갈 수 없어 하늘로 올라간다고 말할 수 없다. 말할수록 믿음이 부족한 사람으로 이를 경계해야 한다. 따라서 효상은 닭이 하늘로 올라가는 상으로, 점사는 지나치게 믿으면 흉하다.

62

조금 지나친 뇌산소과(雷山小過)

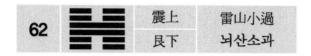

62	䷽	震上	雷山小過
		艮下	뇌산소과

　뇌산소과괘(雷山小過卦)는 상괘가 우레[雷]를 상징하는 진괘(震卦: ☳)이고, 하괘가 산(山)을 상징하는 간괘(艮下: ☶)로, 이는 산 위에서 우레가 우는 상이다. 소과괘(小過卦)는 작은 일에는 길하지만 큰 일에는 길하지 못한 괘이다. 괘상은 산 위에 우레가 치는 뇌산(雷山) 상이요, 괘명은 조금 지나쳤다는 소과괘(小過卦)이다. 소과괘는 중부괘와 음양이 모두 뒤바뀌어 있는 괘다. 중부괘(中孚卦)가 믿음으로 행하는 것이고, 소과괘(小過卦)는 조금 지나침이다.

　소과괘(小過卦)는 허물을 바로잡기 위해 의도적으로 과도하게 행동하는 괘다. 초효는 비조(飛鳥)로, 이는 새가 날아올라가는 상황이니, 분수에 맞지 않는 행동을 하면 흉하다. 이효는 우기비(遇其妣)로, 이는 할아버지를 만나지 않고 할머니를 만나는 상황이니, 본분과 절차를 지켜야 허물이 없다. 삼효는 불과방지(弗過防之)로, 이는 소인을 따르면 해를 당하는 상황이니, 방비하지 않으면 흉하다. 사효는 불과우지(弗過遇之)로, 이는 지나치지 않을 때 멈추어야 하는 상황이니, 재능을 지나치게 쓸 생각을 하면 흉하다. 오효는 밀운불우(密雲不雨)로, 이는 구름이 빽빽하나 비는 오지 않고, 구멍에 있는 것을 쏘아서 잡는 상황이니, 어진 인재를 발굴해 등용하면 나라가 안정될 것이다. 육효는 비조리지(飛鳥離之)로, 이는 만나지 못하여 지나가고 새가 날다 그물에 걸리는 상황이니, 욕심이 너무 지나치면 흉하다.

█ 괘사

 ^{소 과} ^형 ^{이 정} ^{가 소 사} ^{불 가 대 사}
小過는 亨하니 利貞하니라 可小事요 不可大事니
^{비 조 유 지 음} ^{불 의 상} ^{의 하} ^{대 길}
飛鳥遺之音에 不宜上이요 宜下면 大吉하리라

소과(小過)는 형통함이니 바르게 하는 것이 이롭다. 작은 일은 (지나칠) 수 있지만 큰 일은 (지나칠) 수 없다. 나는 새가 소리를 남기는 것에 위로 올라가면 마땅하지 않고, 아래로 내려오면 마땅하니, 크게 길하리라.

▶ 過: 지날 과/재앙 화, 지나치다, 허물   遺: 남길 유/따를 수   宜: 마땅 의

☑ 소과 형 이정 가소사 불가대사(小過 亨 利貞 可小事 不可大事)

　　과(過)는 지나침이다. 소과(小過)는 조금 지나침이요, 대과(大過)는 많이 지나침이다. 소과(小過)는 단지 작은 일이 지나침이다. 그러므로 소과괘(小過卦)는 허물을 바로잡기 위해 조금 지나치게 행동하는 괘다.

　　소과(小過)는 형통함이니 바르게 하는 것이 이롭다(小過亨 利貞). 조금 지나쳐 형통하더라도 바른 도를 지켜야 이롭다. 아무리 형통하더라도 바르게 하지 않으면 이롭지 않다. 작은 일은 지나칠 수 있지만 큰 일을 지나칠 수 없다(可小事 不可大事). 조금 과실이 있으면 작은 일은 바로잡을 수 있지만, 큰 일은 바로 잡을 수 없다.

☑ 비조유지음 불의상 의하 대길(飛鳥遺之音 不宜上 宜下 大吉)

　　나는 새가 소리를 남김(飛鳥遺之音)은 새가 날기 시작할 때 날개를 펴는 소리를 내는데, 이것은 작은 일에는 무언가를 남긴다는 의미이다. 즉, 소인은 작은 일을 행하고서도 공을 내세우는 것을 뜻한다.

　　올라가면 마땅하지 않고 내려오면 마땅하듯이 하면(不宜上 宜下) 크게 길하다(大吉). 새가 위로만 올라가면 공기가 부족하고 힘이 빠져 피곤하나, 아래로 내려오면 힘을 충전하고 자신을 보호하는 것이 마땅하다. 따라서 소과괘는 과욕을 부리지 말고 겸손하면 길하다.

▌괘사에 대한 단전

象曰 小過는 小者過而亨也니
단왈 소과　소자과이형야

過以利貞은 與時行也니라
과이리정　여시행야

柔得中이라 是以 小事吉也요
유득중　　시이 소사길야

剛失位而不中이라 是以 不可大事也니라
강실위이부중　　시이 불가대사야

有飛鳥之象焉하니라 飛鳥遺之音
유비조지상언　　비조유지음

不宜上 宜下 大吉은 上逆而下順也라
불의상 의하 대길　상역이하순야

「단전」에서 말했다. 소과(小過)는 작은 일이 지나쳐도 (바르게 해야) 형통하다. 지나치더라도 바르게 하는 것이 이로운 것은 때에 따라 행하기 때문이다. 유가 중을 얻은 까닭에 작은 일이 길한 것이다. 강이 지위를 잃고 중을 얻지 못하기 때문에 큰 일은 할 수 없다. 나는 새의 상이 있다. "나는 새가 소리를 남기니, 위로 올라가면 마땅하지 않고 아래로 내려오면 마땅하니 크게 길함"은 올라가면 거스르고 내려오면 순응하기 때문이다.

☑ 소과 소자과이형야(小過 小者過而亨也)

소과괘는 네 개의 음이 두 개의 양을 둘러싸고 있다. 과(過)는 작은 것이 지나친 것이다. 소과는 지나침이 있지만 작은 일이 지나쳐도 바르게 해야 형통하다(小過 小者過而亨也).

☑ 과이리정 여시행야(過以利貞 與時行也)

육이와 육오의 부드러운 음이 알맞음을 얻은 것은 유약한 소인이 때를 얻은 것이다. 소인은 작은 일을 할 수 있을 뿐이다. 지나치더라도 바르게 하는 것이 이로운 것은 때에 따라 행하기 때문이다(過以利貞 與時行也). 작은 일이 지나쳐도 바르게 하고 때에 맞게 하면 형통하다.

☑ 유득중 시이 소사길야(柔得中 是以 小事吉也)

소(小)란 지나치지만 마땅한 때를 얻고 알맞음을 얻은 상이다. 부드러운 음이 알맞음을 얻은 까닭에(柔得中 是以) 작은 일이 길하다(小事吉也). 부드러운 음인 육이와 육오는 두 몸체의 가운데 자리에 있고, 음은 작기 때문에 부드럽고 작은 일을 하면 길하다.

☑ 강실위이부중 시이 불가대사야(剛失位而不中 是以 不可大事也)

　양인 구삼과 구사가 지위를 잃고 득중하지 못하기 때문에(剛失位而不中 是以) 큰 일은 할 수 없다(不可大事也). 큰 일을 한다는 것은 반드시 굳센 양인 군자라야 할 수 있다.

☑ 유비조지상언(有飛鳥之象焉)

　가운데에 있는 두 양인 구삼과 구사는 새의 몸과 유사하고, 위와 아래의 네 음은 새의 긴 날개와 유사하니, 나는 새의 상이다(有飛鳥之象焉).

☑ 비조유지음 불의상 의하 대길(飛鳥遺之音 不宜上 宜下 大吉)

　새는 올라가고 내려가는 상이 있다. 새가 날아오를 때에는 소리를 남긴다(飛鳥遺之音). 새가 날아오를 때 내는 소리는 구슬프다. 새는 위로 올라가면 마땅하지 않고, 아래로 내려오면 마땅하니 크게 길하다(不宜上宜下 大吉). 새가 하늘을 날아오를 때는 안정된 상태가 아니기 때문에 큰 일을 할 수 없다. 새가 위로 올라가는 것은 분수도 모르고 욕심을 부리는 대과(大過)이다.

☑ 상역이하순야(上逆而下順也)

　바람이 아래에서 위로 부는 것은 역(逆)이나 위에서 아래로 부는 것은 순(順)이다. 새가 위로 올라가면 거스르고, 아래로 내려오면 순응하는 것이다(上逆而下順也). 따라서 위로 올라가는 것은 도를 거스르는 것이나 아래로 내려오는 것은 도를 따르는 것이다.

▌ 괘사에 대한 대상전

상 왈　산 상 유 뢰　소 과　　군 자　이
象曰 山上有雷 小過니 君子 以하여
행 과 호 공　　　상 과 호 애　　　용 과 호 검
行過乎恭하며 喪過乎哀하며 用過乎儉하니라

「상전」에서 말했다. 산 위에 우레가 있는 것이 소과(小過)이니, 군자는 이를 본받아 행동은 공손을 지나치게 하며, 상사(喪事)는 슬픔을 지나치게 하며, 쓰는 것은 검소를 지나치게 한다.

☑ 산상유뢰 소과 군자이(山上有雷 小過 君子以)

　소과괘(小過卦)는 상괘가 우레[雷]를 상징하는 진괘(震卦: ☳)이고, 하괘가 산(山)을 상징하는 간괘(艮卦: ☶)이다. 산 위에 우레가 있는 것이 소과다(山上有雷 小過). 우레는 하늘에서 울리는 것이나 소괘에서는 우레가 산 위에서 울리니 그 소리가 지나치게 크다. 군자는 소과(小過)의 상을 관찰하여 본받는다(君子以).

☑ 행과호공 상과호애 용과호검(行過乎恭 喪過乎哀 用過乎儉)

행동은 공손을 지나치게 하며(行過乎恭), 상사(喪事)는 슬픔을 지나치게 하며(喪過乎哀), 쓰는 것은 검소를 지나치게 한다(用過乎儉). 일은 마땅히 과하게 힘쓰고, 행동에는 과하게 공손하고, 상사(喪事)에는 과하게 슬퍼하고, 쓰는 것은 과하게 검소하다. 따라서 지나칠 정도로 행동에는 공손하고, 상사에는 슬퍼하고, 지출에는 검소하다.

■ 초육 효사와 소상전

초육 비조 이흉
初六은 飛鳥라 以凶이니라
상왈 비조이흉 불가여하야
象曰 飛鳥以凶은 不可如何也라

초육은 새가 날아오르니 흉하다. 「상전」에서 말했다. "나는 새가 (날아올라) 흉함"은 어찌할 수 없는 것이다.

☑ 비조이흉(飛鳥以凶)

구삼과 구사는 새의 몸이 되고, 초육과 상육은 날개가 되기 때문에 새가 날아오른다(飛鳥). 간괘(艮卦: ☶)의 맨 아래에 있는 것은 마땅히 그쳐야 하는데도 도리어 날아가고, 진괘(震卦: ☳)의 맨 위에 있는 것은 지나치게 날아가서 그치지 않으니, 이 때문에 흉하다(以凶). 음효인 새가 난다는 것은 분수에 맞지 않고 욕심이 있어 흉하다.

☑ 비조이흉 불가여하야(飛鳥以凶 不可如何也)

새가 날아올라 흉함(飛鳥以凶)은 어찌할 수 없는 것이다(不可如何也). 음이 위로 날아오르는 것은 일이 잘못된 것이다. 새가 위로 나는 것은 일이 잘못되어 구제할 수 없다. 따라서 효상은 새가 날아올라가는 상으로, 점사는 분수에 맞지 않는 행동을 하면 흉하다.

▌육이 효사와 소상전

六二는 過其祖 遇其妣니 不及其君이오 遇其臣이면 无咎리라
象曰 不及其君은 臣不可過也라

육이는 할아버지를 지나치고 할머니를 만나는 것이니, 임금까지 가지 않고 신하를 만나면 허물이 없다. 「상전」에서 말했다. "임금까지 가지 않음"은 신하를 넘지 못하기 때문이다.

▶ 祖 : 할아버지 조/조상 조　遇 : 만날 우　妣 : 죽은 어머니 비, 할머니

☑ 과기조 우기비(過其祖 遇其妣)

구사 할아버지를 만나지 않고 육오 할머니를 만난다(過其祖 遇其妣). 할아버지는 새의 몸통에 있고 할머니는 새의 날개에 있다. 할아버지는 몸통이며 중심으로 새는 몸통이 움직여야 날 수 있다. 대신을 거치지 않고 군주를 만나면 허물이 있다.

☑ 불급기군 우기신 무구(不及其君 遇其臣 无咎)

임금까지 가지 않고 신하를 만나면 허물이 없다(不及其君 遇其臣 无咎). 육이 선비가 구사 대신을 지나치고 육오 군주를 직접 만나는 것은 대과(大過)이다. 따라서 직계상사를 무시하지 말고 본분과 절차를 지켜야 지원을 받을 수 있다.

☑ 불급기군 신불가과야(不及其君 臣不可過也)

직계상사를 무시하지 않고 단계적으로 일을 처리한다. 임금까지 가지 않음(不及其君)은 신하를 넘을 수 없기 때문이다(臣不可過也). 육이는 대신을 거치지 않고 임금을 만나서 문제를 해결하려고 해서는 안 되니, 신하는 자신의 본분을 지켜야 된다. 육이는 위계적 절차를 지켜야 길하다. 따라서 효상은 할아버지를 만나지 않고 할머니를 만나는 상으로, 점사는 본분과 절차를 지켜야 허물이 없다.

▋ 구삼 효사와 소상전

구 삼　　불 과 방 지　　종 혹 장 지　　흉
九三은 弗過防之면 從或戕之라 凶하리라

상 왈　　종 혹 장 지　　흉 여 하 야
象曰 從或戕之 凶如何也오?

구삼은 지나치게 (소인을) 방비하지 않으면 (소인이) 따라와 혹 해치니 흉하다. 「상전」에서 말했다. "(소인이) 따라와 혹 해치니" 흉함이 어떠한가?

▸ 弗: 아닐 불/근심할 불　防: 막을 방　戕: 죽일 장, 상하다.

☑ 불과방지 종혹장지 흉(弗過防之 從或戕之 凶)

　　구삼은 굳센 양으로 바른 데에 있어 여러 음이 해치려는 대상이다. 중도를 얻지 못하고 적절히 대처하지 못하면서도 자신의 능력만 믿고 방비하지 않고 구사와도 대립한다. 구삼은 스스로 강하다고 여겨 소인을 지나치게 방비하지 않으면(弗過防之) 소인이 따라와 해치니 흉하다(從或戕之 凶). 구삼은 소인이 따라와 시기와 피해를 입는다.

☑ 종혹장지 흉여하야(從或戕之 凶如何也)

　　구삼은 소인을 따르면(從或戕之) 해치니 흉함이 어떠한가(凶如何也)? 음이 지나치면 반드시 양을 해치고, 소인의 도가 왕성하면 반드시 군자를 해치니, 마땅히 지나치게 방비하여야 한다. 방비가 지극하지 않으면 해를 당하게 된다. 따라서 효상은 소인을 따르면 해를 당하는 상으로, 점사는 방비하지 않으면 흉하다.

▋ 구사 효사와 소상전

구 사　　무 구　　　불 과 우 지　　왕 려 필 계　　물 용 영 정
九四는 无咎하니 弗過遇之니 往厲必戒 勿用永貞이니라

상 왈　　불 과 우 지　　위 부 당 야　　왕 려 필 계　　종 불 가 장 야
象曰 弗過遇之는 位不當也요 往厲必戒는 終不可長也라

구사는 허물이 없으니 지나치지 않고 만날 수 있다. 가면 위태로우니 반드시 (구사를) 경계하며, (재능을 지나치게 쓸 생각을) 오래 고집하지 말아야 한다. 「상전」에서 말했다. "지나치지 않고 만남"은 자리가 마땅하지 않기 때문이고, "가면 위태로우니 반드시 경계함"은 (권세가) 끝내 오래갈 수 없기 때문이다.

▶ 用 : 쓸 용, 행하다, 하다. ~써   長 : 길 장/어른 장, 오래다.

☑ 무구 불과우지(无咎 弗過遇之)

구사는 어진 신하로 분수에 지나치게 행동하지 않으니 허물이 없다(无咎). 구사는 육오 임금을 지나치지 않고 받들어서 만날 수 있으니(弗過遇之) 허물이 없는 것이다. 무구(无咎)는 과실이나 재앙이 없다는 뜻이다.

☑ 왕려필계 물용영정(往厲必戒 勿用永貞)

구사가 육오를 경시하고 신하의 본분을 다하지 않으면 이는 과도한 행동이다. 이는 역적으로 몰리게 되어 위태로우니 반드시 육오를 경시하면 구사를 경계할 것이다(往厲必戒). 구사는 자신의 재능을 지나치게 쓸 생각을 고집하지 말고 바른 도를 영원히 지켜야 한다(勿用永貞).

☑ 불과우지 위부당야(弗過遇之 位不當也)

구사가 육오를 지나치지 않고 만남(弗過遇之)은 대신 구사가 육오 군주를 받드는 것이다. 구사는 양으로 음의 자리에 있어 위치가 마땅하지 않다(位不當也). 구사의 위치가 마땅하지 않다는 것은 양효가 음효 자리에 있다는 것이다. 자리가 마땅하지 않음은 마땅히 만나지 말아야 하는데도 만나는 것이다.

☑ 왕려필계 종불가장야(往厲必戒 終不可長也)

구사가 육오를 우습게 여기면 위태롭다. 육오를 경시하면 위태로우니 반드시 구사를 경계하여(往厲必戒), 권세가 끝내 오래갈 수 없기 때문이다(終不可長也). 구사는 권세가 오래갈 수 없으니 자신의 능력만을 믿고 지나치게 행하지 말아야 한다. 따라서 효상은 지나치지 않고 만나는 상으로, 점사는 재능을 지나치게 쓸 생각을 하면 흉하다.

■ 육오 효사와 소상전

六五는 密雲不雨는 自我西郊니 公이 弋取彼在穴이로다
象曰 密雲不雨는 已上也라

육오는 구름이 빽빽하나 비가 오지 않는 것은 나의 서쪽 교외로부터 왔기 때문이니, 공(公)이 구멍에 있는 것을 쏘아서 잡는다. 「상전」에서 말했다. "구름이 빽빽하나 비가 오지 않음"은 이미 올라갔기 때문이다.

▶ 密: 빽빽할 밀 已: 이미 이 弋: 주살 익, 사냥하다, 잡다.

☑ 밀운불우(密雲不雨)

구름이 빽빽하나 비가 오지 않는 이유(密雲不雨)는 육오가 부드러운 음으로 굳센 양을 타고 있어서 음이 양을 지나쳐 음과 양이 화합하지 않기 때문이다. 구름이 빽빽하나 비가 오지 않음은 일이 풀릴듯 하면서도 결국은 풀리지 않는 것을 뜻한다. 따라서 비를 기다리듯 나라가 안정되기를 기대하나 안정되지 않는다.

☑ 자아서교 공익취피재혈(自我西郊 公弋取彼在穴)

우레가 산 위에 올라와도 비가 내리지 않고 구름만 빽빽할 뿐이다. 서풍이 불면 비가 오지 않는다. 비가 오지 않는 이유는 육오가 서풍이 부는 나의 서쪽 교외로부터 왔기 때문이다(自我西郊).

육오는 임금의 지위이나 아직은 나라를 다스리는 왕이 아니므로 공(公)이다. 익(弋)은 쏘아집는 것이고 사(射)는 다만 쏘는 것이다. 공(公)이 구멍에 있는 새를 쏘아서 잡는다(公弋取彼在穴)는 것은 깊이 은거하고 있는 어진 인재를 발굴해 등용한다는 말이다.

☑ 밀운불우 이상야(密雲不雨 已上也)

구름이 빽빽하나 비가 오지 않음(密雲不雨)은 음이 이미 올라갔기 때문이다(已上也). 음이 이미 위에 있으면 구름이 빽빽해도 비는 오지 않는다. 이는 음이 지나쳐서 큰 것을 이룰 수 없다는 뜻이다. 육오가 나라를 잘 다스려 안정시키려면 육이 신하를 발굴해야 한다. 따라서 효상은 구름이 빽빽하나 비는 오지 않고, 구멍에 있는 것을 쏘아서 잡는 상으로, 점사는 어진 인재를 발굴해 등용하면 나라가 안정될 것이다.

▌ 상육 효사와 소상전

上六은 弗遇過之니 飛鳥離之라 凶하니 是謂災眚이라
象曰 弗遇過之는 已亢也라

상육은 만나지 못하여 지나가고, 날아가는 새가 (그물에) 걸려 흉하니, 이를 재생(災眚)이라 이른다. 「상전」에서 말했다. "만나지 못하여 지나감"은 이미 높은 것이기 때문이다.

▶ **離**: 떠날 리(이), 걸리다.　**眚**: 흐릴 생, 재앙　**亢**: 높을 항

☑ 불우과지 비조리지흉 시위재생(弗遇過之 飛鳥離之凶 是謂災眚)

　　상육은 음으로서 진괘(震卦: ☳)의 몸체 위에 있고 소과괘(小過卦)의 끝에 있어서, 양을 만나지 못하고 도리어 양을 지나쳤다(弗遇過之). 만나지 못한 것은 상육과 구삼이 서로 정응하면서도 지나친 데가 있어 서로 만나기를 꺼린다.

　　비록 구삼의 호응이 있어서 위에서 움직이지만, 아래로 내려오지 않기 때문에 새가 날다 그물에 걸리니 흉하다(飛鳥離之 凶). 재(災)는 천재지변으로 생긴 재앙이요, 생(眚)은 자신의 과오로 생긴 재앙이다. 그물에 걸린 것을 재생이라 한다(是謂災眚).

☑ 불우과지 이항야(弗遇過之 已亢也)

　　만나지 못하여 지나감(弗遇過之)은 이미 높은 것이기 때문이다(已亢也). 상육은 항시 몸을 낮춰 아래로 향해야 할 처지인데도 너무 높이 난 결과 그물에 걸렸는데, 이런 흉함은 스스로 불러들인 것이다. 소인은 극한에 이르러서도 지나침의 한계를 알지 못한다. 따라서 효상은 만나지 못하여 지나가고 새가 날다 그물에 걸리는 상으로, 점사는 욕심이 너무 지나치면 흉하다.

63

지키는 수화기제(水火旣濟)

63	䷾	坎上	水火旣濟
		離下	수화기제

수화기제괘(水火旣濟卦)는 상괘는 물[水]을 상징하는 감괘(坎卦: ☵)이고, 하괘는 불[火]을 상징하는 리괘(離卦: ☲)로, 이는 물은 아래로 내려오고 불은 위로 올라가 물과 불이 서로 합친 상이다. 기제(旣濟)는 이미 물을 건너갔으니, 일이 성취된 상태를 뜻한다. 기제괘는 물이 불을 끄니 일이 이미 이루어진 것이다. 따라서 괘상은 물이 불 위에 있는 수화(水火) 상이요, 괘명은 이미 건넜다는 기제괘(旣濟卦)이다. 소과괘(小過卦)가 조금 지나쳐 과한 때이고, 기제괘(旣濟卦)는 다른 사람보다 더하여 이미 이루어지는 때이다.

기제괘(旣濟卦)는 이미 이루어진 것이 무너지는 것을 방비하여 우환이 나타날 것을 경계하는 때이다. 초효는 예기륜(曳其輪)으로, 이는 수레바퀴를 뒤로 끌며 꼬리를 적시는 상황이니, 신중하고 겸손하고 어려움을 예상해 대비하면 허물이 없다. 이효는 부상기불(婦喪其茀)로, 이는 부인이 가리개를 잃었으나 칠 일 만에 되찾을 수 있는 상황이니, 조금 기다리면 당연히 다시 찾게 된다. 삼효는 고종벌귀방(高宗伐鬼方)으로, 이는 고종이 귀방을 정벌하여 삼 년 만에 이긴 상황이니, 경솔하고 무모한 소인을 써서는 안 된다. 사효는 유유의여(繻有衣袽)로, 이는 배가 젖는 데 헌옷을 준비해 두고 종일 경계하는 상황이니, 경계하지 않으면 환난이 있다. 오효는 동린살우(東鄰殺牛)로, 이는 성대한 제사가 간소한 제사만 못한 상황이니, 성실하고 검소해야 복을 받는다. 육효는 유기수(濡其首)로, 이는 머리를 적시는 상황이니, 경계하지 않으면 위태롭다.

309

괘사

기 제　　형 소　　이 정　　초 길 종 란
旣濟는 亨小니 利貞하니 初吉終亂하니라

기제(旣濟)는 형통함이 적으니 바르게 함이 이롭고, 처음에는 길해도 끝에는 어지럽다.

▶ 旣: 이미 기　濟: 건널 제, 구제하다, 이루다, 그치다.

☑ 기제 형소 이정 초길종란(旣濟 亨小 利貞 初吉終亂)

　기제(旣濟)는 일이 이루어진 상태이다. 이미 일이 이루어졌으니 형통하다(旣濟亨). 그러나 어떤 일이든 완성된 채로 있는 것이 아니라 끊임없이 변한다. 그리하여 완성된 때에 어긋날 수 있으니 때를 예상하여 미리 재앙에 대비한다.

　형통함이 적음(亨小)은 발전가능성이 적으니 작은 것이라도 바르게 해야 지킬 수 있는 것이다. 바른 도를 지켜야 이롭다(利貞). 처음에는 길해도 끝에는 어지럽다(初吉終亂). 처음에는 정도를 지켜 길할 수 있으나, 끝에는 정도를 지키지 않아 혼란스러울 수 있다. 따라서 일을 이루면 정도를 지키고 신중해야 한다.

괘사에 대한 단전

단 왈 기 제 형　　소 자 형 야　　이 정　　강 유 정 이 위 당 야
彖曰 旣濟亨은 小者亨也라 利貞은 剛柔正 而位當也라
초 길　　유 득 중 야　　종 지 즉 란　　기 도 궁 야
初吉은 柔得中也요 終止則亂은 其道窮也라

「단전」에서 말했다. 기제(旣濟)가 형통함은 작은 것이 형통하기 때문이다. 바르게 하는 것이 이로움은 강과 유가 바르고 자리가 마땅하기 때문이다. 처음에 길한 것은 유가 중을 얻었기 때문이요, 끝내 그치면 어지러운 것은 그 도가 궁하기 때문이다.

☑ 기제형 소자형야(旣濟亨 小者亨也)

　기제가 형통한 이유(旣濟亨)는 작은 것이 형통하기 때문이다(小者亨也). 작은 일이 형통해야 큰 일도 형통하다. 따라서 이미 이루어진 기제(旣濟)에 큰 것이 형통한 것은 오직 작은 것이 형통하기 때문이다.

☑ 이정 강유정 이위당야(利貞 剛柔正 而位當也)

이미 이루어졌으면 진실로 마땅히 바르고 굳게 지켜야 이롭다(利貞). 그 이유는 강과 유가 바르고 자리가 마땅하기 때문이다(剛柔正 而位當也). 양의 자리에 양이 오고 음의 자리에 음이 와 모든 효가 마땅한 자리를 얻었다. 자리가 마땅함은 간사함이 없어 바르고 굳다는 뜻이다.

☑ 초길 유득중야(初吉 柔得中也)

육이가 처음에 길한 이유(初吉)는 부드러운 음이 음의 자리에 있어 중을 얻었기 때문이다(柔得中也). 음이 작을 때도 중도를 지켜 길하다.

☑ 종지즉란 기도궁야(終止則亂 其道窮也)

끝내 그치면 어지러운 이유(終止則亂)는 그 도가 궁하기 때문이다(其道窮也). 바른 도를 지켜 끝까지 일을 완성해야 이루니 미제(未濟)로 남겨두면 안 된다. 중도에 막히고, 어지러워지는 것을 대비해야 한다. 따라서 중도에 포기하면 어지러운 상황을 맞게 되니, 처음부터 끝까지 바른 도를 지켜야 한다.

▊ 괘사에 대한 대상전

 상 왈 수 재 화 상　　기 제　　군 자 이　　　사 환 이 예 방 지
象曰 水在火上이 旣濟니 君子 以하여 思患而豫防之하니라

「상전」에서 말했다. 물이 불 위에 있는 것이 기제(旣濟)이니, 군자는 이를 본받아 환란을 생각하여 미리 방비한다.

▶ 患 : 근심 환, 환란, 재앙　豫 : 미리 예　防 : 막을 방

☑ 수재화상 기제(水在火上 旣濟)

기제괘(旣濟卦)는 상괘가 물[水]을 상징하는 감괘(坎卦: ☵)이고, 하괘가 불[火]을 상징하는 리괘(離卦: ☲)다. 물이 아래로 내려오고, 불이 위로 올라가는 것이 기제다(水在火上 旣濟). 물이 불 위에 있는 것은 물을 끓여 밥을 짓는 상으로, 음식이 이루어지고 생명이 이어진다.

311

☑ 군자이 사환이예방지(君子以 思患而豫防之)

환란을 생각하는 것은 리괘의 밝음이고, 미리 방비하는 것은 감괘의 어려움이다. 군자는 이를 본받아 일이 완성된 때에 환란을 생각하여 미리 방비한다(君子以 思患而豫防之). 기제의 때에 있으면 환난과 재앙이 일어나는 것을 생각해야 한다. 따라서 앞으로 닥칠 환란을 헤아려 미리 예방해야 한다.

■ 초구 효사와 소상전

초 구　　예 기 륜　　유 기 미　　무 구
初九는 曳其輪하며 濡其尾면 无咎리라
상 왈　예 기 륜　　의 무 구 야
象曰 曳其輪은 義无咎也니라

초구는 수레바퀴를 뒤로 끌며 (여우) 꼬리를 적시면 허물이 없다. 「상전」에서 말했다. "수레바퀴를 뒤로 끎"은 의리에 허물이 없는 것이다.

▶ 曳 : 끌 예　輪 : 바퀴 륜(윤)　濡 : 적실 유　尾 : 꼬리 미

☑ 예기륜 유기미 무구(曳其輪 濡其尾 无咎)

수레바퀴는 아래에 있고 꼬리는 뒤에 있다. 수레바퀴를 뒤로 끌면(曳其輪) 수레가 나아가지 못하고, 여우가 꼬리를 적시면(濡其尾) 여우가 물을 건너가지 못한다. 수레바퀴를 뒤에서 끌어서 나아가지 못하게 한다. 짐승은 물을 건널 때에 반드시 꼬리를 드니, 꼬리를 적시면 건너가지 못한다. 꼬리를 적시지 않고 내를 건너면 허물이 없다(无咎). 따라서 이미 일을 이룬 후에도 조급하지 말고 신중하고 겸손해야 한다.

☑ 예기륜 의무구야(曳其輪 義无咎也)

수레바퀴를 뒤로 끄는 것(曳其輪)은 의리에 허물이 없는 것이다(義无咎也). 이미 이루어진 때에도 신중하고 겸손해야 마땅히 허물이 없다. 조심스럽게 나아가는 것은 일을 이루고 난 뒤의 어려움을 예상해 대비하는 것이다. 따라서 효상은 수레바퀴를 뒤로 끌며 꼬리를 적시는 상으로, 점사는 신중하고 겸손하고 어려움을 예상해 대비하면 허물이 없다.

312

▌육이 효사와 소상전

六二는 婦喪其茀이니 勿逐하면 七日에 得하리라
(육이) (부상기불) (물축) (칠일) (득)

象曰 七日得은 以中道也라
(상왈) (칠일득) (이중도야)

육이는 부인이 가리개를 잃었으나 찾지 않더라도 칠 일 만에 얻는다. 「상전」에서 말했다. "칠 일 만에 얻음"은 중도를 쓰기 때문이다.

▶ 茀: 풀 우거질 불, 덮다, 가래개. 逐: 쫓을 축/돼지 돈, 찾다.

☑ 부상기불 물축 칠일득(婦喪其茀 勿逐 七日得)

　육이는 부인이 가리개를 잃는 상이다. 가리개[茀]는 부인이 밖을 나갈 때에 자신을 가리는 것이니, 가리개를 잃으면(婦喪其茀) 나갈 수가 없다. 찾지 않더라도 칠 일만에 얻는다(勿逐 七日得). 칠 일은 순환하는 한 주기로 잃어버린 가리개를 급히 찾지 않더라도 조금 기다리면 당연히 다시 찾게 된다. 일주일쯤 잊고 있으면 저절로 해결될 것이다.

☑ 칠일득 이중도야(七日得 以中道也)

　칠 일만에 얻음(七日得)은 중도를 쓰기 때문이다(以中道也). 가리개를 잃은 지 칠 일 만에 찾으니 중도를 지키면 곧 되찾을 수 있다. 따라서 효상은 부인이 가리개를 잃었으나 칠 일 만에 되찾을 수 있는 상으로, 점사는 조금 기다리면 당연히 다시 찾게 된다.

▌구삼 효사와 소상전

九三은 高宗이 伐鬼方하여 三年克之니 小人勿用이니라
(구삼) (고종) (벌귀방) (삼년극지) (소인물용)

象曰 三年克之는 憊也라
(상왈) (삼년극지) (비야)

구삼은 고종이 귀방을 정벌하여 삼 년 만에 이겼으니 소인을 쓰지 말아야 한다. 「상전」에서 말했다. "삼 년 만에 이기니" 피곤하다.

▶ 伐: 칠 벌 克: 이길 극 憊: 고단할 비, 피곤하다.

313

☑ 고종벌귀방 삼년극지 소인물용(高宗伐鬼方 三年克之 小人勿用)

구삼은 이미 이루어진 때에 굳셈으로서 굳센 자리에 있다. 은나라 고종(高宗)이 제후국인 귀방(鬼方)을 정벌하러 나간 지(高宗伐鬼方) 삼 년 만에 이겼으니(三年克之) 힘들고 피곤했다. 전쟁터에서는 경솔하고 무모한 소인을 써서는 안 된다(小人勿用).

☑ 삼년극지 비야(三年克之 憊也)

삼 년 만에 이기니 피곤하다(三年克之 憊也). 전쟁하면 힘들고 피곤한데 삼 년 뒤에 이겼으니 군대는 노쇠해졌고 물자는 다하여 심히 피곤하다. 따라서 효상은 고종이 귀방을 정벌하여 삼 년 만에 이긴 상으로, 점사는 경솔하고 무모한 소인을 써서는 안 된다.

■ 육사 효사와 소상전

 六四는 繻에 有衣袽코 終日戒니라
象曰 終日戒는 有所疑也라

육사는 (배가) 젖으니 헌옷을 준비해 두고 종일 경계한다. 「상전」에서 말했다. "종일 경계함"은 의심할 것이 있기 때문이다.

▶ 繻 : 고운 명주 수/유, 젖다. 袽 : 해진 옷 녀(여), 걸레

☑ 유유의여 종일계(繻有衣袽 終日戒)

육사는 물의 몸체이므로 배를 취하였다. 육사는 임금과 가까운 자리로 대신의 임무를 담당한 자로, 이미 이루어진 때에 환란을 방지하고 변고를 우려한다. 유(繻)는 물이 새는 것이다. 배가 틈이 있어 물이 새면 헌옷으로 막으니, 헌옷을 준비해 두어 배에 물이 스며들어 젖는 것을 대비하고(繻有衣袽) 또 종일토록 경계하고(終日戒) 태만하지 않고 환란을 우려한다. 기제에 처한 자는 의심하고 우려하고 예방해야 한다.

☑ 종일계 유소의야(終日戒 有所疑也)

종일 경계함(終日戒)은 의심할 것이 있기 때문이다(有所疑也). 배에 난 구멍을 종일 경계하고 두려워하는 것은 재앙과 환난이 생길 것을 의심하는 것이다. 따라서 효상은 배가 젖는 데 헌

옷을 준비해 두고 종일 경계하는 상으로, 점사는 경계하지 않으면 환난이 있다.

▌ 구오 효사와 소상전

_{구 오} _{동 린 살 우} _{불 여 서 린 지 약 제} _{실 수 기 복}
九五는 東鄰殺牛 不如西鄰之禴祭 實受其福이니라
_{상 왈 동 린 살 우} _{불 여 서 린 지 시 야} _{실 수 기 복} _{길 대 래 야}
象曰 東鄰殺牛 不如西鄰之時也니 實受其福은 吉大來也라

구오는 동쪽 이웃의 소를 잡는 제사는 서쪽 이웃의 검소한 제사가 실제로 복을 받는 것만 못하다.「상전」에서 말했다. 동쪽 이웃의 소를 잡는 제사는 서쪽 이웃의 때에 맞는 제사만 못하니, "실제로 그 복을 받음"은 길함이 크게 오는 것이다.

▶ 鄰: 이웃 린(인) 殺: 죽일 살 禴: 봄 제사 약 祭: 제사 제

☑ 동린살우 불여서린지약제(東鄰殺牛 不如西鄰之禴祭)

옛날에는 제사가 매우 중요했다. 동쪽 이웃은 양이고 오효이며, 서쪽 이웃은 음이고 이효이다. 소를 잡는 것은 성대한 제사이고, 약(禴)은 검소한 제사다. 동쪽 이웃(은나라)의 소를 잡는 제사(東鄰殺牛)는 규모가 매우 커 성대한 제사다. 서쪽 이웃(주나라)의 검소한 제사(西鄰之禴祭)는 소도 잡지 않는 검소한 제사이다.

☑ 실수기복 불여서린지시야(實受其福 不如西鄰之時也)

실제로 복을 받는 제사는 서쪽 이웃 나라의 검소한 제사다(實受其福). 제사는 성실하고 검소해야 한다. 동쪽 이웃의 소를 잡는 제사는 서쪽 이웃의 때에 맞는 제사만 못하니(不如西鄰之時) 동쪽 이웃은 제사지내는 시기가 적절하지 못했기 때문이다. 은나라가 망할 때 성대하게 제사지내는 것이 주나라가 흥할 때 검소하게 제사지내는 것보다 못하다.

☑ 실수기복 길대래야(實受其福 吉大來也)

실제로 나라가 흥할 때 제사를 지내니 복을 받고 길함이 크게 오는 것이다(吉大來也). 구오의 시기에는 성대함을 드러내지 말고 겸손하게 중정을 유지하는 것이다. 따라서 효상은 성대한 제사가 간소한 제사만 못한 상으로, 점사는 성실하고 검소해야 복을 받는다.

▌상육 효사와 소상전

상 육   유 기 수   려
上六은 濡其首라 厲하니라
상 왈 유 기 수 려 하 가 구 야
象曰 濡其首厲 何可久也리오?

상육은 그 머리를 적시니 위태롭다. 「상전」에서 말했다. "그 머리를 적셔서 위태로움"은 어찌 오래갈 수 있겠는가?

▶ 濡: 적실 유

☑ 유기수 려(濡其首 厲)

상육은 기제괘의 끝이고 험한 몸체의 위인데 부드러운 음이니, 여우가 물을 건너다가 머리를 적신 상이므로 위태로운 상황이다. 상육의 머리를 적시는 것(濡其首)은 초구의 꼬리를 적시는 것(濡其尾)과 서로 짝이 되니, 처음에는 물이 얕아 꼬리를 적셨고, 끝에는 물이 깊어 머리를 적셨으니 위태롭다.

☑ 유기수려 하가구야(濡其首厲 何可久也)

그 머리를 적셔서 위태로움(濡其首厲)은 어찌 오래갈 수 있겠는가 (何可久也)? 상육은 상괘 감(☵)의 끝에 있어 매우 위험한 상태에 있는데, 대비 없이 무모하게 행하면 마침내 참변을 당한다. 상육은 가장 끝에 있어 성공이 절정에 이르니 경계해야 한다. 따라서 효상은 머리를 적시는 상으로, 점사는 경계하지 않으면 위태롭다.

64

이루지 못한 화수미제(火水未濟)

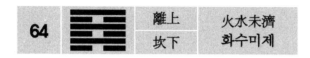

| 64 | ䷿ | 離上
坎下 | 火水未濟
화수미제 |

　화수미제괘(火水未濟卦)는 상괘가 불[火]을 뜻하는 리괘(離卦: ☲)이고, 하괘가 물[水]을 뜻하는 감괘(坎卦: ☵)로, 이는 물이 불 밑에 있어 불을 이기지 못하는 상이다. 미제(未濟)는 일이 아직 이루어지지 않은 때이다. 마지막 끝괘를 미제괘(未濟卦)로 한 것은 만물은 영원히 완전할 수 없고, 항상 변한다는 주역의 기본정신이다. 기제괘(旣濟卦)는 목표를 완성한 괘이고, 미제괘(未濟卦)는 목표를 아직 완성하지 못한 괘이다. 목표를 완성한 사람은 소인들과 교류해서는 안 되고, 목표를 이루지 못한 사람은 적극적으로 도전해야 한다. 따라서 괘상은 물이 불 밑에 있어 불을 끄지 못하는 화수(火水) 상이요, 괘명은 미제괘(未濟卦)이다.

　미제(未濟)는 일이 아직 이루어지지 않은 때이다. 초구는 유기미(濡其尾)로, 이는 물을 건너다 꼬리를 적시는 상황이니, 자신의 자질과 힘을 신중하게 헤아리지 않으면 어렵다. 이효는 예기륜(曳其輪)으로, 이는 수레바퀴를 끌며 물을 건너는 상황이니, 위험에 대비해 신중하면 위기를 극복하고 길하다. 삼효는 이섭대천(利涉大川)으로, 이는 큰 내를 건너는 상황이니, 어려움을 경험해야 단단해지고 이롭다. 사효는 삼년유상우대국(三年有賞于大國)으로, 이는 진이 삼 년 걸려 큰 나라에서 상을 받는 상황이니, 유순한 임금을 받들어 힘써 공을 이루니 후회가 없다. 오효는 군자지광(君子之光)으로, 이는 군자가 이룩한 성업이 성대한 상황이니, 백성들에게 믿음을 얻어 길하다. 육효는 유부우음주(有孚于飮酒)로, 이는 승리에 지나치게 도취하는 상황이니, 마땅함을 잃고 성취를 지키지 못하여 화를 자초한다.

317

■ 괘사

^{미 제} ^형 ^{소 호 흘 제} ^{유 기 미} ^{무 유 리}
未濟는 亨하니 小狐汔濟하여 濡其尾니 无攸利하니라

미제(未濟)는 형통하니, 어린 여우가 용감하게 (물을) 건너다가 그 꼬리를 적시니 이로운 것이 없다.

▶ 狐: 여우 호   汔: 거의 흘, 용감하다.   濟: 건널 제, 이루다, 성공하다.   濡: 적실 유

☑ 미제형 소호흘제 유기미 무유리(未濟亨 小狐汔濟 濡其尾 无攸利)

　미제(未濟)는 일이 아직 이루어지지 않은 때이다. 미제괘가 형통하다는 것(未濟亨)은 미래에 반드시 이루어지리라는 기대다. 물과 불이 서로 사귀지 못하여 서로 쓰이지 못하고, 괘의 여섯 효가 모두 제자리를 잃었기 때문에 이루어지지 않는다(未濟).

　늙은 여우는 의심과 두려움이 많아 물에 빠질까 두려워 소리를 듣고, 어린 여우는 두려워하지 않고 용감하게 물을 건너려고 한다. 흘(汔)은 용감하다[仡]란 뜻으로, 어린 여우가 물을 건너는 데에 과감해 꼬리를 적시면(小狐汔濟 濡其尾) 물을 건널 수 없다. 꼬리를 다 적시고 물을 건넜다 하더라도 움직임이 불편하다. 따라서 괘상은 어린 여우가 용감하게 건너다 물에 꼬리를 적시는 상으로, 점사는 자신의 능력을 알지 못하고 무모하게 행동하면 화를 자초할 것이다.

■ 괘사에 대한 단전

^{단 왈 미 제 형} ^{유 득 중 야} ^{소 호 흘 제} ^{미 출 중 야}
象曰 未濟亨은 柔得中也요 小狐汔濟는 未出中也요
^{유 기 미 무 유 리} ^{불 속 종 야} ^{수 부 당 위} ^{강 유 응 야}
濡其尾无攸利는 不續終也요 雖不當位나 剛柔應也니라

「단전」에서 말했다. "미제(未濟)가 형통다는 것"은 유가 중을 얻었기 때문이다. "어린 여우가 용감하게 물을 건너는 것"은 (물) 가운데에서 나오지 못하기 때문이며, "꼬리를 적시니 이로운 것이 없는 것"은 계속하여 끝마치지 못하기 때문이다. 비록 자리에 합당하지 않지만 강과 유가 호응한다.

▶ 續: 이을 속, 계속하다.

☑ 미제형 유득중야(未濟亨 柔得中也)

미제(未濟)는 아직 강을 건너지 않아 이루어지지 않은 때다. 미제괘가 형통하다는 것(未濟亨)은 미래에 반드시 이루어지리라는 기대가 있으니 육오가 중도를 지켰기 때문이다(柔得中也).

☑ 소호흘제 미출중야(小狐汔濟 未出中也)

구이는 굳센 양으로 험함[감괘: ☵] 가운데에 있어 건너려는 것이다. 어린 여우처럼 용감하게 거의 건넘(小狐汔濟)은 꼬리가 젖어 아직 험함에서 벗어날 수가 없다(未出中也). 감괘는 여우로 하나의 양이 두 음 가운데 빠져 물 가운데에서 아직 탈출하지 못한 것이다.

☑ 유기미 무유리 불속종야(濡其尾 无攸利 不續終也)

꼬리를 적시면(濡其尾) 물을 건널 수 없어 이로운 바가 없다(无攸利). 여우의 꼬리는 커서 그 꼬리를 적시면 건널 수 없다. 머리는 건너도 꼬리가 젖으면 물을 끝까지 건너지 못한다(不續終也). 물을 건널 때 처음에는 꼬리를 드나 결국 꼬리를 내려 물에 적시게 된다.

☑ 수부당위 강유응야(雖不當位 剛柔應也)

미제(未濟)는 비록 모든 효가 부정하여 자리가 마땅하지 않지만(雖不當位) 굳센 양과 부드러운 음이 서로 호응하여(剛柔應也) 위와 아래가 협력하여 마침내 험함에서 벗어날 수 있다.

■ 괘사에 대한 대상전

象曰 火在水上이 未濟니
君子 以하여 愼辨物하여 居方하니라

「상전」에서 말했다. 불이 물 위에 있는 것이 미제(未濟)니, 군자는 이를 본받아 신중하게 사물을 분별하여 제자리에 있게 한다.

▶ 愼: 삼갈 신　辨: 분별할 변

☑ 화재수상 미제(火在水上 未濟)

미제괘(未濟卦) 상괘가 불을 뜻하는 리괘(離卦: ☲)이고, 하괘가 물을 뜻하는 감괘(坎卦: ☵)

이다. 불이 물 위에 있는 것이 미제다(火在水上 未濟). 불은 위로 타오르고 물은 아래로 흐르는 성질이 있어 불과 물이 서로 사귀지 못하고 어긋난다.

☑ 군자이 신변물거방(君子以 愼辨物居方)

군자가 미제(未濟)의 상을 관찰하여(君子以) 사물을 신중하게 분별하고 음과 양이 제자리에 있게 한다(愼辨物居方). 따라서 양은 양의 자리에, 음은 음의 자리에 있게 한다.

▌초육 효사와 소상전

초 육   유 기 미   린
初六은 濡其尾니 吝하니라
상 왈   유 기 미   역 부 지   극 야
象曰 濡其尾 亦不知 極也라

초육은 (여우가) 꼬리를 적시니 부끄럽다. 「상전」에서 말했다. "(여우가) 꼬리를 적심"은 또한 알지 못함이 지극한 것이다.

▶ 極 : 극진할 극/다할 극, 지극하다, 다하다.

☑ 유기미 린(濡其尾 吝)

여우가 재능과 힘을 헤아리지 않고 함부로 건너다가 꼬리를 적시니 부끄럽다(濡其尾 吝). 자신의 몸통만한 꼬리를 온통 물로 적시니 물을 건너지 못하는 어려움이 있다. 짐승이 물을 건널 때에 반드시 꼬리를 든다. 꼬리가 젖으면(濡其尾) 건널 수가 없다. 따라서 자신의 자질과 힘을 헤아리지 않고 나아가 끝내 건널 수 없으니 부끄러울 만하다.

☑ 유기미 역부지극야(濡其尾 亦不知極也)

여우가 꼬리를 적심(濡其尾)은 또한 알지 못함이 지극한 것이다(亦不知極也). 자신의 재능과 힘을 헤아리지 않고 나아가 꼬리를 적시니 이는 지극히 알지 못하기 때문이다. 따라서 효상은 물을 건너다 꼬리를 적시는 상으로, 점사는 자신의 능력과 힘을 헤아리지 않으면 어렵다.

▌구이 효사와 소상전

九二^{구 이}는 曳其輪^{예 기 륜}이면 貞吉^{정 길}하리라
象曰^{상 왈} 九二貞吉^{구 이 정 길}은 中以行正也^{중 이 행 정 야}라

구이는 수레바퀴를 (뒤로) 끌면 바르게 하여 길하다. 「상전」에서 말했다. "구이가 바르게 하여 길함"은 중도로 바르게 행하기 때문이다.

▶ 曳: 끌 예 輪: 바퀴 륜(윤)

☑ 예기륜 정길(曳其輪 貞吉)

　구이는 굳세고 알맞으면서 육오와 호응하니, 지위를 얻어 나아가서 구제할 수 있다. 수레바퀴는 문제가 있는 수레바퀴이다. 험함을 구제하는 일이기 때문에 수레바퀴를 뒤로 끌어 수레가 앞으로 가지 못하게 한다(曳其輪). 문제가 있는 수레바퀴는 뒤로 끌면 앞으로 나아가지 않으니 길하다. 위험에 대비해 신중히 하고 바른 도를 지키면 길하다(貞吉).

☑ 구이정길 중이행정야(九二貞吉 中以行正也)

　구이가 바르게 하여 길함(九二貞吉)은 중도로써 바르게 행하기 때문이다(中以行正也). 중도를 지키고 바르게 행해야만 험함을 탈출하고 위기를 극복할 수 있다. 따라서 효상은 수레바퀴를 뒤로 끄는 상으로, 점사는 위험에 대비해 신중하면 위기를 극복하고 길하다.

▌육삼 효사와 소상전

六三^{육 삼}은 未濟^{미 제}에 征凶^{정 흉}하나 利涉大川^{이 섭 대 천}하니라
象曰^{상 왈} 未濟征凶^{미 제 정 흉}은 位不當也^{위 부 당 야}라

육삼은 미제(未濟)에 가면 흉하지만, 큰 내를 건너는 것이 이롭다. 「상전」에서 말했다. "미제(未濟)에 가면 흉함"은 자리가 마땅하지 않기 때문이다.

☑ 미제정흉 이섭대천(未濟征凶 利涉大川)

　미제(未濟)에 가면 흉함(未濟征凶)은 험함에서 벗어날 능력이 없는데 가면 흉하니, 반드

321

시 험함을 벗어난 이후에 가야 된다. 가는 것은 육지로 가는 것이고, 건너는 것은 물로 가는 것이다.

미제에 가면 흉함(未濟征凶)은 자기 마음대로 하는 것이고, 큰 내를 건너는 것이 이로움(利涉大川)은 윗사람을 따르는 것이다. 흉하다는 것은 아직도 어려움(감괘)에서 완전히 벗어나지 못한 것이며, 큰 강을 건너는 것이 이롭다는 것은 어려움을 경험해야 단단해질 수 있다는 비유이다.

☑ 미제정흉 위부당야(未濟征凶 位不當也)

미제에 가면 흉함(未濟征凶)은 자리가 마땅하지 않기 때문이다(位不當也). 부드러운 음이 중정하지 않아 험함에서 벗어날 재능이 없다. 험함을 건너 호응하는 바를 따를 수 있다면 이롭다. 따라서 효상은 큰 내를 건너는 상으로, 점사는 어려움을 경험해야 단단해지고 이롭다.

▌구사 효사와 소상전

九四는 貞吉하여 悔亡하니
震用伐鬼方하여 三年 有賞于大國이로다
象曰 貞吉悔亡은 志行也라

구사는 바르게 하면 길하여 후회가 없어지니, 진이 귀방을 정벌한 후 삼 년이 되어서 큰 나라에서 상이 있다. 「상전」에서 말했다. "바르게 하면 길하여 후회가 없음"은 뜻이 행해지기 때문이다.

☑ 정길회망(貞吉悔亡)

구사는 굳센 양으로 대신의 자리에 있고, 구오는 마음을 비워 밝고 유순한 임금이다. 천하의 험함을 구제하는 것은 강건한 자질이라야 천하의 험함을 구제할 수 있다. 구사가 바르고 곧으면 길하여 후회가 없다(貞吉悔亡).

☑ 진용벌귀방 삼년유상우대국(震用伐鬼方 三年有賞于大國)

진(震)은 주나라 사람이요, 대국(大國)은 은나라이다. 진(震)이 군대를 동원하여 귀방을 정벌하였다(震用伐鬼方). 삼 년 뒤에는 큰 나라에서 경사스러운 상이 있으니, 구제하는 공이 있다(三年有賞于大國). 진이 귀방을 정벌하기 위해 군대를 동원한 지 삼 년이 되어서 승리하여 큰 나라의 제후가 되었다.

☑ 정길회망 지행야(貞吉悔亡 志行也)

바르게 하면 길하여 후회가 없음(貞吉悔亡)은 뜻이 행해지기 때문이다(志行也). 구사 대신은 유순한 임금을 받들어 힘써 공을 이루니, 그 뜻을 행할 수 있다. 귀방(鬼方)을 정벌함은 지극한 바름이다. 따라서 효상은 진이 삼 년 걸려 큰 나라에서 상을 받는 상으로, 점사는 유순한 임금을 받들어 힘써 공을 이룰 것이다.

▌육오 효사와 소상전 ──────

六五는 貞吉하여 无悔니 君子之光이 有孚라 吉하니라
象曰 君子之光은 其暉吉也라

육오는 바르게 하면 길하여 후회가 없으니, 군자의 빛남은 믿음이 있어서 길하다. 「상전」에서 말했다. "군자의 빛남"은 그 빛남이 길하다.

▶ 暉: 빛 휘, 빛나다, 밝다.

☑ 정길무회 군자지광 유부길(貞吉无悔 君子之光 有孚吉)

육오는 양효 자리에 있어 바름을 잃었고, 군주로서 위엄을 갖추지 못하였다. 그러나 육오는 중도를 얻어 뛰어난 신하를 품을 만한 포용력을 갖췄고, 유능한 대신이 큰 일을 처리하였다. 육오는 바르게 하면 길하여 후회가 없다(貞吉无悔). 군자의 빛남은 백성들에게 믿음이 있어서 길하다(君子之光 有孚吉). 그러므로 백성들을 위해 임금이 이룩한 성업이 성대하여 백성들에게 믿음을 얻게 된다.

☑ 군자지광 기휘길야(君子之光 其暉吉也)

군자의 빛남(君子之光)은 그 빛남이 길하다(其暉吉也). 육오는 이룩한 성업이 성대하여 빛남이 있고, 그 빛남이 백성들에게 미치니 길하다. 따라서 효상은 군자가 이룩한 성업이 빛나는 상으로, 점사는 백성들에게 믿음을 얻어 길하다.

▌상구 효사와 소상전 ────────

상　구　　유　부　우　음　주　　무　구　　　유　기　수　　유　부　실　시
上九는 有孚于飮酒면 无咎이나 濡其首면 有孚失是하리라
상　왈　　음　주　유　수　　역　부　지　절　야
象曰 飮酒濡首 亦不知節也라

상구는 술을 마시는 데에 믿음을 두면 허물이 없지만, 그 머리를 적시면 믿음을 가지는 데에 옳음을 잃는다.「상전」에서 말했다. "술을 마시는 데 머리까지 적심"은 또한 절제를 알지 못하는 것이다.

▶ 濡: 적실 유

☑ 유부우음주 무구(有孚于飮酒 无咎)

　　상구는 술을 마시는 것을 즐거워한다. 자신의 처지를 즐거워하지 않으면 화내고 조급해 하며 마음대로 되지 않아 괴롭고 허물에 빠진다. 그러나 승리한 후 절제하면서 술을 마시면 예(禮)를 지키는 믿음이 있어 허물이 없으니(有孚于飮酒 无咎) 위험한 상황에 이르지 않는다.

☑ 유기수 유부실시(濡其首 有孚失是)

　　머리를 적심(濡其首)은 술을 절제하지 못하고 취하게 마신다는 말이다. 머리 끝까지 취기가 올라오면 뒤탈이 생기기 마련이다. 즐거움에 탐닉하여 예를 벗어나서 취기가 머리를 적시는 데까지 이르면 처지가 위험해지니 바르지 않은 것이다. 그리하여 옳음을 잃는 것(失是)은 방종하여 그 마땅함을 잃는 것이다.

☑ 음주유수 역부지절야(飮酒濡首 亦不知節也)

　　술을 마시는 데 머리까지 적심(飮酒濡首)은 또한 절제를 알지 못하는 것이다(亦不知節也). 술을 절제하지 못하고 머리 끝까지 마셔 취하면 인사불성이 된다. 성공이나 향락에 도취하면 마땅함을 잃고 성취를 지키지 못한다. 따라서 효상은 승리에 지나치게 도취하는 상으로, 점사는 마땅함을 잃고 성취를 지키지 못하여 화를 자초한다.

찾아보기

325

64괘(괘명순)

1 중천건 重天乾	2 중지곤 重地坤	3 수뢰둔 水雷屯	4 산수몽 山水蒙	5 수천수 水天需	6 천수송 天水訟	7 지수사 地水師	8 수지비 水地比
9 풍천소축 風天小畜	10 천택리 天澤履	11 지천태 地天泰	12 천지비 天地否	13 천화동인 天火同人	14 화천대유 火天大有	15 지산겸 地山謙	16 뇌지예 雷地豫
17 택뢰수 澤雷隨	18 산풍고 山風蠱	19 지택림 地澤臨	20 풍지관 風地觀	21 화뢰서합 火雷噬嗑	22 산화비 山火賁	23 산지박 山地剝	24 지뢰복 地雷復
25 천뢰무망 天雷无妄	26 산천대축 山天大畜	27 산뢰이 山雷頤	28 택풍대과 澤風大過	29 중수감 重水坎	30 중화리 重火離	31 택산함 澤山咸	32 뇌풍항 雷風恒
33 천산둔 天山遯	34 뇌천대장 雷天大壯	35 화지진 火地晉	36 지화명이 地火明夷	37 풍화가인 風火家人	38 화택규 火澤睽	39 수산건 水山蹇	40 뇌수해 雷水解
41 산택손 山澤損	42 풍뢰익 風雷益	43 택천쾌 澤天夬	44 천풍구 天風姤	45 택지췌 澤地萃	46 지풍승 地風升	47 택수곤 澤水困	48 수풍정 水風井
49 택화혁 澤火革	50 화풍정 火風鼎	51 중뢰진 重雷震	52 중산간 重山艮	53 풍산점 風山漸	54 뇌택귀매 雷澤歸妹	55 뇌화풍 雷火豐	56 화산려 火山旅
57 중풍손 重風巽	58 중택태 重澤兌	59 풍수환 風水渙	60 수택절 水澤節	61 풍택중부 風澤中孚	62 뇌산소과 雷山小過	63 수화기제 水火旣濟	64 화수미제 火水未濟

인지 생략

험한 세상을 사는 처세술
주역해설 하경

초판인쇄	2024년 11월 04일
초판발행	2024년 11월 15일
저　　자	유순근
발 행 인	윤석현
발 행 처	박문사
책임편집	최인노
등록번호	제2009-11호
우편주소	서울시 도봉구 우이천로 353
대표전화	02) 992 / 3253
전　　송	02) 991 / 1285
전자우편	bakmunsa@hanmail.net

ⓒ 유순근 2024 Printed in KOREA.

ISBN 979-11-92365-75-6　　04150　　　　　　　　　　정가 24,000원
　　　979-11-92365-73-2　　(Set)

* 이 책의 내용을 사전 허가 없이 전재하거나 복제할 경우 법적인 제재를 받게 됨을 알려드립니다.
** 잘못된 책은 구입하신 서점이나 본사에서 교환해 드립니다.